W0034666

Bukarest

Die rumänische Hauptstadt und ihre Umgebung

Von Birgitta Gabriela Hannover

Trescher Verlag

1. Auflage 2008

Trescher Verlag
Reinhardtstr. 9
10117 Berlin
www.trescher-verlag.de

ISBN 978-3-89794-120-5

Herausgegeben von Bernd Schwenkros
und Detlev von Oppeln

Reihenentwurf: Bernd Chill
Umschlaggestaltung: Bernd Chill
Satz und Bildbearbeitung: Britta Dieterle
Lektorat: Hinnerk Dreppenstedt
Stadtpläne und Karten: Johann Maria Just,
Martin Kapp

Gedruckt auf chlorfrei gebleichtem Papier

Printed in Germany.

Bukarest-
Informationen   218

Die Umgebung
von Bukarest   246

Essays

Vorwort

Bukarest ist eine Stadt im Wandel. Einen tiefgreifenden Umbruch erlebte sie in den Jahren nach 1989, aber ein Stillstand ist noch lange nicht in Sicht. Die ›Großbaustelle Bukarest‹ hat ihr Gesicht in vielen Vierteln deutlich modernisiert, und weitere Veränderungen werden folgen. Bleiben werden ihr jedoch einige der verwunschenen Ecken, die wie aus dem Nichts auftauchenden Kirchen und die endlosen Parkanlagen. In vielen Winkeln dieser Stadt, die ihr trotz der schweren und entbehrungsreichen Jahre des Kommunismus geblieben sind, stößt man auf viel Sehenswertes.

Bukarest bietet zudem ein lebendiges Kunst- und Kulturleben, zahlreiche Möglichkeiten zur sportlichen Betätigung und eine schöne Umgebung. Da sich auch das Angebot an Unterkünften und Lokalen gerade in jüngster Zeit deutlich entwickelt hat und Rumänien einen wirtschaftlichen Aufschwung erlebt, ist es kein Wunder, daß die Gästezahlen steigen. Immer mehr Reisegesellschaften entdecken das Land mit seinen vielfältigen kulturellen Möglichkeiten und seinen großartigen Naturschönheiten, und auch für Individualreisende ist seit dem EU-Beitritt des Landes eine Entdeckung einfacher.

Zwar ist Bukarest touristisch noch nicht so gut organisiert – bis heute fehlt etwa ein Informationsbüro für Touristen –, doch gerade diese Unorganisiertheit, die Möglichkeit, vieles auf eigene Faust zu entdecken und sich dabei nicht inmitten von Touristenscharen zu bewegen, verleihen der rumänischen Hauptstadt einen eigenen Charme.

Die Stadt lohnt wegen ihrer Weltoffenheit und ihrer Größe sowie ihrer Fülle an baulichen und kulturellen Schätzen einen Aufenthalt von mehreren Tagen. Dieser Reiseführer möchte einerseits Teilnehmern von Gruppenreisen als auch Individualtouristen Anregungen und Orientierung bieten und zu Entdeckungen dieser spannenden Stadt einladen, andererseits aber auch Geschäftsleuten und neu Hinzugezogenen den Einstieg in diese Stadt erleichtern.

Bukarest eignet sich auch wunderbar als Ausgangspunkt für Reisen nach Transsylvanien, in die Walachei und ans Schwarze Meer. Diese Regionen sind in zwei bis zweieinhalb Stunden bequem zu erreichen und bieten gute Möglichkeiten, einen Eindruck vom Inneren des Landes zu gewinnen.

Ein schönes Beispiel für die rumänische Architektur der Jahrhundertwende

Hinweise zur Benutzung

Der vorliegende Reiseführer ist in vier Abschnitte gegliedert. Im ersten Teil wird Rumänien vorgestellt. Das Land wird dabei bewußt summarisch behandelt, die Darstellung beschränkt sich im wesentlichen auf einen Überblick über die Geographie und Geschichte Rumäniens.

Der Hauptteil widmet sich der Stadt Bukarest. Zunächst werden die Vor- und Nachteile der verschiedenen Reisemöglichkeiten dargelegt. Daran schließt ein kurzer Überblick über die mit der Stadt verbundene Architektur und Literatur an. Anschließend führen Spaziergänge in alle Viertel, zu den bekannten und weniger bekannten Sehenswürdigkeiten der Stadt. Ihnen schließen sich thematische Kapitel an, die sich mit den Friedhöfen und Parkanlagen sowie dem jüdischen Bukarest beschäftigen. In einem eigenen anschließenden Kapitel sind alle reisepraktischen Informationen zu Bukarest zusammengefaßt.

Im abschließenden vierten Teil werden Vorschläge zur Erkundung des Umlandes gemacht, die als Tagesausflüge von Bukarest bequem in Angriff genommen werden können. Ausflüge in die Karpaten und zwei Abstecher nach Siebenbürgen runden dieses Angebot ab. Diesen Touren sind die reisepraktischen Informationen unmittelbar zugeordnet.

Wer nach Darstellungen zur Stadtgeschichte oder nach einzelnen Vierteln oder Bauten sucht, stellt fest, daß manche Informationen nur in Publikationen vorhanden sind, die noch aus der Zeit zwischen den beiden Weltkriegen und der Zeit des Kommunismus stammen. Diese Literatur ist auf Grund völlig veränderter architektonischer Strukturen oft nicht mehr aktuell. In jüngster Zeit sind einige sehr gut recherchierte Bücher auf den Markt gekommen, die sich ausführlich den überaus reichhaltigen Baudenkmälern widmen. Auffällig ist, daß die Angaben, etwa Jahresangaben zu Sakralbauten wie auch ihre Benennung, vielfach uneinheitlich sind. Ebenso divergieren die Stadtpläne in vielen kleinen Einzelheiten. Wegen der großen Bauaktivitäten in Bukarest können Angaben zudem veralten, etwa Adressen einzelner Institutionen. Es mag auch vorkommen, daß in näherer Zukunft das ein oder andere Museum wegen Sanierungsmaßnahmen für einen längeren Zeitraum schließt.

In der Summe sind veraltete Angaben dieser Art jedoch zweitrangige Fragen, was das Gesamtverständnis dieser Stadt ambetrifft. Die Leser werden gebeten, dafür Verständnis zu zeigen.

Häufig benutzte Abkürzungen und Begriffe

Bd.:	Bulevardul (Boulevard)	Sfânt (Sf.):	Ein Heiliger
Str.:	Strada (Straße)	Sfânta (Sf.):	Eine Heilige
Sfântul (Sf.):	Der Heilige	Sfinți (Sf.):	Die Heiligen

Zeichenlegende

i	Allgemeine Informationen, Touristenbüros	🛏	Unterkünfte
🚗	Anreise mit dem Auto	✗	Einkehrmöglichkeiten
🚌	Anreise mit dem Bus	🏛	Museen, Ausstellungen und weitere Sehenswürdigkeiten
🚈	Anreise mit der Bahn	♫	Kulturelle Veranstaltungen, Feste

Das moderne Bukarest am Ufer der Dâmboviṭa

Das Wichtigste in Kürze

Allgemeine Informationen

In Bukarest existiert nach wie vor kein offizielles Touristenbüro. Die großen Hotels helfen bei typischen Fragen, Informationen vor Antritt der Reise geben die **Vertretungen des Rumänischen Touristenamtes**:
Budapester Str. 20 a
10787 Berlin,
Tel. 030/241 90 41, Fax 24 72 50 20.
Dachauer Str. 32–34
80335 München
Tel. 089/51 56 76 87, Fax 56 76 89.
Wäringer Str. 6–8
1090 Wien,
Tel. 01/317 31 57, Fax 31 73 15 74,
rumaenien@aon.at.

Anreise

Bukarest bildet den Knotenpunkt für das rumänische Eisenbahn- und Straßennetz, auch der wichtigste Flughafen befindet sich hier. Die Anreise mit der Bahn oder dem PKW dauert einen vollen Tag und ist nicht sehr komfortabel. Eine Anreise mit dem Flugzeug ist daher empfehlenswert, wenn auch die Verbindungen von Deutschland noch nicht so dicht sind wie zu vielen westeuropäischen Städten.

Einreise

Seit dem Beitritt Rumäniens zur EU genügt ein Personalausweis, Visa gehören längst der Vergangenheit an.

Geld und Währung

Die rumänische Währung ist der Neue Rumänische Lei (RON). Anfang 2008 bekam man etwa 2,4 Lei für einen Euro. Der Umtausch bereitet keine Probleme. Neben Banken gibt es zahlreiche Wechselstuben bzw. Wechselschalter in größeren Geschäften. In fast allen Hotels, in vielen Lokalen und gehobenen Geschäften werden die üblichen EC- und Kreditkarten akzeptiert.

Individuell oder organisiert?

Die Reiseveranstalter haben Bukarest bislang nicht für sich entdeckt. Es bereitet aber überhaupt keine Probleme, die Stadt auf eigene Faust zu entdecken.

Ortszeit

Die Zeitdifferenz zu Deutschland beträgt plus eine Stunde.

Sicherheit

Für Bukarest gelten keine besonderen Sicherheitsregeln. Die Kleinkriminalität ist hier so verbreitet wie in anderen europäischen Großstädten auch, Autodiebstahl kommt nicht häufiger vor als in anderen Ländern Mitteleuropas.

Telefon

Vorwahl Bukarests im Inland 021, aus dem Ausland 0040/21.
Folgende Notrufnummern gelten für ganz Rumänien:
Notruf (Salvare): Tel. 928
Polizei (Poliție): Tel. 955
Krankenwagen (Ambulanța): Tel. 962
Feuerwehr (Pompierii): Tel. 981
Pannenhilfe: Tel. 9271 oder
222 15 52/53
ACR Automobil Club Român Bukarest,
Tel. 223 45 25 oder 312 33 33.
Abschleppdienst (Asistenza Rutiera Bukarest): Tel. 22 22 22.

Unterkünfte

Es gibt zahlreiche Unterkünfte, Ausstattung und Preise entsprechen vielerorts dem mitteleuropäischen Standard.

Ausführliche reisepraktische Hinweise bieten die Reisetips von A bis Z ab Seite 296.

Herausragende Sehenswürdigkeiten

Calea Victoriei: Ein Spaziergang über die Calea Victoriei führt in die variantenreiche Architektur des 19. und 20. Jahrhunderts der Stadt ein und bestätigt ihren Ruf als ›Paris des Ostens‹. Gut einkehren kann man hier auch (S. 93).

Nationalgalerie: Für die Besichtigung der Nationalgalerie sollte man sich viel Zeit nehmen. Eine reiche, mit viel kunsthistorischem Empfinden zusammengetragene europäische Sammlung wartet auf den Besucher. Die rumänische Abteilung des Mittelalters gibt einen großartigen Eindruck von den Schätzen, mit denen die Kirchen und Klöster Rumäniens einst bestückt waren (S. 101).

Historisches Museum: Dieses Museum birgt unter anderem einen der seltenen Schätze der Völkerwanderungszeit, den Schatz von Pietroasa aus dem 5. Jahrhunderts. Er wird als gotischer Königsschatz interpretiert (S. 240).

Museum für Moderne Kunst: Das Museum im Parlamentspalast ist nicht nur für Fans der Modernen Kunst eine geeignete Plattform, sondern lohnt auch für zeitgeschichtlich Interessierte einen Besuch. Denn nur über dieses Museum gelangt man in das Innere des Ceaușescu-Palastes, über den soviel geschrieben und gesprochen wurde (S. 149).

Kirchen: Besonders schöne Kirchen sind die Kirchen Slobozia, Elefterie-Alt und Batiștei. Sie alle sind im typisch rumänischen Stil errichtet und weisen teilweise Malereien aus ihrer Gründungszeit auf. Ihnen gemeinsam ist, daß sie häufig übersehen werden (S. 61).

Altes Handelsviertel: Ein Spaziergang durch das alte Handelsviertel läßt sich wunderbar mit der Besichtigung von zwei kostbaren Kirchen verbinden. Die Stavropoleos-Kirche, ein Kleinod sakraler Baukunst im für Rumänien typischen Brâncoveanustil, und Buna Vestire beim alten Hof, der älteste erhaltene Sakralbau Bukarests (S. 78).

Bulevardul Unirii: Diesen Boulevard sollte man weniger seiner Schönheit wegen denn als Zeugnis einer an den Wahnsinn grenzenden Radikalität gesehen haben (S. 147).

Metropoliehügel: Der geschichtsträchtige Boden des Metropoliehügels liegt wie eine beruhigende Insel inmitten der pulsierenden Metropole und birgt die stattliche Patriarchenkirche (S. 156).

Villenviertel: Besonders schöne Villenviertel liegen um die Deutsche Botschaft oder um die Piața Lahovari. Wer sich für das nördlichere Viertel entscheidet, kann die Gassen in Richtung Herăstrău durchstreifen, dem Kultpark der Bukarester. Für die Einkehr wird hier vieles geboten (S. 175).

Choraltempel: Ein besonders eindrucksvolles Bauwerk jüdischen Lebens in Bukarest ist der Choraltempel. Auch einen Besuch des jüdischen Museums sollte man sich nicht entgehen lassen. Hier werden Namen in Erinnerung gebracht, die zwar vertraut sind, aber selten mit Rumänien in Verbindung gebracht werden (S. 208).

Friedhöfe: Der Friedhof Bellu ist der mit der größten Prominentendichte in Bukarest. Hier liegen Politiker und geistige wie kulturelle Größen dicht beieinander. Ganz besonders stimmungsvoll aber ist ein Besuch auf dem jüdischen Friedhof auf dem Bd. Ion Mihalache. Man vermutet diesen nicht hinter dem lauten geschäftigen Boulevard (S. 212).

Umgebung: Einen Tag sollte man der Umgebung Bukarests widmen. Fast ein Muß ist Kloster Snagov mit seiner Umgebung (S. 255).

Bukarest ist eine pulsierende Stadt im Umbruch. Sie entstand am Kreuzungspunkt sich überschneidender Einflüsse aus Ost und West zu einer weltoffenen Metropole mit reichem kulturellen Leben. So fühlt man sich hier ein bißchen wie auf dem Balkan, in Paris, im Orient, in einem Dörfchen oder im Theater.

Land und Leute

Geographie

Der Vielvölkerstaat Rumänien liegt zwischen dem 43. und 48. nördlichen Breiten-
grad, etwa auf der Höhe der Riviera und Mittelfrankreich, und zwischen dem
20. und 29. Längengrad, was ungefähr den Baltischen Staaten und Finnland
entspricht. Seine Fläche bildet fast einen gleichmäßigen Kreis, der in sechs geo-
graphisch sehr unterschiedliche Regionen untergliedert ist: Die Moldau (Moldova), mit ihrer sanften, waldreichen Hügellandschaft hinter den Karpaten, ganz
im Osten begrenzt vom Pruth; Siebenbürgen (Transsilvanien), das sagenum-
wobene Land Draculas, das vom Gebirgszug der Karpaten wie von einem Amphitheater umschlossen wird; das Kreischgebiet (Crişana) im Westen an der
Grenze zu Ungarn; das Banat im Dreiländereck Serbien, Ungarn und Rumänien;
die Dobrudscha (Dobrogea) im äußersten Südosten; die Walachei, zusammen-
gesetzt aus Großer Walachei (Muntenia) und Kleiner Walachei (Oltenia). Man
nennt die Walachei auch Ţara Românească, was übersetzt das rumänische Land
bedeutet. Die Walachei, ein ehemaliges Fürstentum, liegt im Südosten des Landes
südlich des Karpatenbogens und reicht bis zur Donau. In dieser Region, mitten
in der walachischen Tiefebene Câmpia Vlăsiei, liegt die größte und einzige Mil-
lionenstadt Rumäniens, Bukarest.

Das Land im Südosten Europas grenzt im Norden und im Osten an die Ukraine und an die Republik Moldova im Osten, im Westen und Nordwesten an Ungarn,
im Südwesten an Serbien und im Süden an Bulgarien. Von Nord nach Süd sind
es ungefähr 520, von West nach Ost etwa 720 Kilometer. Die Fläche Rumäniens

Die Donau im ›Eisernen Tor‹

beträgt rund 237 000 Quadratkilometer, damit ist es das zwölftgrößte Land der Europäischen Gemeinschaft.

Die Oberfläche des Landes weist große Unterschiede auf. Die Hochebene von Siebenbürgen wird von den Karpaten bis zu einer Höhe von 2500 Metern umschlossen. Die Gebirgskette wird unterschieden in West-, Wald-, Ost- und Südkarpaten. Der Gebirgskette folgt nach Osten und Süden ein welliges Hügelland. Daran schließt sich die weite Donauebene bis zum Schwarzen Meer an.

Ein Drittel des Landes ist flach, zwei Drittel sind Berg- und Hügelland. Die höchsten Gipfel der Karpaten sind Moldoveanul (2543 Meter), Negoinul Peleaga (2509) und Omul (2507). Als Gletscherseen sind in den Karpaten der Lacul Roșu, der Bucura See und der Gilcescu-See zu nennen. An der Meeresküste liegen der Razelm-See (394 Quadratkilometer), der Sinoe-See (16 Quadratkilometer) und der Zmeica-See. Mit 245 Kilometern hat Rumänien einen kleinen Anteil an der Küste des Schwarzen Meeres. Wichtigster Fluß ist die Donau, die sich nach einer Strecke von 1075 Kilometern durch Rumänien in ein atemberaubendes Delta ergießt. Sie bildet im Süden des Landes auf 470 Kilometer Länge die rumänisch-bulgarische Grenze und im Nordosten die Grenze zur Republik Moldova und zur Ukraine.

Klima und Reisezeit

Rumänien ist mit seinem Küstenstreifen und dem Wander- und Skigebiet in den Karpaten schon lange ein beliebtes Reiseland. Daneben gibt es eine Fülle an relativ unbekannten Kulturschätzen wie die Moldauklöster mit ihren einzigartigen Außenmalereien, die trutzigen Kirchenburgen Siebenbürgens, die Holzkirchen der Maramureș, die habsburgisch beeinflußten Städte des Banat, die griechischen Ausgrabungssstätten am Schwarzen Meer, die Dakerfestungen in den Orăștie-Bergen, die Weite und Einsamkeit der Dobrudscha und das in vielen Teilen unberührte Donaudelta. Nicht zu vergessen sind die reichen Kulturschätze der Hauptstadt Bukarest.

Das Land kann das ganze Jahr über bereist werden. Da es mitten im Zentrum des kontinentalen Europa gelegen ist, trifft man auf ein gemäßigtes Klima mit stark kontinentalen Zügen. So kann es im Hochsommer in der Ebene und in Bukarest sehr heiß werden. Auf die Dürrejahre 2000 und 2001 folgten in den letzten drei Jahren regenreiche Sommermonate, die zu katastrophalen Überschwemmungen führten. Das Jahr 2007 war wiederum von einer starken Hitzeperiode gekennzeichnet. Die Winter sind dafür umso kälter und schneereicher. Aber auch in Rumänien ist der Klimawandel spürbar; so war der Winter 2006/2007 außergewöhnlich mild und schneearm.

In Bukarest können die Temperaturen im Sommer auf bis zu 35 bis 40 Grad – an manchen Tagen sogar darüber – steigen. Schatten spenden da nur die vielen alten Bäume. Zu allen Jahreszeiten weht der Crivătul, ein Nordostwind. Im Winter wird er von Kälte und Schneestürmen begleitet. Der Austrul hingegen kommt von Südwesten und bringt warme und trockene Luft. Den Regen bringt der Bältărețul aus dem Südosten.

Für den Besuch Bukarests eignet sich zwar jede Jahreszeit, besonders zu empfehlen sind aber Frühjahr und Herbst. Das Frühjahr lockt besonders wegen der vielen Parkanlagen, in denen die Vegetation in voller Blüte steht. Der Winter gibt die Blicke frei auf die vielen unterschiedlichen Fassaden, die vielen Details in der Architektur und die Gesamtansichten der Kirchen. Besonders schön ist das bei Schnee anzuschauen. Aber es kann auch eisig kalt werden. Am schönsten ist Bukarest im Herbst, wenn die vielfältige Vegetation ihr Blattwerk in den schönsten Farben färbt: Weinreben, Laubbäume, unter ihnen Ulmen, Eichen, Kastanien, Platanen und Nußbäume.

Bevölkerung, Religion und Sprache

Laut der letzten Volkszählung von 2002 leben in Rumänien 21,6 Millionen Menschen. Das sind im Vergleich zur Volkszählung von 1992 gut eine Million weniger. Die Bevölkerung schrumpft zum einen auf Grund der hohen Geburtensterblichkeit und einer im europäischen Vergleich geringen Lebenserwartung, aber auch weil die Auswanderungswelle noch nicht gestoppt werden konnte.

Von diesen 21,6 Millionen Menschen sind 89 Prozent Rumänen. Der Anteil der deutschsprachigen Bevölkerung verringerte sich seit 1992 um auf die Hälfte. Wurden 1992 noch knapp 120 000 Deutsche gezählt, so waren es im Jahre 2002 nur noch rund 600 000, etwa 0,3 Prozent der Gesamtbevölkerung. Genauso groß ist die Volksgruppe der Ukrainer (Ruthenen). Die größten Minderheiten stellen nach wie vor die Ungarn und Szekler, mit einem Gesamtbevölkerungsanteil von aber auch nur noch 6,6 Prozent. Etwa 500 000 Roma leben auf rumänischem Gebiet; sie machen rund 2,3 Prozent der Gesamtbevölkerung aus. Daneben leben Juden, Griechen, Kroaten und andere Minderheiten im Land.

Die Zusammensetzung der Bevölkerung in Bukarest weicht etwas von diesen Relationen ab. In der Hauptstadt leben nach der letzten Zählung 2,1 Millionen Menschen, darunter etwa 2500 Türken, 27 000 Roma, 5800 Ungarn und 2400 Deutsche. 87 Prozent der Bevölkerung bekennen sich zur rumänisch-orthodoxen Kirche, fast 7 Prozent gehören den Protestanten an und 5,5 Prozent der römisch-katholischen Kirche. Daneben bestehen griechisch-katholische (unierte Kirche) und armenische Gemeinden, jüdische und muslimische Glaubensgemeinschaften.

Landessprache ist Rumänisch, von dem die Kenner sagen, es sei die dem Lateinischen am nächsten gebliebene der romanischen Sprachen. Daneben wird auch Deutsch und Ungarisch von den Minderheiten gesprochen. In Bukarest kann man sich sehr gut mit Englisch verständigen, in der Moldau eher mit Französisch und im Donaudelta mit Russisch. Die Landessprache Rumänisch enthält slawische und auch türkische Lehnwörter.

Im 19. Jahrhundert wurden die französische Sprache und Lebensart dominierend. Bis zum 16. Jahrhundert galt das Kirchenslawische in Rumänien als Schriftsprache, bis in das 19. Jahrhundert wurde in kyrillischen Buchstaben geschrieben, seit 1859 wird das um einige Buchstaben ergänzte lateinische Alphabet benutzt. Die Orthographie hat eine Reihe von Reformen durchgemacht. Das Alphabet

Flohmarkt im Lipscani-Viertel

wurde zunächst um die Buchstaben ergänzt, die eigene Lautwerte verkörpern: ţ, ş, ă, î, â. Während der Stalin-Zeit wurde das Slawische wieder betont und der Laut â abgeschafft, 1965 aber wieder eingeführt, aber nur für die Wörter ›România‹ und ›Român‹, die die Verbindung zum Lateinischen betonten. Ansonsten beließ man aus Gründen der Vereinheitlichung das ›î‹. Die jüngste Orthographiereform von 1993 hat dieses ›î‹ wiederum für einige Fälle abgeschafft. Man benutzt statt dessen den Buchstaben ›â‹, was für den Reisenden vor allem bei den Ortsnamen (Câmpulung heute statt einst Cîmpulung) irritierend sein kann, besonders wenn alte Karten mitgeführt werden.

Die Roma

Rumäniens größte Minderheit sind die Roma, der osteuropäische Zweig der Sinti und Roma. In den westeuropäischen Ländern werden sie meist abwertend als Zigeuner bezeichnet, sie selbst nennen sich in Rumänien ›Ţigăn‹. Oft wurden sie auch als ›Kladera‹ (Kesselschmiede) und ›Lovara‹ (Pferdehändler) bezeichnet, was auf ihre traditionellen Berufe hinweist.

Die aus Indien in verschiedenen Zügen eingewanderten Roma sind seit Jahrhunderten im Donau- und Karpatenraum von der Dobrudscha über die Walachei bis nach Siebenbürgen beheimatet.

In den rumänischen Fürstentümern des Mittelalters waren die Roma vorwiegend Leibeigene und Unfreie. Letztere standen gesellschaftlich höher als Sklaven, aber niedriger als Leibeigene, und sie besaßen eine eigene Hauswirtschaft. Sie lebten in Großfamilien, in sogenannten ›Salas‹, und waren Unfreie der Krone, der Klöster und der Bojaren. Im 18. Jahrhundert wurde die Entlassung in die Freiheit möglich; in diesem Fall unterstanden die Roma nur noch dem Staat. Einige wurden seßhaft, einige wanderten nach Ungarn aus, wo sie geschützt waren. Nach ihrer Entlassung in die Freiheit mußten die Roma in der Moldau eine Kopfsteuer zahlen – bei ihrem Kinderreichtum ein einträgliches Geschäft für die Staatskasse.

Schon seit der Zeit Maria Theresias unternahm der Staat Anstrengungen, die Roma seßhaft zu machen. Dies wurde auch unter den Kommunisten verstärkt angestrebt. Ceaușescu wies ihnen die durch deutsche Abwanderung entvölkerten Dörfer zu. Die Roma leben am Rande der Dörfer und Städte noch immer ihr eigenes Leben, waren und sind dennoch deren Bewohnern durch vielfältige Berufstätigkeiten verbunden.

Wir lieben die Zigeunermusik, besonders die Blaskapellen, Fanfaren genannt, den Tanz und volkstümliche Traditionen, die uns vor allem von den Kortorara, den Wander- und Zeltzigeunern, vermittelt wurden, deren Lebensweise die Sitten und Eigenart der Roma vollständig bewahrten. Die Brassband Fanfare Ciocărlia ist über die Grenzen Rumäniens berühmt. Lieder wie ›Lustig ist das Zigeunerleben‹ sind und waren allerdings von der weniger lustigen Realität weit entfernt. Auch in Bukarest wird allzu deutlich, daß die Schere zwischen wohlhabenden und im Elend lebenden Roma stark auseinanderklafft.

Konfessionell paßten sich die Roma der jeweiligen Bevölkerungsmehrheit an – ob orthodox, evangelisch, reformiert oder katholisch –, pflegten aber ihren eigenen Volksglauben.

Ihr Zusammenhalt drückte sich in Sippenverbänden aus, die von einem ›Bulibassa‹ (auch Bulibascha, aus dem Türkisches stammendes Wort, das ›großer Anführer einer Schar‹ bedeutet) geleitet wurde. Das Oberhaupt der Sippen ist der Baro Bulibassa. In Rumänien war dies ab 1964 Ioan Cioabă, der sich am 8. September 1992 in der orthodoxen Klosterkirche zu Bistrica Vilcea (bei Costești) medienwirksam zum König ausrufen ließ. Seine Stiftung setzt sich bis heute für die Erhaltung und Förderung der Roma-Kultur ein. Sein Nachfolger ist seit 1997 sein Sohn Florin Cioabă, der im Stadtparlament von Sibiu sitzt und seine guten Beziehungen zum Bürgermeister rühmt. Er hat jedoch Konkurrenz vom Roma-Kaiser Julian bekommen, dem sich andere Gruppen der Roma angeschlossen haben.

Den Roma blieb die gesellschaftliche Anerkennung stets verwehrt, obgleich sie bis zum Zweiten Weltkrieg für ihren Lebensunterhalt selbst aufkommen konnten. Mit Beginn des Krieges teilten viele das Schicksal der Juden: die Deportation nach Bessarabien und Transnistrien, die oft genug den sicheren Tod bedeutete. Zuverlässige Zahlen darüber fehlen.

Mit der Etablierung der Kommunisten wurden nicht nur ihr Verband und ihre Zeitung verboten, sondern man forcierte, wie einst die Habsburger, ihre gezielte

Seßhaftmachung: man nahm ihnen Zelte und Wagen weg und wies ihnen stattdessen enteignete Bauernhöfe zu. Erst als Ceaușescu das Gewicht der Rumänen stärken wollte, waren ihm die Roma, da kinderreicher als die anderen Bevölkerungsgruppen, willkommen.

Auch wenn sich viele Roma an die Lebensart der Umgebung der sogenannten ›Gadsche‹ (Nichtzigeuner, singular Gadscho) in Kleidung, Schulbesuch und anderen Gewohnheiten anpaßten, ist ihre Lage oft prekär, da sie keinerlei berufs- und bildungsmäßige Unterstützung erhielten. Mit dem allgemeinen wirtschaftlichen Niedergang nach der Revolution verloren gerade die Roma ihre Erwerbsmöglichkeiten. Ihre Andersartigkeit und ihre große Anzahl riefen traditionell den Unmut der Anwohner hervor. 1987 etwa mündete diese Abneigung in Sebeș (Mühlbach) in Siebenbürgen mit einer offenen Rebellion, weil man ihnen das Betreten von Gaststätten verbot. An- und Übergriffe fanden gerade in den Krisenjahren 1990/91 mehrfach statt.

Dennoch wird das Verhältnis zu den Roma von den Rumänen heute sehr unterschiedlich bewertet. Einen lebensnahen und warmherzigen Eindruck von der Zwiespältigkeit der täglichen Gemeinschaft gibt das Buch von Heinz Weischer ›Konrads neue Freunde‹.
Obwohl häufig untereinander zerstritten, sind die Roma in dem Dachverband ›Demokratische Union der Roma aus Rumänien‹ locker organisiert. Außerdem werden heute bereits 200 nichtstaatliche Organisationen gezählt. Am 8. April feiern die Roma ihren internationalen Festtag.
Im Jahr 1990 nutzten auch die Roma die neu gewonnenen politischen Möglichkeiten und wanderten in goßer Zahl nach Zentraleuropa aus, besonders nach Italien.

Roma auf einer Fähre bei Galați

Der Beitritt zur EU hat Rumäniens Anstrengungen in Sachen Minderheitenpolitik verstärkt, die Situation der Roma ist aber nach wie vor verbesserungswürdig. Zwar gibt es Schulen, in denen in der Sprache der Roma – ›Romanes‹ – unterrichtet und eine bestimmte Anzahl an Studienplätzen für die Roma reserviert wird; außerdem unterstützt die Regierung finanziell ihre kulturellen Einrichtungen. Die Umsetzung mancher Programme bleibt aber häufig auf der Strecke.

Im Parlament sind die Roma derzeit mit Nicolae Păun vertreten. Viel Hoffnung gibt den Roma der EU-Beitritt Rumäniens, der es ihnen ermöglicht, im Europäischen Parlament eigene Rechte zu fordern.

Verfassung und Verwaltung

Rumänien ist nach der 1991 verabschiedeten Verfassung eine Republik. Diese Verfassung hat mehrfache Novellierungen erfahren und wurde zuletzt 2003 geändert. Das Regierungssystem orientiert sich am französischen Modell.

Staatsoberhaupt ist der Staatspräsident. Er kann zwei Mal für fünf Jahre direkt gewählt werden. Er ist mit weitreichenden Befugnissen ausgestattet. So

Die rumänische Flagge

ist der Präsident oberster Befehlshaber der Streitkräfte und verfügt über Notstandsbefugnisse und ein (suspensives) Vetorecht gegen Gesetzesbeschlüsse. Im Fall einer Pflichtverletzung kann er wiederum vom Parlament suspendiert werden. Zuvor muß eine Stellungnahme beim Verfassungsgericht eingeholt werden. Die endgültige Absetzung wird per Volksabstimmung entschieden. Im Jahr 2007 geriet die Politik in Rumänien in eine solche Situation. Ein Amtsenthebungsverfahren wurde gegen Staatspräsident Traian Băsescu eingeleitet, in der darauffolgenden Abstimmung sprach sich das Volk aber gegen seine Absetzung aus.

Das Zweikammerparlament besteht aus der Abgeordnetenkammer mit 332 Abgeordneten und dem Senat mit 137 Mitgliedern. Die Zahl der Abgeordneten kann sich um eine variable Anzahl, aber mindestens um 15 Zusatzmandate für Organisationen der nationalen Minderheiten erhöhen. Abgeordnetenkammer und Senat sind gleichberechtigte gesetzgebende Organe, die beide für vier Jahre gewählt werden. Jedes Gesetz bedarf der Zustimmung beider Kammern.

Das Land ist in 41 Kreise, sogenannte Judeţe, und die Stadt Bukarest eingeteilt. Die öffentliche Verwaltung wurde dezentralisiert, die Autonomie der Kreise gestärkt. In diesem Zusammenhang wurde der Kreis Ilfov eingerichtet, der wie ein Kranz um Bukarest liegt. Das Landeskennzeichen, sowohl für Kraftfahrzeuge als auch fürs Internet, ist RO‹ für România. Die Landesflagge hat senkrechte Streifen in blau, gelb und rot.

Erinnerung an die Opfer von 1989 am Revolutionsplatz

Geschichte Rumäniens

Rumänien als Nationalstaat besteht erst seit dem Jahr 1861. In diesem Jahr wurde Alexandru Ioan Cuza sowohl zum Fürst der Moldau als auch zum Fürst der Walachei gewählt und vereinte beide Länder in Personalunion. Bis zu diesem Zeitpunkt verlief die Geschichte der einzelnen Regionen sehr unterschiedlich und nur punktuell parallel.

Erste menschliche Siedlungen auf dem Gebiet des heutigen Rumänien können 200 000 bis 300 000 Jahre zurückverfolgt werden. Etwa um 2000 vor Christus entwickelten sich aus nomadisierenden Schafhirten die Stämme der Daker und Geten.

Die Anfänge

700–500 v. Chr. Die Griechen besiedeln die Schwarzmeerküste und gründen im heutigen Rumänien die Städte Istros (Histros, 657), Tomis (Constanța, 550) und Kallatis (Mangalia).

514 v. Chr. Die Geten schließen sich mit Thrakern und Illyrern zusammen.

200 v. Chr. Im heutigen Siebenbürgen entsteht das Reich der Daker.

101 v. Chr. Römische Legionen dringen in das Land der Daker ein.

106 n. Chr. Die Römer unter Kaiser Trajan besiegen in zwei Kriegen die Daker unter Decebal und gliedern das Gebiet als Provinz Dacia in ihr Reich ein. Sie bleiben bis 271 n. Chr.

395 n. Chr. Das Römische Reich wird in das Oströmische mit der Hauptstadt Konstantinopel und das Weströmische mit der Hauptstadt Rom geteilt. Das Gebiet des heutige Rumänien fällt unter den Einfluß Ostroms.

602 n. Chr. Die Herrschaft der Byzantiner endet.

7. Jahrhundert Slawische Stämme siedeln sich in diesem Gebiet an.

Vom 3. bis zum 9. Jahrhundert wird das heutige Rumänien von Goten, Hunnen, Gepiden, Awaren und anderen Völkern durchzogen. Sie bilden aber noch keine staatsähnlichen Herrschaftsformen aus.

Traian wird von der dakischen Bevölkerung begrüßt; Darstellung auf der Traianssäule in Rom

Erste Fürstentümer

Im Mittelalter entstehen im Karpatenraum die drei unabhängigen Fürstentümer Siebenbürgen, Moldau und Walachei.

Ab 1000 Magyarisch-ungarische Stämme beginnen den Karpatenraum zu besiedeln. Daneben dringen Turkvölker wie Petschenegen, Kumanen und Tataren in diesen Raum ein.

1054 Das Christentum wird in Ost- und Westkirche gespalten. Das Donaugebiet und der Karpatenraum geraten zunehmend unter den Einfluß der Ostkirche. In Siebenbürgen, der nördlichen Moldau und der Walachei bilden sich die ersten Fürstentümer. Kurz darauf wird Siebenbürgen von den Ungarn erobert.

1150 König Geza II. von Ungarn holt zur Sicherung gegen Einfälle aus dem Osten deutsche Siedler und den Deutschen Ritterorden nach Siebenbürgen.

Das Osmanische Reich im 17. Jahrhundert

Land und Leute

Zahlreiche Städte, darunter Siebenbürgen (Sibiu) und Kronstadt (Brașov), werden gegründet.

1211 König Andreas II. von Ungarn beschenkt den Deutschen Orden mit Land. Als dieser seine Rechte überschreitet, wird er wieder vertrieben.

1241 Die Mongolen fallen in das Moldaugebiet ein und machen es für 100 Jahre unsicher.

1324 – 1359 Die Moldau und die Walachei werden unabhängige Fürstentümer.

Um 1324 Unter Matei Basarab I. (1310 – 1352) entsteht das Fürstentum Walachei. Nicolae Alexandru (1352 – 1364), genannt der Alte, wird sein Nachfolger. Vlaicu Vodă (1364 – 1377), eigentlich Vladislav I., ist Großwoiwode.

Vlad III. Țepeș, Ölgemälde

1359 Bogdan I. (1359 – 1365) begründet das Fürstentum Moldau.

Seit 1386 Mircea der Alte (cel Bătrân) aus dem Haus der Familie Basarab wird Fürst der Walachei, die unter ihrer Herrschaft seine größte Ausdehnung erreicht. Als Verbündeter des ungarischen Königs muß er nach der Niederlage bei Nikopolis gegen die Osmanen deren Oberhoheit akzeptieren. Gegen Tributzahlungen bewahrt er sich eine relative Unabhängigkeit. Die Osmanen dringen von Kleinasien nach Europa vor und erobern den Balkan. Mit der Eroberung von Konstantinopel 1453 setzen sie dem byzantinischen Reich ein Ende. Viele Griechen wandern auf den Balkan ab.

1456 Vlad III. Țepeș (Vlad der Pfähler), bekannt als Dracula, wird Fürst der Walachei.

1526 Die Osmanen siegen in der Schlacht bei Mohács; Ungarn wird aufgeteilt: Siebenbürgen wird von Ungarn gelöst und autonomes, der Hohen Pforte tributpflichtiges Fürstentum. Die Fürstentümer der Walachei und Moldau geraten immer stärker unter osmanische Oberhoheit. Nur bedingt können sie sich ein gewisses Maß an Selbständigkeit bewahren.

1593 – 1601 Michael der Tapfere (Mihail Viteazul, 1558 – 1601) kämpft gegen die Osmanen und vereinigt zum ersten Mal die drei Fürstentümer Moldau, Walachei und Siebenbürgen in einer Hand.

17. – 18. Jahrhundert Constantin Brâncoveanu regiert als Fürst der Walachei von 1688 bis 1714; der Gelehrte und Schriftsteller Dimitrie Cantemir wird Fürst (Hospodar) der Moldau (1710 – 1711) und Siebenbürgen seit dem Frieden von Karlowitz 1699 direkt den Habsburgern unterstellt. Das Haus Habsburg und das Zarenreich Rußland beginnen um die Vorherrschaft in den rumänischen Fürstentümern zu ringen.

Die griechischen Fanarioten

Die Fanarioten wurden von der Hohen Pforte in den Fürstentümern Moldau und Walachei als dem Sultan wohlgesonnene Stellvertreter eingesetzt. Ihr Name leitet sich vom Stadtteil Fanar in Konstantinopel ab, in dem die griechischen Familien vorwiegend ansässig waren. Die Fanarioten herrschten in der Moldau seit 1711 und in der Walachei seit 1716. Mit ihrer Einsetzung endete die innenpolitische Autonomie der Fürstentümer Moldau und Walachei.

Die erste Phase der Fanariotenzeit reicht bis zum Frieden von Kütschük-Kainardshi (Bulgarien) im Jahr 1774, der den russisch-türkischen Krieg beendet. In der zweiten Phase erreicht der Einfluß Konstantinopels im Karpatenraum seinen Höhepunkt. Orientalischer und griechischer Einfluß durchziehen das gesamte Leben von der Kleidung bis zur Einrichtung.

Während der Herrschaft der Fanarioten wurde das rumänische Land für die Hohe Pforte ausgepreßt. Der Titel des Fürsten wurde in der Walachei mindestens 37 Mal an die Fanarioten vergeben, in der Moldau 33 Mal. Allein Constantin Mavrocordat herrschte sechs Mal in der Walachei und vier Mal in der Moldau.

1711–1821 Fanarioten regieren in der Moldau und der Walachei.

1775 Die Bukowina, als Teil der nördlichen Moldau, fällt im Ergebnis des Friedensvertrages zwischen Rußland und dem Osmanischen Reich an Österreich.

1821 In der Walachei bricht unter Führung von Tudor Vladimirescu ein Aufstand gegen das Feudalsystem und die Türkische Oberhoheit aus. Vladimirescu fordert unter Ausschluß von Fanarioten und Türken die rumänische Herrschaft über die Fürstentümer. Er wird in seinen Bestrebungen zunächst durch die Russen und General Alexandru Ipsilanti, einem Enkel des gleichnamigen Woiwoden, unterstützt, dann aber durch das zögerliche Verhalten des Zaren geschwächt und schließlich niedergeschlagen.

Die Fanarioten, die auch am griechischen Unabhängigkeitskrieg beteiligt waren, verlieren ihre Privilegien bei der Hohen Pforte. In der Moldau und der Walachei werden sie durch einheimische Fürsten ersetzt.

Tudor Vladimirescu, Führer der Revolution von 1821

Nationale Befreiung und staatliche Einigung

Die Geschichte Rumäniens im 19. Jahrhundert ist von den Auseinandersetzungen zwischen Rußland und den Türken, der Schwäche der Hohen Pforte und dem Aufstieg Rußlands zur europäischen Großmacht sowie dem Streben der Rumänen nach Eigenstaatlichkeit geprägt.

1829 Im Frieden von Adrianopel wird der russisch-türkische Krieg beendet. Rußland gewinnt unter anderem Teile des Donaudeltas. Das Osmanische Reich verliert seinen Einfluß auf die rumänischen Fürstentümer. Walachei und Moldau werden stattdessen russisches Protektorat.

1848 Die Revolution in der Walachei, Moldau und Siebenbürgen unter der Führung von Nicolae Bălcescu wird mit Hilfe ausländischer Armeen erstickt. George Bibescu, Fürst der Walachei, wird aus Bukarest vertrieben.

1856 Der Krimkrieg (1853–1856) wird im Vertrag von Paris beendet. Rußland verliert seine Herrschaft über die Fürstentümer Moldau und Walachei an die westeuropäischen Großmächte Preußen, Frankreich und Habsburg. Diese garantieren die innenpolitische Unabhängigkeit, beeinflussen aber die Außenpolitik. Ein provisorischer Landtag – ›Diwan ad-hoc‹ – wird einberufen. Jedes Land – also

Der Balkan nach 1878

Moldau und Walachei – soll seinen eigenen Herrscher haben, der mit Hilfe der Minister zu regieren hat.

1859 Der Offizier Alexandar Ioan Cuza wird zum Fürst der Moldau und anschließend zum Fürst der Walachei gewählt.

1862 Alexandru Ioan Cuza proklamiert im Januar die Vereinigung der Fürstentümer Moldau und Walachei unter dem Namen Rumänien. Die erste Verfassung wird verabschiedet, aber bereits 1864 wieder aufgehoben, um einem Staatsstreich zuvorzukommen.

1863/1864 Die Leibeigenschaft wird abgeschafft. Unter Cuza und Ministerpräsident Mihail Kogălniceanu wird die Agrarreform begonnen, werden die Klöster, die rund ein Viertel der Landesfläche besitzen, teilweise enteignet.

1866 Innenpolitische Gegner zwingen Cuza zur Abdankung, er emigriert. Lascăr Catargiu, Nicolae Golescu und Oberst Nicolae Haralambie übernehmen die Macht. Über eine Volksabstimmung wird die Wahl eines fremden Fürsten beschlossen. Karl von Hohenzollern-Sigmaringen wird als Carol Landesfürst. Die Verfassung nach belgischem Vorbild wird verabschiedet und bleibt bis 1923 in Kraft. In ihr ist Rumänien als konstitutionelle Monarchie verankert.

Unter den Hohenzollern

1877 Rumänien tritt an der Seite Rußlands in den Krieg gegen die Türken ein. In der Schlacht von Plevna (Pleven) tragen die rumänischen Truppen unter Führung von Karl von Hohenzollern entscheidend zum russischen Sieg bei, der zur Befreiung der Bulgaren von der Osmanischen Fremdherrschaft führt. Nach mehrmonatiger Belagerung müssen die Türken am 10. Dezember aufgeben.

1878 Auf dem Berliner Kongreß wird die Unabhängigkeit Rumäniens bestätigt. Rumänien erhält die Norddobrudscha, tritt aber Bessarabien an Rußland ab.

1881 Rumänien wird Monarchie, Karl von Hohenzollern wird als Carol I. erster König Rumäniens.

1907 Ein großer Bauernaufstand in der Moldau und der Walachei wird blutig niedergeschlagen.

1913 Frieden von Bukarest. Als Ergebnis des Zweiten Balkankrieges erhält Rumänien die Süddobrudscha.

1914 Nach dem Tod Carols I. folgt ihm sein Neffe Ferdinand auf dem Thron.

Die Entstehung Großrumäniens

1916 Nach anfänglicher Neutralität tritt Rumänien an der Seite der Entente (Frankreich, Großbritannien und Rußland) in den Ersten Weltkrieg ein. Der liberale Ministerpräsident Ion Brătianu unterzeichnet im August mit der Entente einen Bündnisvertrag und eine Militärkonvention. Rumänien erhält das Recht, ganz Siebenbürgen und weiteres ungarisches Gebiet bis zur Theiß (Banat) sowie die Bukowina mit Czernowitz zu annektieren. Im Gegenzug verpflichtet sich Rumänien, Österreich-Ungarn den Krieg zu erklären und seine wirtschaftlichen Beziehungen zu den Mittelmächten abzubrechen.

Die rumänischen Könige aus dem Hause Hohenzollern-Sigmaringen

Zu den Eigentümlichkeiten der neueren Geschichte Rumäniens gehört, daß hier, wie auch im Nachbarland Bulgarien und in Griechenland, deutscher Adel an die Spitze des Landes gelangte.

Eine provisorische Regierung wollte nach der Abdankung des Staatsgründers Alexandru Ioan Cuza den Bruder des belgischen Königs als Staatsoberhaupt gewinnen. Dieser verzichtete, und so trug man, auf Vermittlung von Napoléon III., dieses Amt Karl Eitel Friedrich von Hohenzoller-Sigmaringen (1839–1914) an. Er nahm an, wurde in einer Volksabstimmung bestätigt und durfte sich ab Mai 1866 Fürst Carol I. nennen.

In einer Rede soll er bei seinem Einzug in Bukarest unter anderem gesagt haben: »Durch den freien Willen der Nation zum Fürsten von Rumänien gewählt, habe ich ohne Zögern Vaterland und Familie verlassen, um dem Rufe des rumänischen Volkes, das mir seine Geschicke anvertraut, Folge zu leisten. Indem ich den Fuß auf diesen geheiligten Boden setze, bin ich Rumäne geworden. Die Annahme der auf mich gefallenen Wahl legt mir, ich bin mir dessen wohl bewusst, große Pflichten auf; aber ich hoffe, daß es mir vergönnt sein wird, sie zu erfüllen. Ich bringe Ihnen ein treues Herz, ehrenhafte, offene Gesinnung, festen Willen, nur das Gute zu tun, eine grenzenlose Hingebung für mein neues Vaterland und jene unbeugsame Achtung für Gesetz und Recht, welche die Meinigen mich gelehrt haben. Heute friedlicher Bürger, morgen, wenn es sein muß, Soldat mit der Waffe in der Hand, werde ich von nun ab Ihre Geschicke teilen, seien es freundliche, seien es schmerzliche! Glauben Sie an mich, wie ich an Sie glaube. Gott allein weiß, was die Zukunft für unser Vaterland in seinem Schoße birgt. Was es aber auch sei, wir wollen unsere Pflicht tun. Suchen wir unsere Kraft in der Einigkeit, vereinigen wir unsere Kräfte, um allem was die Zukunft bringt, gewachsen zu sein! – Die Vorsehung, welche mich, Ihren Erwählten, bis hierher geführt und welche alle Hindernisse aus meinem Wege räumte, sie wird ihr Werk nicht unvollendet lassen! Es lebe Rumänien!«

Carol I. begründete eine Dynastie, die über vier Generationen bis 1946 die Geschicke des Landes lenkte. Er wurde nach der Unabhängigkeit Rumäniens im Jahr 1881 als Carol I. König. Seine Beliebtheit stützte sich vor allem auf die unvergessenen militärischen Erfolg bei Plevna, Grivița und Rahova, die letztendlich die Unabhängigkeit Rumäniens herbeigeführt hatten. Symbolisch ließ er sich die Krone aus den in Plevna eroberten Kanonen aus Stahl fertigen.

Popularität erlangte seine Gemahlin Elisabeth mit ihren unter dem Pseudonym Carmen Sylva veröffentlichten Gedichten. Ihr einziges Kind, ein Mädchen, verstarb früh. Auf Vorschlag von Brătianu wurde im Jahr 1884 ein Kronbesitz geschaffen. Er bestand aus zwölf im ganzen Land verstreut liegenden Gütern, aus denen die Mittel für die Repräsentation kamen.

Nach dem Tod von Carol I. im Oktober 1914 folgte ihm sein Neffe Ferdinand (1865–1927) auf dem Thron. Ferdinand trat sein Amt als Ferdinand I. unverzüglich an, wurde aber wegen des Ersten Weltkriegs erst 1922 in Alba Iulia gekrönt, seine Frau Marie von Sachsen-Coburg-Gotha zur Königin. Ferdinand war eher schüchtern, sprach jedoch Rumänisch und stand im Ersten Weltkrieg fest an der Seite der Entente, was ihm im Volk den Spitznamen ›Ferdinand der Treue‹ einbrachte. Seine Ehe mit Marie galt nicht als glücklich. Ihr wird ein enges Verhältnis mit dem Fürsten Barbu Ştirbei nachgesagt, ihrem Mann Ferdinand eines mit Elena Văcărescu (1864–1947), einer späteren Schriftstellerin und Diplomatin, die er nicht heiraten durfte. Dennoch gingen aus der Verbindung mit Marie sechs Kinder hervor. Marie war wie ihre Vorgängerin künstlerisch tätig.

Man spricht ihr aber auch einen nicht unerheblichen politischen Einfluß zu. So vertrat auch sie während des Ersten Weltkriegs eisern die Position der Entente für Rumänien. Unter der Herrschaft ihres Mannes hatte sich das Territorium Rumäniens nahezu verdoppelt.

Der natürliche Nachfolger Ferdinands, sein Sohn Kronprinz Carol, war eine schillernde Figur. Seine Liebschaften mit nicht standesgemäßen Frauen sorgten für Skandale, weshalb er 1926 von der Thronfolge ausgeschlossen wurde. Carol zeigte wenig Interesse für die Politik, genoß das süße Leben, die Rennwagen, das Fliegen und lernte Helena Lupescu kennen. Mit ihr ging er ins Exil.

Carol I. im Jahr 1909

Als Ferdinand 1927 starb, wurde Carol sogar die Einreise zum Begräbnis verweigert und sein fünfjähriger Sohn Michael zum König ausgerufen. Nur drei Jahre später holte man ihn aber ins Land zurück und krönte ihn zum König Carol II. Nicht gewillt sich von seiner Geliebten zu trennen, holte er sie wenig später nach. Mit seinem Namen ist die Königsdiktatur ab 1938 verbunden. Aufgrund der von außen erzwungenen Gebietsabtretungen an die Sowjetunion, Ungarn und Bulgarien ernannte Carol II. Kriegsminister Ion Antonescu zum Ministerpräsidenten und ging ins Exil.

Nachfolger wurde Carols Sohn Michael I. (*1921), de facto aber hatte Antonescu die Fäden in der Hand. Erst im August 1944 gelang es Michael I., Antonescu zu entlassen und sich aus dem Bündnis mit Deutschland zu lösen.

Nach Ende des Zweiten Weltkriegs regierte Michael zunächst, wenn auch mit stark eingeschränkten Befugnissen, weiter. Er wurde aber im Dezember 1947 von den Kommunisten zur Abdankung gezwungen und ging ins Exil in die Schweiz, in der alle seine fünf Töchter geboren wurden. Seit dem Sturz der Ceauşescu-Diktatur lebt er wieder in Bukarest, wo er mit der königlichen Familie Sitz im Elisabeth-Palais genommen hat. Während sich eine seiner Töchter im politischen Leben sehr engagiert, lebt Michael sehr zurückgezogen.

1918 Unterzeichnung des Friedensvertrages zwischen den Mittelmächten und Rumänien im Mai. Versammlung von Karlsburg (Alba Iulia) ab 18. Dezember 1918, auf der die Vereinigung von Siebenbürgen mit Rumänien gefordert und dann nach einer Abstimmung proklamiert wird. Der 18. Dezember ist daher heute Nationalfeiertag.

1919/20 In den Vorortverträgen von Paris, St. Germain, Neuilly (1919) und Trianon (1920) erhält Rumänien ausgedehnte Gebiete, die vorher zur Habsburger Monarchie bzw. Ungarn (Banat, Bukowina, Siebenbürgen) und zu Rußland (Bessarabien) gehörten. Aus Alt-Rumänien wird Groß-Rumänien, aus einem Nationalstaat ein Vielvölkerstaat. Ein Drittel der Bevölkerung ist nichtrumänisch.

Zwischenkriegszeit und Zweiter Weltkrieg

1919 Rumänien unterzeichnet auf Druck Englands und Frankreichs den Minderheitenschutzvertrag der Pariser Friedenskonferenz, der allen Nichtrumänen Rechtsgleichheit, freien Sprachgebrauch und muttersprachlichen Schulunterricht zusichert. Die Umsetzung der Vertragsbestimmungen ist jedoch schleppend.

1921 Die kommunistische Partei Rumäniens wird durch Abspaltung von der Sozialistischen Partei gegründet.

1923 Einführung des allgemeinen Wahlrechts, im Folgejahr einer Agrarreform.

1925 Kronprinz Carol, Sohn Ferdinands und Marias, verzichtet auf äußeren Druck zugunsten seines minderjährigen Sohnes Michael auf die Thronfolge.

1926 Gründung der nationalen Bauernpartei (Partitul Naţional Ţărănesc, PNŢ). Durch den Zusammenschluß der siebenbürgischen Rumänischen Nationalpartei und der Bauernpartei aus dem rumänischen Altreich entsteht die LANC.

1927 Ein Regentschaftsrat übernimmt nach dem Tode von Ferdinand I. (20. 7.) für den minderjährigen Thronfolger Michael die Staatsführung. Ion I. C. Brătianu, Führer der Nationalliberalen Partei (PNL), stirbt. Die extremistisch-antidemokratische Legion des Erzengel Michael (ab 1930 Eiserne Garde) unter Codreanu spaltet sich als neue antisemitische Partei von der LANC ab.

1928 Am 11. November übernimmt die PNŢ unter Ministerpräsident Iuliu Maniu die Macht (bis 1930).

1929 Beginn der Weltwirtschaftskrise, Rumänien kann seine Agrarprodukte nicht mehr absetzen. Massenentlassungen in der Industrie folgen.

1930 Kronprinz Carol kehrt nach Rumänien zurück. Nachdem sein Sohn Michael abgedankt hat, wird er als Carol II. König von Rumänien. Er beruft seinen Vertrauensmann Gheorghe Gh. Mironescu zum Ministerpräsidenten.

1931 Nach Brandanschlägen und Attentaten kommt es erstmals zum Verbot der Eisernen Garde. Carol II. beruft ein Kabinett der Persönlichkeiten unter Nicolae Iorga (Nationaldemokratische Partei), um den Einfluß von PNŢ und LANC zurückzudrängen.

1932 Bei den Neuwahlen im Juni siegt ein Bündnis der Nationalen Union unter Ministerpräsident Alexandru Vaida-Voevod (PNŢ). Kurze Zeit danach übernimmt jedoch Iuliu Maniu wieder die Regierung. Im gleichen Jahr wird die Nationale Agrarpartei von Octavian Goga (Partitul Naţional Agrar) gegründet.

Rumänien nach 1920

Rumänien 1914
Erwerbungen Rumäniens 1918/1920

0   100   200 km

1933 Ein Aufstand der Eisenbahner in den Grivița-Werken unter Führung des späteren Staats- und Parteichefs Gheorghe Gheorghiu-Dej wird niedergeschlagen. Carol II. übergibt Ion Gheorghe Duca (PNL) die Regierung. Duca verbietet unmittelbar vor der Wahl die Eiserne Garde. Er wird am 29. Dezember von Gardisten in Sinaia erschossen. Eine Übergangsregierung folgt.

1934 Gheorghe Tătărescu wird von Carol II. mit der Regierungsbildung beauftragt. Bis 1937 wechseln vier Regierungen. Antisemitische Gesetze und antisemitische Ausschreitungen prägen die folgenden Jahre.

1937 Carol II. überträgt der PNC die Regierungsbildung, Octavian Goga wird Ministerpräsident. Die demokratische Presse wird zerschlagen.

1938 Carol II. errichtet eine Königsdiktatur. Der griechisch-orthodoxe Patriarch Miron Cristea (parteilos) wird Ministerpräsident. Codreanu und weitere Legionäre werden auf königlichen Befehl ermordet. Horia Sima übernimmt die Führung der verbotenen Legionäre.

1939 Zwischen Deutschland und Rumänien bestehen enge wirtschaftliche Beziehungen. Eine neue Regierung unter Armand Călinescu übernimmt die Macht. Beginn des Zweiten Weltkriegs (1.9.: Überfall Deutschlands auf Polen), Ermordung des Premierministers Armand Călinescu (21.9.), dem Wortführer einer Bündnispolitik mit Frankreich und England, durch die Eiserne Garde.

1940 Rumänien verliert unter Druck von Deutschland und der Sowjetunion Nordsiebenbürgen an Ungarn, Teile der Bukowina und Bessarabien an die Sowjetunion und einen Teil der Dobrudscha an Bulgarien. Weitere antisemitische Gesetze werden erlassen. König Carol II. (5.9.) beruft General Ion Antonescu zum Regierungschef, der eine Militärdiktatur errichtet. Carol II. tritt erneut zugunsten seines Sohnes Michael (6.9.) zurück. Rumänien tritt dem deutsch-italienischen Bündnis bei (27.9.).

1941 Rumänien tritt an der Seite Deutschlands in den Krieg gegen die Sowjetunion (2.7.) ein. Die Nordbukowina und Bessarabien werden zurückerobert, im Oktober wird Odessa besetzt. Es kommt zu Judenpogromen in Iași und auf dem Land, Deportationen von Juden nach Transnistrien beginnen.

General Ion Antonescu und Reichsaußenminister Joachim von Ribbentrop im November 1940 in Bukarest

1942 Beginn der Deportation von zehntausenden Roma nach Transnistrien. Die rumänische Regierung genehmigt 70 000 Juden gegen hohe Geldzahlung die Emigration.

1944 Alliierte Luftangriffe auf Rumänien im April, ab August folgen deutsche Bombardements. Bildung eines Nationaldemokratischen Blocks aus PNL, PNȚ, Sozialdemokraten und Kommunisten (10.6.). Die Sowjets durchbrechen in einer Großoffensive die Abwehr in der Nord-Moldau und in Bessarabien (20.8.). Antonescu wird durch einen Putsch des Nationalblocks mit Unterstützung König Michaels gestürzt (23.08.) und verhaftet. Rumänien wechselt die Fronten (25.8.) und kämpft auf Seiten der Alliierten gegen das Deutsche Reich und seine Verbündeten. Die Rote Armee marschiert in Bukarest ein (3l.8.), mit der Sowjetunion wird ein Waffenstillstand in Moskau geschlossen (12.9.). General Nicolae Radescu (parteilos) leitet die Regierung bis zum 6.3.1945.

Die Volksrepublik Rumänien

Die kommunistische Ära Rumäniens dauert von 1947 bis 1989. Drei Persönlichkeiten prägen sie maßgeblich: Petru Groza, Gheorghe Gheorgiu-Dej und Nicolae Ceaușescu.

1945 Unter Petru Groza kommt es zur Bildung einer kommunistischen Koalitionsregierung. Das Gesetz über die Agrarreform (Kollektivierung und Zwangsenteignung) wird verabschiedet. Gheorghe Gheorgiu-Dej (1901–1965) wird Generalsekretär der Rumänischen Kommunistischen Partei.

1947 In Paris wird mit den Siegermächten des Zweiten Weltkriegs der Friedensvertrag geschlossen. Ende Dezember dankt König Michael ab und verläßt das Land. Rumänien wird Volksrepublik.

1948 Die Kommunisten und Sozialdemokraten vereinigen sich zur Rumänischen Arbeiterpartei. Sie gehen bei den Wahlen zur Nationalversammlung im gleichen Jahr als Sieger hervor. Die Schwerindustrie, die Banken, das Versicherungs- und das Verkehrswesen werden verstaatlicht. Die Staatssicherheit (Securitate) wird gegründet.

1952 Die große Nationalversammlung verabschiedet die neue Verfassung der Volksrepublik Rumänien.

1955 Rumänien wird Mitglied des Warschauer Paktes und der Vereinten Nationen.

1958 Staatspräsident Petru Groza stirbt. Sein Nachfolger wird Ion Gheorghe Maurer.

1963 Im Konflikt zwischen Moskau und Peking nimmt Rumänien eine neutrale Haltung ein und lockert seine wirtschaftlichen Bindungen an das COMECON.

1964 Im April erfolgt eine Deklaration des Zentralkomitees der Rumänischen Arbeiterpartei, in der ein eigener kommunistischer Weg formuliert wird.

1965 Gheorghe Gheorghiu-Dej, der Generalsekretär der kommunistischen Partei, stirbt. Als treuer Gefolgsmann Stalins verfolgte er einen streng sowjetischen Kurs, trat Gegnern und Oppositionellen grausam entgegen. In seinen letzten Regierungsjahren rückte er von diesem Kurs ab. Unter ihm begann der Bau des Schwarzmeer-Donau-Kanals durch Inhaftierte. Berüchtigt sind seine Experimente von Gefangenen an Gefangenen, um Geständnisse zu erpressen. Nachfolger Gheorghiu-Dejs wird als jüngster Parteichef Osteuropas Nicolae Ceauşescu (1918–1989). Auf dem Parteitag wird die Rumänische Arbeiterpartei in Kommunistische Partei Rumäniens umbenannt, Rumänien heißt jetzt Sozialistische Republik. Ceauşescu pflegt Freundschaft zu den Gegnern der Sowjets wie China und Jugoslawien, knüpft Beziehungen zum kapitalistischen Westen und verurteilt 1968 den Einmarsch der Warschauer-Pakt-Staaten in Prag, an dem sich Rumänien nicht beteiligt. Sein Kurs sichert ihm jahrzehntelang die Gunst der westlichen Politiker.

1966 Große Industrieausstellung in Bukarest. Erstmals nach dem Zweiten Weltkrieg reist eine Delegation des Deutschen Bundestages ins Land. Die Bundesrepublik Deutschland nimmt mit Rumänien, als erstem Land Osteuropas außerhalb der Sowjetunion, diplomatische Beziehungen auf.

1967 Nicolae Ceauşescu wird Staatsratsvorsitzender.

Nicolae Ceauşescu im Jahr 1985

1974 Das Amt des Staatratsvorsitzenden wird zur Präsidentschaft aufgewertet. Ein beispielloser Personenkult um den Präsidenten Nicolae Ceaușescu und seiner ehrgeizigen Frau, Elena Petrescu, beginnt. Der Machtapparat der Securitate, einer paramilitärischen Einheit, die dem Innenministerium untersteht, wird zur großen Stütze des totalitären Regimes. Gigantomanische Projekte begleiten die Herrschaft Ceaușescus bis zu seinem Sturz im Jahr 1989.

Vom Ende des Kommunismus zur Mitgliedschaft in der Europäischen Union

1989 Ausbruch einer Protestbewegung im Dezember, deren Ursachen und Abläufe bis heute nicht vollständig geklärt sind. In ihrem Verlauf kommt es zum Sturz des Regimes. Nicolae und Elena Ceaușescu müssen fliehen, geraten in Gefangenschaft und werden durch ein Militärgericht zum Tode verurteilt und hingerichtet. Die Front der Nationalen Rettung (Frontul Salvării Naționale, FSN), unter Führung des umstrittenen Kommunisten Ion Iliescu übernimmt die Macht.

1990 Ein provisorischer Rat der Nationalen Einheit entsteht. Aus der Sozialistischen Republik Rumänien wird die Republik Rumänien. Ein neues Wahlgesetz (Mehrparteiensystem) wird verabschiedet, die Parteien reorganisieren sich. Bei der ersten Wahl nach dem Umsturz wird Ion Iliescu von 87 Prozent der Wahlberechtigten zum Staatspräsidenten gewählt. Demonstrationen folgen, die blutig niedergeschlagen werden. Ministerpräsident Petre Roman bildet die neue Regierung.

1991 Verabschiedung einer neuen Verfassung im Dezember.

1992 Erneuter Sieg der Iliescu-Partei (FSN).

1996 Bei den Wahlen geht Emil Constantinescu als neuer Präsident hervor. Ministerpräsident wird Victor Ciorbea. Große Reformanstrengungen werden unternommen, deren Umsetzung jedoch Korruption und alte Seilschaften blokkieren. Das Ansehen Rumäniens im Ausland wächst, aber die von vielen erhofften schnellen wirtschaftlichen Erfolge bleiben aus. Emil Constantinescu steht für eine Wiederwahl nicht mehr zur Verfügung.

2000 Ion Iliescu gelingt die Wiederwahl zum Staatsoberhaupt. Ministerpräsident Adrian Năstase bildet eine Minderheitsregierung.

2002 Rumänien feiert die Einladung zum NATO-Beitritt.

2003 Rumänien steht auf der Seite der USA im Irak-Krieg.

2004 Aus den Neuwahlen im November geht eine bürgerlich-liberale Minderheitsregierung mit Ministerpräsident Călin Tăriceanu hervor. Traian Băsescu wird in einer Stichwahl im Dezember zum Staatspräsidenten für fünf Jahre gewählt.

2005 Der EU-Beitritt wird unterzeichnet.

2006 Rumänien wird von Überschwemmungen heimgesucht.

2007 Am 1. Januar wird Rumänien Mitglied der Europäischen Union. Im April findet ein Amtsenthebungsverfahren gegen Staatspräsident Traian Băsescu statt. Die Bevölkerung spricht sich im anschließenden Referendum im Mai mit 74 Prozent gegen die Amtsenthebung aus. Der fünfte rumänische Patriarch Teoctist Arăpașu stirbt am 31. Juli. Im gleichen Monat besucht der deutsche Staatspräsident Horst Köhler das Land.

Geschichte der Stadt Bukarest

Die Entwicklung von der Festung zur Stadt, Hauptstadt und Millionenmetropole verdankt Bukarest seiner günstigen Lage am alten Handelsweg. Dieser verband den Karpatenraum mit dem Schwarzen Meer. Schon seit der Römerzeit wurde dieser Weg genutzt, um Waren von Ost nach West und umgekehrt zu liefern. Die Entwicklung Bukarests wurde aber auch stark von der Entscheidung der walachischen Fürsten beeinflußt, ihre Hauptresidenz von Târgoviște an die Dâmbovița zu verlegen.

Die Anfänge

Die tatsächliche Entstehung Bukarests als Stadt kann nicht mit Bestimmtheit festgestellt werden. Nachweislich war das Gebiet aber bereits in paläolithischer Zeit besiedelt. Es eignete sich ausgezeichnet für Landwirtschaft und Viehzucht. Der zu dieser Zeit dichte Wald bot Schutz und Nahrung. Am Boulevard Mărășești hat man Gegenstände dieser Zeit gefunden.

Aus der Zeit des Neolithikums (6000 – 1800 v. Chr.) wurden zahlreiche Funde gemacht. Die Archäologen unterscheiden verschiedene Phasen dieser Zivilisation. Von besonderer Bedeutung für das Neolithikum ist die Niederlassung mitten im heutigen Zentrum – nach ihrem Fundort Mihai Vodă genannt – sowie die große neolithische Nekropole von Cernica Căldăraru.

Aus der Bronzezeit sind zahlreiche Niederlassungen entlang der Ufer von Colentina und Dâmbovița verbürgt. Die Siedler lebten vom Ackerbau, betrieben wahrscheinlich bereits den Weinbau und die Imkerei. Ob es sich dabei um thrakische Stämme, wie Geten oder Daker, gehandelt hat, ist bis jetzt nicht eindeutig geklärt. Griechische Münzen, Gefäße und Schmuckgegenstände aus Edelmetall, die man auf dem Stadtgebiet des heutigen Bukarest gefunden hat, zeigen, daß ein Austausch mit der griechischen Kultur bestand.

Römerzeit und Einwanderung der Slawen

Auf dem Gebiet des heutigen Bukarest wurden beim Tei-See Bronzestatuetten römischer Gottheiten gefunden, in anderen Gebieten der Stadt römische Münzen. Die Historiker sind sich nicht sicher, ob hier ein römisches Castrum bestand, das den Handelsweg von der Donau in das transsilvanische Gebiet zu sichern hatte.

Zwar werden die römischen Legionen im 3. nachchristlichen Jahrhundert aus Dakien abgezogen, man hat aber im heutigen Stadtgebiet kaiserliche Münzen von Kaiser Valens (364 – 378) und Valentinian I. (364 – 375) sowie Keramik und Münzen ausgegraben.

In das Gebiet der Walachei drangen im 6./7. Jahrhundert die Slawen ein, sie nannten es Vlașca. Um den Alten Hof wurden Münzen- und Scherben entdeckt, die als Indiz einer kontinuierlichen Besiedelung des Gebietes gewertet werden. Handelsbeziehungen innerhalb des Karpaten-Donauraumes wurden bis ins Mittelalter verfolgt. Bukarest wurde auf diesem Handelsweg zur Raststation.

Land und Leute

Vom Castrum zur Hauptstadt der Walachei

Erste Hauptstadt des Fürstentums Walachei war Curtea de Argeş. Sie wurde in ihrer Funktion zunächst von Târgovişte und im 16. Jahrhundert von Bukarest abgelöst.

In den Anfängen des walachischen Fürstentums, im 14. Jahrhundert, lag ein Marktflecken mitten im selbständigen Knesat Ilfov. Oberhaupt des Knesats war Basarab I. (eigentlich Negru Vodă, ca. 1310 – 1352). Er soll laut Berichten des Luccari aus Ragusa einen ersten befestigten Bau veranlaßt haben, der den Namen Cetatea Dâmboviţei (Dâmboviţaburg) getragen hat. Die Informationen darüber sind jedoch sehr spärlich. Auch Mircea der Ältere (1397-1418) wird gerne als Begründer des Alten Fürstenhofes betrachtet. Unter Vlad III. Ţepeş entstand hier am Schnittpunkt wichtiger europäischer Handelsstraßen am Dâmboviţa-Fluß eine neue Burg und um diese Burg eine Siedlung, die bald schon Bucureşti genannt wurde. Vlad III. Ţepeş verlegte seinen Hauptwohnsitz von Târgovişte hierher. Da sich die walachischen Fürsten auch als Hüter der chrislichen Welt verstanden, hat der Fall von Konstantinopel (1453) nicht unwesentlich zum Aufstieg von Bukarest zur Hauptstadt der Walachei beigetragen.

Erste Dokumente, in denen der Ort als ›Bucureşti‹ erwähnt wird, stammen von Alois Gabriel aus Candia und Andreas Bathory, Fürst von Siebenbürgen vom Ende des 15. Jahrhunderts. Ein Schriftstück aus der Zeit des walachischen Fürsten Vlad III. Ţepeş (1456 - 1462) erwähnt ein ›Castrum Bucureşti‹ im Jahr 1459.

Römische Votivtafel an einem öffentlichen Gebäude

Dieses Jahr wird als Geburtsstunde der Stadt angesehen. Ihre Entwicklung läßt sich von diesem Zeitpunkt an gut nachvollziehen.

Radu der Schöne (cel Frumoş), ein Bruder und Feind des Vlad III., wurde von den Türken auf den walachischen Thron gehoben, weil er die türkische Oberhoheit anerkannte. Sein oberster Richter, der Vornic, war Neagul, und ab diesem Zeitpunkt wird Bukarest als Fürstensitz erwähnt. Immer wieder aber wechselten die Nachfolger, beispielsweise Radul der Große (1495–1508) und Neagoe Basarab (1512–1521), ihren Hauptsitz zwischen Târgovişte und Bucureşti.

Der Sitz in Bukarest wurde zu einem repräsentativen Fürstensitz ausgebaut.

Michael der Tapfere um das Jahr 1600

Im Norden reichte die Siedlung bis zum Kloster Sărindar (Cercul Militar), im Süden wurde der Hügel der Metropolie eingegliedert. Aus dieser Zeit stammen die ältesten erhaltenen Steinkirchen, die von den Basarabiden und ihren Nachfolgern gestiftet wurden.

Im 16. Jahrhundert erlebte Bukarest eine erste Blüte. Mircea Ciobanul (Hirte), der mit Unterbrechungen (1545–1554, 1557–1559) regierte, stiftete die bis heute erhaltene Hofkirche, während das bedeutende Dreifaltigkeitskloster Sf. Treime, das später in ›Radu Vodă‹ umbenannt wurde, ein Geschenk von Alexandru II. Mircea (1568–1577) war. Rege Beziehungen wurden vor allem durch griechische Kaufleute zu den europäischen Zentren unterhalten. Die erste Druckerei Bukarests wurde im Plumbuiţa-Kloster ins Leben gerufen. Das Jahrhundert endete mit blutigen Auseinandersetzungen zwischen Osmanen und Mihai Viteazul (der Tapfere, 1593–1601), dem Stifter des Klosters Mihai Vodă. Bukarest, vorwiegend aus Holz gebaut, ging in Flammen auf.

In einem größeren Radius lagen viele kleine Dörfer, die um eine Kirche herum entstanden waren. Aus ihnen wurden Vorstädte, die sogenannten mahale: Postăvari, die mahala der Tuchhändler, Olari, die mahala der Töpfer, die mahala des Tirnov-Klosters (später Sfinţii Apostoli), die mahala Slobozia. Die mahale waren von Weinreben, Obstbäumen und Gärten umgeben. Im 17. Jahrhundert dehnte sich die Stadt vor allem nach Norden aus und endete dort am heutigen Icoanei-Garten. Im Süden wurde der Hügel vom Kloster Radu Vodă in die Stadtgrenze einbezogen. Oberen und unteren Markt lösten die Basare des 16. Jahrhunderts ab. Der untere Markt verschmolz im Laufe der Zeit zum großen inneren Markt, dem Târgul din Lăuntru. Während der innere Markt unmittelbar beim Fürstenhof lag, entstand ein äußerer in der Calea Moşilor. Reisende jener Zeit schilderten Bukarest als Stadt mit vielen Märkten, 37 Klöstern und 200 Kirchen.

Radu Șerban (1602–1611) ließ eine erste Brücke über die Dâmbovița schlagen, in der friedlichen Epoche unter Matei Basarab (1632–1654) kam es zu einer regen Bautätigkeit – der Fürst selbst stiftet zahlreiche Kirchen –, eine zweite Blüte erlebte die Stadt unter Șerban Cantacuzino (1678–1688). In dieser Zeit begann der Aufstieg Bukarests zu einem Wirtschaftszentrum, erste Lehranstalten wurden eingerichtet, Chroniken geschrieben, Gasthöfe und Bäder entstanden.

Das Zeitalter des Constantin Brâncoveanu

Unter Constantin Brâncoveanu (reg. 1688–1714) erreichte die Stadt eine außerordentliche Blüte, sie wurde endgültig zum Fürstensitz und zu einem Handelszentrum. Seine zahlreichen Kirchenstiftungen, darunter Neu-Sankt-Georg, blieben teilweise bis heute erhalten. Brâncoveanu ließ den Fürstenhof verschönern und sich Schloß Mogoșoaia errichten, das er über die große Nord-Südachse, den Podul Mogoșoaia, mit dem Fürstenhof verband. Die von ihm angelegte Ausfallstraße nach Norden, der Podul Mogoșoaia, wurde zum Inbegriff von Bukarester Eleganz. Brâncoveanu schaffte alte Institutionen wie den von den Einwohnern gewählten Schultheiß und den Stadtrat ab und behielt sich selbst das Recht der Regierung vor. Unterstützt wurde er dabei von einem Groß-Aga, einem fürstlichen Würdenträger (entspricht dem Stadtpräfekt). Brâncoveanu förderte die Heilige-Sava-Akademie, an die er berühmte Gelehrte berief, begründete die Druckerei von Snagov und ließ erste Krankenhäuser einrichten.

Brâncoveanu war ein außerordentlich machthungriger Herrscher und geschickter Taktiker zwischen Habsburg, Russen, ungarischen Aufständischen um Rákoczi und Osmanen sowie den innenpolitisch seine Macht bedrohenden Bojaren. Daß er trotz ständiger Bedrohung seiner Herrschaft Bukarest in ein bedeutendes Handelszentrum verwandelte, zeigt seine große politische Begabung. Heute verbindet sich mit ihm vor allem ein eigenwilliger, in Europa einzigartiger Stil, der seinen Namen trägt, eine Synthese von Renaissance- und Barockelementen sowie rumämischer Volkskunst.

Im Jahr 1714 wurde Constantin Brâncoveanu mit seinen vier Söhnen durch Sultan Achmed III. in Konstantinopel hingerichtet, weil die Hohe Pforte von seinen diplomatischen Missionen mit den Russen und Habsburgern erfahren hatte und ihm ab da mißtraute. Während an die Hohe Pforte zur Wahrung der inneren Unabhängigkeit der Walachei viel Tribut gezahlt werden mußte, strebte Brâncoveanu Bündnisse mit den Russen und den Habsburgern an, um das Joch der Türken loszuwerden.

Constantin Brâncoveanu, zeitgenösssiche Darstellung

Die Zeit der Fanarioten

Die folgenden 120 Jahre regierten in der Walachei und damit auch in Bukarest die Fanarioten (1716 – 1821). Die Herrscher kamen zumeist aus den griechischen Familien der Mavrocordat, Racovița, Caradja und Ipsilanti, aber auch der albanischen Ghika. Ihre Führer wechselten häufig und waren mal mehr, mal weniger an der Entwicklung der Stadt interessiert. Gleichzeitig wurde Bukarest aufgrund der beginnenden Russisch-Türkischen und Türkisch-Habsburgischen Auseinandersetzungen in dieser Zeit immer wieder in Mitleidenschaft gezogen. In diesem Zusammenhang wurde Bukarest im Jahr 1774 erstmals von den Russen und von 1789 bis 1791 von den Habsburgern besetzt. Der Frieden von Bukarest von 1812 beendete den sechsjährigen Krieg zwischen Rußland und der Türkei.

Vor allem Mitglieder und Fürsten der Familie Ipsilanti, die den Bau der ersten Wasserleitungen veranlaßten, und der Mavrocordat mit ihren zahlreichen Stiftungen machten sich nachhaltig um die Stadt verdient. Weitere Poduri wurden angelegt: der Podul Târgoviște, heute die Calea Griviței, führte nach Nordwesten, ebenso der Podul de Pămînt (die Erdbrücke). Der Podul Calicilor oder Drumul Craiovei hieß die Armeleutebrücke, weil er durch eine von armen Leuten bewohnte Vorstadt nach Süden führte. Heute sind das die Calea Rahovei und die Calea Craiovei. Der Podul Șerban Vodă oder Podul Beilicului führte nach Giurgiu an die Donau. Auf diesem Weg kamen die Herrscher aus Istanbul nach Bukarest.

Die einzelnen Stadtviertel waren von niedrigen, meist einstöckigen Holzbauten geprägt, die unregelmäßig um die Kirche herum angeordnet waren, und niedrige von reichen Gärten umgebene Bojarenhäuser. Neben den Wohn- und Kirchenbauten entstanden auch die Herbergen, sogenannte Hane, deren Innenhöfe gleichzeitig Märkte waren. Von der Ferne bestimmten nur die Kuppeln und Glockentürme der Kirchen das Bild. Die Reiseschriftsteller haben häufig den orientalischen Charakter dieser Gartenstadt beschrieben.

Bis ins 18. Jahrhundert standen Brunnen für die Wasserversorgung zur Verfügung. Sie wuden einerseits aus der Dâmbovița und andererseits aus anderen Quellen gespeist, deren Wasser in die Cișmele geleitet wurde.

Die Stadt wuchs trotz aller Rückschläge wie Pestwellen, Feuer, Krieg, Erdbeben und Überschwemmungen. Ende des 18. Jahrhundert lebten hier bereits 50 000 Einwohner in etwa 6000 Häusern. Manufakturen wurden ins Leben gerufen, neue Handwerke entstanden. Der Backstein verdrängte mehr und mehr Holz als Baumaterial. Die Kirchen wurden in Stein erneuert,

Safta Ipsilanti, Frau des Fanarioten Constantin Ipsilanti

neue Brunnen entstanden. Der türkische Einfluß, sowohl in Mode als auch in Einrichtung und Lebensweise, war tonangebend.

Wegen der drückenden Steuerlast zettelten die nun in Zünften organisierten Handwerker 1753, 1764 und 1765 Aufstände an; sie scheitern jedoch.

Die Entwicklung zur Hauptstadt

Im 19. Jahrhundert begann die Entwicklung Bukarests von einer mittelalterlichen zu einer modernen, den neuen Erfordernissen der Zeit angepaßten Stadt. Sie verlor dabei ihren orientalisch anmutenden Charakter und entwickelte ein Stadtbild, das sich an Paris orientierte.

Diese Entwicklung wurde entscheidend durch die Überwindung der Fanariotenherrschaft befördert. Im Juni 1822 wurde Grigore Ghika erster einheimischer Fürst der Walachei und zog unter dem Jubel der Bevölkerung in Bukarest ein. Er nahm Sitz im neuen neoklassizistischen Palais auf seinem Gut von Colentina am nordöstlichen Rand der Stadt. Die Griechen wurden nun aus wichtigen Ämtern entfernt, die höhere griechische Schule geschlossen. Die Rumänische Schule Gheorghe Lăzar nahm ihre Tätigkeit auf; eine erste Steinstraße wurde angelegt.

Als Folge eines erneuten russisch-türkischen Krieges, der im Frieden von Adrianopel 1829 sein Ende fand, wurde die Donau zum Fluß des Freien Handelsverkehrs erklärt. Bis zur Schuldentilgung der Türken sollten die Russen die Fürstentümer und die Festung Silistra zum Pfand nehmen. Daher wurde der russische General Pavel Kiseleff von November 1829 bis April 1834 Gouverneur beider Fürstentümer. Unter ihm erhielt in Bukarest das Statut des Organischen Reglement Gültigkeit.

Pavel Kiseleff rief eine Kommission zur Verschönerung der Stadt ins Leben. Die Stadtgrenzen wurden neu festgelegt, die Sümpfe trockengelegt, Marktplätze und Promenaden geschaffen. Bukarest sollte durch gewählte Vertreter der Städter verwaltet und regiert werden. Wahlvoraussetzung war ein bestimmtes Vermögen und ein Mindestalter von 30 Jahren. Die Straßen wurden mit Eigennamen, die Häuser mit Nummern versehen.

In dieser Zeit zählte Bukarest rund 70 000 Einwohner und wuchs beständig, nicht zuletzt duch den Zuzug ausländischer Händler. Die Ausdehnung vollzog sich vor allem nach Norden und erreichte um 1930 den Fluß Colentina. Die neue Stadtgrenze von 1831 bezog im Süden die Hügel Spirei und Filaret sowie den damaligen Garten von Bellu ein. Im Norden endete die Grenze in etwa an der Piaţa Victoriei, im Nordosten wurde das Kloster Pantelimon ins Stadtgebiet einbezogen. Nicht nur die Fassaden der Stadt wurden westlicher, sondern auch im Gesellschaftsleben, der Kleidung und den Wohneinrichtungen wurde der türkische Einfluß zurückgedrängt.

Drei Viertel erfuhren in dieser Zeit entscheidende Veränderungen: die Calea Victoriei wurde zu einem repräsentativen Wohn- und Verwaltungsviertel, das sich nach Norden, um die Straßen Colţea- und Akademiei, als Villenviertel fortsetzt. Das alte Handelsviertel um die Straßen Lipscani, Moşilor und Gabroveni wurde als Handels- und Wirtschaftszentrum ausgebaut. Die ersten Großbanken entstan-

Bukarest um 1870; Aquarellzeichnung, Ausschnitt

Land und Leute

den und siedelten sich hier an. Als große Ausfallstraße entstanden die Boulevards Carol und Regina Elisabeta. Dahinter lagen reine Wohnstraßen wie die Sfinţii Apostoli.

In dieser Eoche wurde die Wasserversorgung verbessert. Es entstanden das erste Kraftwerk Grozăveşti, das mit Wasser der Dâmboviţa betrieben wurde, dann das Filaret-Kraftwerk im Jahr 1909. Im Jahr 1846 wurde das casa apei nicht weit vom Fluß gebaut. Eine Dampfpumpe pumpte das Wasser aus dem Fluß ins Wasserwerk, in dem Filteranlagen das Wasser reinigten und in die Brunnen leiteten. In den Vorstädten hingegen gehörten noch bis in die Zwischenkriegszeit Wasserträger (Sacagiu) zum Straßenbild. Die Straßenbeläge wurden nun nicht mehr mit Holz, sondern mit Stein ausgeführt. Die Beleuchtung der Stadt wurde eingeleitet, zunächst im Jahr 1830 mit Talgkerzen, seit 1857 durch Petroleumlampen, und seit 1871 brannten Leuchtgaslaternen.

Im Jahr 1847 zerstörte ein Großbrand einen Großteil der Stadt. Der Wiederaufbau war an Paris und den Prinzipien des Städteplaners George-Eugène Haussmann orientiert. Viele Buchhandlungen wurden gegründet, die bekanntesten waren die Buchhandlungen C. A. Rosetti und Winterhalder. Die Gymnasien Gheorghe Lăzar und Matei Basarab entstanden. Die Industrialisierung begann in den Bergwerks- und Erdölregionen nördlich von Bukarest, in der Stadt entstanden erste große Textilmanufakturen. Im Norden, nicht weit vom Kloster Radu, wurde 1887 die erste große Tabakfabrik gegründet. In ihr wurde der Tabak aus den Anbaugebieten in der Walachei verarbeitet.

Im Jahr 1883 erhielt der belgische General Brialmont einen Ruf nach Rumänien, um die Befestigungsanlagen im Land und in der Stadt Bukarest zu planen. Für Bukarest sah er 18 Forts, sogenannte Barrieren, in einer mittleren Entfernung vom Zentrum vor. Sie sollten unterirdisch untereinander verbunden werden. Bevor seine Pläne realisiert werden konnten, wurde Brialmont auf Druck von Österreich-Ungarn nach Belgien zurückbeordert.

In der Stadt begann ein reges kulturelles Leben, in dessen Folge das Nationaltheater (1852), Musiksäle, die Rumänische Akademie sowie politische und kulturelle Vereinigungen ins Leben gerufen wurden. Die Universität wurde erweitert, öffentliche Museen gegründet, der Eisenbahnbau (ab 1871) vorangetrieben. Der erste öffentliche Park wurde eingeweiht, der Botanische Garten und medizinische Institute gegründet. Große Friedhöfe wurden angelegt und das Bestatten der Toten bei den Kirchen verboten.

Die Dâmbovița wurde in einen ersten Kanal gezwängt, und ihr entlang breite, Flußkai (splaiuri) genannte Straßen angelegt; zwölf Brücken querten sie nun. Moderne Einrichtungen wie Kanalisationssysteme, elektrische Straßenbeleuchtung und Straßenbahnen (seit 1894) prägten das Stadtbild um 1900. Das Telefon hielt 1890 Einzug.

Gegen Ende des Jahrhunderts wurde unter dem Bürgermeister Filipescu der West-Ost-Bulevardul von Cotroceni bis zur Chaussee Iancului dem Verkehr übergeben. Ein Chausseen-Ring nach dem Vorbild von Paris wurde wie ein Gürtel um die bebaute Fläche von Bukarest gezogen. Er begann am Einheits-Platz und führte nach Osten über die Bd. Iancu de Hunedoara, weiter über die Șoseaua Ștefan dem Großen und die Șoesaua Mihai Bravu. Vom Freiheitsplatz gegen Westen ist er nicht mehr so geschlossen, sondern durch andere Schneisen durchbrochen, führte aber über den Bd. Nicolae Titulescu weiter bis zur Șoseaua Viilor. Das Straßennetz wurde bis 1910 um den Bd. Aviatorilor, Dacia und anderen Straßen ergänzt.

Zu den ersten Parkanlagen im Norden gehörte der Filipescu-Park. Ein anderer befand sich an der Stelle des ehemaligen Buchhändlers und Verlegers Gheorghe Ioanid. Neue Fabriken entstanden: die erste Bierfabrik Luther und Opler 1869, die Bierfabrik Bragadiru 1894, die Konservenfabrik Staicovici, die metallurgischen Unternehmen Lemaître und Wolf, die Fabrik Assan und Hermes für Pflanzenöle sowie die Zementfabrik Titan im Jahr 1912. Das Verlagswesen weitete sich aus. Bei Minerva veröffentlichen Caragiale, Eminescu und Coșbuc. Sadoveanus Erzählungen wurden populär. Gedruckt wurde in den großen Druckereien Universul und Adevărul. Neue Buchhandlungen entstanden.

Die Bukarester Gesellschaft übernahm mehr und mehr westliche Gepflogenheiten in Kleidung, Möbel, Manieren. Französisch ersetzte in höfischen Kreisen das Griechische.

Die Calea Victoriei, damals wie heute eine der nobelsten Straßen Bukarests, in den 30er Jahren

Zwischen den Weltkriegen

Nach dem Ende des Ersten Weltkriegs hatte sich die Bevölkerung Rumäniens nahezu verdoppelt. Bukarest wuchs von 380 000 Menschen im Jahr 1918 auf 870 000 zu Beginn des Zweiten Weltkriegs, die Stadtfläche von 5600 auf 7800 Hektar. Der städtebaulichen Entwicklung kam nun ein besonderes Gewicht zu. Die fortschreitende wirtschaftliche Entwicklung, neue Technologien und das Anwachsen der Bevölkerung brachten enorme Bauaufgaben. Zwischen den Kriegen entstanden die Villenviertel rechts und links der Șoseaua Kiseleff und dem Bd. Aviatorilor. Der Park Filipescu und das Bonaparte-Viertel wurden mit Villen der Reichen ergänzt. Für die Viertel bürgerte sich nun die Bezeichnung ›cartier‹ ein. Die Wohngebiete entstanden nicht mehr um eine Kirche. Während das Viertel Filipescu sich über die Reichen definierte, die in ihm lebten, so definierte sich das Viertel Grivița über die Arbeiter in der Eisenbahnfabrik, die in ihm wohnen und arbeiteten.

Im Jahr 1920 wurde die französisch-rumänische Gesellschaft für Luftfahrt gegründet, und bald darauf war Bukarest mit den meisten europäischen Hauptstädten verbunden.

Im Jahr 1936 wurde die Dâmbovița wegen zunehmender Verschmutzung zwischen Calea Victoriei und Podul Șerban Vodă (heute Calea Dimitrie Cantemir) geschlossen. Während des Zweiten Weltkriegs wurde die Gasleitung angelegt, große Boulevards erschlossen. Einzelne Viertel wie das Grivița-Viertel erlitten bei Bombardierungen 1944 erhebliche Schäden.

Nach dem Zweiten Weltkrieg

Die Zeit nach dem Zweiten Weltkrieg läßt sich für Bukarest in zwei große Abschnitte unterteilen: die Ära, die unmittelbar nach dem Krieg einsetzte, in den Kommunismus mündete und sowohl eine forcierte Industrialisierung der Stadt als auch eine enorme Bautätigkeit auf dem Sektor Wohnungsbau zur Folge hatte, und eine zweite Phase nach dem Erdbeben von 1977, in der sich Ceaușescu in einem der ältesten Stadtviertel Bukarests sein Denkmal setzen wollte. Damit verlor die Stadt in Friedenszeiten durch Versetzung, Zerstörung und Vernachlässigung mehr Substanz als im Zweiten Weltkrieg.

In der Nachkriegszeit überschritt die Stadt die Millionengrenze. Neue Nobelbezirke wie etwa Dorobanți entstanden im Norden, die Vororte der Vorkriegsperiode – Militari, Giulești, Băneasa, Colentina – wurden an die Stadt angeschlossen. Das vom Krieg zerstörte Viertel um den Nordbahnhof wurde neu geplant. Ein enormer Wohnraumbedarf war vorhanden, dem man riesige Komplexe von Hochhausbauten entgegenstellte. Die kommunistische Planwirtschaft sah 13 bis 14 Quadratmeter Wohnfläche pro Einwohner vor. Was in Rußland die Komunalkawohnung, in der sich viele Parteien Bad und Küche teilen mußten, waren in Bukarest die sogenannten ›cohabitation‹, Wohnbauten, in denen sich zwei Familien eine Wohnung teilten. Als erstes Viertel entstand Ferentari (1945-1947). Die Trabantenstädte Drumul Taberei, Crângasi und București Noi entstanden in den

50er Jahren. In den 60er Jahren folgte die Bebauung von Ghencea und Titan-Balta Albă. In unmittelbarer Zentrumsnähe entstand im Osten das urbane Projekt mit dem Boulevard Muncii.

Ergänzt wurden die Wohnbauten durch Einkaufszentren mit geringem Angebot, Kindergärten und Schulen. Ferner entstanden große Sportanlagen, darunter das Nationalparkstadion und der Sportkomplex Dinamo. Jenseits der Stadtgrenze wurden neue Viertel aus dem Boden gestampft mit teilweise sehr eigenwilligen Namen: Dămăroaia, südöstlich von Neu-Bukarest, Cetate Volutăreasca (Freiwilligenburg) gegen Afumați, ›Apărătorii Patriei‹ (Vaterlandsverteidiger), zwischen Oltenița- und Berceni-Chaussee, außerdem Floreasca, Lupeasca, Progresul und Andronache. Viele Namen wurden, da sie allzusehr den sozialistischen Geist atmeten, nach 1989 verändert.

Die Umgebung von Bukarest, der heutige Bezirk Ilfov, erfuhr eine vehemente Industrialisierung. In Jilava entstanden ein riesiges Kautschuk-Kombinat, das Autoreifenwerk ›Danubiana‹, Textil- und Maschinenbautechnologie sowie chemische Kombinate wie eine Kunstdüngerfabrik. Die Grünflächen wurden erweitert. Die Planung sah außerdem die Verbesserung des Trinkwassers vor, deren Umsetzung blieb jedoch in ihren Anfängen stecken.

Wende und Nachwendezeit

Nach den gigantomanischen Bauvorhaben von Ceaușescu kam es zunächst zu einem Stillstand. Die Einwohnerzahl von Bukarest ging zurück, ein Trend, der bis heute anhält. Lief man 1998 durch die Straßen, so konnte man die Restaurants noch zählen. Die Hotels in den repräsentativen Häusern waren mit Ausnahme des ›Hilton‹ alle renovierungsbedürftig. Auf den Straßen im Zentrum waren wenig Menschen zu sehen. In der Altstadt stromerten die Hunde. Kinder und Jugendliche bettelten um Almosen, nur wenige Geschäfte priesen ihre Waren an.

In der Zwischenzeit ist die Stadt wieder erwacht. Es wimmelt nur so von Kneipen, Cafés, Bars, Unterhaltungsmöglichkeiten und Autos der gehobenen Klasse. Selten vereinigt eine Großstadt so viele Baustellen zu gleicher Zeit wie derzeit Bukarest, weswegen auch gerne von der Großbaustelle Bukarest gesprochen wird.

Die Stadt besitzt viele Gesichter: Es gibt ein Bukarest der Musik, der Theater, der Kinos, der Restaurants, der Neureichen, der Zugereisten, der Investoren, der Rumänen, und schon längst hat der Ceaușescu-Palast seine dominierende Rolle verloren.

Erinnerung an die Revolution von 1989

Geschichte Bukarests im Überblick

1459 Dieses Jahr gilt als Geburtsstunde von Bukarest: Der Ort wird in einem Dokument erstmals als ›Castrum Bucureşti‹ erwähnt.

16. Jahrhundert Bukarest wird dauerhaft Hauptstadt der Walachei und Sitz des ungaro-walachischen Metropoliten.

1812 Frieden von Bukarest zwischen dem russischen Zaren Alexander I. und dem osmanischen Sultan Mahmud II.

1838 Ein großes Erdbeben beschädigt zahlreiche Kulturdenkmäler.

1847 Ein Großbrand zerstört im März einen Teil der Stadt.

1848 Die walachische Revolution nimmt ihren Anfang in Bukarest. Soliman Pascha, der Gesandte der Hohen Pforte, wird in Bukarest empfangen.

1848–1851 Bukarest ist sowohl von Russen als auch von Türken besetzt. Die letzten Einheiten verlassen Ende April 1851 die Stadt.

1853/54 Die russische Armee zieht im Zuge einer dritten russisch-türkischen Auseinandersetzung in Bukarest ein.

1859 Fürst Alexandru Ioan Cuza macht Bukarest zur Hauptstadt und zieht im Februar mit seiner Frau, Fürstin Elena, umjubelt in Bukarest ein.

1862 Premierminister Barbu Catargiu wird im Juni in Bukarest erschossen.

1866 Karl von Hohenzollern zieht im Mai nach dem Sturz Cuzas von Băneasa kommend in Bukarest ein.

1878 Bukarest wird im Juli Hauptstadt des unabhängigen Rumänien.

1891 König Carol I. begeht sein 25-jähriges Regierungsjubiläum.

1900 Große Dürre in und um Bukarest, in der Folge Bauernunruhen.

1913 Der Zweite Balkankrieg wird im August mit dem Frieden von Bukarest beendet.

1916 Bukarest wird bombardiert. Die Truppen der Mittelmächte (Deutschland, Österreich-Ungarn) errichten nach Beitritt Rumäniens zur Entente im Dezember in Bukarest den Zentralsitz der Besatzungsverwaltung unter Generalfeldmarschall von Mackensen. Die Besetzung dauert 707 Tage.

1918 Friedensvertrag von Bukarest mit den Mittelmächten im April/Mai, die deutschen Truppen (Mittelmächte) verlassen ab Oktober Bukarest. Ein Aufstand der Arbeiter wird im Dezember auf dem Platz des Nationaltheaters und in der Cîmpineanu-Straße blutig niedergeschlagen. 102 Tote sind zu beklagen.

1921 Kongress der Sozialistischen Partei in Bukarest.

Alexandru Ioan Cuza

1933 Blutig niedergeschlagner Streik der Eisenbahner in den Grivița-Werken im Januar bis Februar.

1940 Ein starkes Erdbeben fordert im November mehrere hundert Opfer.

1941 Judenpogrom durch die Eiserne Garde im Januar. 127 Juden werden ermordet und im Schlachthof zur Schau gestellt. Bukarest wird Ziel einiger sowjetischer Luftangriffe. Mit der Entfernung der Front hören diese Angriffe auf.

1944 Bombenangriff der Alliierten im April. Betroffen ist vor allem das Grivița-Viertel. Weitere alliierte Luftangriffe beschädigen u. a. die Universität. Deutsche Luftangriffe im August, dabei werden das u. a. das Nationaltheater und Wohnviertel zerstört. Im September ziehen sowjetische Truppen ziehen in Bukarest ein. Auch jetzt noch wird die Stadt durch kriegerische Auseinandersetzungen in Mitleidenschaft gezogen.

1953 Weltfestspiele der Jugend und Studenten. 30 000 Jugendliche aus 111 Staaten nehmen an ihnen teil.

1966 Bukarest ist Tagungsort einer Konferenz der Mitgliedstaaten des Warschauer Paktes, die mit der ›Bukarester Deklaration‹ über Fragen der europäischen Sicherheit abgeschlossen wird.

4. März 1977 Ein Erdbeben mit einer Stärke von 7,2 auf der Richterskala und dem Epizentrum im Vrancea-Gebiet am östlichen Rand der Karpaten richtet schwere Verwüstungen an. Die Zahl der Todesopfer schwankt, man geht von mindestens 1700 Toten aus.

1989 Die Dezember-Unruhen gegen das Ceaușescu-Regime greifen auf die Hauptstadt über. Das ehemalige königliche Palais und die Universitätsbibliothek werden in Brand gesteckt. Einen Tag später verlassen Ceaușescu und seine Ehefrau Bukarest.

1990 Schwere Auseinandersetzungen zwischen antikommunistischen Demonstranten, Sicherheitskräften und herbeigeholten Bergarbeitern. Dabei sterben sechs Menschen. Am 30./31. Mai erschüttert ein mittelschweres Erdbeben das Vrancea-Gebiet einschließlich Bukarest.

1992 Crin Halaicu von der CDR (Demokratische Konvention Rumäniens) wird mit 55,9 Prozent zum Bürgermeister gewählt.

1996 Victor Ciorbea von der CDR gewinnt die zweiten Wahlen. Er gibt das Amt nach nur zwei Jahren wieder ab.

1999 Papst Johannes Paul II. besucht im Mai auf Einladung des rumänisch-orthodoxen Patriarchen Teoctist die Hauptstadt Rumäniens.

2000 Traian Băsescu wird zum Bürgermeister gewählt.

Seit 2005 Adriaen Videanu von der Demokratischen Partei ist Bürgermeister von Bukarest.

2007 Der EU-Beitritt im Januar wird gefeiert. Am 31. Juli stirbt der rumänische Patriarch Teoctist in Bukarest und wird am 3. August in der Patriarchenkirche beigesetzt. Zum Nachfolger wird Daniel Ciobotea gewählt.

2008 Bukarest ist Gastgeber des NATO-Gipfels. Wichtigster Punkt der Verhandlungen ist die mögliche Aufnahme der Länder Kroatien, Mazedonien, Albanien, Georgien und Ukraine in das Bündnis. Wegen Uneinigkeit innerhalb der NATO wird diese Frage vertagt.

Die aktuelle wirtschaftliche Entwicklung

Bukarest boomt. Der vehemente wirtschaftliche Aufschwung zeigt sich den Außenstehenden vor allem in den zahlreiche Kränen und Baustellen, an allen Ecken wird renoviert und werden Neubauten errichtet. Die Immobilienpreise sind in den vergangenen Jahren auf ein Vielfaches gestiegen, die Preise für Wohn- und Geschäftsimmobilien haben bereits westliches Niveau erreicht.

Bereits vor dem EU-Beitritt flossen viele Millionen in die Hauptstadt, in den kommenden Jahren sind aber Investitionen von rund 5,6 Milliarden geplant. Allein 35 Großprojekte sollen bis zum Jahr 2008 begonnen werden. Die Investitionen sollen teils aus eigenen Mitteln, teils durch Außenanleihen und Finanzierung der Weltbank auf den Weg gebracht werden. Vor allem soll die Entwicklung des bisher vernachlässigten Süden und Südosten vorangetrieben werden. Vom Softwarepark über Wohnanlagen und Geschäftszentren bis hin zum Goldplatz ist vieles geplant.

Zu den Projekten gehören der Straßenbau, die Straßenüberführung ›Basarab‹ – eine Straßenüberführung über die Gleise des Nordbahnhofs, die den Verkehr entlasten soll – und unterirdische Parkhäuser, die Verlängerung und der Ausbau der U-Bahn und der Kauf von modernen Autobussen und Straßenbahnen sowie der Bau einer Ringstraße um Bukarest. In Băneasa sollen auf einer Fläche von 221 Hektar bis zum Jahr 2015 ein Villenviertel, ein Gewerbegebiet sowie Handelshäuser entstehen. Ferner ist ein riesiges Neustadtprojekt mit einen Business- und Technology-Center geplant, das ›Esplanade Center‹ mit Wohnungen und Büros sowie das ›Colosseum Commercial Centre‹ mit 200 Geschäften, Kinos und Restaurants. Insgesamt sollen nicht weniger als acht Einkaufszentren entstehen.

Wichtig ist auch die Sanierung des Trinkwassernetzes und der Ausbau von Kläranlagen in Glina. Noch werden sämtliche Abwässer der Stadt über die Dâmbovița entsorgt. Über diesen Weg erfahren wiederum die Donau und damit das Schwarze Meer eine erhebliche Belastung. Zudem wird derzeit die Seenlandschaft im Norden der Stadt saniert, und die Modernisierung der Heizkraftwerke wird auch schon vollzogen. Nach wie vor ist im Bereich des Umweltschutzes viel zu tun; dafür hat allein die EU 25 Millionen Euro zur Verfügung gestellt.

Die Inflationsrate ist weiter zurückgegangen. Es wird erwartet, so die rumänische Nationalbank, daß sie dauerhaft auf unter 5 Prozent gedrückt werden kann.

Seit 2007 ist Rumänien Mitglied der EU

Bukarest im Überblick

Im Oraşul (Stadtbezirk) Bukarest leben derzeit 2,1 Millionen Menschen auf einer Fläche von 228 Quadratkilometern, eine weitere Million pendelt täglich ins Zentrum. Das private Verkehrsaufkommen, auch eine Folge des zunehmenden wirtschaftlichen Erfolges, ist daher sehr hoch. Benötigte man noch vor wenigen Jahren für eine Fahrt vom Norden ins Zentrum etwa fünfzehn Minuten, so muß darf man heute mit 40 Minuten rechnen. Längst genügen die Boulevards nicht mehr den Anforderungen, die heute an den Verkehr gestellt werden. Der Ausbau der Ringstraße, der Bau von Unterführungen an Bahnübergängen und der Ausbau der U-Bahn werden daher diskutiert und zum Teil bereits realisiert.

Rund 70 Prozent des Stadtgebietes sind bebaut, wobei die Dichte der Besiedelung sehr unterschiedlich ist. In manchen Stadtvierteln leben bis zu 9000 Einwohner auf einem Quadratkilometer.

Bukarest liegt an der kürzesten Linie zwischen der Donau und Transsilvanien und zwar am Schnittpunkt der Wege, die von den Donauhäfen zu den Gebirgspässen der Karpaten führen. Ihre exakten Koordinaten betragen 44° 26' Nord und 26° 06' Ost.

Der Vielvölkerstaat Rumänien spiegelt sich auch in seiner Hauptstadt. 87 Prozent der Bevölkerung sind Rumänen, daneben leben verschiedene Minderheiten hier: Türken und Albaner – letztere haben seit dem Jahr 2000 einen Vertreter im rumänischen Parlament –, Armenier – sie stellen mit Varujan Vosganian den derzeitigen Wirtschaftsminister –, Bulgaren, die seit 1999 eine bulgarische Schule mit Unterrichtssprache bulgarisch unterhalten, Tschechen und Slowaken, deren Interessen ihr demokratischer Verband wahrnimmt. Etwa 5000 Deutsche leben in Bukarest. Sie werden auf politischer und kultureller Ebene durch das Demokratische Forum der Deutschen in Rumänien vertreten. Das öffentliche Fernsehen und der Rundfunk strahlen Sendungen in deutscher Sprache aus. Die Juden, leider eine immer kleiner werdende Gemeinde, sind im IKUF organisiert. Auch die Griechen sind in einem Verband organisiert und unterhalten eigene Schulen. Die Ungarn werden ebenfalls durch einen demokratischen Verband vertreten. Ehemals waren viele Polen in Bukarest zu Hause, heute leben nur noch wenige Polen hier. Schon seit 1954 gibt es an der Fakultät für Philologie eine eigene Abteilung für die ukrainische Literatur. Damit hat die Minderheit der Ukrainer (Ruthenen) ein eigenes kulturelles Standbein. Ange-

Typische Villa im zweiten Sektor

zogen durch die vielfältigen wirtschaftlichen Möglichkeiten, sind in jüngster Zeit viele Westeuropäer hinzugezogen. Die größte Minderheit bilden nach wie vor die Roma.

Die Hauptstadt ist mit ihrer Universität, die über 55 Fakultäten verfügt, dem Sitz der Rumänischen Akademie, elf dramatischen Theatern, drei Musik- und zwei Puppentheatern, dem philharmonischen Orchester mit Sitz im Rumänischen Atheneum und seinen 40 Museen Bildungs- und Kulturhauptstadt des Landes.

Bukarest unterhält Städtepartnerschaften mit Amman, Ankara, Athen, Atlanta, Beijing, Chişinău und seit 2005 auch mit Budapest. Bukarest ist ein Verwaltungsbezirk, ein sogenannter Judeţul, mit dem Autokennzeichen ›B‹.

Die Stadt ist heute administrativ in sechs selbständige Sektoren (ocoale) unterteilt. Eine solche Unterteilung erfolgte erstmals im Jahr 1923. Die Grenzen dieser Sektoren haben sich im Laufe der Zeit, wie auch die Stadtgrenze, immer wieder verschoben. Derzeit ist eine Vergrößerung des Stadtgebietes durch die Eingemeindung von Otopeni geplant.

Sektor eins umfaßt die Stadtteile Aviatorilor, Aviaţiei, Băneasa, Bucureştii Noi, Dămăroaia, Domenii, Dorobanţi, Gara de Nord, Griviţa, Victoriei, Floreasca, Pajura, Pipera und Primăverii im Norden. Sektor zwei reicht vom Norden bis zum Nordosten. Er umfaßt die Stadtteile Pantelimon, Colentina, Iancului und Tei. Den Sektor drei bilden die Stadtteile Vitan, Dudeşti, Titan-Balta Albă, Centru Civic. Sektor vier Berceni, Olteniţei, Văcăreşti und Timpuri Noi. Sektor fünf umfaßt die Stadtteile Rahova, Ferentari und Cotroceni, Sektor sechs die Stadtteile Drumul Taberei, Militari, Crângaşi und Giuleşti. Jeder der sechs Sektoren in der Stadt verfügt über einen eigenen Rat mit 27 Sitzen, ein Rathaus und einen Bürgermeister.

Anreise

Rumänien liegt in Südosteuropa und ist kein kleines Land. Von Wien ist man zwar schnell in Ungarn und bald schon an der Grenze zu Rumänien, doch von dort sind es noch rund 600 Kilometer bis nach Bukarest. Um von München auf dem Landweg nach Bukarest zu kommen, sind 1700 Kilometer zurückzulegen, von Wien noch mehr als 1000. Bukarest ist der Verkehrsknotenpunkt Rumäniens, alle wichtigen Straßen-, Schienen – und Flugverbindungen nehmen hier ihren Ausgang.

Mit der Bahn

Für alle Reisenden, die etwas Zeit haben, ist die Fahrt mit dem Zug die bequemste und auch eindrucksvollste Annäherung an Bukarest. Erst seit Anfang 2006 werden Direktverbindungen von München nach Bukarest angeboten. Auf dieser Strecke benötigen die Züge zwischen 23 und 29 Stunden. Eine zeitlich günstige Variante ist die Fahrt von München nach Bukarest mit Umsteigen in Wien. Man fährt am späten Nachmittag in München ab, erreicht Wien gegen 20 Uhr und steigt zum Schlafen in den Zug nach Bukarest. Kurz nach der Abfahrt aus Wien erreicht man die österreichisch-ungarische Grenze von Hegyeshalom mit Paßkontrolle. Den nächsten Vormittag genießt man die weiche siebenbürgische Hügellandschaft, Frühaufsteher erleben sie bereits ab Schäßburg. Gegen Mittag kommt der Zug in Bukarest an.

Etwas unbequem sind allein die nächtlichen Kontrollen an der ungarisch-rumänischen Grenze. Sie finden gegen 3.20 Uhr (deutsche Zeit) statt

Anzeigetafel im Nordbahnhof

und dauern rund eine Stunde. Je nach Buchungszeit – je eher, desto günstiger – liegt der Preis für eine Person für die Hin- und Rückreise in einem Zweibett-Schlafwagenabteil zwischen 350 und 450 Euro. Teilweise sind die Schlafwagenabteile mit Sicherungsketten nachgerüstet und gut zu verschließen, entgegen vieler Gerüchte muß man sich aber um die Sicherheit keine Sorgen machen.

Eingesetzt werden ältere und weniger alte Züge. Die Abteile sind geräumig, es werden Getränke angeboten, die man in Lei oder Euro bezahlen kann. Dusche und WC sind für jeden Waggon vorhanden, Waschutensilien liegen in den Abteilen.

In Bukarest kommt man auf dem Nordbahnhof (Gara de Nord) an. Der Rückweg ist ebenso unkompliziert. Wer seine Fahrt unterbrechen möchte, kann dies in Ploieşti Vest, Sinaia, Predeal, Braşov, Schäßburg, Mediaş, Blaj, Alba Julia, Simeria, Deva oder auch in Ungarn tun.

Mit dem Flugzeug

Das Flugzeug ist die schnellste Variante, die Flugzeit von Deutschland beträgt ohne Zwischenlandung etwa zwei Stunden. Die internationalen Fluggesellschaften fliegen in der Regel den internationalen Flughafen Bukarest-Otopeni an. Er trägt seit 2004 den Namen des berühmten Flugpioniers Henri Coandă. Der 1968 eingeweihte Flughafen befindet sich 14 Kilometer nördlich von Bukarest und soll durch eine Autobahn, die seit 2004 im Bau ist, an die Stadt angeschlossen werden. Die Buslinie Nr. 783 der Gesellschaft RATB (Regia Autonomă Transport Bucureşti) bringt die Besucher für derzeit 2,5 Lei direkt ins Zentrum.

Nicht weit von Otopeni, noch im Stadtgebiet Bukarests, liegt der ältere internationale Flughafen Bukarest-Băneasa (BBU), der in Aurel Vlaicu, ebenfalls ein Flugpionier, umbenannt wurde. Die heimische Carpat-Air wickelt die meisten ihrer Verbindungen über diesen Flughafen ab. Seit dem Herbst 2006 besteht die Billigfluggesellschaft Blue Air, deren Mutterflughafen ebenfalls Băneasa ist. Die Flugverbindung Frankfurt-Hahn–Bukarest wurde jedoch mangels Bedarfs bereits wieder eingestellt. Seit Herbst 2006 startet die Gesellschaft von Köln-Bonn und seit Juni 2007 von Stuttgart (über Arad) nach Bukarest.

Der Auftrieb in Tourismus und Wirtschaft hat auch das Flugangebot stark beeinflußt. Kurzfristige Buchungen sind meist nicht mehr möglich. Abzuwarten

Am Flughafen Bukarest-Otopeni

bleibt, ob der Ferienzielanbieter Jet Tran Air (seit 2007) bald auch die Städtever-
bindungen zwischen Bukarest und anderen Städten Europas aufbaut. Ehrgeizige
Pläne verfolgt der derzeitige Bürgermeister Adriean Videanu mit seinem Ziel,
einen weiteren Flughafen im Süden bauen zu lassen.

Mit dem Auto

Die Anreise mit dem Auto dauert mindestens so lang wie die mit dem Zug und
ist sicherlich auch nicht unbeschwerlich. Die kürzeste und bequemste Verbindung
führt von Deutschland über Österreich und Ungarn, die Einreise nach Rumänien
über das Banat, Pitești und die Autobahn nach Bukarest. Eine andere Variante
besteht in der Fahrt über Ungarn, Serbien und Bulgarien.

In jedem Land – Österreich, Ungarn, Serbien und Bulgarien – fallen reichlich
Straßengebühren an. Es gibt keine durchgehende Autobahn. Man sollte für eine
solche Fahrt mindestens eine Übernachtung einplanen.

Mit dem Bus

Da viele Rumänen in Deutschland, Österreich, der Schweiz und anderen westeuropäischen Ländern arbeiten, gibt es ein europaweites Netz an Busverbindungen.
Die Preise sind recht günstig, allerdings dafür die Fahrtzeiten im Vergleich zur
Anreise mit dem eigenen Auto länger; je nach Abfahrtsort ist man zwischen 25
und bis zu 40 Stunden unterwegs. Die Firma Intertouring beispielsweise bietet
eine Fahrt von München nach Bukarest und zurück für 140 Euro an (www.inter-
touring.de, info@intertouring.de). Die Busse starten von vielen Städten Deutschlands, eine Reservierung empfiehlt sich.

Architektur

Einerseits besticht die Stadt heute mit ihrem Reichtum an Bauten aus dem 19. und 20. Jahrhundert, andererseits ist für Bukarest der Mangel an wirklich alten Bauten charakteristisch. Ursache dafür sind neben den immer wiederkehrenden Überschwemmungen vor allem die Erdbeben von 1792 und 1802 und die großen, verheerenden Brände von 1804, 1821 und 1847. Nicht zuletzt ist der rabiaten Umgestaltung der Stadt in der Ceaușescu-Zeit viel Altbausubstanz zum Opfer gefallen. So sind wenige alte Häuser aus dem 18. Jahrhundert übriggeblieben.

Als ältester Profanbau der Stadt gilt das Melikhaus, das aber mehrfach Bränden ausgesetzt war und wieder aufgebaut wurde. Der türkische Einfluß des frühen 19. Jahrhunderts wird vor allem in der ehemaligen Karawanserei Hanul Manuc lebendig.

Die Architektur bis zum Zweiten Weltkrieg ist von vielen Stilen geprägt. Mit der Loslösung vom türkischen Sultanat begann eine sukzessive Hinwendung zu westlichen Formen. Das große Vorbild wurde einerseits Paris, andererseits die

Im neuen Glanz: der Justizpalast

Land und Leute

österreichische Monarchie. Der Justizpalast repräsentiert die französische, die Nationalbank eher die italienische Renaissance. Im Postpalais tritt der Neobarock zutage, das Athenäum erinnert mit seiner Fassade an einen antiken Tempel, während der Mitteltrakt des Versicherungspalast CEC ein byzantinisches Kirchenschiff zu imitieren scheint. Hervorragendes Beispiel für die Neogotik ist die Josefskathedrale, für die Neoromanik sind es die Kirchen Neu-Sankt-Spiridon und Sankt Elefterie. Der Jugendstil findet seinen schönsten Ausdruck im Eingangsbereich des Cantacuzino-Palastes.

Im 19. Jahrhundert ließ sich der Bukarester Adel entlang der Calea Victoriei repräsentative Paläste errichten. In der ersten Hälfte dieses Jahrhunderts wirkten unter anderem Anton Heft (1846–1853) durch den Bau des Nationaltheaters, Johann Schlatter (1851–1856) durch den Bau der Rumänischen Akademie sowie Xavier Villacrosse (1842–1853), der viele Kirchen nach dem Brand instandsetzte. Die zweite Hälfte ist von rumänischen Architekten geprägt, die ihre Ausbildung teilweise im Ausland, bevorzugt in Frankreich, absolviert haben. Dimitru Berindei (1832–1884), Dumitru Maimarolu (1859–1926), Radu Nedelescu und Alexandru Săvulescu (1847–1904) haben in Paris, Alexandru Orescu (1817–1894) in München studiert.

Daneben wurden zahlreiche ausländische Architekten engagiert wie die Franzosen Louis Blanc, Albert Galleron und Paul Gottereau, Albert Ballu und Cassian Bernard. Beispiele für diese Arbeiten sind die Verwaltungsbauten der Banken und Ministerien sowie das Haus des Militärs.

Die Orientierung an westeuropäischen Stilrichtungen führen zum Bukarester Eklektizismus. Die rumänischen Architekten Grigore und Nicolae Cerkez (auch Cerchez geschrieben) bevorzugten die Formensprache von Neoklassizismus und Renaissance.

Neurumänischer Stil

Mit der Unabhängigkeit des Landes fand aber auch eine Rückbesinnung auf traditionelle Bauweisen und Architekturelemente statt. Diese Haltung zeigt sich in vielen Bauten, die vom Ende des 19. Jahrhunderts bis weit in die Zeit zwischen den beiden Weltkriegen entstanden, nicht zuletzt in der Architektur der vielen Villen. Herausragende Architekten dieser Stilrichtung waren Petre Antonescu und Ion Mincu, der Leiter der Hochschule für Architektur. Sie entwickelten den sogenannten neurumänischen Stil, der als rumänischer Ausdruck des Jugendstils bezeichnet wird.

Die Architekten griffen einerseits auf die Stilelemente des Brâncoveanu-Stils zurück, für den sowohl orientalische als auch italienische Motive typisch sind, setzten aber auch Verzierungen und Dekorationen der Volkskunst ein, indem sie beispielsweise die Gebäude mit Fliesen verzierten. Überhaupt ist das Bekenntnis zum Dekorativen ein bezeichnendes Merkmal des rumänischen Stils. Der Rumäne George Mandrea, der in Dresden geschult war, hat mit der Casa Oprea Soare ein Bojarenhaus aus Holz und Stein geschaffen, das als eines der wenigen Beispiele dieser Richtung bis heute erhalten blieb.

Moderne

Bukarest weist eine erstaunliche Fülle an modernen Bauten der Zwischenkriegszeit auf. Darunter sind Fabriken, Wohnbauten, Villen, Verwaltungsgebäude,
Hotels und Einkaufszentren, sogar einige Siedlungen im ansonsten schwach aus-
gebildeten sozialen Wohnungsbau.

Neue Technologien wie der Einsatz von Stahlbeton machten die Skelettbau-
weise möglich, man baute höher. In dieser Zeit wurden vor allem Elemente des
Funktionalismus adaptiert; besonders viele Beispiele dafür finden sich entlang
des Boulevard General Magheru. Auf der alten Calea Victoriei bauten amerikanische Ingenieure 1933 das Verwaltungsgebäude der Telefongesellschaft, das bis
in die 70er Jahre das höchste Gebäude der Stadt war.

Die Liste rumänischer Architekten, die auch während dieser Zeit im Ausland,
immer noch bevorzugt in Frankreich, studierten, ist lang: Horia Creangă, Lucia
Dumbrăveanu, George Matei Cantacuzino, Jean Berindei und Demitru Săvulescu
besuchten die École des Beaux Arts in Paris, andere Architekten wie Richard
Bordenache, Virginia Haret, Nicolae Cucu und Nicolae Lupu schlossen ihr Stu-
dium an der Rumänischen Schule (Accademia di Romania) in Rom ab. Ihre Erfahrungen flossen in die Entwürfe für Bukarester Bauten ein.

Hervorzuheben sind zwei bedeutende Vertreter dieser Moderne, Marcel Iancu
und Horia Creangă. Der Architekt Iancu machte als Mitglied des Dadaisten-
Kreises in Zürich von sich reden. Er studierte an der ETH in Zürich, kehrte 1922
nach Bukarest zurück und gründete mit Kollegen die Kunst- und Architekturzeit-
schrift Contimporanul (Der Zeitgenosse). Renommierte Künstler wie die Bildhauerin Milița Pătrașcu veröffentlichten in ihr. Ein Anliegen war der künstlerische
Austausch mit europäischen Künstlern wie Hans Arp, Paul Klee, den rumänischen Künstlern Constantin Brâncuși, Victor Brauner, Milița Pătrașcu und
Mattius Teutsch.

Marcel Iancu hatte als Maler begonnen und sich dann der Architektur gewidmet. Er darf als Pionier der rumänischen Moderne angesehen werden. Er entwarf
vor allem Wohnbauten, bis zum Zweiten Weltkrieg war er an den Planungen für
40 Gebäude beteiligt. In seinen theoretischen Beiträgen spricht er sich klar gegen
das allzu Dekorative aus. Auch Horia Creangă prägte die architektonische Landschaft Bukarests. Er versuchte die moderne Formensprache in Einklang mit der
ländlichen Bautradition und Volkskunst Rumäniens zu bringen. Nach seiner
Ausbildung in Paris kehrte er 1927 mit seiner Frau, der Architektin Lucia
Dumbrăveanu, nach Rumänien zurück. In Bukarest wurde er zur Leitfigur der
Moderne. Mit seinem Manifest zum ARO-Gebäude trat er 1929 hervor.

Während des Zweiten Weltkriegs wurde in Bukarest die Bausubstanz einerseits
durch das Erdbeben von 1940 und andererseits durch Bombardements sowohl der
Alliierten als auch – ab 1944 – der Deutschen in Mitleidenschaft gezogen. Besonders betroffen war das Viertel Grivița um den Hauptbahnhof. Die dadurch ent-
standene große Lücke bot den Kommunisten die erste Gelegenheit, Großprojekte einzuleiten. Riesige Trabantenstädte entstanden neben Fabriken und
Sportanlagen.

Historisierende Fassade

Zum Symbol stalinistischer Architektur in Rumänien wurde das Pressehaus. Die großen Bauten des sogenannten sozialistischen Realismus, die ebenfalls in den 50er Jahren entstanden, greifen dagegen gern auf klassizistische Elemente zrück. Schöne Beispiele sind hierfür das Theater im Stadtteil Bucureşti Noi und das Sommertheater im Nationalpark. Selbst die Metrostationen, unter denen vielleicht Titan die schönste ist, greifen Elemente wie Tonnengewölbe auf.

Die Bauten der siebziger Jahre, wofür in erster Linie das Nationaltheater und das Hotel Continental stehen, gelten als architektonisch gelungene Bauten der rumänischen Moderne. Leider sind sie nachträglich verändert worden, um sie dem Ceauşescu-Stil anzupassen. Als Beispiele dieses Stils gelten vornehmlich der Parlamentspalast und die Bauten entlang des Bd. Unirii.

Seit der Wende hat ein Bauboom eingesetzt, dessen Ende nicht absehbar ist. Er berührt sowohl das Zentrum als auch die äußeren Randbezirke. Großartige moderne Gebäude sind dabei entstanden. Am Anfang dieses Booms stand das Financial Plaza mitten im Zentrum, das von den Ufern der Dâmboviţa aus gesehen die Stadtsilhouette maßgeblich beeinflußt. Eines der spektakulärsten Stadtviertel dieser Jahre ist Pipera, in dem sich viele Reiche angesiedelt haben. Der Bauboom wird sehr unterschiedlich bewertet. Einerseits ist ein enormer Nachholbedarf zu stillen, andererseits wird versucht, das wenige Alte zu bewahren. In vielen Kirchen wurde mit der grundlegenden Sanierung begonnen, auch Museen werden renoviert. Viele Fassaden wie der Justizpalast strahlen in neuem Glanz.

Kirchen

Im Stadtgebiet von Bukarest gibt es rund 200 Kirchen, unter ihnen katholische, anglikanische, protestantische und griechisch-katholische. Die meisten gehören zur rumänisch-orthodoxen Kirche, die Patriarchie nennt einen Bestand von 130 rumänisch-orthodoxen Gotteshäusern. Die wenigsten sind sehr alt, nicht alle besitzen einen Anspruch auf historisches oder künstlerisches Interesse, es finden sich aber zahlreiche sehenswerte Bauten und Beispiele für viele Epochen.

Die ersten Kirchen wurden aus Holz gebaut und erst nach ihrer Vernichtung durch Brände in Stein erneuert. Bis weit in das 17. Jahrhundert blieb das so. Wenige Kirchen und Klöster, zumeist fürstliche Stiftungen, bildeten eine Ausnahme und wurden von Beginn an aus Stein errichtet. Von ihnen ist nur eine einzige in ihrer ursprünglichen Form erhalten geblieben: das mit 450 Jahren älteste erhaltene Sakralgebäude der Stadt, die Hofkirche Buna Vestire. Der religiöse Mittelpunkt des mittelalterlichen Bukarest war die Kirche Alt-Sankt-Georg, die aus dem Jahr 1562 stammt und heute trotz ihrer Veränderungen als zweitälteste erhaltene Kirche gilt. Auch sie wurde von Beginn an aus Stein gebaut.

In ihrem Aufbau stehen die rumänisch-orthodoxen Kirchen den byzantinischen nahe. Ihr Grundriß besteht aus Altarraum, Naos – dem Kirchenschiff, in dem die Liturgie zelebriert wird – und dem Narthex. Zwischen Altarraum und Kirchenschiff ist eine Trenn- oder Bilderwand eingezogen, die sogenannte Ikonostase oder rumänisch Tâmplă. Sie kann aus Stein oder Holz sein und ist mit Andachtsbildern, den Ikonen, geschmückt. Die Kirchenwände sind einschließlich der Vorhalle häufig bemalt, oft, aber nicht immer, in der sogenannten al Fresco-Technik. Naos und Narthex können von einem Tambour – Rumänisch Turla – und einer Kuppelkappe überhöht sein. Die Hofkirche beispielsweise weist einen Turm über dem Naos auf.

Im 17. Jahrhunder löste der Steinbau vermehrt die Holzbauweise ab, und die Grundrisse wurden variiert. Seit der Zeit des Matei Basarab (1632–1652) setzte sich eine den Dreikonchenbauten im Westen angefügte Vorhalle durch. Sie kann offen oder geschlossen sein und wird in der rumänischen Baukunst Pridvor genannt. Diese Vorhalle erinnert im weitesten Sinne an eine Veranda und wird auch in den Profanbauten eingesetzt. Als Paradebeispiele für diesen Stil sind die Stavropoleos- und die Colţeakirche zu nennen.

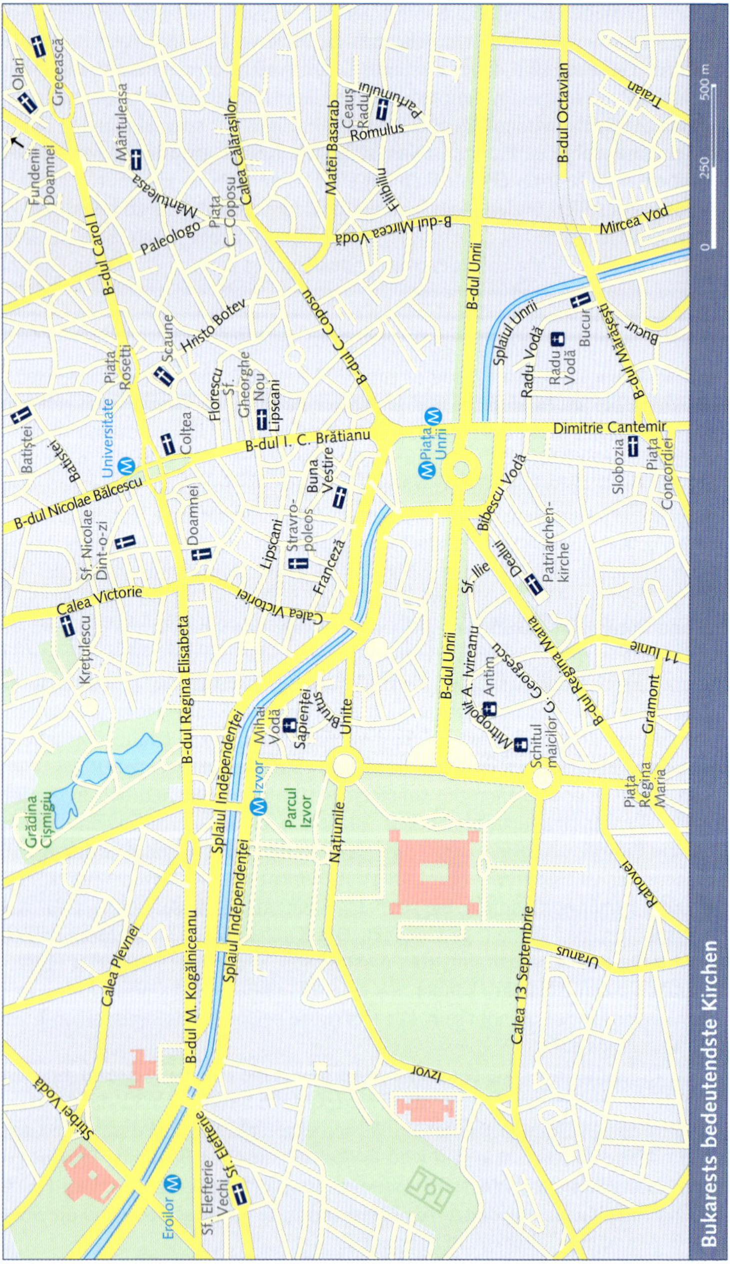

Olari
Grecească
Fundenii Doamnei
Mântuleasa
Mântuleasa
Matéi Basarab
Radu
Ceauş
Romulus
Pârțiunitul
B-dul Octavian
Traian
Piața C. Coposu
Calea Călărașilor
Paleologo
B-dul Carol I
Filibilu
B-dul Mircea Vodă
Mircea Vod
B-dul Unrii
Splaiul Unrii
Bucur
B-dul Mărăşeşti
Bucur
Hristo Botev
Scaune
Piața Sf. Rosetti
Florescu
Sf. Gheorghe
Lipscani Nou
Radu Vodă
Radu Vodă
Batiştei
Batiştei
Universitate
Coltea
B-dul I. C. Brătianu
Piața Unrii
Dimitrie Cantemir
B-dul Nicolae Bălcescu
Doamnei
Buna Vestire
Bibescu Vodă
Slobozia
Piața Concordiei
Sf. Nicolae Dint-o-zi
Lipscani
Stravro-poleos
Françeză
Sf. Ilie
Deal.
Patriarchen- kirche
Kretzulescu
Calea Victorie
Calea Victoriei
11 Iunie
B-dul Regina Elisabeta
B-dul Unrii
Sf. A. Ivireanu
B-dul Regina Maria
Gramont
Splaiul Independenței
Mihai Vodă
Sapienței
Brâus
Unite
Antim
Mitropol. G. Georgescu
Schitul maicilor
Piața Regina Maria
Grădina Cișmigiu
Izvor
Parcul Izvor
Naţiunile
Panlovei
Calea Plevnei
Splaiul Independenței
B-dul M. Kogălniceanu
Calea 13 Septembrie
Uranus
Izvor
Ştirbei Vodă
Eroilor
Sf. Eleftetie Vechi
Sf. Eleftetie

500 m
250
0

Die üppigen Dekorationsformen werden aus Stein gemeißelt oder aus Holz geschnitzt. Sie zieren vor allem Türrahmen, Fenster und Gesimse. Manchen Kirchen wird ein Glockenturm (rumänisch Clopotniţa) hinzugefügt. Als Stifter von Kirchen taten sich Fürsten und Bojaren hervor. Die Kirchen tragen deshalb häufig den Stifternamen wie der Fürsten Radu Vodă, Mihai Vodă und der Bojaren und Würdenträger wie Răzvan, Mavrogheni und Antim. Daneben besaßen die einzelnen Zünfte und Handwerker ihre eigenen Kirchen, wobei der jeweilige Berufsstand den Namen der Kirche bildet, zum Beispiel Negustori (Kaufleute), Manea Brutari (Bäcker), Scaune (Stuhlmacher). Die Kirchen sind auch nach den Heiligen benannt, denen sie geweiht wurden: Sankt Elefterie, Sankt Georg, Sankt Elias, Sankt Pantelimon, und nach Kirchenfesten wie Buna Vestire (Maria Verkündigung). Schließlich gibt es gemischte Namen wie Sankt-Nikolaus-Udricani, wo das Patronat und der Stifter den Namen bilden, oder Sankt-Nikolaus-Blănari, was die Nikolauskirche der Kürschner bezeichnet.

Auch die Steinbauten wurden Opfer von Erdbeben und Bränden. Manche wurden dann im 19. Jahrhundert originalgetreu wieder aufgebaut, andere vergrößert, wieder andere an westliche Vorbilder angeglichen. Dieser Einfluß wird sowohl im Grundriß als auch in den Dekorationen deutlich. Neoromanische, neogotische, neobarocke Formen wurden eingesetzt, manche ehemals zierliche Kirche hat dabei ihre Aura verloren.

Die Kirchen wurden seit dieser Zeit häufig viel größer angelegt und waren auf die Fernsicht ausgerichtet wie beispielsweise die Kirchen Neu-Sankt-Spiridon und Neu-Sankt-Elfterie. Vielfach ist ihre Westseite durch eine Zweiturmfassade geschmückt. Zur Zeit des Jugendstils – oder neurumänischer Sti – entstanden eine ganz Reihe neuer Sakralbauten, die mit Jugendstilelementen erbaut wurden wie beispielsweise die Silvesterkirche.

Kirchen entstanden in der Zwischenkriegszeit und werden auch heute zahlreich gebaut. Derzeit ist eine neue, monumentale Patriarchenkirche in Planung, die einen städtebaulichen Akzent auf dem Bulevardul Unirii setzen soll. Die erste Planphase ist abgeschlossen. Die Architekten besinnen sich auch wieder auf die regionaltypischen Traditionen Rumäniens. So entstand nach der Wende etwa die Holzkirche im Carolpark in Anlehnung an die Kirchen der Maramureş-Region.

Einen unschätzbaren Wert der alten Kirchen stellen die vielerorts erhaltenen in Stein gemeißelten Inschriften dar, die eine der wichtigsten Quellen für die Geschichte Bukarests sind.

Theater und Literatur

Bukarest ist neben Iaşi traditionell eines der bedeutenden Zentren für Theater, Publizistik und Literatur in Rumänien. Der rumänischen Literatur des 19. und 20. Jahrhunderts ging eine umfangreiche Volksdichtung voraus, bestehend aus Liebes- und Klageliedern, Balladen, religiösen Dichtungen und Märchen. Im Zuge der Unabhängigkeitsbewegung entwickelte sich im 19. Jahrhundert eine nationale Dichtung von enormer Dichte.

Viele Mitstreiter der revolutionären Bewegung von 1848 waren Schriftsteller und Dichter: Nicolae Bălcescu, Cezar Bolliac, Mihail Kogălniceanu und Vasile Alecsandri, der auch ein bedeutender Sammler rumänischer Volkslieder und Märchen war.

Zu den bekanntesten rumänischen Dichtern des 19. Jahrhunderts gehören der Romantiker Mihai Eminescu (1850-1889) und der Erzähler Ion Creangă (1857-1889). Mihai Eminescu wurde im Fürstentum Moldau geboren und ging in Czernowitz, einer stark von deutschsprachigen Kultureinrichtungen geprägten Stadt, zur Schule, wo er mit Theatertruppen in Berührung kam. In seinem kurzen Leben war er mehrfach als Bibliothekar, Souffleur und Übersetzer, beispielsweise von Schiller, tätig.

Mihai Eminescu

Obwohl ohne Schulabschluß, studierte er zunächst in Wien, später auch in Berlin, wo er für die rumänische Botschaft tätig wurde. Von der Philosophie wechselte er zur Jurisprudenz und dann wieder zur Philosophie. In Bukarest verbrachte er die Jahre von 1877 bis 1884 als Redakteur bei der Zeitschrift Timpul (Die Zeit).

Sein autobiographischer Roman ›Der einsame Genius‹ offenbart seine melancholische Seele. Gleichwohl traten in seinen Werken auch nationalistische und antisemitistische Züge offen zutage. Früh drückte ihn die Geldnot, schwächte ihn seine instabile Gesundheit. Seine heute gerne romantisierte Liebe zur verheirateten Dichterin Veronica Micle inspirierte und belastete ihn gleichermaßen. Auch nach dem Tod ihres um vieles älteren Ehemannes fand ihre Liebe zu Eminescu keine Erfüllung.

Im Zustand geistiger Umnachtung verbrachte er einen Sommer im Hospiz, starb 1889 in einem Bukarester Krankenhaus und wurde auf dem Friedhof Bellu bestattet. In deutscher Übersetzung liegen von ihm seit den 1990er Jahren Gedichte vor. Mihai Eminescu schmückt den aktuellen 50-Ron-Schein. Ion Creangă gehörte dem Dichterzirkel um die Literaturgesellschaft Junimea an. Seine Werke sind satirisch und bewußt überzogen.

George Coşbuc (1866-1918) war ein dem Bauernvolk sehr verbundener sozialkritischer und realistischer Dichter. Bekannt ist sein Gedicht ›Noi vrem pămînt‹ – Wir wollen ein Land. Die meisten Schriftsteller taten sich auch durch Übersetzungen hervor, so daß unter anderem Byron, Schiller und Dante Eingang in Rumänien fanden.

Ion Luca Caragiale (1852-1912) ist einer der großen rumänischen Dramatiker, von dem einige Werke in Deutsch vorliegen: ›Der erste Preis‹, ›Der verlorene Liebesbrief‹, ›Eine stürmische Nacht‹ und andere Dramen. Er verbrachte seine letzten zehn Jahre zurückgezogen in Berlin und lernte dennoch nie Deutsch.

Eugen Ionescu

Die Liste wichtiger rumänischer Schriftsteller ist lang. Zu nennen sind unter anderem Alexandru Macedonski (1854–1920) und Tudor Arghezi (1880–1967), ›der rumänische Stefan George‹, Herderpreisträger, Pazifist und sicher einer der bedeutendsten rumänischen Schriftsteller des 20. Jahrhunderts. Von ihm sind auf Deutsch erschienen: ›Der Friedhof‹, ›Das Spielsachenbuch‹ und ›Rumänische Gedichte‹. Seine Zeitgenossen sind Lucian Blaga, G. Călinescu und E. Jebeleanu.

Der Romancier Eugen Barbu (1924–1993) hat uns mit seinem Werk ›Fürst‹ einen zwar rekonstruierten, doch großartig von surrealen Aspekten getragenen Eindruck vom Bukarest der Fanariotenzeit hinterlassen.

Nach dem Zweiten Weltkrieg emigrierten viele Schriftsteller und Dramatiker ins Ausland, bevorzugt nach Frankreich, darunter Mircea Eliade, Emil Cioran und Eugen Ionescu, einer der wichtigsten Dramatiker der Moderne überhaupt. Für die 60er und 70er Jahre seien stellvertretend die Dichterin Ana Blandiana und Marin Preda genannt. Der mit nur 58 Jahren verstorbene Marin Preda beschreibt das Bukarest der 40er Jahre in seinem Roman ›Delirium‹ (Delirul), der 1975 veröffentlicht und auch ins Deutsche übersetzt wurde. Ana Blandiana wurde schon in den 50er Jahren durch ihre Gedichte weit über die Grenzen Rumäniens bekannt. Im Jahr 1993 erschien ihr Roman ›Die Applausmaschine‹, der die Ceaușescu-Zeit behandelt, in deutscher Sprache. Die Werke von Mircea Nedelciu (1950–1999) liegen bisher leider nur in französischer Übersetzung vor.

Stellvertretend für die deutschsprachige Literatur Rumäniens sei die wohl bekannteste Autorin genannt, Herta Müller. Sie ist wie viele andere Schriftsteller noch unter Ceaușescu emigriert. Die in Deutschland lebende Rumänin Carmen-Francesca Banciu beschreibt in ihrem Roman ›Vaterflucht‹ das Leben unter der Verfolgung der Securitate.

Die Vertreter der allerjüngsten rumänischen Literatur, Sorin Stoica, Dan Lungu und Nora Iuga, setzen sich mit der unmittelbaren Gegenwart auseinander. In deutscher Sprache sind von Nora Iuga die Gedichtbände ›Der Autobus mit den Buckligen‹ und ›Gefährliche Launen‹ erschienen. Auch die ›Zentrifuge‹ von T. O. Bobe und ›Ich küsse dir den Hintern geliebter Führer‹ von Daniel Bănulescu sind im deutschsprachigen Buchhandel erhältlich. Von Dan Lungu ist ›Das Hühnerparadies‹ in deutscher Sprache erhältlich.

Bekanntester zeitgenössischer Schrifsteller dürfte Mircea Cărtărescu (geb. 1956) sein. Sein Roman ›Nostalgia‹, der in Bukarest spielt, wurde schon Ende der 90er Jahre ins Deutsche übersetzt. Der Schriftsteller war Stipendiat der Akademie von Schloß Solitude und hat in Stuttgart gelebt. Das neueste Werk von Cărtărescu, ›Die Wissenden‹, der erste Teil einer Trilogie, hat ebenfalls Bukarest zum Schauplatz und ist vielbeachtet im Herbst 2007 im Zsolnay Verlag erschienen.

Trotz dieses Reichtums ist die rumänische Literatur, wie die der meisten ost- und südosteuropäischen Länder, im deutschsprachigen Gebiet nur wenigen bekannt. Bislang liegen nur wenige Werke in deutschen Übersetzungen vor, und vieles wartet bei uns noch darauf, entdeckt zu werden.

Die Rumänische Küche

Die rumänische Küche ist von einer seit uralten Zeiten in der Landwirtschaft tätigen Bevölkerung geprägt. Sie ist durchsetzt mit türkischen, ungarischen und deutschen Einflüssen und je nach Tradition der einzelnen Landesteile unterschiedlich. Man kann jedoch festhalten, daß sich die rumänische Küche generell durch deftige Fleischgerichte auszeichnet, wozu auch Innereien wie Kutteln und Leber gehören. Am beliebtesten ist das Schweinefleisch. Aber auch Fische wie Karpfen und Forellen sind regelmäßig auf der Speisekarte zu finden.

Eines der Nationalgerichte sind die gefüllten Krautwickel, die mit Maisbrei serviert werden. Kartoffeln werden in den vielfältigsten Variationen angeboten, von der einfachen Salzkartoffel bis hin zur mit Speck angereicherten Bratkartoffel. Frische Salate, viele Bohnen- und Krautgerichte runden das Angebot ab. Eingeleitet wird das Essen in der Regel mit einem Pflaumenschnaps, dem Țuică, der als Unterlage für die fettreichen Speisen gilt. Als Beilage werden häufig scharfe Peperoni und geschnittene rote, weniger scharfe Zwiebeln gereicht. Als Verfeinerung darf auf vielen Gerichten die saure Sahne nicht fehlen.

Überall im Land gibt es traditionsreiche Weinanbaugebiete, auch in der Walachei. Nicht nur die alte walachische Fürstenfamilie Știrbei besaß seit dem 18. Jahrhundert reiche Weingüter in dieser Region. Auch die Hügel von Bukarest waren durch ihre Reben bekannt.

Die Weine Rumäniens büßten nach der Verstaatlichung der Weingüter ihre lange Zeit bekannte und geschätzte Qualität ein. In den Jahren nach der Wende sind aber etwa 80 Prozent der Güter wieder privatisiert worden, und mit viel Engagement haben die Winzer die Weine in Geschmack und Qualität wieder sehr verbessert.

Es gibt sowohl sehr trockene Weiß- als auch kräftige Rotweine. Unter den Weißweinen sind die Weine der Güter Jidvei aus Transsilvanien sowie Cotnari und Bucium aus der Moldau besonders empfehlenswert. Die älteste einheimische Rebe ist die Feteasca-Rebe, die sowohl als weiße (›Albă‹) als auch als rote Rebe (›Neagra‹) vorkommt und in Varianten gezüchtet und weiterentwickelt wird. Daneben findet man unter den Rotweinen die Sorten Cabernet Sauvignon, Merlot, Pinot Noir und unter den Weißweinen Sauvignon Blanc, Traminer, Chardonnay und Aligote. Sie alle finden sich auf der Speise- bzw. Getränkekarten der Bukarester Restaurants‹.

Hier findet man auch die zahlreichen ausländischem und einheimischem Biersorten, etwa ›Ursus‹ aus Cluj-Napoca und ›Bergenbier‹ aus Blaj.

Aus den Speisekarten

rumänisch	deutsch
Poftă bună!	Guten Appetit!
Gustări	**Vorspeisen**
Gustare Tradiţională	traditioneller Art (z. B. Speck, Bohnen, Gurken)
Zacuscă de Casa	Vorspeise nach Art des Hauses
Platou de Brânzeturi	Käseplatte
Fasole Batută	Bohnenpaste
Caşcaval Pane	Gebackener Käse
Mămăliguţă cu branză şi smântână	Maisbrei mit Käse und saurer Sahne
Salate şi sosuri	Salate und Soßen
Salată specială de pui	Hühnersalat
Salată specială vegetariană	Vegetarischer Salat
Salată specială cu pastramă şi branză	Salat mit Schinken und Käse
Ciorbe	**Suppen**
Supă de Roşii	Tomatensuppe
Ciorbă Ţărănească cu afumătură	Bauernsuppe mit geräuchertem Speck
Ciorbă de Burtă	Kuttelsuppe
Ciorbă de Fasole cu Costiţă afumată	Bohnensuppe mit geräuchertem Speck
Ciorbă de Pui	Hühnersuppe
Ciorbă de Văcuţă	Rindfleischsuppe
Ciorbă de Legume	Gemüsesuppe
Tocăniţă de Ciuperci cu Mămăliguţa	Pilzgericht mit Maisbrei
Mâncare de Varză	Gekochtes Kraut

rumänisch	deutsch
Preparate La Grătar	**Gegrilltes**
Cârnați la Grătar	Gegrillte Würste
Ceafă de Porc la Grătar	Schweinenacken vom Grill
File de Porc la Grătar	Gegrilltes Schweinefilet
Frigărui Asortate	Gemischter Fleischspieß
Frigărui de Pui	Hühnerfleischspieß
Frigărui de Berbecut	Hammelspieß
Mușchi de Vită la Grătar	Gegrilltes Rindfleisch
Pastramă de Oaie cu Mămăliguța	Schafsfleisch mit Maisbrei
Piept de Pui la Grătar	Gegrillte Hühnerbrust
Iahnie de Fasole cu Cârnați	Bohneneintopf mit Würsten
Păstrăv Românesc	Forelle rumänische Art
Pui cu Smântână	Hühnchen in Sahnesoße
Sărmăluțe cu Mămăliguță	Gefüllte Kohlrouladen mit Maisbrei
Șnițel din File de Porc	Schweineschnitzel
Șnițel din Piept de Pui	Hühnchenbrustschnitzel
Șnițel Țărănesc	Schnitzel bäuerliche Art
Tocătură cu Mămăliguță	Gehacktes mit Maisbrei
Varză cu Cârnați	Kraut mit Würsten
Garnituri	**Beilagen**
Cartofi Ardelenești cu Usturoi	Kartoffeln Siebenbürger Art mit Knoblauch
Cartofi Țărănești	Kartoffel bäuerlicher Art
Cartofi Natur	Kartoffel natur
Cartofi Prăjiți	Bratkaroffeln
Mâncare de Varză	Gekochtes Kraut
Pilaf de Orez cu Ciuperci	Reis mit Pilzen
Piure de Cartofi	Kartoffelpüree

Rezepte

Rumänische Sarmale
(Krautwickel)

Zutaten für 3 bis 4 Personen:

1 eingelegter Kohlkopf (Sauerkraut)
300 Gramm gemischtes Hackfleisch
1 bis 2 Zwiebeln
1 Tasse Reis
Sonnenblumenöl
Knoblauch
Lorbeerblätter
Eine Prise Salz
Ein Teelöffel Zucker
Saure Sahne

Eine Kasserolle wird vollständig mit etwas Öl ausgerieben und mit großen Sauerkrautblättern belegt. Die Hackfleischmasse wird mit dem ungekochten Reis, angedünsteten Zwiebeln, Salz und Pfeffer vermischt. Wer möchte, kann auch Knoblauch hinzufügen.
Die Kohlblätter vom Strunk lösen und auf jedes Blatt von der angemachten rohen Hackfleischmasse einen Esslöffel geben. Dann das Blatt von zwei Seiten einschlagen und dann rollen.
Die Röllchen werden nebeneinander auf die gesamte Fläche der Kasserolle verteilt. Jetzt folgt eine Schicht klein geschnittenes Sauerkraut und eine weitere Schicht Krautwickel.
Abschließend die Krautwickel wieder mit großen Blättern und anschließend das Ganze mit Wasser bedecken. Die Lorbeerblätter werden dazwischen gelegt. Wer möchte, kann den Wassersud mit Tomaten bereichern.
Nach etwa zwei Stunden Garzeit bei ca. 100 Grad wird das Gericht mit saurer Sahne bekleckst und mit Maisbrei (Mămăligută) serviert.

Bulz Ciobanesc
(Maisbrei gefüllt mit Käse und Speck)

Zutaten für 2 bis 3 Personen:

1 Tasse Maisbrei
2 Tassen Wasser
300 Gramm Kuhkäse
200 Gramm gewürfelter Speck
1 Prise Salz

Das Wasser wird mit Salz zum Kochen gebracht, der Maisbrei untergerührt und unter ständigem Rühren zehn Minuten gekocht.
Anschließend den Maisbrei erkalten lassen und auf einer Fläche verteilen. Danach den Maisbrei in drei Teile teilen, mit dem geriebenen Käse füllen und drei Kugeln formen. Die Kugeln in den Backofen schieben und bei 130 bis 150 Grad etwa 20 Minuten backen.
Die Maisbreikugeln schließlich mit den angedünsteten Speckwürfeln bestreuen und servieren.

Carpați cu Fasole
(Bohnenpüree mit Wurst)

Zutaten für 2 bis 3 Personen:

400 bis 500 Gramm dicke Bohnen
2 bis 3 Bratwürste
Knoblauch
Salz und Pfeffer
Sonnenblumenöl

Die dicken Bohnen über Nacht einweichen und am folgenden Tag ganz weich kochen. Die Bohnen durch ein Sieb zu Mus pürieren und mit Knoblauch, Salz und Pfeffer abschmecken. Die Würste in Öl kräftig anbraten und im Bohnenmus servieren.

Bukarest ist eine Stadt der Gegensätze,
sehr Unterschiedliches läßt sich auf
engem Raum entdecken. Neben dem
Zentrum lohnen zahlreiche weitere
Stadtviertel einen Besuch. Beeindruckend
in allen Vierteln ist vor allem der
Reichtum an Sakralbauten.

Stadtspaziergänge

Orientierung

Bukarest ist eine Stadt, die entdeckt werden will; sie offenbart ihre Sehenswürdigkeiten nicht auf den ersten Blick. Wer zum ersten Mal hierher kommt, wird vergeblich ein eigentliches Zentrum, einen Altstadtkern suchen, wie man es von vielen europäischen Städten kennt. Die Stadt wird weder von einem breiten Strom noch von Hügeln oder einer einer hochaufragenden Kathedrale dominiert; es findet sich auch kein großer zentraler Platz. Der niedrigste Teil Bukarest liegt 53 Meter über dem Meeresspiegel, der höchste 96. Auf den Hügeln, außer dem Filarethügel, befinden sich Kirchen oder Klöster. So gibt es den Hügel (Dealul) der Metropolie, den Hügel von Radu Vodă, den Hügel der Eliaskirche und den Dealul Spirii, der vergrößert wurde und auf dem der Parlamentspalast steht. Nicht weit von der Universität, am Platz des 21. Dezember, ist der Meilenstein Null plaziert, als Mittelpunkt und Herz Rumäniens. Dieser Platz ist aber vor allem eine große Straßenkreuzung.

Dominierend sind im gesamten Stadtgebiet die großen Boulevards (Bulevardul), Chausseen (Şoseaua) und Aleen (Aleea). Zwischen ihnen hat sich ein teilweise fast ländlich anmutendes Bukarest bewahren können. Die breiten Straßen schneiden sich an markanten Plätzen. Häufig wecken die Viertel oder Straßenzüge den Eindruck des Unfertigen. Die große Struktur einer städtebaulichen Anlage scheint oftmals zu fehlen. Das ist nicht zuletzt durch die Geschichte der Stadt bedingt: Die Viertel Bukarests waren ehemalige Siedlungen, die im Laufe der Jahrhunderte mehr oder weniger zusammenwuchsen. Ihr Kern war immer eine Kirche, weswegen sie auch als eno-

rie (Pfarrbezirk) bezeichnet wurden. Erst unter dem starken osmanischen Einfluß wurde aus der Pfarrei eine mahala (Vorstadt). Ende des 18. Jahrhunderts gab es in Bukarest etwa 30 mahale. Die Namen der vielen erhaltenen Kirchen wie Negustori, Udricani, Olari erinnern daran, ebenso wie die Benennung einiger der 26 Stadtteile Bukarests, die zwar keine administrative Bedeutung haben, aber auf historische und stadtgeschichtliche Zusammenhänge verweisen wie beispielsweise Pantelimon und Obor. Letzteres bedeutet übersetzt der Viehmarkt. Aber nicht überall war eine geschlossene Struktur zu erkennen. Überall gab es zwischendrin Brachflächen, sogenannte Maidane. Sie sind im Laufe der Jahrzehnte und Jahrhunderte weitgehend überbaut worden.

Seit den großflächigen Veränderungen in der Ceauşescu-Zeit sind historisch gewachsene Viertel zum Teil zerstört, städtebauliche Zusammenhänge zerrissen worden. Manche Bauwerke, insbesondere Kirchen, wurden versetzt und befinden sich heute nicht mehr in ihrer ursprünglichen Umgebung. Nur wenige Schritte hinter den breiten Boulevards gibt es vieles zu entdecken: hier ein Kirchlein, dort eine kleine Villa im rumänischen Stil. Andererseits wechseln Prachtbauten auch immer wieder mit heruntergekommenen Häusern.

Die Stadt ist voller Gegensätze: westliche Autos neben Karren, Bettler und elternlose Kinder zwischen Edelboutiquen, Marktfrauen nicht weit von Delikatessenläden, einstöckige Häuser inmitten von Hochhauskomplexen. Ein Gewirr von Straßen (Strada, Calea), kleineren Straßen oder Gassen (uliţa) und Sackgassen (Intrarea) füllt die Stadt hinter den breiten, schwierig zu überquerenden Boulevards, oft von deren überdimensionierten Bauten verborgen. Der Bauboom nach dem Ende des Kommunismus hat dem Stadtbild bereits ein neues Leben eingehaucht. Auch in dieser Hinsicht gibt es viel Spannendes zu entdecken.

Die sogenannte Innenstadt, das was gemeinhin von den Bukarestern als Zentrum verstanden wird, reicht in seiner Nord-Süd-Ausrichtung von der Piața Romană bis zur Piața Unirii, in ost-westlicher Ausrichtung etwa vom Nationaltheater bis zum Cișmigiu-Garten. Dominierende Straßenachsen im Zentrum sind der Bd. General Gheorghe Magheru, der in seiner Fortsetzung Bd. Nicolae Bălcescu und Bd. I. C. Brătianu heißt, sowie die Calea Victoriei. Wichtigste Ost-West-Achse ist der Bd. Regina Elisabeta, in Fortsetzung Bd. Carol I. und Bd. Mihai Kogălniceanu. Auffälligster, da breitester und längster Boulevard, ist der Bd. Unirii, der sich über etwa 3,5 Kilometer schnurgerade von West nach Ost zieht. Er wird im Osten durch die Piața Alba Iulia begrenzt und im Westen durch das riesige Parlamentsgebäude. An ihm liegt auch die Piața Unirii, der größte innerstädtische Platz, an dem mehrere Boulevards und zwei Metrolinien aufeinandertreffen.

Die einzige große Parkanlage im Zentrum ist der Cișmigiu-Garten. In diesem Zentrum befinden sich die Universität, die großen Bibliotheken, die Regierungsgebäude, Banken und Versicherungen, viele Theater und Kinos, versteckte Kirchen, viele der großen Hotels sowie unzählige Cafés und Restaurants.

Nach Norden schließen sich Villenviertel an. In diesem Zentrum findet man geballt all das, wofür Bukarest bekannt wurde: Pariser Anklänge, Gigantisches, Gemütliches und Großstädtisches, Antikes und Modernes.

Alt-Bukarest

In Alt-Bukarest befinden sich besonders viele Sehenswürdigkeiten auf engem Raum. Mit dem alten Fürstenhof und der Stavropoleos-Kirche sind zwei Bauwerke von besonders großem ideellem Wert darunter.

■ Der Fürstenhof (Curtea Veche)

Unweit des Dâmbovița-Flusses, einst zwischen dessen zwei Armen gelegen, befinden sich die Ruinen des Fürstenhofes, des sogenannten Alten Hofes oder Curtea Veche Domnească. Es ist eine der romantischsten und reizvollsten Ecken Bukarests, auch wenn im Moment Verschönerungsmaßnahmen im Gange sind, in deren Rahmen die Str. Franceză zur Fußgängerzone umgestaltet wird.

Das Gelände stellt den Kern der mittelalterlichen Siedlung von Bukarest dar und bewahrt Überreste der früheren woiwodalen Paläste, die vormals hier standen. Auf dem Areal dieses Palastes

Stadtspaziergänge

Denkmal für Vlad III. Tepeș vor den Resten des Alten Fürstenhofs in Bukarest

Alt-Bukarest

0   100   200 m

Legende

1. Curtea Sticlarilor
2. Hanul cu Tei
3. Marmarosch-Bank
4. Nationalbank
5. Rumänische Nationalbank
7. Bankgebäude der Berliner Gesellschaft
6. Innenministerium
8. Nationalbibliothek
9. Tänase-Theater
10. Komödie
11. Caru' cu Bere
12. Passage Macca-Villacrosse
13. Magazinul Cocor
14. Bar Twice

wurden Anfang der 1970er Jahre unter der Leitung von Nicolae Pruncu und Gheorghe Dobrescu Ausgrabungen unternommen, das Gelände gesichert und erforscht. Die Ergebnisse werden in einer Dauerausstellung innerhalb der archäologischen Ausgrabungsstätte präsentiert.

Aufgrund der Grabungen konnten der Palast und die Anordnung seiner Räumlichkeiten rekonstruiert werden. Als Baumaterial dienten Ziegel und Naturstein. Das gesamte Areal ist von Substruktionen mit langen Tonnengewölben untermauert. Diese dienten gleichzeitig als Wirtschaftsräume. In den Obergeschossen konnten die Privatkapelle des Woiwoden und fürstliche Schlafgemächer ausgemacht werden. Auch die Überreste des Empfangssaales für die Botschafter und der Saal der Wachmannschaft wurden identifiziert. Vom alten Glanz geben die gefundenen Fragmente von Kapitellen, Reliefs und Säulen einen Eindruck. Laut Quellen gehen die Anfänge des Palastes auf Vlad Ţepeş (1431–1476) zurück. Seine Nachfolger bauten ihn aus. Constantin Brâncoveanu (1689–1714) ließ den Komplex im italienischen Stil verschönern: Marmortreppen, Steinsäulen und andere Verzierungen wurden hinzugefügt. Der italienische Sekretär dieses Fürsten, Anton Maria del Chiaro, erzählte von großen überwölbten Sälen, die von einem Garten im italienischen Stil umgeben waren, und den Festen, die in ihnen stattfanden. Seit dem Erdbeben von 1738 wurde der Palast endgültig verlassen. Die walachischen Fürsten verlegten ihre Residenz mehrfach, zunächst in die Nähe der heutigen Piaţa Unirii, zuletzt im Jahr 1776 unter Fürst Alexandru Ipsilanti auf den Dealul Spirei, einen Zentralhügel der Stadt, der zum Bau des Parlamentes genutzt wurde, von dem sich ein weiter Blick auf die Stadt bot. Mit der Zeit verfiel das Gebäude des ersten Fürstensitzes, Brände und Erdbeben taten ein Übriges.

Die Verkündigungskirche

Neben dem Fürstenpalast befindet sich das älteste erhaltene Gebäude der Stadt,

die um die Mitte des 16. Jahrhunderts errichtete Verkündigungskirche Buna Vestire. Sie ist auch unter dem Namen Sankt Antonius bekannt. Einst wurde eine wundertätige Ikone des Heiligen hier verwahrt. Sie blieb beim Brand in der Mitte des 19. Jahrhundert unversehrt und gelangte in die alte Georgskirche. Der Markt in diesem Viertel, auch als Antoniusmarkt bekannt, ist ein Blumenmarkt.

Die Kirche ist eine Stiftung des Fürsten Mircea Ciobanul (1545–1554, 1558/59), der ihre Vollendung nicht mehr erlebte. Sein Sohn Petru cel Tânăr und seine Brüder Mircea und Radu vollendeten sie. Biegt man in das Viertel ein, fällt der Blick unweigerlich auf diesen wunderschönen, schlichten Bau mit seinem alternierend wechselnden Mauerwerk aus Ziegel und Steinquadern. Diese Schmuckform ist byzantinisch beeinflußt und fand in der Walachei vielfach Anwendung. Der gesamte Außenbau dieser Dreikonchenanlage besticht durch seine sorgfältige, harmonische Ausführung. Über dem Naos erheben sich der reich gestaltete, durchfensterte Tambour mit einer Kuppel, ein mit einem Gesims versehener Sockel, ein aufwendig gearbeitetes Dachgesims und zarte Arkaden.

Aus einer Weihinschrift von 1715 geht hervor, daß es dem Stifter nicht mehr gelang, die Kirche zu verschönern. Sie war Hofkirche. In ihr wurden die Fürsten der Walachei von der Mitte des 16. Jahrhunderts bis zu Fürst George Bibescu im Jahr 1842 gesalbt. Während der Salbung von Constantin Brâncoveanu, der im Jahr 1689 die Macht als Fürst der Walachei ergriffen hatte, war der Patriarch aus Konstantinopel anwesend. Constantins Nachfolger Ştefan Cantacuzino ließ die Kirche 1716 renovieren und

Die Verkündigungskirche gehört zu den ältesten erhaltenen Bauten

stiftete das Hauptportal. Es ist mit seinem reichen Blattwerk und den Ranken ein bezeichnendes Beispiel für den Brâncoveanu-Stil. Nach dem Stadtbrand wurde ein großer Teil der Wandmalereien von Constantin Lecca und Mişu Papa im Jahr 1847 übermalt. Wenige Reste der Entstehungszeit sind in der Sakramentsnische, Fragmente aus der Cantcuzinenzeit in den Nischen rechts vom Eingang erhalten geblieben. In der Kirche werden sehr stimmungsvolle Gottesdienste abgehalten. Im Jahr 2007 war die Kirche häufig verschlossen. Da in Bukarest eine Neuordnung von Museen stattfindet und die Verkündigungskirche auch ein Teil des Museums ist, sind die Öffnungszeiten noch nicht eindeutig bekannt.

■ **Hanul lui Manuc**

Gegenüber der Kirche liegt der ›Hanul lui Manuc‹ (1804–1808), ein Handels- und Gasthof in der Art einer orientalischen Karawanserei. Im alten Bukarest gab es früher viele Höfe dieser Art. Als Anfang des 18. Jahrhunderts die türkischen Sultane den Fürstenthron der Walachei mit Griechen besetzten, kamen griechische Einflüsse nach Bukarest. Aus dieser Zeit stammt auch der Hanul Manuc. Der Baugrund des Hanul gehörte zum Areal des Alten Fürstenhofs, das man seit 1798 parzellenweise zu verkaufen begann.

Han ist das türkische Wort für Herberge, Gasthaus oder Karawanserei. Der reiche Armenier Emanuel Mîrzaian mit dem Beinamen Manuc Bey gab dem Gasthof in Auftrag. Manuc Bey wurde 1769 in Rustschuk (heute Ruse) auf der anderen Seite der Donau geboren. Seine Eltern stammten aus dem Gebiet vom Ararat. Mit dem Handel hatte er in Iaşi begonnen, wo er Russisch, Französisch und Rumänisch lernte. Der Armenier unterhielt zu vielen Seiten gute Kontakte. In seinen Diensten stand der deutsche Mediziner Heinrich Zucker aus Erlangen als Erzieher seiner Kinder. Als Diplomat genoß er das Vertrauen des Großwesirs Mustafa-Pascha Baraiktar, und zu den Russen unterhielt er ebenfalls gute Kontakte. Dies war der Grund, warum die Friedensverhandlungen zwischen Rußland und der Türkei im Hanul Manuc geführt wurden. Aus diesem Anlaß diente der Hanul Manuc als Herberge für die russischen Offiziere, die an den Verhandlungen teilnahmen, zu denen auch General Kutusov gehörte. Der russisch-türkische Krieg (1806–1812) wurde mit dem Friedensvertrag im Mai 1812 im Hanul Manuc beendet.

Manuc Bey starb 1817, mit nur 54 Jahren, nach einem Sturz vom Pferd. Nach seinem Tod wurde der Han mehrfach umgebaut und erweitert. Seit 1874 wurde der Name in Hotel Dacia umgeändert, das über hundert Zimmer aufweisen konnte. Ein Theater wurde dort eingerichtet und Operetten aufgeführt. In seinen zwei großen Sälen fanden öffentliche Veranstaltungen und politische Versammlungen, aber auch Maskenbälle statt. In der Zwischenkriegszeit wurden hier politische Zusammenkünfte abgehalten, an denen beispielsweise Tache Ionescu beteiligt war. Zweitweise war der Hanul Manuc an 80 Familien vermietet.

Im 19. Jahrhundert verschwanden diese Gasthöfe langsam aufgrund der verbesserten Transportmöglichkeiten (Einführung der Eisenbahn 1869). Einen Eindruck von der Vielzahl der Hane und ihrer Lebendigkeit geben nur Werke der Maler wie beispielsweise des Franzosen Auguste Lancelot. Außer dem Hanul

Der schöne Innenhof der alten Karawanserei Hanul lui Manuc

Stadtspaziergänge

Manuc blieben glücklicherweise in der Altstadt noch der Hanul cu Tei und der Hanul Sticlarilor erhalten. 1969 begann man mit der Renovierung des Hanul Manuc.

Das Gebäude umschließt einen rechteckigen Hof von Laufgängen im Erd- und Obergeschoß. In diesen fuhren einst die Brașover Planwagen mit ihren Waren ein. Zur Straßenseite befanden sich viele kleine Läden, die Waren aller Art sowohl aus dem Orient als auch aus dem Westen anboten. Die architektonischen Details wie Holzpfosten, Holzarchitrave und Bogen weisen auf die enge Verbindung von Klosterbaukunst, Stadtarchitektur und Volkskunst hin. Heute bieten mehrere Gastronomiebetriebe, ein Restaurant, eine Brasserie und ein Sommerlokal dem Besucher ein wenig Alt-Bukarester Flair. Wer mehr Wert auf Atmosphäre denn auf Komfort legt, ist im dort ansässigen Zwei-Sterne-Hotel gut aufgehoben.

Seit dem Sommer 1995 findet um den Alten Hof regelmäßig ein Volksfest zur Wiederbelebung der Bukarester Atmosphäre der Jahrhundertwende statt.

Das Leipziger Viertel

Das kleinräumige Leipziger Viertel (Lipscänia) gehört zu den ältesten erhaltenen Vierteln in Budapest. An den lebendigen Gassen befinden sich einige wertvolle Zeugnisse der Stadtgeschichte, darunter die Stavropoleos-Kirche, eine der anmutigsten Kirchen Bukarests. Zahlreiche Fassaden wurden in den vergangenen Jahren bereits renoviert, und weitere Gassen sollen zu Fußgängerzonen umgestaltet werden.

Noch ist der Glanz vergangener Tage nicht wieder hergestellt, vor allem die Str. Lipscani (Leipziger Straße) wartet auf eine grundlegende Sanierung. Aber viel alte Bausubstanz vermittelt die prächtige Vergangenheit und läßt hoffen, daß dieser Teil des alten Bukarest wieder neu entsteht.

Das Leipziger Viertel entstand im 17. Jahrhundert als Handwerker- und Handelsviertel. Hier hatte der erste Markt seinen Platz. Händler kamen aus den Vorstädten, um hier ihre Waren anzubieten. Das ganze Viertel war damals ein einziger Basar, und so sprach man auch vom Târg învelit, dem umschlossenen Markt, auf dem die Târgoveț (Städter, Großhändler) das Sagen hatten, wogegen aus dem umliegenden Straßenbild die Precupeț, die Kleinhändler, nicht wegzudenken waren. Das blieb bis in das 19. Jahrhundert so.

Aus dieser Zeit stammen die kleinen schmalen Gassen, die durch mehrere Passagen wie den Pasajul Nicolae Șelari, den Pasajul Francez und andere miteinander verbunden sind. Heute tragen die Gassen wieder die Namen der alten Zünfte wie Blănari (Kürschner), Covaci (Schmiede), Șelari (Sattler- und Leder-

In einer Bäckerei im Leipziger Viertel

warenhändler) und Şepcari (Hutmacher); einst gab es noch die nach den Händlern mit den Bojarenmützen benannte Strada Işlicari. Auch geographische Namen wurden verwendet: Gabroveni für die Händler von Stoffen aus Gabrovo in Bulgarien, Lipscani für die Händler, die mit Waren aus Leipzig handelten, sowie Franceză für die Waren oder Händler, die aus Frankreich kamen.

Eine Vielzahl kleiner Geschäfte schmiegte sich aneinander. Das Viertel wurde stufenweise und kontinuierlich um den fürstlichen Hof herum auf dem sanften, kaum erkennbaren Hügel der Dâmbovita als ständiges Handelsgebiet ausgebaut.

Früher gab es neben den Handels- und Handwerkerhäusern eine ganze Reihe von Klöstern, von deren Existenz heute nur noch wenige Inschriften im Lapidarium der Stavropoleos-Kirche Zeugnis ablegen. Viele Straßen haben im Laufe der Jahrhunderte die Namen gewechselt. Die Strada Franceză etwa wurde als Domnească angelegt, dann zur Franceză, danach zur Carol und danach zur 30. Decembrie zur Erinnerung an das Datum, an dem der letzte Hohenzollernregent das Land verlassen mußte.

In den Zeiten des Kommunismus wurde ein Sanierungsplan für dieses Viertel entwickelt. Man begann den Alten Hof, den Hanul cu Tei, den Hanul Manuc und andere Gebäude zu restaurieren. Im Jahr 1977 folgte das Erdbeben, das in dieser Ecke besonders viel Schaden angerichtet hat. Danach konzentrierten sich die Stadtplaner auf die ›Ceauşescu-Stadt‹, das Handelsviertel war vergessen und verfiel immer mehr. In der Wendezeit war es kaum mehr vital, seitdem hat sich aber neues Leben breit gemacht. Antiquitätenhändler, Cafés, Galerien, Künstler, Kneipen, Restaurants und Straßenhändler haben das Viertel in Besitz genommen.

■ Str. Soarelui und Str. Gabroveni

In der Str. Şelari 9 – 11, ganz in der Nähe des alten Fürstenhofs, entstand im Jahr 1970 auf den Resten eines fürstlichen Gebäude unter der Leitung von Constantin Joja unweit der alten Glasbläsergasse der **Curtea Sticlarilor (**Glasbläser-Hof). Die Restaurierung war Teil eines Aufbauprogramms für dieses Viertel und erlaubte dem Architekten, seiner Vorliebe für die Glasfassaden des 18. und 19. Jahrhunderts zu folgen. Nach der jüngsten Restaurierung durch Nicolae Pruncu und Gheorghe Dobrescu haben sich in ihm Cafés und Galerien etabliert. Untersuchungen, die vor dem Umbau durchgeführt worden waren, hatten ergeben, daß das Gebäude einst der Palast der Fürstin und ihrer fürstlichen Kinder war, das der Nachfolger von Constantin Brâncoveanu, Ştefan Cantacuzino, für seine Frau Păuna errichten ließ. In nur wenigen Monaten war eine Residenz von acht Zimmern erbaut worden, ein zweistöckiges Gebäude mit Empfangssalon im Mittelteil. Der Garten grenzte an die Grünanlagen des Fürstenhofes. Die Brände des 19. Jahrhunderts haben die Westseite stark in Mitleidenschaft gezogen. Die Reste des Gebäudes gelten dennoch als eines der ältesten profanen Gebäude Bukarests.

Ein Spaziergang durch die nahegelegene, pittoreske Str. Gabroveni lohnt allein wegen der vielfältigen Variationen der Fassaden. Sie sind teils üppig barock und überladen ornamentiert wie die Nr. 17, flach, zart und elegant wie an der Nr. 35 oder funktional wie das Haus Nr. 7. Schön sind auch die Balkone mit Balustraden aus Stein und reichen Geländern

Stadtspaziergänge

aus Schmiedeeisen. Die Nr. 51 zeigt die letzten Reste der reichen Schmuckformen des Hanul Gabroveni.

■ Str. Lipscani

Mittelpunkt des Viertels ist die Strada Lipscani (Leipziger Straße). Seit dem 18. Jahrhundert wurde sie so genannt, weil die Siebenbürger hier Waren verkauften, die sie aus Leipzig bezogen. Zur Leipziger Messe fuhren sie zweimal im Jahr. So wie sich die Straße heute präsentiert, geht sie auf das 19. Jahrhundert zurück, als sich im alten Handelsviertel die Banken und Geschäftsleute des neuen Bukarest etablierten. Die beiden Seiten der Straße waren einst sehr dicht bebaut. Im Erdgeschoß waren die Läden, darüber die Wohnungen, und dahinter befand sich ein Hof, der durch eine Brandmauer vom Nachbargebäude getrennt war. Nach dem großen Brand von 1847 erhielt die Straße mehr oder weniger ihr heutiges Gesicht. Die Strada Lipscani ist eine Fußgängerzone wie große Teile des Viertels, manche Gassen werden derzeit zu Fußgängerzonen umgestaltet.

An der Str. Lipscani liegt auch der umgebaute **Hanul cu Tei**, der Gasthof zu den Linden. Inmitten der Stukkatur sind die Initialen ›A. P.‹ und ›S. P.‹ für Anastasie Polizu und Ştefan Popovici zu erkennen. Das waren die beiden Architekten, die den Bau um 1833 beendeten. Der erfolgreiche russisches Pelzhändler Niculae Kirilof (eigentlich Niculae Chiru) machte hier im 19. Jahrhundert von sich reden. Im Bukarest des 19. Jahrhunderts müssen sich über 100 Hane befunden haben. Fast alle sind verschwunden, umso wertvoller ist der Hanul cu Tei, der in den Jahren zwischen 1969 und 1973 wieder hergerichtet wurde. Das Erdgeschoß bietet ideale Räumlichkeiten für

Kunst und Antiquitäten. In einem der Läden stellt der Glaskünstler Nemţoi seine originelle und farbenfrohe Gebrauchskunst aus. Auch Glasikonen können dort erstanden werden. Daneben sind hier Farben- und Künstlerbedarfsgeschäfte angesiedelt.

Wer Lust auf ein Bier, einen Kaffee oder ein Glas Wein hat, kann zwischen der französisch eleganten **Monaco Lounge** oder der **Amsterdam Bar** wählen. In einer Querstraße befindet sich das Rockcafé **Mes Amis**. Die Einrichtung vieler kleiner Cafés und Bars zeigt Ideenreichtum und Improvisationsvermögen der jungen Generation Rumäniens, die ihre Zukunft selbst in die Hand nimmt. Eine gute italienische Espressomaschine gehört längst zum Standard, der Espresso ist entsprechend gut. Die Fassade des Hauses Nr. 72–74 zeigt eine außergewöhnlich schöne, wenngleich heruntergekommene Fassade im Art-Nouveau-Stil. Am anderen Ende des Hanul cu Tei trifft

In der Str. Lipscani

man auf die Str. Blănari. An ihrem Ende befindet sich die **Kirche Sfântul Nicolae Şelari**. Ihr Beiname – übersetzt ›der Sattler‹ – weist darauf hin, das im alten Bukarest jede Zunft und Händlervereinigung ihre eigene Kirche besaß. Die Nikolauskirche vom Ende des 17. Jahrhunderts steht über Eck und birgt eine 200 Jahre alte wundersame Nikolausikone. Das Innere wurde vom berühmten Maler Gheorghe Tattarescu im Jahr 1900 gestaltet. Von König Carol I. erhielt die Kirche reiche Spenden für ihre Ausstattung.

Gegenüber der Kirche (Str. Blănari 21) ist eine neue **Kunstgalerie** untergebracht. Sie wurde von der Witwe des verstorbenen Schriftstellers Mircea Nedelciu zum Gedenken an ihren Mann ins Leben gerufen. Hier erhält man gute Informationen zur zeitgenössischen Kunstszene Bukarests, die Vasile Mureşan-Murivale in renommierter Weise vertritt.

■ **Banken**

Im 19. und 20. Jahrhundert entwickelte sich das alte Handelsviertel zum Bankenviertel. Nicht nur verfallene und renovierungsbedürftige Klöster und Gasthöfe wurden abgerissen, um Raum für die Bauten einer neuen Zeit zu schaffen. Die Banken ließen sich in den schönsten Straßen des Viertels prächtigste Gebäude errichten. Vier historische Bauten lohnen einen Blick.

In der Str. Doamnei Nr. 4 hat heute die **Marmarosch-Bank** ihren Sitz. Das Gebäude entstand von 1915 bis 1923 nach einem Entwurf von Petre Antonescu. Seine Fassade wurde in den 90er Jahren verlängert. Der Außenbau greift auf den neurumänischen Stil zurück, mit byzantinischen und gotischen Anklängen, während im Inneren der Jugendstil und

Art-Deco-Elemente zum Tragen kommen.

Die **Nationalbank** (Sucursala Bucureşti BNR) ist im Gelände zwischen Str. Lipscani 16 und Str. Stavropoleos untergebracht. Der Entwurf von G. M. Cantacuzino und August Schmiedigen wurde von 1923 bis 1928 realisiert. Ganz deutlich tritt hier die Anlehnung an die italienische Spätrenaissance hervor. Der ganze Bau ist durch flach rustizierte Platten verkleidet. Sowohl über dem Erdgeschoß als auch über dem zweiten Obergeschoß wurde ein Mezzaningeschoß (Zwischengeschoß) eingefügt. Hier hatte sich einst der Hanul Şerban Vodă befunden, und gleich daneben stand das Kloster Greci aus dem 16. Jahrhundert, das auch unter dem Namen Ghiorma Banul oder Biserica Grecilor bekannt war, mit seinem Han al Grecilor. Wer Lust auf Süßes hat, findet es im edlen Pralinenladen ›Leonidas‹.

Die **Rumänische Nationalbank** (Banca Naţională a României) nahm ihre Tätigkeit im Jahr 1880 auf. Ein repräsentatives Gebäude für die Bank verstand sich von selbst. Das monumentale Gebäude in der Str. Lipscani 27 im französischneoklassizistischen Stil entstand in den Jahren 1883 bis 1900. Die Architekten waren Albert Galleron und Cassien Bernard, unterstützt von Grigore Cerkez und Constantin Băicoianu. Das Haus steht unter Denkmalschutz und wurde bereits renoviert.

Am Ende der Str. Lipscani befindet sich auch das stattliche Gebäude des **Innenministeriums** (Ministerul de Interne). Es ist das ehemalige Zollhaus (Palatul Vamă Poştei; 1914–1926), das nach Plänen des Architekten Statie Ciortan gebaut wurde. Ciortan griff auf die durch Petre Antonescu so modern gewordenen altrumänischen Motive zurück.

Stadtspaziergänge

Ein unbekannter Architekt schuf das **Bankgebäude der Berliner Gesellschaft** (1910–1913); es verbindet die Str. Lipscani mit der Str. Stavropoleos. Man erkennt es an der zur Kreuzung gerundeten Fassade. Nach Jahren in adäquater Nutzung ist im Gebäude seit seiner Renovierung von 1983 durch das Team um Constantin Rulea und Octav Dimitriu wieder eine Bank untergebracht. Das Gebäude der Wertpapierbörse (auch Handelskammer) an der Str. Ion Ghica 4 ist heute Sitz der **Nationalbibliothek**. Das Gebäude im Stil der französischen Neoklassik wurde nach einem Entwurf des Architekten Ștefan Burcus 1910 errichtet.

■ Tänase-Theater

Die Leipziger Straße steht auch für das Theater: In dem Haus Nr. 53 befindet sich das Teatrul de Revistă Constantin Tănase.

Es trägt seinen Namen nach dem unter mysteriösen Umständen ums Leben gekommenen Schauspieler und Bühnendichter Constantin Tănase. Er wurde im Jahr 1880 in Vaslui geboren und machte seine ersten Erfahrungen als Schauspieler im jüdischsprachigen Theater der Truppe Mordechai Segalescu in seiner Heimatstadt. 1899 ging er nach Bukarest und begann dort am Theater zu arbeiten. Er heiratete 1917 Virginia Niculescu und begündete zwei Jahre später die Truppe Cărăbus (Maikäfer). 20 Jahre lang betrieb er ein humorvolles Kabaret- und Revue-Theater, das bis heute existiert und seinen Namen trägt. Tănase hat die Karriere einiger Schauspieler begründet. Sein Tod blieb bis heute ungeklärt und steht möglicherweise im Zusammenhang mit seinen spöttischen und satirischen Beiträgen über die Rote Armee.

■ Die Stavropoleos-Kirche

Einer der schönsten Sakralbauten Bukarests ist die Stavropoleos-Kirche. Schon die gleichnamige Straße selbst hat auf Grund ihrer Geschlossenheit architektonischen Seltenheitswert. Sollten die Baugerüste einmal entfernt sein, wird man den Blick auf eine Straßenanlage erhalten, an der sich viele schöne Fassaden reihen. Hier bekommt man eine Vorstellung davon, wie das Bukarest des 19. Jahrhunderts einmal ausgesehen hat.

Ein verwunschener Winkel ist das Areal um die Stavropoleos-Kirche, der Bau selbst ein eindrucksvolles Beispiel des Brâncoveanu-Stils. Constantin Brâncoveanu, prachtliebender Fürst, geschickter Diplomat und unermüdlicher Stifter, regierte von 1688 bis 1714. Diese Jahre waren durch einen besonderen kulturellen Aufschwung gekennzeichnet, und charakterstisch für die Kunst dieser Zeit sind die farbenprächtigen Malereien, kompliziert gemalte oder gemeißelte Arabesken und Schmuckmotive östlichen Ursprungs. Äsopische Fabeln, persische Erzählungen und Volksromane sowie über Transsilvanien eingeführte Elemente der Reniassance aus Westeuropa drangen ein. 1721 wurden die Fanarioten als Fürsten eingesetzt.

Diese Situation fand der Mönch Joanikie vor, ein in Epirus geborener Grieche, als er nach langer Reise in Bukarest eintraf. Er trat zunächst ins benachbarte Griechenkloster Ghiroma Banul ein und wurde dessen Abt. Der Bojar Grigore Greceanu schenkte Joanikie ein Grundstück, auf dem sich dieser ein Einkehrhaus und später ein Kloster errichten ließ. Das Lokal trug erheblich zum wirtschaftlichen Aufschwung des Klosters Ghiroma Banul bei. Die zweisprachige, rumänisch-griechische Inschrift über der

Eingangstür ist wie folgt: »Diese heilige und gottgeweihte Kirche wurde von Grund auf erbaut zur Zeit der zweiten Regierung des allerhöchsten und allerweisesten Gebieters, des Herrschers Ioan Nicolae Alexandru, Fürst des gesamten Ungro-Wlachiens und zur Zeit, als die Erzbischofswürde auf den Schultern seiner Heiligkeit, des Metropoliten Kyr Daniil ruhte, ausschließlich auf Kosten des höchst gottesfürchtigen Ordenspriesters und Archimandriten Kyr Joanikie aus dem Dorfe Ostanitza im Kirchensprengel Pogoniana am 30. Oktober des Jahres 1724 seit Erlösung der Welt.«

Unter dem Fanarioten Nicoale Mavrocordat (1719–1730) wurde der Bau beendet. Im Narthex befindet sich ein Votivbild, das die ursprüngliche Kirche zeigt, ein Baudenkmal von mäßiger Größe. Von Beginn an erfreute sich die Kirche der finanziellen Unterstützung reicher Bojaren in Form von Stiftungen. Auch außerhalb der Stadt gewann man viel Land. 1726 wurde Joanikie zum Metropoliten von Stavropolis (heute Westtürkei) gewählt, obwohl der Ort außerhalb seiner Wirkungs- und Wohnstätte lag. Seit dieser Zeit trug das Kloster den Namen Stavropoleos nach der erzbischöflichen Residenz seines Begründers.

Joanikie starb im Jahr 1742; er fand in dem von ihm gegründeten Kloster seine letzte Ruhe. Seine Grabplatte mit griechischer Inschrift befand sich ursprünglich im Naos und ist heute im Lapidarium ausgestellt. Auf ihr steht geschrieben: »Hier ruht Seine Heiligkeit der Metropolit von Stavropolis, Joanikie aus dem Kirchensprengel Pogoniana und dem Dorfe Ostanitza, der diese ehrwürdige Kirche der Erzengel und alles Übrige, die Häuser ringsumher, das Einkehrhaus und die Kapelle gestiftet hat, nachdem er einundsechzig Jahre und dreiundvierzig Tage gelebt hat. Im Jahre 1742, 7. Februar.«

Das Kloster war unter seiner Leitung durch Zukauf, darunter auch von Wein-

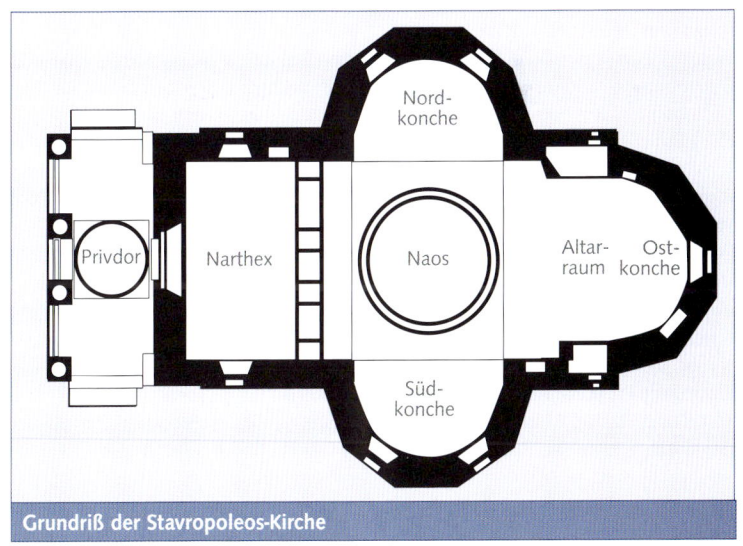

Grundriß der Stavropoleos-Kirche

Nord-
konche

Privdor　Narthex　Naos　Altar-　Ost-
raum　konche

Süd-
konche

bergen, zu einem der reichsten Munteniens geworden. Mißwirtschaft und die Erdbeben von 1802 und 1838 aber waren verantwortlich für seinen Verfall, 1841 wurden der einsturzgefährdete Glockenturm sowie der Turm über dem Naos abgetragen. Seit 1863 wurde das Einkehrhaus aufgelassen, die Kirche verfiel weiter.

Im Jahr 1897 beauftragte die Stadt den bekannten Architekten Ion Mincu mit der Restaurierung der Kirche, die erst nach dessen Tod, nach dem Ende des Ersten Weltkriegs, abgeschlossen werden konnte. Mincu ist die vorbildliche und einfühlsame Konservierung und Restaurierung von Kirche und Umgebung zu verdanken. Die Grundmauern der ehemaligen, gleichzeitig mit der Kirche angelegten Herberge ließ er freilegen und mit Arkaden überbauen. Sie dienen heute als Lapidarium und geben dem Ensemble den Charakter eines Kreuzgangs. In ihm werden zahlreiche Kapitelle, Kreuze, Grabsteine und Gedenktafeln mit rumänischen, griechischen und serbischen Inschriften aufbewahrt. Einige stammen aus dem Kloster Stavropoleos, andere aus nicht mehr bestehenden Kirchen der Umgebung. Die beträchtliche Anzahl von Grabplatten verschiedener Bojaren, Äbte und Bischöfe ist von außerordentlichem historischen Wert, da es sich um rare Zeugnisse des alten Bukarest handelt.

Vom großen Bauensemble blieb nur die Kirche übrig. Obwohl eingepfercht zwischen höheren, neueren Gebäuden, ist sie ein Zeugnis vollendeter Harmonie. Gelungene Proportionen, Harmonie von Farbe und Plastik, Glanz und Reichtum des Dekors, von der Patina kaum berührt, zeichnen den Dreikonchenbau aus.

Die walachische Unterteilung der Fassade in zwei gleich hohe Wandstreifen wurde hier verlassen. Stattdessen teilt ein Gurtgesims die Außenwände in zwei Horizontalfelder. Das Gurtgesims, einst aus Stuck, wurde aus Stein wiederhergestellt. Im unteren Wandstreifen reihen sich zwischen dem Gurtgesims und profiliertem Sockel 25 Blendarkaden mit kleeblattförmigen Kielbögen. Sie wurden zum Vorbild für andere Kirchen wie beispielsweise die Stephanskirche von 1768. Die Bogen ruhen auf Halbsäulen, die Kapitelle, mit in Stuck gearbeiteten Akanthusblättern verziert, sind vermutlich vom Meister Iordan, der auch das Gurtgesims gearbeitet hat. Seine eigenhändige Unterschrift, gefolgt von ›Ştiocatoriul‹ (Stuckarbeiter), hat sich oberhalb des ersten Fensters an der Südfassade des Narthex erhalten.

Unter den Arkaden öffnen sich die Fenster des Narthex, Naos und Altarraumes. Ihre gemeißelten Umrahmungen weisen Blumenmotive auf, die mit dem restlichen Steinschmuck der Kirche verwandt sind, während die Gesimsprofilierung mit Akanthusblattspitzen verziert ist. Über dem plastisch geschmückten Gesims folgt ein gemalter Medaillonfries. Einen solchen findet man mehrfach in Bukarest wie beispielsweise in der Batiştei-Kirche. Den Bau bekrönt ein achteckiger Turm mit acht kleinen Fenstern und auf Konsolen ruhenden, ebenfalls kleeblattförmigen Kielbögen. Die offene Vorhalle wurde gleichzeitig mit den Seitenapsiden unter Joanikie 1729/30 hinzugefügt. Die rechteckige Vorhalle ist um einige Stufen erhöht und in ganzer

Anmutig: der Innenhof der Stavropoleoskirche

Feine Fassadengliederung an der Stavropoleos-Kirche

Breite der Kirche angelegt. Sie ist reich mit Steinmetzarbeiten geschmückt. Ihre fünf kleebattförmigen Kielbögen ruhen auf sechs Säulen, deren zwei Halbsäulen aus Ziegelmauerwerk und deren vier Rundsäulen aus Stein sind. Sie sind durch eine Balustrade verbunden. Ihr Mittelteil ist von einer Kugelkappe, ihre Seiten von Tonnen überwölbt. Der Pronaos oder Narthex ist vom Naos durch drei Rundbögen geschieden.

Das Innere berührt durch einen stimmungsvollen, bemalten Innenraum. In der Vorhalle sind die Malereien beschädigt, auf ihrer Westseite ist ein Wunder des heiligen Michael zu erkennen. Im Pronaos sieht man eines der Loblieder auf die Muttergottes thematisiert. Die Westseite zeigt die Stifterreihe: Joanikie sowie seine Brüder Nicolae und Panaiotis, den Fürsten Mavrocordat mit seiner Gemahlin Smaranda und den zahlreichen Kindern. Auf der Südseite sind der Metropolit Daniil sowie einige Bojaren dargestellt. Sie sind mit den Anfängen des Kloster eng verknüpft wie beispiels-

weise der Serdar Grigore Greceanu und der Hauptmann Atanasi. Beide werden mit ihren Gemahlinnen und Kindern gezeigt.

Im Naos sind Szenen aus dem Leben der Muttergottes und ihrem Sohn dargestellt. Die Erzengel Michael und Gabriel bewachen den Eingang zum Pronaos. Kriegerheilige und Medaillons mit Heiligen schmücken sowohl die Süd- als auch die Nordkonche. Im Rang darüber folgen auf der Südkonche die Deesis und die Hetoimasia, auf der Nordkonche ist der Abstieg Christi in die Hölle zu erkennen. Besonders reich ist die Steinbildnerei vertreten. Die zweiflügelige Tür der Ikonenwand besitzt je vier Füllungen. Auf ihnen sind Sonne und Mond sowie die Erzengel, denen die Kirche geweiht ist, zu sehen. Bereichert werden sie durch Ranken, Blumen, phantastische geflügelte Tiere und Flechtwerk mit perlenförmiger Verzierung.

Die wunderschöne Bilderwand ist im Brâncoveanu-Stil geschnitzt. Sie zeigt einen Wechsel von geschlossenen und durchbrochenen Flächen. Sie ist mit Ikonen des Brâncoveanu-Stils geschmückt. In der ersten Zone erkennt man pflanzliche und florale Motive sowie Kronen. Die Bilderwand wird mit einem Fries abgeschlossen, auf dem geschnitzte Engelsköpfe und Maiskolben zu erkennen sind. Darauf folgt ein Streifen, auf der die Abstammung Jesu von Jesse symbolisch dargestellt ist: Aus Jesses Körper wächst ein Baum, eine Ranke mit komplizierten Verzweigungen, Weinblättern und Trauben. Darauf folgt eine Reihe von Rundbogenarkaden, die auf Säulchen aufruhen. In ihnen sind 13 Ikonen enthalten, die die Kirchenfeste symbolisieren. Nach oben bildet ein Rankenfries den Abschluß. In seiner Mitte erkennt man das Wappen der Walachei, einen Adler mit einem Kreuz im Schnabel, der von einem Blätterkranz umrahmt und von zwei seitlichen Adlern gestützt wird. Im Kirchenschiff ist ein fürstlicher Thronsessel mit auf zwei Löwen gestützten Beinen zu sehen. Seine Seitenwangen sind mit Ranken und Blumen verziert, die Rückenlehne mit Rankenfriesen und Säulchen geschmückt. Der Thron ist mit einem Bogenfeld bekrönt, auf dem die vereinten Wappen der Moldau und der Walachei zu sehen sind, die daran erinnern, daß Nicolae Mavrocordat in beiden Fürstentümern regiert hat. Rechts davon steht ein bischöflicher, kleinerer Sessel. In seiner Bekrönung sind die Buchstaben ›IOK‹ und ›SRPL‹ für Joanikios Stravropoleos zu erkennen.

◼ Weitere Kirchen

Im alten Handelsviertel sind weitere bemerkenswerte Sakralbauten zu finden. In einer der Seitenstraßen, von Hochhäusern fast erdrückt, liegt die **Doamnei-Kirche**, die auch Doamna Maria și Do-

amnei Stana genannt wird. Die Inschrift über dem Portal bestätigt, daß die Kirche von der Fürstin Maria, Gemahlin des Fürsten Șerban Cantacuzino, gestiftet wurde. Sie ist eines der wenigen erhaltenen Beispiele vom Ende des 17. Jahrhunderts und zeigt stilistisch die Entwicklung des Kirchenbaus von der Zeit des Matei Basarab bis zum Brâncoveanu-Stil. Die Fürstin Maria ließ den hölzernen Vorgängerbau im Jahr 1683 ersetzen. Die Kirche wurde danach mehrfach renoviert und dabei nur geringfügig verändert. Im Moment verstellen jedoch Gerüste den Blick auf das Monument. Der Ziegelbau entstand in Form eines Rechtecks mit einer polygonalen Apsis ohne Nebenapsiden, ein Grundriß, wie er für das 18. Jahrhundert typisch werden sollte. Achteckige Stützen trennen den Naos vom Narthex, und achteckige Arkadenstützen öffnen die Vorhalle. Alle drei Bauglieder sind überwölbt. Die originalen Fenster sind mit Steinmetzarbeiten ebenso verziert wie das Portal. Die reiche Dekoration der Brâncoveanu-Zeit wird hier vorgebildet. Die Malereien in Freskotechnik stammen von den griechischen Künstlern Constantin Mina und Ioan Zugraful. Sie wurden teilweise übermalt. Als die neue Bemalung bei Renovierungsarbeiten enfernt wurde, entstanden Schäden an der darunterliegenden alten Schicht. Die Malereien sind in warmen Tönen gehalten, unter denen Rot dominiert. Von der Innenausstattung ist die Ikone des Heiligen Elefterie auf der linken Seite der Ikonenwand besonders hervorzuheben.

Am östlichen Ende der Str. Doamnei steht eine **Eliaskirche** (Sf. Ilie Calenderu) aus dem 19. Jahrhundert. Der Bau von 1725 hat durch die Renovierungen und den damit einhergehenden Veränderungen von 1841 und 1903 viel von seiner ursprünglichen Aura eingebüßt. An den walachischen Stil erinnert nurmehr der Glockenturm mit dem heruntergezogenden Dach.

Nicht weit vom alten Fürstenhof steht die **Kirche Dumitru-Poştă**, die auch als Jurâmânt-Gelöbnis-Kirche bekannt ist. Auf einen Holzbau, von Badea Vornicul Bălăceanu im Jahr 1654 gestiftet, folgte hundert Jahre später dank Constantin Logofătul Dudescu ein Steinbau. Die heutige Kirche aus der ersten Hälfte des 19. Jahrhunderts ist ein weiß getünchter Dreikonchenbau, der außen durch flache Pilaster gegliedert ist. Über seinem Naos erhebt sich ein polygonaler Tambour mit einer Kugelkappe.

Hinter der Kirche in der Str. Dimitru befindet sich die **Komödie**, die in ihren Anfängen lange vom rumänischen Schauspieler Radu Beligan geleitet wurde. Radu Beligan hat sich in vielen klassischen Rollen in die Herzen der Zuschauer gespielt. Als langjähriges Mitglied des Bukarester Nationaltheaters wurde er mit vielen Preisen ausgezeichnet.

■ **Caru' cu Bere und Passage Macca-Villacrosse**

Für eine Erholung von so viel Kulturgeschichte bietet sich ein Besuch im nahegelegenen Caru'cu Bere an. Wörtlich übersetzt heißt die Einrichtung ›Der Bierwagen‹, und in der Tat handelt es sich um eine Bierhalle. Das Traditionshaus wurde hervorragend renoviert und im Juli 2006 wieder eröffnet. Es bietet großen wie kleinen Gruppen Platz. Die Einrichtung entstand zwischen 1875 und 1879 durch den Architekten Zigfrid Konczinski, und sie trug dazu bei, daß sich das Lokal zu einer der berühmtesten Bierhallen Bukarests entwickelte. Man begann mit dem vorderen Teil, fügte den hinteren hinzu und richtete danach eine

Weinstube im Keller ein. Die Ausstattung mit ihren Säulen, Gewölben und Kandelabern ist im neugotischen Stil gehalten. Neben dem ›Capşa‹ war der Caru' cu Bere ein bekannter Literatentreff. 1948 wurde die Bierhalle verstaatlicht, heute befindet sie sich aber wieder im Privatbesitz.

Die Passage Macca-Villacrosse, benannt nach dem ehemaligen Besitzer und seinem Architekten, stellt eine der Verbindungen zwischen dem Handelsviertel und der Calea Victoriei her. Sie wurde vom Architekten Felix Xenopol 1890/91 konzipiert und ist über Kreuz angelegt; ein Eingang liegt an der Str. Eugen Carada. Xenopol bediente sich der in diesen Zeit modernen Materialien wie Glas und Stahl, die die Passage ganz in Jugendstil-Manier überdachen. Zwischenzeitlich ist sie schon wieder sehr schön geworden, auch wenn der alte Glanz noch nicht ganz erreicht wurde. Die Passage ist auch als Schmuckpassage (Pasajul Bijuterie) bekannt.

Eine Pause in der Passage Macca-Villacrosse

Der Namen der Passage geht auf den Pelzhändler Mihai Macca zurück, der sich hier in der ersten Hälfte vom Architekten Xavier Villacrosse einen Gasthof errichten ließ. Er mußte der Passage Xenopols weichen.

In der Passage gibt es das Restaurant ›Villacrosse‹, eines der nettesten und gemütlichsten Restaurants des Viertels. Es hat sich vor einigen Jahren etabliert und bis heute gehalten, was in Bukarest nicht unbedingt selbstveständlich ist. Das Restaurant serviert seit Jahren auf rot-karierten Tischdecken landestypische, frisch zubereitete Hausmannskost und gute offene rumänische Weine. Das Restaurant gehörte zu den Vorreitern in diesem Viertel und kann sich dank seiner Qualität trotz wachsender Konkurrenz behaupten.

Der östliche Teil des alten Handelsviertels

Mitten durch das alte Handelsviertel wurde in den 1930er Jahren eine breite Schneise geschlagen, der Boulevard I. C. Brătianu. Er zerschneidet seitdem das Herz von Alt-Bukarest. Nur wenige Gebäude haben diesen massiven städtebaulichen Eingriff überstanden, vor allem entlang der Calea Moșilor finden sich aber noch einige sehenswerte historische Bauten. Der alte Teil dieser Straße wird derzeit renoviert, die Pflasterung erneuert, insgesamt aber geht in diesem Viertel die Sanierung nur langsam voran. Eines der wenigen Gebäude, das hier nach modernen Gesichtspunkten saniert wurde, ist das ›Vulturel Mare‹. Es wurde im Jahr 2000 von Zoltan Takacs für eine Bank und deren Erfordernisse angepaßt.

Wer etwas einkaufen möchte, kann sein Glück am Bd. Brătianu im **Magazinul Cocor** (1972) von F. Marinescu versu-

chen. Das rechteckige, blockförmige Warenhaus ist mit silbernen Aluminiumplatten verkleidet, die die Fassade in viele Rechtecke unterteilen.

Die Straßen Calea Moșilor, Colțea und Sfinților waren seit ihrer Entstehung immer schon Wohngebiete des alten Bukarest. Am Boulevard Brătianu selbst sind zwei Sakralbauten aus der Brâncoveanu-Zeit erhalten, die unbedingt einen Besuch lohnen: die Neue Georgskirche und die Colțea-Kirche. Im Viertel selbst gibt es einige weitere sehenswerte Kirchen.

■ Die neue Georgskirche

Inmitten einer Grünanlage steht die neue Georgskirche (St. Gheorghe Nou). Sie ist die größte der von Constantin Brâncoveanu in Bukarest gestifteten Kirchen und befindet sich auf dem Grundstück eines alten Klosters, das bis zum Ende des 17. Jahrhunderts von einer Mauer umgeben war und Mönchszellen hatte. Die verhältnismäßig große Kirche ist an die berühmteste Brâncoveanu-Stiftung, Kloster Hurezi, angelehnt. Wir sehen hier das klassische Schema walachischer Kirchen: Dreikonchenanlage mit Altarraum, Naos, Narthex und Pridvor. Über dem Naos und dem Narthex erhebt sich je ein Tambour mit einer Kuppelkappe. Horizontal wird sie durch einen ornamentierten Wulst in zwei gleichhohe Wandflächen untergliedert. Von den zeitgleich gebauten Kirchen hebt sich die Georgskirche nur durch ihre Dimensionen ab.

Architekt war ein gewiser Vaseleil, der vermutlich aus Italien kam. Die Kirche wurde im Jahr 1707 mit großem Pomp eingeweiht. Der Gelehrte Hrisant Nottara, der Patriarch von Jerusalem, der Metropolit von Tîrnovo und der Exarch von Sofia waren anwesend. Die Kirche war Teil eines großen Gebäudekomplexes, zu

Stadtspaziergänge

Die Colţea-Kirche

Zu Beginn des 20. Jahrhunderts entdeckte man unter der namenlosen Grabplatte im Narthex das Grab von Constantin Brâncoveanu. Er war in Konstantinopel zusammen mit seinen Söhnen ermordet worden. Getreue haben ihre Überreste geborgen und zusammen mit seiner Gemahlin Maria deren Überführung nach Bukarest veranlaßt. Fürstin Maria stiftete auch einen Leuchter über dem Grab, der folgende Inschrift trägt: ›Dieser Leuchter, der dem neuen heiligen Georg gestiftet wurde, leuchtet dort, wo die Gebeine des seligen Herrn Constantin Brâncoveanu Basarab Woiewod ruhen, und von der Gattin seiner Hoheit, Maria, angefertigt.‹ Eine zweite Grabplatte bedeckt laut Inschrift das Grab des Fürsten Ioan Mavrocordat (1716–1719).

Ganz in der Nähe, in der Fortsetzung der Str. Lipscani, ist ein Renner des Bukarester Nachtlebens zu finden. Die minimalistische und doch effektvolle Einrichtung der **Bar Twice** an der Str. Vineri 4 läßt sich auch bei einem nachmittäglichen Kaffee gut besichtigen. Die Bar ist eine der vielen in Bukarest, die in einem verfallenen Haus eingerichtet ist. Die alten Gewölbe wurden minimal dekoriert und mit High-Tech Effekten versehen, die mit dem Hintergrund der Ziegelgewölbe kontrastieren. Man fühlt sich wie in einem Science-Fiction-Film.

■ Der Colţea-Komplex

Der Colţea-Architektur-Komplex – so der vollständige Name – ist eine Stiftung des Schwertträgers Mihai Cantacuzino (1650–1716), dem Bruder von Şerban, und Onkel des Constantin Brâncoveanu. Den Namen Colţea trägt der Komplex nach dem ehemaligen Besitzer des Geländes, dem Kellermeister Colţea Doicescu.

dem auch eine Herberge, der Hanul Sf. Gheorghe Nou gehörte. Der Großbrand von 1847 zerstörte die Herberge vollständig und beschädigte die Kirche schwer. Der Architekt Xavier Villacrosse renovierte die Kirche, die Malereien wurden von C. Lecca und Marian Popp wieder hergestellt. Die Kirche wurde in den 1970er Jahren einer grundlegenden Renovierung unterzogen und ist seit 1983 wieder zugänglich. In der Grünanlage vor der Kirche wurde 1939 das Denkmal des Stifters von Oscar Han enthüllt. Das Standbild zeigt Constantin mit einer langen Tunika und darüber einem Mantel sowie mit einer mit Quasten geschmückten Pelzmütze auf dem Kopf.

Der Komplex entstand zu Beginn des 18. Jahrhunderts und umfaßte mehrere Wohltätigkeitseinrichtungen, darunter ein Spital – das älteste und bis heute benutzte der Stadt –, Häuser zur Speisung der Armen, Apotheken und Schulen für allerlei Lehrzwecke und Gesangsunterricht. Ein Brand im Jahr 1739 und ein Erdbeben haben das alte Krankenhaus völlig zerstört. Es wurde jedoch wieder aufgebaut und ist bis heute in Benutzung. Im Inneren befinden sich Gräber der Familie Șuțu-Racoviţa.

Zum Komplex gehört eine Kirche, die zwischen 1695 und 1702 im schönsten Brâncoveanu-Stil errichtet wurde und anstelle einer älteren Holzkirche entstand. Die Colţea-Kirche ist in ihren Ausmaßen viel bescheidener als die nicht weit entfernte Neue Georgskirche. Es handelt sich um einen Dreikonchenbau mit Tambour und Kuppelkappe. Die offene Vorhalle besitzt neun Vielpassarkaden, die von gedrehten Säulen gestützt werden. Dazwischen verläuft die Steinbalustrade, die im Jahr 1900 mit Fragmenten des Colţea-Turmes (Turnul Colţea) erneuert wurde. Der Pridvor ist vollständig ausgemalt. Besonders schön ist der Eingang zum Narthex geschmückt: Man sieht die vier Evangelisten und Greife, die eine Inschrift tragen. Die Kapitelle sind reich mit Pflanzenornamenten und Tieren geschmückt. Ein Pelikan, der sich selbst zerfleischt, erinnert an romanische Vorbilder.

Infolge eines Brandes 1739 und eines Erdbebens 1838 wurde die Kirche teilweise renoviert und neu bemalt. Diese Arbeit vertraute man Gheorghe Tattarescu an. Im Inneren fanden Mitglieder der Fanariotenfamilie Racoviţa ihre letzte Ruhe. Der Stifter Mihai Cantacuzino steht als Marmordenkmal von Karl Storck im Garten.

Zum Komplex gehörte auch der Colţea-Turm, einst der höchste Turm der Stadt. Er wurde ein Opfer der Nord-Süd-Achse. Die Umrisse des Turmes sind vor dem Krankenhaus markiert. Seine Glocke wird im Glockenturm des Klosters von Sinaia verwahrt. Neben der Kirche in Richtung Revolutionsplatz steht eines der Holzkreuze für die Opfer von 1989.

■ Weitere Kirchen

Die **Alte Sankt-Georgs-Kirche** (Sf. Gheorghe Veche) in der Calea Moșilor 36 B ist über einen Hinterhof zu erreichen. Sie ist vom Bojaren Mitrea Vornicul 1574 als Klosterkirche gestiftet worden. Als Bukarest im 17. Jahrhundert Târgoviște als Hauptstadt ablöste, zog der walachische Metropolit mit und nahm hier seinen Sitz. Neben der Kirche entstand im 17. Jahrhundert die Schule von Alt-Sankt-Georg. Hier wurden Diakone, Schreiber und Kirchenangehörige geschult, zunächst auf Slawonisch, später auf Rumänisch. 1724 wurde die Kirche auf Kosten von Diamandi Dragul Chiruciubasa und seiner Frau Smaranda erneuert. 1791 zog die Bücherei der Lehranstalt Sankt Sava in das Gebäude von Alt-Sankt-Georg ein. Beim großen Brand von 1847 wurden die Kirche, der Glockenturm von 1621 und die Schule zerstört. Der heutige Bau datiert aus der Zeit danach. Der Kirche wurde damals die aus der Antoniuskirche innerhalb des Fürstenhofes gerettete Ikone des Heiligen Antonius des Großen vermacht. Nach der Rekonstruktion der Schule im 19. Jahrhundert war hier vorübergehend das Gymnasium Gheorghe Lăzar untergebracht, das Kinder von Einheimischen und Diplomaten besuchten.

Die Kirche wurde von 1875 bis 1880 renoviert und Anfang des 20. Jahrhunderts im westlichen Stil von Gheorghe Pompilian bemalt. Er verwendete den gleichen Stil, mit der er die Kapelle des Mädchengymnasiums der Fürstin Ileana in der Calea Rahovei bemalt hatte. Das neoklassische Gebäude baut auf einem Dreikonchengrundriss auf. Es hat ein geräumiges Mittelschiff und einen Vorraum. Die drei Türme der Kirche erinnern an den ukrainischen Barockstil. In der Kirche werden Reliquien des Heiligen Gregor von Armenien aufbewahrt.

In der Calea Moșilor gibt es eine gute Buchhandlung, die Buchhandlung ›Univers‹.

Auch die **Johanneskirche** (Sf. Ioan) birgt Ikonen des 17. und 18. Jahrhunderts. Sie liegt versteckt in einer Gasse hinter dem Boulevard und ist selten geöffnet.

Die katholische **Bărăției-Kirche** wird auch Sfânta Maria a Harurilor genannt. Man kann sie sonntags besichtigen. Eine Kirche dieses Namens ist aus dem Jahr 1459 im Handelsviertel überliefert. Sie wurde unter Fürst Matei Basarab auf dem Grund eines ehemaligen Franziskanerklosters begründet. Ihr heutiges Aussehen, das mit romanischen Elementen, Blendbögen und Dreiecksgiebeln sehr westlich anmutet, erhielt sie wie alle Kirchen in diesem Viertel nach dem großen Stadtbrand. Markantes Zeichen ist der hochaufragende, weiße Glockenturm direkt am Boulevard zwischen Colțea-Spital und Unirii-Platz.

Die Straßen hinter der Kirche verkörpern mit der teils erhaltenen Bebauung noch die typischen Gassen des 19. Jahrhunderts: die Baia de Fier (übersetzt ›Eisenbad‹) und die Str. Patriei mit der Johanneskirche. Wenngleich bisher so wenig zur Erhaltung beigetragen wurde, sieht man Häuser mit hohen Fenstern und Verzierungen aus Schmiede und Gußeisen. Die **Minakirche** (Sf. Mina) ist dem

Am Colțea-Komplex

heiligen Mina geweiht, dem 552 verstorbenen Patriarch von Konstantinopel.

Die weiß getünchte **Biserica Răzvan** erhielt ihren Namen nach Răzvan, der zur Zeit des Matei Basarab (1635–1647) Statthalter war. Die Kirche hat eine wechselvolle Geschichte von Zerstörung und Wiederaufbau hinter sich. Im Jahr 1847 wurde sie im alten Stil wieder errichtet und von den Malern Clucca und Mișu Popp ausgemalt.

Malerisch steht sie mit ihrem schlanken Tambour, der mit einer Kugelkappe gedeckt ist, in einer der ältesten Ecken von Bukarest. Der Pridvor öffnet sich in kurzen, kräftigen Säulen. Die Trennung der Wandflächen in zwei Teile wurde hier noch beibehalten.

Die Calea Victoriei

Die Calea Victoriei ist die älteste Prachtstraße der Stadt, die Champs-Elysées,
der Kurfürstendamm oder die Maximi-
lianstraße von Bukarest. Sie hat ihren
Anfang an der Dâmbovița an der Piața
Națiunile Unite und führt bis zur Piața
Victoriei, dem Siegesplatz, wo die wichtigsten Verkehrsachsen Bukarests zusammentreffen. Ihre Länge beträgt etwa
2,8 Kilometer. Entlang dieses Boulevards
liegen alte und neue repräsentative Bauten, in denen Museen und Theater, Büros, Verwaltungen, Casinos und Restaurants untergebracht sind. Im Zentrum
trifft man auf die großen traditionsreichen Hotels – Athénée Palace, București,
Continental und Capitol –, und auf Bou-
tiquen. Die Gebäude sind in einer Zeit-
spanne von mehr als 200 Jahren entstanden, und sie erzählen viel von den
verschiedenen Phasen der Geschichte
Bukarests und Rumäniens.

Nur wenige Kilometer außerhalb von
Bukarest ließ sich Constantin Brâncoveanu im Norden eine prunkvolle Residenz
errichten, Schloß Mogoșoaia. Vom fürstlichen Hof in Bukarest führte eine Straße
dorthin. Der Teil, der innerhalb der Stadt
verlief, hieß Mogoșoaia-Brücke (Podul
Mogoșoaiei) und wurde 1878, im Gedenken an die kurz zuvor errungene Unabhängigkeit vom Osmanischen Reich, in
Calea Victoriei (Siegesstraße) umbenannt. Auf ihr zogen, von der Piața Victoriei kommend, die bei Plevna siegrei-
chen rumänischen Truppen ein.

Das Straßennetz von Bukarest war durch
sogenannte poduri geprägt. Das waren
wichtige Verkehrsverbindungen, die mit
einer Decke aus dicken Eichenbohlen
belegt waren, die wiederum seitlich gehalten wurden. Unter dieser hölzernen
Straßendecke befand sich ein kleiner
Abflußgraben, der häufig verstopft war.
Einer der Poduri war der Podul Mogoșoaia, die heutige Calea Victoriei. Der
Begriff ›Pod‹ kann Brücke oder belegte
Straße bedeuten. Mehrere fürstliche po-

Der langgestreckte Justizpalast am Anfang der Calea Victoriei

duri gehörten zu den wichtigsten Verkehrswegen Bukarests und hatten überregionalen Charakter. Sie begannen alle am fürstlichen Hof, waren Handels- und Reiserouten und besaßen wichtige mit dem Stadtrand verbundene Funktionen wie etwa die Verbindung zu den Bauernmärkten.

Die Calea Victoriei ist heute eine der Hauptverkehrsadern von Bukarest. Auf ihr wird der Autoverkehr stadteinwärts gelenkt. Trotzdem lohnt es sich, die Straße mehrmals auf und ab zu flanieren. Die Aneinanderreihung von sehenswerten Bauten, teilweise rückversetzt, ist so dicht, so daß man unabsichtlich an der einen oder anderen Fassade vorbeiläuft.

Dominierend: der CEC-Palast

Zwischen Piața Națiunilor und Bulevardul Regina Elisabeta

Die Calea Victoriei beginnt an der Dâmbovița. Am anderen Ufer liegt die Piața Națiunilor Unite, an deren Nordseite zwei Gebäude aus dem Jahr 1926 stehen: das Gebäude **Imobilele cu gloriete** vom Architekten Paul Smărăndescu und gegenüber das **Palatul Ardriatica Trieste** von Petre Antonescu. Ihre Silhouetten sind beide mit einem sogenannten Belvedere bekrönt, einer von Säulen verzierten Aussichtsplattform.

Das ehemalige Post- und Zollgebäude (Palatul Poștelor 12) nimmt den ganzen Block zwischen den Gassen Franceză und Stavropoleos ein. An dieser Stelle stand zuvor einer der ersten Gasthöfe der Stadt, der Hanul Constantin Vodă. Er wurde nach den Schäden durch den großen Brand von 1847 abgerissen und schuf Platz für das neue Bukarest. Das Postpalais wurde um die Jahrhundertwende errichtet und dient der Stadt heute als **Geschichtsmuseum** (Muzeul

Național de Istorie). An der Fassade tritt der französisch beeinflußte Eklektizismus des Architekten Alexandru Săvulescu besonders deutlich hervor. Das Museum wird renoviert, die Schatzkammer und die Trajanssäule können aber besichtigt werden.

Ein Besuch des Museums ist sehr zu empfehlen. Es bietet sich die Möglichkeit, die Kopien der Reliefs, mit der die Trajanssäule verziert wurde, aus der Nähe zu studieren. Sie thematisieren die Kriege der Römer gegen die Daker; das Original steht auf dem Trajansforum in Rom. Auf einem Relief ist die letzte Szene des dakischen Dramas bildlich festgehalten: Decebal, von römischen Reitern umringt, gibt sich, am Fuß einer Eiche sitzend, mit einem kurzen krummen Dolch den Tod. Er wollte damit der Schande entgehen, in Ketten gelegt nach Rom gebracht und dort hingerichtet zu werden. Besonders wertvoll ist die kostbare Schatzkammer. Goldene Schalen,

Die südliche Calea Victoriei

0   125   250 m

Legende

1. Imobilele cu gloriete
2. Palatul Ardriatica Trieste
3. Financial Plaza
4. Magazinul Victoria
5. Zentralgebäude der Armee
6. Casa Capşa
7. Palatul Telefoanelor
8. Magazinul Muzica

9. Ehemaliges ZK-Gebäude
10. Universitätsbibliothek
11. Blocul UAR
12. Aman-Museum
13. Neue Hochschule für Architektur
14. Alte Hochschule für Architektur
15. Kunstgalerie

Becher, Waffen, Kronen und kostbarer Schmuck werden in ihren Vitrinen gezeigt. Die ältesten Exponate stammen aus dem dritten Jahrtausend v. Chr.

Das prächtige Gebäude der Sparkasse, kurz **CEC** (Palatul Casei de Economii şi Consemnaţiuni, Nr. 11), steht schräg gegenüber, an der Stelle des mittelalter-

lichen Klosters Sankt Johannes des Großen, dem auch eine Herberge angeschlossen war. Die aus dem 16. Jahrhundert
stammende Niederlassung war 1703 auf
Veranlassung C. Brâncoveanus renoviert
worden. 1893 wurde das Kloster abgetragen, der monumentale Bau von Paul
Gottereau zwischen 1895 und 1900 errichtet. Das Gebäude beeindruckt durch
seine gewaltige Fassade mit den korinthischen Säulen. Die vier mit Simsen
und Wappen verzierten Decken der Ge-
bäudeteile werden von Kuppeln im Re-
naissancestil überdacht.

Unübersehbar ist die **Financial Plaza**
(Bancorex). Das Projekt war eines der
ersten Hochhäuser, das nach der Wende
mitten im Zentrum Bukarests errichtet
wurde. Die Lage des Baus hier an der
Calea Victoriei war nicht unumstritten;
der städtebauliche Akzent ist aber vom
Dâmboviţa-Ufer besonders gut zu erkennen. An dieser Stelle stand ursprünglich
das ›Hotel de France‹, eines der ersten
Hotels an der Calea Victoriei, das später
in ›Grand Hotel Victoria‹ umbenannt wurde und dem Erdbeben zum Opfer fiel.

In der Fassade des Financial Plaza spie-

Unübersehbar: die Financial Plaza

gelt sich die **Zlătari-Kirche**. Sie ist eines
der alten historischen Denkmäler Bukarests, Relikt eines Klosters mit dazuge-
hörigem Gasthof und täglich geöffnet.
Eine Urkunde belegt die Gründung im
Jahr 1667. Bauarbeiten im Jahr 1978
brachten die Reste von zwei Gasthöfen,
Zlătari und Constantin Vodă, sowie die
Reste der Nekropole Zlătari zum Vor-
schein. Die gefundenen Inschriften werden im Historischen Museum der Stadt
Bukarest verwahrt. Kloster und Gasthof
gehörten dem Patriarchen von Alexan-
drien, der während seiner Aufenthalte
in Bukarest hier nächtigte. Über 150 Jahre führten griechische Mönche das Kloster. 1847 wurde die verfallene alte Kirche abgerissen und von Villacrosse nach
alten Plänen wieder aufgebaut. Dabei
renovierte man den Glockenturm, die
Kapelle des Heiligen Andreas und den
Brunnen. 1888 folgte die Umwandlung
in eine Pfarrei. Der Gasthof wurde 1903
abgerissen, um Platz für die Neubauten
der Calea Victoriei zu machen.

Im Aufbau folgt die Kirche byzantinischen Vorbildern. Die Vorhalle öffnet
sich in vier Säulen. Die Wandmalereien
gehen auf Gheorghe Tattarescu zurück.
Auf Malereien dieses Malers wird man
in vielen Kirchen Bukarests treffen. Tattarescu wurde im Jahr 1920 in Focsani
geboren und erhielt seine Ausbildung
bei N. Teodorescu. Eine Reise führte ihn
1845 nach Rom. Er hatte Kontakt zur
revolutionären Bewegung und malte
zum Beispiel das Bild ›Rumäniens Erwa-
chen‹, gleichzeitig aber auch Bildnisse,
antikisierende Themen, Landschaften
und pittoreske menschliche Gestalten.
Nach seiner Rückkehr nach Bukarest
wandte er sich biblischen Themen zu
und malte mehrere Kirchen in Bukarest
aus. Diese Malereien lösen sich von der
traditionellen Malerei. Seine Allegorie

›Vereinigung der Fürstentümer‹ von 1857 ist Teil des rumänischen nationalen Emanzipationskampfes. Tattarescu engagierte sich auch in der Denkmalpflege und war Mitbegründer der Bukarester Kunstakademie im Jahr 1864. Hier war er bis zu seinem Tod im Jahr 1894 als Professor tätig. Berühmt wurde er auch für seine idealisierten Bauerngestalten und heimischen Landschaften.

An der Ecke zur Str. Lipscani Straße steht das **Magazinul Victoria** (Nr. 19), im Volksmund Galerie Lafayette genannt. Herman Clejan hat das Gebäude im Jahr 1928 als Kaufhaus entworfen und damit einen Gegenpol zu den kleinen traditionellen Läden im Leipziger Viertel gesetzt. Die Fassade hat Anleihen im Art Deco.

Das gerundete Gebäude mit der Nummer 25 ist ein 1937 entstandenes Wohnhaus von Gheorge Neogescu. Es war inmitten historistischer Bauten lange das modernste Gebäude der Calea Victoriei.

Zwischen Bulevardul Regina Elisabeta und Piaţa Revoluţiei

Unübersehbar erhebt sich auf der Ecke zum Bd. Elisabeta das **Zentralgebäude der Armee**. Hier stand bis zum großen Brand eines der ältesten steinernen Klöster Bukarests, das Kloster Sărindar mit seiner Junkerkirche (Coconilor). Die Stiftung des Mihai Viteazul von 1594 barg eine wundertätige Muttergottesikone. Der berühmte Constantin Brâncoveanu ließ das Kloster renovieren. Nach den Erdbebenschäden von 1838 wurde es geschlossen und nur wenig später vollständig abgetragen. An das Kloster erinnert lediglich der Brunnen Fântâna Sarindarî, der anläßlich eines Besuches von Kaiser Franz Josef im Jahre 1896

angelegt wurde, um den Platz zu verschönern. Dimitrie Maimarolu gewann den Wettbewerb zum Bau des Militärclubs. 1912 wurde mit den Arbeiten begonnen. Sie konnten aber, unterbrochen durch den Ersten Weltkrieg, erst 1923 abgeschlossen werden. Die Einweihung des Gebäudes fand im Beisein der königlichen Familie statt.

Die monumentale Fassade ist zur Calea Victoriei ausgerichtet, ihr ist eine großzügige Terrasse vorgelagert. Über einem flach rustizierten Sockelgeschoß folgt ein von sechs Doppelsäulen im korinthischen Stil dominierter Mitteltrakt, hinter dem sich der marmorne Festsaal befindet. Die Seitenteile sind gerundet, durch Halbsäulen vertikal gegliedert und lassen an Burgtürme denken. Ein Mezzaningeschoß mit einer Scheinbalustrade schließt den Bau nach oben ab.

Einen Offiziersclub mit eingetragenen Statuten hatte es in Bukarest seit 1876 gegeben. Zunächst mieteten die Offiziere, die ihre Ausbildung teilweise im Ausland gemacht und dort ähnliche Einrichtungen vorgefunden hatten, zu diesem Zweck verschiedene Gebäude. 1898 wurde ihnen vom Staat dieser Baugrund zur Verfügung gestellt. Staatliche Hilfe, private und öffentliche Spenden machten den Bau möglich. Für die Innengestaltung gewann man den Franzosen Ernest Doneaud. Auf ihn gehen die marmornen Treppenaufgänge, die Jugendstilelemente und der schmiedeiserne Schmuck zurück. Den Heldensaal schmücken Schlachtenbilder: die Belagerung Wiens von einem Unbekannten, der Kampf um Griviţa von Oscar Obedeanu und die Schlacht von Marengo von einem französischen Maler. Im Erdgeschoß sind die Säle in verschiedenen Stilen gestaltet: byzantinisch, gotisch und nordisch beeinflußt.

Das Odeon, seit langem eine renommierte Spielstätte

Nach dem Erdbeben von 1977 wurde der Bau renoviert. Wo einst Galauniformen getragen wurden, kann man heute einen ›cafea mică‹ und ›Păpănași‹ bestellen, ein typisch rumänisches Hefegebäck, das frittiert und mit viel Sauerrahm serviert wird. Im linken Trakt ist eine Kunstgalerie untergebracht, die Prunkräume stehen für offizielle Empfänge des Verteidigungsministeriums zur Verfügung.

Fast gegenüber steht das frisch renovierte sogenannte **Casa Capșa** (Nr. 34). Es trägt seinen Namen nach den Brüdern Capșa, die ihre 1852 gegründete Konditorei hierher verlegten. Grigore Capșa hatte seine Ausbildung beim Pariser Konditor Boissier absolviert. Der Mundschenk Slătineanu hatte das Gebäude errichtet, weshalb es im Volksmund auch Slătineanuhaus genannt wurde. Damals befand sich im Erdgeschoß ein großer Saal, der für verschiedene Anlässe genutzt wurde. Hier fanden die Sitzungen des ›Diwan ad hoc‹ während der Herrschaft von Alexandru Șuțu von 1818 bis 1821 statt. Später mietete Ieronimo Momolo den Saal und machte daraus ein Theater, weswegen er Altes oder Kleines Theater genannt wurde. Im Obergeschoß entstand ein weiterer Saal, der für Empfänge und musikalische Zusammenkünfte genutzt wurde. 1868 übernahmen die berühmten Konditoren Capșa das Haus, renovierten und kauften es im Jahr 1871. Sie fügten der Konditorei später ein Hotel mit Restaurant und ein Kaffeehaus hinzu. So entstand eine Mischung aus Hotel, Café, Restaurant und Bierlokal. Das Hotel wurde 1886 vom Franzosen Bourdell gegründet, einem ehemaligen Manager des Hotel ›Café Anglais‹ in Paris. Es erwarb sich einen außerordentlichen Ruf und wurde um die Jahrhundertwende in einem Atemzug mit führenden europäischen Hotels genannt. Das Kaffeehaus Capșa war viele Jahre ebenso wie das

›Terasa Oțelesteanu‹ privilegierter Treffpunkt führender rumänischer und ausländischer Persönlichkeiten. Politiker, Literaten und Künstler wie Mircea Eliade oder Mihai Sebastian zählten zu seinen Stammkunden. In der sozialistischen Zeit wurde das Hotel in ›Bukarest‹ umbenannt, zwischen 1999 bis 2002 grundlegend renoviert. Die Übernachtungen mitten im Zentrum sind überaus komfortabel und gleichermaßen stilvoll. Im Erdgeschoß lädt ein Restaurant in das historische Ambiente ein, in das Hotel ist auch das ›Capșa Swiss Café‹ integriert.

Das im Jahr 2007 eröffnete **Novotel** (Nr. 37 B) schräg gegenüber ist originell: Ein an das 19. Jahrhundert angelehnter Vorbau, in dem sich die Empfangshalle mit Rezeption und Bar befindet, wird von einem zurückgestuften Hochhaus eingefangen, das vollständig mit spiegelnden Platten verkleidet ist. Neben dem ›Capșa‹ entstand im Jahr 2002 das **Hotel Ramadan** (Nr. 38 – 40) von Al. Beldiman, D. Butică und Moise Mathé. Zwischen der ›Casa Capșa‹ und dem ›Ramadan‹, ein wenig rückversetzt, versteckt sich unauffällig und schlicht das **Teatrul Odeon** (Nr. 42). Es entstand zwischen den Weltkriegen. In ihm ist das im Jahr 1946 gegründete renommierte Theater untergebracht. Berühmt ist der Majesticsaal mit seiner gleitenden Decke. In der Grünanlage wird dem Erneuerer der Türkei, Kemal Atatürk, mit einer Büste gedacht. Mehrere Passagen führen in diesem Abschnitt von der Calea Victoriei zur Str. Academiei: Pasajul Victoria, Pasajul Majestic und Pasajul Comedia. Sie warten noch auf ihre Renovierung.

Die Nr. 29 ist das zuletzt im Jahr 2006 renovierte **Hotel Capitol** mit einem einladenden Restaurant. Das Historische Gebäude stammt von 1901, ist zentral gelegen, war früher ein Café und als solches berühmter Treffpunkt von Literaten und Künstlern.

An seinem Aufbau von Antennen und der Funkstation erkennt man schon das **Palatul Telefoanelor** (Nr. 35) – ein epochemachendes Werk. In Anerkennung der amerikanischen Entwicklung wurden auch amerikanische Architekten mit dem Privileg betraut, die Entwürfe zu liefern. Das Verwaltungsgebäude entstand zwischen 1929 und 1934, bis 1970 war es das höchste Gebäude Bukarests und setzte mit seinen Fensterreihen und den Art-Deco-Elementen von weither einen städtebaulichen Akzent. Zwei Häuser weiter (Nr. 39) steht das Bürogebäude ›Societatea Adriatica‹ (1937) von Teller, Dem. Săvulescu und Rudolf Fraenkel, einem Schüler Mendelsohns. Beide Flügel des Gebäudes sind von dichten Fensterreihen untergliedert und werden durch ein turmähnliches Element verbunden.

In diesem Abschnitt der Calea Victoriei befand sich bis zum Ende der 30er Jahre das alte Nationaltheater, das im Zweiten Weltkrieg in Flammen aufging. Es wurde praktisch von diesen beiden Hochhäusern umfangen. An der Fortsetzung der Calea Victoriei stehen weitere schöne Gebäude wie das ehemalige Hotel ›Elias‹, heute **Continental** (Nr. 56), in einem Gebäude aus dem Jahr 1886.

An dieser Stelle wird der Blick unweigerlich in die Str. Ion Câmpineau gelenkt, in der zwei markante Bürogebäude stehen. Arghir Culina ist mit beiden Gebäuden (1929 – 1932) der Übergang vom Eklektizismus des 19. Jahrhunderts zum Art Deco gelungen. Die Häuser wirken wie zwei Pfeiler eines Tores und stehen unmittelbar am Eingang zur Straße. Bis 1990 dienten sie als Hotels, danach wurden sie vorbildlich renoviert und zu Bürogebäuden umgebaut.

Kurz vor der Piaţa Revoluţiei steht linkerhand das **Magazinul Muzica**. Das Gebäude stammt aus der kommunistischen Ära und besteht aus Glas, Stahl und Holz. Sorgfältig sind dessen Dekorationen aus Eisen und der Treppenaufgang hergestellt.

Die Piaţa Revoluţiei

Die weiträumige Piaţa Revoluţiei (Revolutionsplatz) ist durch den starken Verkehr und den Parkplatz leider etwas entstellt, wird aber andererseits für Großveranstaltungen genutzt. Im Januar 2007 feierten hier beispielsweise viele tausend Bukarester den Beitritt ihres Landes zur Europäischen Union. Der Platz wird vom Hotel ›Hilton‹, dem früheren ZK-Gebäude, dem Königspalast, der Universitätsbibliothek und der Kreţulescu-Kirche eingerahmt und damit gleich mehreren besonders geschichtsträchtigen und sehenswerten Bauten.

■ **Die Kreţulescu-Kirche**

Südlich des Revolutionsplatzes und etwas unterhalb des Straßenniveaus befindet sich einer der wertvollen Sakralbauten der Stadt aus der Zeit des Constantin Brâncoveanu, die Kreţulescu-Kirche. Sie wurde von Iordache Kreţulescu gestiftet, dem wohlhabenden Bojaren und ersten Kanzler. Er war mit Safta verheiratet, einer Brâncoveanu-Tochter. Dem von 1720 bis 1722 erbauten Steinbau ging eine Holzkirche voraus. Neben der Steinkirche ließ der Großkanzler auch eine Herberge errichten, da zu dieser Zeit unmittelbar nördlich der Kirche die Stadtgrenze verlief.

Der klassische Dreikonchentypus trägt über dem Naos einen schlanken Turm und über dem Narthex den Glockenturm, der stilistisch den Hauptturm nachahmt. Beide Türme (Tamboure) besitzen lange schmale Fenster, die ebenso wie die dekorative Plastik der Fassaden die vertikale Tendenz des Baus herausstreichen. Die Außenwände sind in zwei Zonen untergliedert. In der unteren sieht man rechteckige Felder, die obere ist mit sich kreuzenden dreipaßförmigen Blendarkaden geschmückt. Das umlaufende Gurtgesims war ursprünglich auch aus Ziegeln gefertigt, wurde aber bei der Restaurierung durch Stein ersetzt.

Durch den offenen Pridvor betritt man die Kirche. Er ist noch mit Originalmalereien versehen, während die Innenmalereien von Gheorghe Tattarescu 1859/60 erneuert wurden. Ursprünglich war die Kirche außen getüncht, doch während der Renovierung 1935/36 wurde die Blendziegelverkleidung belassen. In der Kirche werden seltene alte Ikonen aufbewahrt; hier finden regelmäßig Gottesdienste statt.

■ **Der Königspalast**

Der U-förmige Königspalast (Palatul Regal) beherrscht den Platz. Er umfaßt einen mittleren Trakt mit zwei Seitenflügeln, die einen Ehrenhof abgrenzen. Die Fassaden sind im neoklassischen Stil gehalten und erinnerten vor dem Umbau an die königliche Bibliothek in Berlin.

Der erste Bau an dieser Stelle war das Bojarenhaus der Familie Golescu. Sie schenkte es dem Staat als Residenz für den letzten walachischen Woiwoden und späteren ersten Fürsten der vereinten Donaufürstentümer, Alexander I. Cuza. Daraus wurde in der zweiten Hälfte des 19. Jahrhundert ein Schloß, in das der Hohenzollernprinz Carol I. (Karl I.) einzog. Dieser Bau wurde 1927 durch einen Brand zerstört. Sein jetziges

Die kleine Krețulescu-Kirche

Aussehen erhielt der Palast nach Entwürfen des Rumänen Nicolae Nenciulescu in den Jahren 1927 bis 1937.

Bis zur Abdankung von König Michael I. am 30. Dezember 1947 diente das ganze Palais der königlichen Familie als Residenz. Am 23. August 1944 wurde in ihm Marschall Antonescu verhaftet. Nach der Abschaffung der Monarchie im Jahre 1948 wurden mehrere Institutionen hier untergebracht: Die **Nationalgalerie** (Muzeul national de Artă), die bedeutendste des Landes, und der **Präsidentensitz**.

Im Jahr 1960 baute man in nur 15 Monaten an die Rückseite einen modernen Palastsaal an, den ›Sala Palatului‹ mit Zugang vom gleichnamigen Platz. Der Bau wurde als Theater- und Filmhalle genutzt und war zunächst für 3500 Zuhörer konzipiert. Eine Erweiterung in den 80er Jahren erhöhte die Anzahl der Plätze auf 6000. Auch heute werden im Palastsaal Ausstellungen und Konzerte veranstaltet.

Der Hauptteil des Schlosses beherbergt das **Nationale Kunstmuseum** (Muzeul Național de Artă), das seit 1950 der Öffentlichkeit zugänglich ist. Der Besuch des Museums lohnt allein wegen der eleganten, keineswegs überladenen Präsentationsräume. Das Museum besitzt eine wertvolle Abteilung für die mittelalterliche Kunst, darunter Ikonen und Fragmente von Wandmalereien, die man einfach aus den Kirchen entfernt hat. Der linke Trakt ist den europäischen und rumänischen Meistern vom Mittelalter bis zum 18. Jahrhundert vorbehalten. Hier können Werke großer Rumänen wie Theodor Aman, Nicolae Grigorescu, I. Andrescu, Ștefan Luchian, Gheorghe Petrașcu, Ion Țuculescu, Ion Gheorghiu, Sabin Bălașa und sogar Plastiken von Brâncuși und D. Pacurea, C. Medrea und Ion Jalea bewundert werden. Das Erdgeschoß des Mittelteiles mit seinen wunderschönen Räumlichkeiten wird wie die Säle im rechten Flügel für Sonderausstellungen genutzt.

Die europäische Sammlung war lange nur einem kleinen Kreis bekannt, bis eine Ausstellung im Dogenpalast in Venedig sie im Jahre 1991 erstmals außer Landes führte. Ihr Grundstock geht auf König Carol I. zurück. Er selbst hatte eine erlesene Ausbildung und Erziehung genossen und war früh im Elternhaus mit Gemälden in Berührung gekommen. In Bonn studierte er bei Anton Springer Kunstgeschichte, als König frönte er seiner Kunstliebe mit weiten Reisen durch Europa. In Rumänien regte er die Denkmalpflege an und trug zur Restaurierung von Kunstdenkmälern bei. Die von ihm gestiftete Bibliothek förderte seine weitere Beschäftigung mit der Kunst. Während Schloß Peleş nach seinen eigenen Ideen im Bau war, begann er mit der Sammlung von großen Kunstwerken. In Mußestunden beschäftigte er sich mit der Holzschnitzerei. Sein Plan einer großen Kunstsammlung wurde von seinem älteren Freund und Kunstkenner Felix

Bamberg, Konsul Preußens in Paris, unterstützt. Er war ebenfalls Kunstsammler und verkaufte neun Werke von El Greco und weitere fünf Gemälde der spanischen Schule an Carol. In drei Etappen – 1879, 1886 und 1889 – übertrug Felix Bamberg wertvolle Gemälde seiner Sammlung an Carol. Gleichzeitig erwarb der König kostbare Möbelstücke, Wandteppiche und Kunstgewerbe für sein Schloß. Von begabten Künstlern bestellte er Kopien der Werke großer Meister aus europäischen Museen. Eng verbunden war er mit dem damals noch unbekannten Gustav Klimt.

Mehr als 800 Werke des königlichen Besitzes gingen im Jahr 1948 in den Bestand des Kunstmuseums über. Bukarest besitzt neben Budapest die vielfältigste und bedeutendste Sammlung der spanischen Schule im Osten Europas, Italien ist vor allem mit der Renaissance und dem Barock vertreten, die Niederländische Schule mit den Flamen Breughel und Rubens, die Holländer mit Rembrandt. Die deutsche Malerei reicht von Cranach bis Liebemann. Die Franzosen sind mit einem Porträt von Vigée

Der Königspalast, Mitteltrakt

Die Entstehung des nationalen Kunstmuseums

Das nationale Kunstmuseum wurde im Jahr 1948 gegründet. Den Kern seiner Bestände bilden die Gemäldegalerie der Krone und die königlichen privaten Kunstsammlungen. Der bedeutendste Teil ist die westeuropäischer Malerei. Insgesamt verfügt das Museum über einen Bestand von rund 2800 Werken aus fünf Jahrhunderten (14. bis 19. Jahrhundert). Einen großen Teil davon trug der kunsthistorisch geschulte König Carol I. zusammen.

Vor der Gründung dieses großen Kunstmuseums gab es in Bukarest einige kleine Sammlungen: Die älteste staatliche Pinakothek hatte Barbu Ştirbei, Fürst der Walachei, im Jahr 1850 ins Leben gerufen. Grundstock war eine kleine Sammlung von Gemälden und Kupferstichen. Sie wurde durch Abgüsse und Kopien, Schenkungen und durch den Ankauf von Werken rumänischer Künstler erweitert. Eine ähnliche Sammlung entstand fast gleichzeitig auch in Iaşi, der Hauptstadt der Moldau, die mit 16 wertvollen Gemälden europäischer Meister begann, einem Geschenk Scarlat Varnavs.

In Bukarest gründeten zwei wohlhabende Bürger eigene Museen. Der Sammler Anastase Simu besaß 1910 eine Reihe von Gemälden, Plastiken, Zeichnungen und Graphiken, darunter einen kleinen Bestand impressionistischer Vertreter. Er erweiterte die Sammlung um Werke des Künstlers Bourdelle, zu dem er enge Beziehungen unterhielt. Ein großer Teil umfaßte Exponate rumänischer Künstler.

Die Galerie des Mediziners und Sammlers Kalinderu setzte sich aus Gemälden westlicher Malschulen, Gemälden und Kunsthandwerk rumänischer Künstler zusammen. Den Sammlungen Ştirbei, Sima und Kalinderu folgte im Jahr 1925 das Museum Toma Stelian. Es wurde von George Oprescu geleitet, dem Lehrstuhlinhaber des Instituts für Kunstgeschichte. Im Jahr 1933 wurde die Bukarester Pinakothek gegründet; sie zeigte vorwiegend rumänische Exponate.

All diese privaten Kollektionen wurden verstaatlicht und als Nationales Kunstmuseum der Öffentlichkeit zugänglich gemacht. Es wurde um Leihgaben der Brukenthal-Stiftung ergänzt, Ein großer Teil dieser kostbaren Gemälde aus der Brukenthal-Stiftung wurde aber nach langem Ringen endlich wieder an den Ort Ihrer Bestimmung zurückgegeben und ist nun in Sibiu zu sehen.

Gemälde aus dem früheren Besitz von Constantin Ipsilanti kamen hinzu sowie aus verschiedenen Quellen: die Sammlung von Kuriositäten, Gemälden und Skulpturen vom Fürsten Constantin Mavrocordat; Gemälde von Constantin Esarcu, der über zwanzig Werke italienischer Meister erworben hatte; zwei Werke des Impressionisten-Liebhabers Georges de Bellio. Außerdem bekam das Museum kleine Sammlungen von Dichtern wie die von Ion Pillat oder hoher Militärs wie des Oberst Xenofon Roman.

Das Museum hatte im Jahr 1960 bereits einen solchen Umfang, daß es das gesamte Schloßareal als Ausstellungsfläche benötigte. Als der Staatsrat im Palast seinen Sitz hatte, mußte das Museum auf einen Flügel zusammenrücken. Nach 1989 erhielt es wieder den gesamten Palast zur Verfügung. In den Unruhen von 1989 wurden 25 Gemälde der europäischen und rumänischen Schulen zerstört, 80 Werke stark beschädigt.

Ein Teil der Sammlung wird in Magazinen aufbewahrt, die europäische Schule ist derzeit geschlossen und wird renoviert.

Lebrun und einer stolzen Sammlung von Impressionisten vertreten. An Skulpturen darf man sich auf Werke von Clodion, Carpeaux, Rodin, Camille Claudel, Bourdelle und Meunier freuen.

■ Das Gebäude des Zentralkomitees

Gegenüber vom Schloß steht das frühere Gebäude des Zentralkomitees der Rumänischen Kommunistischen Partei (RKP). Der Platz zwischen Schloß und ZK-Gebäude wurde von der RKP häufig als Aufmarschgelände für Massenveranstaltungen genutzt, so auch am 21. Dezember 1989, als Ceauşescu seine denkwürdige letzte Rede hielt. Vom Balkon des riesigen Komplexes versuchte Ceauşescu das Ruder noch einmal herumzureißen, mußte aber vom Dach dieses Gebäudes per Hubschrauber fliehen. Heute tagt der Senat statt des Zentralkomitees hier. Das Gebäude entstand von 1938 bis 1941 nach einem Entwurf von Emil Nädejede und E. Prager. Davor stehen Skulpturen zum Gedenken an die Revolution und eine lange Gedenktafel mit der Liste der Opfer.

Die eindrucksvolle Universitätsbibliothek

■ Universitätsbibliothek

Das vielleicht schönste Gebäude an diesem Platz ist die Universitätsbibliothek (Biblioteca Universiţăţii). Als Bibliothek ist sie eine Stiftung König Carol I. anläßlich seines 25jährigen Regierungsjubiläums im Jahr 1891. Das Konzept geht auf Paul Gottereau zurück; vollendet wurde der Bau 1914; 1947 wurde die Einrichtung zur Universitätsbibliothek. Hier fanden 1989 die ersten Protestaktionen statt, die letztlich zum Sturz von Ceauşescu führten. Leider geriet die Bibliothek während der Kämpfe in Brand, dem viele, teils kostbare Bücher zum Opfer fielen, das Gebäude selbst wurde ebenso beschädigt. Die äußeren Schäden sind mittlerweile behoben. An den historistischen Teil wurde ein Neubau durch Constantin Rulea angebaut, der vor zwei Jahren eingeweiht wurde.

■ Blocul UAR

Ein weiterer interessanter Neubau steht einige Meter weiter, der Blocul UAR in der Str. Dem. Dobrescu 5. Den Architekten Dan Marin und Zeno Bogdănescu, in Zusammenarbeit mit den Ingenieuren Dragoş Marcu und Mädälin Coman, war zur Auflage gemacht worden, die Mauern des alten Gebäudes, das während des Aufstandes von 1989 zerstört wurde, zum Gedenken zu erhalten und einen Neubau anzufügen. Den Architekten stand nur eine äußerst begrenzte Fläche am Rande des Revolutionsplatzes zur Verfügung. Über den alten Mauern erhebt sich heute in 30 Metern Höhe ein Neubau, in dem Büros untergebracht sind.

■ Hotel Hilton

Auf der Nordseite des Platzes sieht man das traditionsreiche **Hotel Hilton**, einst ›Athénée-Palace‹. Der Architekt Théo-

Das Athenäum gehört zu den herausragenden Architekturdenkmälern Bukarests

phile Bradeau verwandte beim Bau von 1912 zum ersten Mal in Bukarest Eisenbeton. Unter der Leitung von Duiliu Marcu wurde das Gebäude während der 30er Jahre sowohl innen wie auch außen umgebaut. Nachdem es bei einem Luftangriff im August 1944 Schäden erlitten hatte, wurde es nochmals von Marcu rekonstruiert. Das Hotel wurde in den Jahren 1964 bis 1966 um einen Flügel längs der Calea Victoriei erweitert und seitdem wiederholt restauriert. Das Hotel ist mit einem Casino und mehreren internationalen Restaurants, darunter einem großen Gartenrestaurant, noch immer das erste Haus am Platz. Wenn große Delegationen empfangen oder Staatsbankette gegeben werden, hält man sich immer an das ›Hilton‹.

■ Athenäum

Zwischen dem Hotel Hilton und der Konzerthalle Athenäum – ›Ateneuel Român-Filharmonica George Enescu‹ – befindet sich der Rest einer ehemals viel ausgedehnteren Grünanlage. In ihr steht die Statue Mihai Eminescus, des rumänischen Dichters, der Eingang ins Pantheon der Weltliteratur fand. Gheorghe Anghel (1904–1966), einer der bedeutenden rumänischen Bildhauer des 20. Jahrhunderts, hat seinem Gesicht den Ausdruck der Nachdenklichkeit verliehen.

Der dahinter aufragende, beeindruckende Rundbau der Konzerthalle (1886–1895) ist ein wichtiger Beitrag der französischen Architekten Albert Galleron und Cassien Bernard zum Eklektizismus in Bukarest. Auf das gleiche Team geht auch das Gebäude der Nationalbank zurück. Der Bau war als Zirkus geplant und zu Beginn auch als solcher genutzt worden. Das Gebäude konnte mit Spenden der Bukarester Bevölkerung in den Jahren 1886 bis 1888 zur Konzerthalle umgestaltet werden und erhielt den Namen des rumänischen Komponisten George Enescu (1881–1955).

Der Eingang zum Konzerthaus ist in Form einer ionischen Säulenvorhalle mit Dreiecksgiebel gestaltet. Im Erdgeschoß führen von einer großzügigen Empfangshalle spiralförmige marmorne Treppenaufgänge zum Kuppelsaal. Den beeindruckenden Konzertsaal schmückt ein Wandfries mit Szenen zur Geschichte des rumänischen Volkes. An der Decke sind Porträts berühmter Rumänen angebracht. Die Malereien entstanden unter der Leitung des Malers Costin Petrescu (1871–1954) noch vor dem Zweiten Weltkrieg. Trotz rabiater Eingriffe während der Ceaușescu-Ära gilt das Athenäum als einer der bedeutendsten europäischen Konzertsäle. Er bietet Platz für 1000 Besucher. Die Bukarester Philharmonie hat hier ihren Sitz.

Am 6. März 1896 gab George Enescu mit einem Konzert hier sein Debüt in der Heimat. Der große Erfolg verschaffte ihm ein Stipendium für Komposition in Paris. Zu Ehren des großen rumänischen Komponisten wurden das angesehene internationale Musikfestival und der Internationale Enescu-Wettbewerb für Musik-Interpretation im Jahr 1958 ins Leben gerufen. Zweck war die Förderung der Werke dieses bedeutendsten Komponisten des Landes. Seitdem haben immer wieder Musiker von internationalem Rang das Festival begleitet, darunter Lord Yehudi Menuhin, David Oistrach, Sviatoslav Richter, Herbert von Karajan und Arthur Rubinstein. Das Festival gilt als eines der bedeutendsten in Südosteuropa. Das 17. Festival im Jahr 2005 stand unter der Ehrenpräsidentschaft von Ioan Holender. Holender stammt aus Rumänien und ist Direktor der Wiener Staatsoper.

Die jüngste Sanierung und Renovierung des Gebäudes wurde zwischen 2000 und 2004 durchgeführt.

Ein Abstecher in die Seitenstraßen

Hinter dem Revolutionsplatz haben sich kleine Straßen und einiges Sehenswertes erhalten. Ein Abstecher führt unter anderem in die Str. Constantin Alexandru Rosetti 8 und zum ehemaligen Wohnhaus des rumänischen Malers Theodor Aman (1831–1891), dem **Theodor Aman Muzeul**.

Dieses Gebäude wurde vom Künstler selbst entworfen, mit Unterstützung des Architekten Franz Scheller im Jahr 1869 begonnen und erst nach einigen Jahren fertiggestellt.

Die damalige lockere Bebauung dieser Gegend ließ zwischen den Häusern viel Platz, so daß das Wohnhaus von einem großen Garten umgeben war. Für Bukarest ist es ein kleines Wunder, daß es trotz der vielen Erdbeben und Kriege sowie dem Abrißwahn bis heute stehen geblieben ist. Der Frau Theodor Amans, Ana, ist die Initiative zum Museum zu verdanken, das im Jahr 1908 eröffnet wurde.

Die Terrakotta-Dekorationen hat Aman mit seinem Freund Karl Storck, dem Bildhauer und Architekten, im neoklassizistischen Stil ausgeführt. Es zeigt zwei große Künstler der italienischen Renaissance, Michelangelo und Leonardo. Außerdem zeigen die Medaillons die Arbeitsinstrumente des Künstlers. Das Gebäude wird derzeit renoviert.

Vom Theodor-Aman-Museum bietet sich ein Spaziergang über die Str. Boteanu und deren Fortsetzung, die Str. Academiei, mit einem Abstecher in die Eneistraße an. Gleich zu Beginn steht die **Nikolauskirche** ›Bradu-Boteanu‹. Sie wurde 1760 aus Holz erbaut, verfiel danach und wurde Anfang des 20. Jahrhundert in Anlehnung an den traditionellen Stil erneuert.

Theodor Aman

Theodor Aman wurde im Jahr 1831 in Câmpulung als letztes von fünf Kindern, in der zweiten Ehe seines Vaters, geboren. Der Familienname lautete eigentlich Dima. Den Namen Aman erhielt er nach dem türkischen Wort ›Vergebung‹. Während der Revolution floh die Familie nach Sibiu. Seine Mutter, die griechischer Abstammung war, machte Theodor frühzeitig mit der Kunst vertraut. Sein Weg führte ihn bald nach Paris, wo er in den Ateliers von Martin Drolling und Francois Picot studierte.

Theodor Aman ist für die rumänische Kunst des 19. Jahrhunderts ähnlich bedeutend wie Jacques Louis David für die französische oder der Historienmaler Carl Theodor Piloty für die deutsche Kunst des 19. Jahrhunderts. Zeitgeschichtliche Ereignisse haben frühzeitig seine Kunst bestimmt. Er schuf Porträttypen einheimischer Fürsten, aber auch des Revolutionärs Vladimirescu sowie von Persönlichkeiten wie Vlad Țepeș und Michael Viteazul. Er verewigte die Vereinigung der Fürstentümer, die Proklamation von König Carol I. sowie den Krimkrieg in Kolossalgemälden.

Neben den Historienbildern widmete er sich dem Porträt. So malte er Maria Davila, jung verstorbene Gattin des berühmten Mediziners Carol Davil, und den Sohn des Konditors Capșa. Er fand früh Anerkennung und genoß staatliche Unterstützung durch zahlreiche Aufträge wie beispielsweise für Jașy und das Krankenhaus in Bukarest.

Schon 1864 gründete er in Bukarest eine erste rumänische Kunstschule. Später wurde er zum Mitbegründer der ›Akademie Școala de Belle Arte‹, an der er später lehrte und deren Direktor er wurde. Aman starb 1891 in Bukarest, wo er auf dem Friedhof Bellu seine letzte Ruhe fand. Sein Wohnhaus, das nach seinen Entwürfen gestaltet wurde, ist als Museum eingerichtet und zeigt neben Möbeln und Gebrauchsgegenständen Gemälde des Künstlers.

Theodor Aman, Selbstportrait

Die Ehefrau des Malers

In der Str. Academiei 18–20 steht die **Neue Hochschule für Architektur** aus dem Jahr 1968. Sie erinnert stark an einen Industriebau, ist als Gebäude weniger sehenswert und läßt jegliche Sensibilität für dieses alte Viertel vermissen. In der Nähe stehen jedoch zwei sehr sehenswerte Architekturdenkmäler Bukarests. Die **Kirche Dintr-o zi** (übersetzt ›von einem bestimmten Tag‹) hat glücklicherweise den Abrißwahn überlebt. Sie ist wie so viele Kirchen in Bukarest dem heiligen Nikolaus geweiht.

Das zwischen Hochhäusern eingepferchte Kleinod wurde von der Gemahlin Constantin Brâncoveanus im Jahr 1702 gestiftet. Der Bau ist zierlich und zeichnet sich durch filigranen Bauschmuck im Brâncoveanu-Stil aus. Die Kirche ist vollständig ausgemalt, sehr geschmückt und steht der albanisch-christlichen Gemeinde zur Verfügung. Sie wird derzeit grundlegend renoviert.

Von der Academiei-Straße zweigt die Str. Biserica Enei ab. Nur noch der Straßenname erinnert an die Eneikirche, die dem Diktator zum Opfer fiel. Fast an ihrem Ende stößt man stößt man auf die **Alte Hochschule für Architektur**, von Ion Mincu (1912–1927) im neurumänischen Stil errichtet. Der Bau wurde 1960 zur Str. Edgar Quintet erweitert und nach den Erdbebenschäden von 1977 restauriert. Die Fassade ist mit Sandsteinplatten verkleidet und in allen vier Stockwerken durch aneinander gereihte romanische Rundbögen gegliedert. Rundbögen, Gesimse, Balustraden und Säulen sind wunderschön im Brâncoveanu-Stil ausgemeißelt.

Über die Str. Enei gelangt man wieder zurück zur Calea Victoriei.

In einem Gebäude von Ion Popa, Vlad Calboreanu und Romeo Smiriaş aus dem Jahre 1975 ist die **Kunstgalerie Galeria Căminul Artei** eingerichtet. Ihr Name bedeutet übersetzt ›Kamin-Kunst‹

Die Nikolauskirche

Von der Piața Revoluției bis zum Boulevardul Dacia

Auf diesem Abschnitt der Calea Victoriei sind sowohl repräsentative Paläste als auch einige Bauten der Moderne zu sehen. Hinter den Fassaden aus dem 19. und 20. Jahrhundert findet man auch Designer wie beispielsweise Maxa Mara.

Schräg gegenüber dem ›Hilton‹ befindet sich das **Hotel București**, und bald schon sieht man die frisch getünchte **Biserica Albă** aus dem 18. Jahrhundert, eine Stiftung des Popa Neagul Dârvaș. Sie besitzt romantische Malereien von Gheorghe Tattarescu, die üppgie Ikonostase repräsentiert den Brâncoveanu-Stil.

Auf der gleichen Seite steht das 1925 errichtete Gebäude der Vereinigung der rumänischen Ingenieure **Sediul AGIR** (Nr. 118). Es stammt von Petre Antonescu und ist im neurumänischen Stil ausgeführt. Die Fassade ist durch viele aneinander gereihte Bogenstellungen durchbrochen, in denen die Balkone mit Balustraden aus Stein und Fenster sind. Es handelt sich um ein frühes Beispiel eines Bürogebäudes in Bukarest.

Gleich nebenan (Nr. 122) befindet sich ein **Wohnhaus** von Tiberiu Niga aus dem Jahr 1936. Das Äußere ist nicht unbedingt ansprechend, im Inneren ist das Gebäude jedoch sehr funktional konzipiert, und die Wohnungen sind sehr geräumig. Beide Gebäude bedürfen noch der Renovierung. Schräg gegenüber (91–93) hat Horia Creangă im Jahr 1936 ein multifunktionales **Hochhaus** hingesetzt.

Die kleine Piațeta Colecțiilor wird vom **Știrbei-Palast** (Nr. 107) eingerahmt, den man sofort an den Karyatiden in der Fassade erkennt. Hier war ein Teil der Keramik- und Porzellansammlung untergebracht. Der Palast, der zwischen 1835 und 1837 entstand, wurde nach Plänen des Architekten Michel Sanjouand für den Fürsten Barbu Dimitrie Bibescu gebaut, der durch Adoption zum Fürsten Barbu Știrbei wurde. Er war mit Unterbrechungen von 1849 bis 1856 Fürst der Walachei und setzte sich für Reformen ein. Im Jahr 1881 wurde der Palast umgebaut, seither schmücken ihn die überhöhten Eckflügel und die Fassade mit den Karyatiden. Der Palast ist eines der gelungensten Beispiele des Klassizismus.

In unmittelbarer Umgebung des kleinen Platzes befinden sich das Kunstmuseum aus dem Jahr 1885, der Bau des Ministeriums für Industrie und Arbeit aus dem Jahr 1940 und Apartmenthäuser aus den Jahr 1960.

■ Das Museum der Kunstsammlungen

Ziemlich in der Mitte der prächtigen Calea Victoriei (Nr. 111) steht das sogenannte Romanithaus, das seit 1978 das Museum der Kunstsammlungen (Muzeul Colecțiilor de Artă) birgt. Der gelb getünchte Ziegelbau wurde erst kürzlich renoviert, und seine Sammlungen sind vorbildlich ausgestellt. Für den Besuch des Museums sollte man sich Zeit nehmen.

Nach einer großen Feuersbrunst, der viele der Holzhäuser dieser Gegend zum Opfer fielen, wurde 1802 mit dem Bau des Palastes aus Ziegel und Naturstein begonnen. Der Name des ersten Besitzers ist nicht eindeutig bekannt, man nimmt jedoch an, daß es der Bojar Faca war. Er ließ sich hier an der Gabelung der beiden wichtigsten Brücken Podul Târgoviște (Griviței) und Podul Mogoșoaia (Victoriei) einen großangelegten Palast bauen, dessen Fertigstellung er nicht mehr erlebte. Seine Erben verkauf-

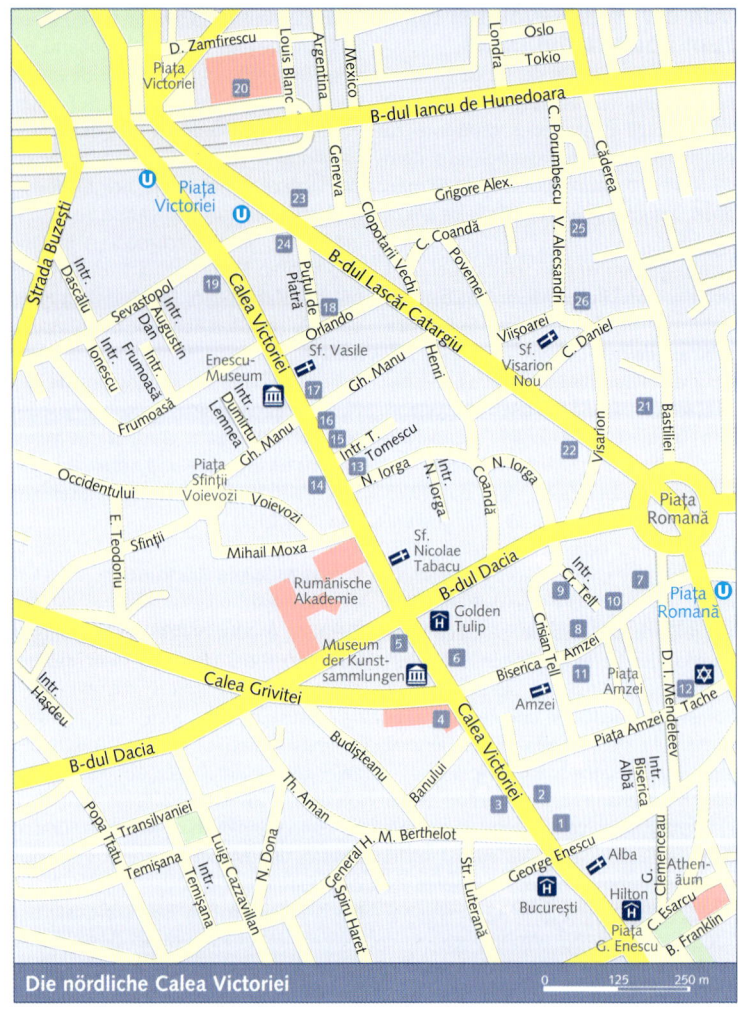

Die nördliche Calea Victoriei

0   125   250 m

ten den Besitz an Grigore Romanit, den Schatzmeister und engen Freund des walachischen Fürsten Grigore IV. Ghika. Romanit entstammte einer wohlhabenden griechischen Familie und veranlaßte die Vollendung des Palastes. Er ist ein hervorragendes Beispiel für die neoklassizistische Architektur in Bukarest.

Romanit stellte seinen Palast den Hofempfängen von Grigore IV. Ghika (1822–1828) zur Verfügung. Der Schriftsteller Ion Ghika hat die Wohnung so beschrieben: »Die Wände der Zimmer sind alle in Mermer [gemeint ist Stuck] ausgeführt, der den seltensten und schönsten Marmor imitiert, die

Stadtspaziergänge

Legende

1. Sediul AGIR
2. Wohnhaus von Tiberiu Niga
3. Hochhaus von Horia Creangă
4. Știrbei-Palast
5. Casa Monteoru
6. CAM
7. Markthalle
8. Brătianu-Kultur-Stiftung
9. Casa Mița Biciclista
10. Französische Botschaft
11. Teatrul Creangă
12. BMB-Gebäude
13. Casino Victoria
14. Casa Lenș-Vernescu
15. Casa Manu
16. Casa Cleopatra Trubetzkoi
17. Casa Disescu
18. Casa Orlando
19. Casa Filipescu
20. Außenministerium
21. Häuser der Brüder Petrascu
22. Observatorium
23. Aeroclubul Român
24. Neubau von Vladimir Arcesen
25. Loghi-Atelier
26. Storck-Museum

Zimmerdecken von seltenem Reichtum und gutem Geschmack. In den Zimmern liegen im Winter teure Uschak- und Agemteppiche auf dem Boden und im Sommer feine Matten aus Indien; die Gardinen und Vorhänge aus schwerer Seide sind aus Damaskus und Aleppo. Die Stühle und Sofas, alles aus Mahagoni- und Ebenholz, eingelegt mit Perlmutt und polierten Bronzefiguren, waren mit Leder aus Cordoba gepolstert. In allen Zimmern hingen Kronleuchter.«

Der Eigentümer Romanit starb im Jahre 1834. Danach mietete Fürst Alexandru Dimitrie Ghika von 1834 bis 1842 das Gebäude und richtete dort die Hofkanzlei ein. Danach kaufte es der Staat und brachte darin zunächst den Verwaltungsgerichtshof und später das Finanzministerium unter. Raumnot machten einen Um- und Anbau notwendig. Er wurde im Jahr 1883 in Form von zwei U-förmigen Flügeln ausgeführt, außerdem wurde ein Geschoß aufgesetzt. Beim Erdbeben von 1977 wurde das Gebäude beschädigt. Danach konnte es mangels finanzieller Mittel nur notdürftig wiederhergestellt und erst 2003 grundlegend saniert und 2006 wieder eröffnet werden. Neben den Sammlungen privater Stifter ist ein besonders kostbares Lapidarium eingerichtet.

Die Restaurierung des Flügels an der Calea Griviței bot auch die Möglichkeit, die Keller des Gebäudes wieder in den Museumskomplex zu integrieren. Drei Räume mit Tonnengewölben wurden dabei gewonnen, die sich hervorragend für die Unterbringung des **Lapidariums** eignen. Hier sind Steinskulpturen und Fragmente von Gebäuden alter rumänischer Architektur aufgestellt. Sie stammen teils von Denkmälern, die am Ende des 19. Jahrhunderts, und teils von Kirchen, die während der Ceaușescu Ära zerstört worden sind. Ein anderer Teil der Sammlung wird im Nationalmuseum für Archäologie ausgestellt.

Die **Gesteinssammlung** zeigt zum ersten Mal Grabsteine, Votivinschriften, Tür- und Fensterrahmen sowie monumentale Säulensockel, die allesamt Zeugnis ablegen von der Geschicklichkeit der walachischen Steinmetze in der Zeit der Woiwoden Neagoe und Matei Basarab, Șerban Cantacuzino, Constantin Brâncoveanu, Nicolae Alexandru und Constantin Mavrocordat. Eines der ältesten Ausstellungsstücke ist der Grabstein des Bojaren Badea aus dem Jahr 1532, der von der Dorfkirche in Hirteşti stammt. Die dekorativen Motive auf dem Grabstein sind orientalisch-byzantinisch und westlich beeinflußt. Ein anderer Grabstein ist der von Despina, der Frau des Kanzlers Radu Năsturel. Er stammt aus der Kirche von Heraşti, einem Dorf, das zum Herrschaftsgebiet der Familie Năsturel gehörte. In der zweiten Hälfte des 17. Jahrhunderts behielt die Steinmetzkunst zwar ihren dekorativen Charakter bei, allerdings wurden die geometrischen Verzierungen durch florale und vegetabile Verzierungen ersetzt. Sie hatten ihren Ursprung in der Renaissance und dem Barock.

Mit Aufmerksamkeit sollte man die Votiv-Inschriften alter Bukarester Klöster, wie die von Sf. Sava aus dem Jahre 1709 betrachten. Es sind die letzten Zeugnisse des alten Bukarest und seiner Umgebung. Die Votiv-Inschrift in der Kapelle des Klosters Comana aus dem Jahr 1703 besitzt bemerkenswerte ästhetische Qualitäten.

Sehenswert ist auch das Wappen des im Jahre 1888 zerstörten Colţea-Turmes, der zu den von Mihail Cantacuzino gestifteteten repräsentativen mittelalterlichen Bauten Bukarests zählte. Das Wappen zeigt einen doppelköpfigen Geier, das Wappentier der Familie Cantacuzino.

Eine einzige dreidimensionale Skulptur zeigt das biblische Thema des Kampfes von Samson mit dem Löwen. Sie diente als Gewölbestütze und ist in die Brâncoveanu-Zeit zu datieren. Obschon es sich hierbei um ein bescheidenes Kunstwerk handelt, wird die Skulptur als wichtiger

Das Lapidarium des Kunstmuseums

Schritt in der Entwicklung zur Darstellung alttestamentarischer Themen gewertet.

Das partiell nachgebildete Portal des Klosters Văcărești (1716–1722), eine Stiftung des Nicolae Alexandru Mavrocordat, stellt einen Schwerpunkt der Ausstellung dar. Die Skulptur des Tores repräsentiert den Barock des Brâncoveanu-Stils. Das Tor weist vegetabile, florale, anthromorphe und zoomorphe Motive auf.

■ **Weitere Sehenswürdigkeiten**
Neben dem Museum befindet sich das **Moruzzihaus** (Nr. 117), in dem das Historische Museum der Stadt Bukarest untergebracht war, bevor es in den Șuțu-Palast verlegt wurde.

Auf der Ecke zum Boulevard Dacia (Nr. 115) steht die **Residenz der Familie Monteoru Catargi**, die Ion Mincu zwischen 1887 und 1889 grundlegend restauriert hat. Das Gebäude hat zwei ungleiche Geschosse: ein niedriges Erdgeschoß und ein hohes Obergeschoß. Aus dem letzteren ragt ein von zwei Säulen mit korinthischen Kapitellen gestützter Balkon deutlich heraus. Beim Ausbau der Innenräume hat Ion Mincu verschiedenste Materialien wie Eisen, Bronze, Stuck und Kristall verwendet. Im Obergeschoß hat der rumänische Schriftstellerverband seinen Sitz, im Erdgeschoß befindet sich in historischem Ambiente das italienische Restaurant ›Il Gattopardo‹. Im Sommer lädt der große Hinterhofgarten zu einer Erfrischung ein. Es ist eine schöne Gelegenheit, einen Eindruck von den Gärten zu erhalten, die ursprünglich fast alle Residenzen besaßen.

Schräg gegenüber steht ein modernes, leider sehr verwahrlostes Gebäude, das **Casa Autonomă a Monopolurilor Statu-** lui (**CAM**, Nr. 152). Es geht auf Entwürfe von Duiliu Marcu zurück und hat nach seiner Fertigstellung 1941 große Bewunderung hervorgerufen. Heute sind darin staatliche Verwaltungen untergebracht. Die Fassaden und Flurwände sind mit Travertin verkleidet, eine verstaubte Tafel erinnert an den berühmten Bukarester Architekten.

Mehr Aufmerksamkeit lenkt das neue **Hotel Golden Tulip** auf sich. Die Tulipkette ist mit vier Häusern in der Stadt vertreten und besticht durch guten Service und einer Ausstattung, die jedem Geschäftsmann und Tourist gerecht wird.

Ein Abstecher zur Piața Amzei

Um die Piața Amzei hat sich ein Rest des alten Bukarest erhalten. Die meisten besuchen das Viertel wegen des Marktes. In Bukarest gibt es viele Märkte, der **Amzei-Markt** mit seiner neuen Markthalle ist der dem Zentrum am nächsten gelegene. Einige Händler haben bereits ihren festen Stand erwerben können. Wer sich keinen Stand leisten kann, bietet seine Erzeugnisse aus dem eigenen Garten in gebührendem Abstand vor der Markthalle an. Die Anbieter kommen nicht nur aus dem Umland von Bukarest, sondern auch aus entfernteren Regionen wie beispielsweise der Dobrudscha.

In diesem Viertel haben sich auch einige nette Kneipen und Gartenrestaurants angesiedelt, darunter das ›The Harbour‹. Wenn man von der Calea Victoriei in die Amzeistraße einbiegt, sieht man schon die **Amzeikirche**, eine Stiftung des Bojaren Amza Năescu aus dem Jahr 1805. Nach einem Brand entwarf Alexandru Săvulescu diesen monumentalen Bau mit seiner wunderschön durchbrochenen Laterne. Um diese Kirche entwickelte sich die Pfarrei.

Im Viertel lohnen aber noch andere interessante Bauten und Einrichtungen einen Besuch. In der Str. Biserica Amzei 3–5 befindet sich eine Villa von Petre Antonescu aus dem Jahr 1908. Sie beherbergt heute die Fondurile Speciale ale Bibliotecii Naţionale, eine **Stiftung**, die seit 1928 als Ionel-Constantin-Brătianu-Institut bekannt war. Sie widmete sich der Sammlung von Manuskripten, Schriftstücken und Studien und unterhielt seit 1935 zusätzlich eine Bibliothek. Vor der Villa steht eine schwarze Granitstatue des berühmten kroatischen Bildhauers Ivan Mestrovic. Sie stellt Brătianu dar.

An der Ecke zur Str. Cristian Tell steht ein schönes Haus von 1910. Es ist die **Casa Miţa Biciclista** von N.C. Mihăescu, die erfreulicherweise 1985 renoviert wurde und an Paris erinnert. In der Str. Cristian Tell gibt es mehrere Villen, darunter die Casa Cotescu (Nr. 23) aus dem Jahr 1911 von Smărăndescu.

Man erkennt schon an der strengen Bewachung, daß in der Str. Biserica Amzei 13–15 die **Französische Botschaft** zu Hause ist. In dieser Straße lebte und wirkte der Architekt Georg Matei Cantacuzino 1933–1935. Er hatte in Paris studiert, mehrere Essays zur Architekturtheorie verfaßt und gilt als einer der große Theoretiker seiner Zeit.

In der Str. Mihai Eminescu befindet sich der große Supermarkt ›Rainbow‹ und ihm gegenüber das **Teatrul Creangă** in einer multifunktionalen Halle aus dem Jahr 1934. In seinem Entwurf hat Nicu Georgescu den neurumänischen Idealismus hinter sich gelassen und ausschließlich auf die Funktionalität geachtet. Das Gebäude beherbergt nicht nur das Theater, sondern auch Geschäfte und eine öffentliche Bibliothek.

Die Str. Mihai Eminescu geht in die Str. Tache Ionescu über, wo sich eine der heute noch aktiven **Synagogen** befindet. Der schlichte Bau ist vollständig in die

Auf dem Amzei-Markt im Winter

Häuserzeile integriert und wird gerne übersehen. Gegenüber befindet sich das sogenannte **BMB-Gebäude** mit der Bibliothek der Patriarchie. In ihm ist auch die Mihail-Sadoveanu-Forschungsstätte eingerichtet. Mihail Sadovenau, eigentlich Ursachi, starb 1961 und gehört mit seinen mehr als 120 Romanen und Erzählungen zu einem der bedeutendsten Vertretern der rumänischen Prosa. Sein Werk war einerseits stark von der Volksliteratur, darunter der ›Doină‹ geprägt, andererseits verklären seine historischen Romane Bojaren und Fürsten. Unverwechselbar sind seine Naturbeschreibungen.

Vom Boulevard Dacia bis zur Piața Victoriei

Im letzten Abschnitt der Prachtstraße befindet sich die dichteste Abfolge von repräsentativen Bauten.

In der Nr. 125 hat die **Rumänische Akademie** ihren Sitz. Drei Gebäude sind von einer kleinen Grünanlage umgeben. Im Gebäude des Neoklassizismus ist der Hauptsitz der Akademie eingerichtet. Zum Boulevard Dacia zeigt die Bibliothek der Rumänischen Akademie. Sie beherbergt eine der umfangreichsten Bibliotheken des Landes mit seltenen Manuskripten, Büchern, Miniaturen, Kupfer- und Holzstichen. Der älteste Trakt (1936–1938) stammt von Duiliu Marcu Nicolae Sburcu. Lange schon war eine Erweiterung nötig. So entstand in den Jahren von 1992 bis 2000 ein Anbau unter der Leitung von Romeo Belea, der direkt zum Boulevard Dacia zeigt. Die Akademie wurde 1867 zunächst als literarische Gesellschaft ins Leben gerufen. Sie erhielt 1879 aufgrund ihres Beitrags für den Fortschritt auf dem Gebiet der rumänischen Sprache, Geschichte und der Künste den Status einer Akademie.

Wir laufen an der **Kirche Sf. Nicolae Tabacu** vorbei, die auch Popa Cuzma genannt wird. Im Gegensatz zur weiter nördlich stehenden Sf. Vasile Victoria weist sie keinen Torturm auf. Ihre Anfänge reichen ins 17. Jahrhundert zurück, Popa Cozma und Dima Tabacu sorgten für ihre Erneuerung im 18. Jahrhundert, danach folgten weitere Renovierungen.

Etwas weiter steht das **Casino Victoria** (Nr. 174). Ein Anbau zeigt zum Boulevard Dacia. Zwischen den Kriegen befand sich im vorderen Teil die Deutsche Botschaft. Danach war hier das Tănase-Theater untergebracht. Seit der Wende wurde das Gebäude als Casino genutzt, seit dem Jahr 2000 ist hier ein Wettbüro eingerichtet. Das Gebäude soll von der Bundesregierung gekauft worden sein und steht vor der Renovierung.

Gegenüber liegt die **Casa Lenș-Vernescu** (Nr. 133). In ihr kann man inmitten prächtiger Innenmalereien von G. D. Mirea dinieren oder das Casino aufsuchen. Auch wenn die Kontrolle streng ist – man wird fotografiert und muß alle Taschen abgeben –, lohnt sich ein Blick in das Obergeschoß.

Während der zweiten Herrschaft des Fürsten Constatin Racovița im Jahr 1763 kam der Franzose Jean-Baptiste Linche als Sekretär aus Marseille nach Bukarest. Er heiratete hier eine Rumänin und hatte mit ihr den Sohn Filip Lenș. Dieser gab das Gebäude 1821 in Auftrag und offerierte es seiner Frau Lisaveta Balotescu-Cărpinișeanu als Hochzeitsgeschenk. Nach einem großen Brand im Viertel wurde es 1822 erneuert. Filip Lenș starb während des Krimkrieges im Jahr 1853. Zu dieser Zeit diente das Gebäude unterschiedlichen Funktionen, unter anderem als Kriegsministerium und als Hauptquartier der Russischen Armee. Im Jahr

1882 brannte es erneut, und die Nachfolger von Filip Lenș verkauften es an Guță Vernescu, Politiker und Jurist, der Mitglied der Liberalen Partei war. Zwischen 1887 und 1889 beauftragte Vernescu Ion Mincu, das Gebäude als seine Villa wieder herzustellen. Hier fanden Bälle und Soireen statt. Mincu sparte nicht an Gold und Leuchtern, G. D. Mirea vollendete die Dekoration mit seinen Malereien. In seinen späten Jahren verarmte Vernescu und verkaufte das Haus dem Staat. Während des Zweiten Weltkriegs wurde das Gebäude von der Roten Armee requiriert. 1945 übernahm die Groza-Regierung das Gebäude, und im Jahr 1990 wurde es zum Hauptsitz der Rumänischen Schriftstellervereinigung. 1993 wurde das Gebäude als eines der ersten nach der Wende renoviert, modernisiert und zu einem Restaurant umgebaut. Auch gegenüber steht ein schönes historisches Gebäude, und in der Str. Nicolae Iorga befindet sich in einem ebenso schönen Palast das Rumänisch-Chinesische Kulturinstitut.

Das **Casa Manu** (Nr. 192) gehört zu einer Reihe großer, längs des Podul Mogoșaia erbauten Bojarenhäuser. Es gehörte von 1843 bis 1868 zunächst dem Ersten Kanzler Alecu Florescu und ging dann in den Besitz des späteren Generals Gheorghe Manu über. Die zur Calea Victoriei liegende Fassade besitzt einen Zentralkörper, der durch ein reich ornamentiertes Gesims betont ist. Darüber befindet sich ein Aufbau, der auf Säulen ruht, zwischen denen sich Arkaden öffnen. Der Haupteingang ist durch Säulen und Gebälk betont.

Die benachbarte **Casa Cleopatra Trubetzkoi** (Nr. 194) trägt ihren Namen nach Cleopatra Trubetzkoi, der Tochter des Fürsten Ghika, bei der Franz Liszt den Winter 1846/47 als Gast verbrachte. Er war begeistert von der rumänischen Volksmusik. Unter diesem Eindruck komponierte er die ›Rumänische Rhapsodie‹. Das neoklassizistische Gebäude französischen Stils wurde für den Mundschenk Manolache Faca errichtet und gelangte 1840 in den Besitz der Prinzessin Trubetzkoi. Nach deren Tod wurde es im Jahre 1876 versteigert. Das zweistöckige Gebäude trägt heute ihren Namen und steht auf der Ecke zur Str. Gheorghe Manu.

Hier bietet sich ein Abstecher die **Str. General Gheorghe Manu** an, wo ebenfalls sehenswerte Häuser stehen: Das Haus Nr. 9 entwarf Grigore Cerkez mit Anklängen an die Gotik; heute sind hier Büros untergebracht. Die Nr. 12 war das Wohnhaus von Elena Oțulescu. Das Haus mit acht Wohnheinheiten geht auf den Architekten Horia Creangă zurück. Man erkennt es am Sockelbereich, der mit schwarzem Marmor verkleidet ist. In der Nr. 5, im geschmackvollen Neubau, sitzt Aeroflot. Etwas entfernter (Nr. 91–93) befindet sich das Wohn- und Geschäftshaus Aro II von Creangă, das er in den 1930er Jahren in Zusammenarbeit mit Haramlamb Georgescu entworfen hat. In ihm werden die konstruktiv notwendigen Elemente gleichzeitig zur Dekoration eingesetzt, was dem Gebäude eine gewisse Monumentalität verleiht.

Fast am Ende der Calea Victoriei, auf der Ecke Str. Gheorghe Manu, steht die **Casa Disescu** (Nr. 196), das zur Zeit das Institut der Kunstgeschichte beherbergt. Es gehörte Constantin Disescu (1854–1932), Rechtsprofessor, Justizminister und Verfasser des ersten rumänischen Lehrbuchs über das Verfassungsrecht. Das Haus besticht durch das Gleichmaß seiner Proportionen. Ein wenig erinnert es auch an die traditionellen Kulen. An

Das frühere Casino Victoria

seiner der Calea Victoriei zugewandten Seite besitzt das Gebäude eine Terrasse. Das gesamte Gebäude ist im neurumänischen Stil von Cerkez und Clavel 1912 entworfen worden. Signifikant für diesen Stil sind für dieses Gebäude, der Grundriß und die Form einer traditionellen Kula und die Dekoration im Brâncoveanu-Stil. Daneben steht die orthodoxe Kirche Sf. Vasile-Victoria, deren Äußeres auf einen Umbau von 1847 zurückgeht. Im Eingangsturm befindet sich eine von Hand gezogene Glocke. Hier werden regelmäßig Gottesdienste abgehalten, die besonders stimmungsvoll sind und die man daher nicht versäumen sollte.

Einer der schönsten Paläste an der Calea Victoriei ist der **Cantacuzino-Palast** (Nr. 141), den I. D. Berindei 1898 für den Bojaren Grigore Cantacuzino errichtete, einen der zu dieser Zeit reichsten Männer Rumäniens. Das Gebäude ist ein schönes Beispiel für den rumänischen Eklektizismus: Neobarockes ver-

eint sich mit Elementen des Jugendstil wie die vom muschelförmigen Glasdach überdeckte Treppe. Zu beiden Seiten des Eingangs stehen antikisierende Marmorlöwen. Neben dem Sitz des Komponistenverbandes beherbergt das Gebäude seit 1956 das **George-Enescu-Museum**, in dem das Leben und Wirken des Musikers illustriert wird.

Enescu heiratete im Jahre 1937 Maria Cantacuzino. Ihr erster Mann, Mișu Cantacuzino, war bei einem Autounfall ums Leben gekommen. Maria hatte das Anwesen nach dem Tod Enescus dem Staat unter der Bedingung vermacht, ein Enescu-Museum einzurichten. Im Obergeschoß residierte viele Jahre der rumänische Komponistenverband.

In der Str. Orlando 8 steht das **Casa Orlando** von Petre Antonescu aus dem Jahr 1912. Heute gehört es der griechischen Botschaft. Die Vorderseite ist mit wunderschönen Steinarbeiten geschmückt. In ebenso sehenswerten Bauten sind in

George Enescu

*»Zwischen meinem Leben und
meiner Kunst gab es niemals Grenzen:
leben, atmen, denken – ich habe
das Gefühl oder die Illusion, dies
immer in Musik getan zu haben.«*

Mit George Enescu (1881–1955) meldete
sich Rumänien in der klassischen Musik des
20. Jahrhundert zu Wort. Enescu stammte
aus dem Nordosten Rumäniens, wo seine

George Enescu in den 1950er Jahren

musikalische Begabung frühzeitig erkannt und gefördert wurde. Bereits mit vier Jahren
spielte er Geige, kurz darauf begann er zu komponieren, und ab 1888 studierte das
Wunderkind in Wien. 1889 absolvierte er seinen ersten öffentlichen Auftritt und setzte
das Publikum mit seinen Interpretationen von Brahms und Mendelssohn in Erstaunen.

In Paris, wo er von 1895 bis 1899 lebte, hatte Enescu Gelegenheit, Maurice Ravel,
Jules Massenet und Gabriel Fauré zu Lehrern und Freunden zu gewinnen. Ihm gelang
die für Ausländer schwierige Aufnahme an das Pariser Konservatorium, und hier wurde
er für sein Geigenspiel mit dem Grandprix du Conservatoire national ausgezeichnet. Er
begründete mit der Interpretation von Beethovens Violinkonzert in Paris seinen Ruf als
herausragender Geiger und eroberte die Konzertsäle Europas. In Paris wurden auch
seine Kompositionen uraufgeführt.

Nach seiner Rückkehr nach Rumänien förderte und entdeckte Enescu junge Talente
wie den rumänischen Komponisten Marcel Mihailovici (1898 – 1985); er stiftete 1914
den Enescu-Preis und förderte sein Patenkind Dinu Lipatti. Seine Tourneen führten ihn
in die ganze Welt und mehrfach in die USA. Enescu starb 1955 in Paris, er wurde auf
dem berühmten Friedhof Pére Lachaise begraben.

Er war ein herausragender Geiger seiner Zeit, Lehrer von Yehudi Menuhin und ein
bahnbrechender Komponist und Dirigent. Kennzeichnend für seine frühen Kompositionen ist einerseits der erkennbare Einfluß der europäischen Kunstmusik und andererseits
die Verbundenheit mit rumänischen Musiktraditionen. Dies wird besonders in seinen
wohl bekanntesten Werken deutlich, den beiden Rumänischen Rhapsodien.

Enescu wurde schon zu dieser Zeit in Rumänien sehr verehrt, daher wurde sein Geburtshaus zur Gedenkstätte erklärt, das Enescu-Festival ins Leben gerufen und das
George-Enescu-Museum in Bukarest gegründet sowie eine Gedenkstätte in Sinaia, seinem zeitweiligen Wohnort, eingerichtet.

George Enescu schenkte Rumänien seine erste Oper ›Ödipus‹, deren Uraufführung
1936 in Paris erfolgte. Im Jahr 1958 wurde sie in Bukarest gespielt. Für Königin Elisabeth, unter dem Künstlernamen Carmen Sylva bekannt, vertonte er sogar 14 ihrer Lieder.

Der sehr bescheidene Künstler war ein Gegner von Werbung und Schallplattenauf-
nahmen, weshalb es wenig Geigenaufnahmen aus seiner Glanzzeit gibt. Lange blieb er
im Westen unbeachtet, erst in den vergangenen Jahren sind mehrere Bücher auf den
Markt gekommen, die sich mit seinem künstlerischen Schaffen beschäftigen.

der Nähe die Botschaften des Iran, Nigerias und Indonesiens eingerichtet.

Sehenswert ist schließlich auch die dreistöckige **Casa Filipescu** (Nr. 151) an der Ecke zur Str. Sevastopol. Das Haus beherbergt eine Münzsammlung und Skulpturen, wird zur Zeit renoviert und ist daher nicht zugänglich.

Von hier sind es nur noch wenige Meter bis zum Freiheitsplatz. Auch auf diesem Teilstück der Calea Victoriei standen früher prächtige Paläste; sie fielen jedoch der Neugestaltung des Freiheitsplatzes zum Opfer.

Die Piața Victoriei

Der Freiheitsplatz (Piața Victoriei) ist vor allem der zentrale Verkehrsknotenpunkt im Norden des Zentrums. Von diesem Platz führen wichtige Straßen stadtauswärts, unterirdisch fährt die Metro, oberirdisch kreuzen sich verschiedene Buslinien.

Einst stand an diesem Platz das prunkvolle Sturdza-Palais aus dem Jahr 1901, ein Konglomerat an Stilen. Grigore Ionescu beschrieb den Palast als das seltsamste Gebäude Bukarests. Das Palais fiel 1937 der Umgestaltung des Platzes zum Opfer, an seiner Stelle steht heute das **Außenministerium**, früher auch Palatul Victoria genannt.

Der Architekt Duiliu Marcu, mit der städtebaulichen Ausarbeitung des Platzes beauftragt, konzipierte es als Hauptgebäude einer geplanten Nord-Süd-Achse entlang des Bd. Aviatorilor. Er sah eine Öffnung des Platzes nach Norden zu den großen Parklandschaften vor. Es wurde jedoch nur das Außenministerium, einst Sitz des Ministerrates, realisiert. Weitere Gebäude umstanden zwischenzeitlich den Platz; sie wurden im Zuge der Platzerweiterung in der kommunistischen Zeit abgetragen.

Stehen geblieben ist nur der **Marcu-Bau**, der an dem großen Platz etwas verloren wirkt. Daß er für diplomatische Empfänge konzipiert worden ist, läßt sich noch erkennen. Über eine monumentale Treppenanlage gelangt man in den ersten Stock. Hier entfaltet sich eine schloßartige Raumfolge von Empfangssälen.

Die vereinfachte Fassade erinnert an den Neoklassizismus und vermittelt aufgrund der Marmorverkleidung den Eindruck von Monumentalität. Das Gebäude wurde 1944, kurz nach seiner Fertigstellung, zerbombt und 1952, wiederum unter der Leitung von Marcu, wieder aufgebaut.

Der Boulevard Lascăr Catargiu

Der Boulevard Lascăr Catargiu beginnt an der Piața Romană und führt von dort nordwärts. Er ist von Villen gesäumt, die sich wohlhabende Bukarester zu Beginn des 20. Jahrhunderts errichten ließen (s. Karte S. 112).

Den Anfang machen die **Häuser der Brüder Petrascu** des Architekten Spiri-

Im beeindruckenden Cantacuzino-Palast ist das Enescu-Museum untergebracht

Stadtspaziergänge

don Ceganeanu. Er war Teil des Kreises um den Architekten Ion Mincu, der den sogenannten Nationalstil entwickelte. Ein typisches Merkmal dieses Stils, die Verzierung mit Keramik, wurde hier eingesetzt.

In der Nähe befinden sich das Haus des Admirals Urseanu (Nr. 21), in dem das **Observatorium** eingerichtet ist, und das Gebäude des **Aeroclubul Român** (Nr. 54) von Duiliu Marcu aus dem Jahr 1916. Gegenüber entstand in den Jahren 2001/02 ein **Neubau** von Vladimir Arcesen.

Östlich des Boulevards gibt es ein ganzes Villenviertel. Hier kann man einen schönen Spaziergang machen und dabei vieles entdecken. Die **Kirche Sfântul Visarion Nou** wurde von Ernest Doneaud im gotisch-byzantinischen Stil entworfen. Der heilige Visarion Sarai wird in Rumänien sehr verehrt, weil er sich in Siebenbürgen in der Zeit der gegenreformatorischen Bemühungen der Habsburger für den orthodoxen Glauben einsetzte. Trotz Androhung von Strafe beharrte er auf seinem Glauben, wurde verurteilt und auf die Festung Kufstein gebracht, wo er starb. Im Oktober 1955 sprach ihn die Synode der rumänisch-orthodoxen Kirche als Märtyrer des rechten Glaubens heilig. In Bukarest kann man ihn mehrfach dargestellt sehen: bärtig im Mönchsgewand und mit Kreuz im Patriarchenpalast, im Kloster Antim und in der ihm geweihten Kirche. Im Inneren wurde der im Zweiten Weltkrieg gefallene Flugkapitän Sandu Stîrcea bestattet. In der Str. Viișoarei Nr. 8 steht das **Atelier des Malers Kimon Loghi**, das Arghir Culina 1923 entworfen hat. Die Werke des Jugendstilmalers Kimon Loghi (1873–1952) sind auf dem internationalen Kunstmarkt sehr gefragt. In diesem Viertel haben sich kleine familiäre

Hotels und Restaurants etabliert. Sehr gemütlich ist ein Aufenthalt in den historischen Räumen des ›Cremcaffé‹.

In der Str. Vasile Alecsandri seht ein stilvolles Fachwerkhaus, heute das **Museum Frederic und Cecilia Cuțescu-Storck**. Alexandru Clavel entwarf das Haus mit zwei Ateliers 1912. Der alte Karl Storck, Goldschmied aus Hanau, hat sich an vielen Fassaden Bukarests verewigt. Einem Ruf von Josef Resch folgend, ließ er sich im 19. Jahrhundert in Bukarest nieder. Er begann als Stukkateur und Goldschmied und wurde nach einer Ausbildung in München Bildhauer. Seinen Büsten und Reliefs rumänischer Persönlichkeiten begegnet man auf Schritt und Tritt in der Stadt, darunter sind die Darstellungen von Theodor Aman, Alexandru Cuza, Mihail Kogălniceanu, Rosetti, General Magheru, Miachael dem Tapferen und das Denkmal des Schwertträgers Mihail Cantacuzino. Er war an den Giganten im Carolpark sowie am Gipsabguß der Domnița Bălașa beteiligt, ferner schuf er ein Holzmodell der Kirche von Curtea de Argeș für die Weltausstellung. 1884 erhielt er endlich die rumänische Staatsbürgerschaft.

Der berühmteste seiner künstlerisch tätigen Kinder war sein Sohn Frederic (1872–1942), der sich mit den Figuren am Justizpalast und den Evangelisten der Ghirogieff-Kapelle auf dem Bellu-Friedhof verewigt hat.

Als herausragender Porträtist schuf Frederic Storck für das Nationaltheater Goethe und Schiller, für die Oper Beethoven. In zweiter Ehe war er mit der Künstlerin Cecilia Cuțescu-Storck verheiratet, deren Name das Museum trägt. Der Bruder Frederics war Karl der Jüngere. Er war an einigen Werken des Vaters beteiligt und zeichnete sich vor allem durch Kleinplastiken aus.

Von der Piața Romană zur Piața 21 Decembrie

Die Piața Romană (Römischer Platz) wurde zusammen mit dem Boulevard Lascăr Catargiu an der Wende vom 19. zum 20. Jahrhundert angelegt. Nach Norden entstand ein vornehmes Wohngebiet, das sich nach dem Ersten Weltkrieg weiter ausdehnte. Die doppelreihige Lindenallee am Boulevard mußte in den 70er Jahren leider der Stadtplanung Ceaușescus weichen, der nicht zuletzt Platz für seine Fahrzeugkolonnen forderte.

Der Platz ist ein wichtiger Knotenpunkt, von dem der Verkehr direkt ins Zentrum geleitet wird. Auch der öffentliche Verkehr hat hier eine wichtige Station: die zentrale Bushaltestelle wird von vielen Buslinien passiert, unterirdisch verläuft die Metro.

Zwei bemerkenswerte Denkmäler schmücken den Römischen Platz: Eine Kopie der **römischen Wölfin** (Lupoaica) und das **Revolutionskreuz** (Crucea Revoluției). Diese Erinnerung an die Opfer von 1989 geht ein wenig im Verkehr unter. Die römische Wölfin säugt Romulus und Remus, auf dem Steinsokkel ist die römische Formel SPQR (Senatus Populusque Romanus, Der Senat und das römische Volk) zu lesen. Die Rückseite zeigt ein Wappen mit einem römischen Soldat. Die Lupa Capitolina war ein Geschenk der Stadt Rom anläßlich der rumänischen Ausstellung auf dem Freiheitsfeld im Jahr 1906 als Zeichen der Latinität. Sie fand nach vielen Umzügen hier ihre endgültige Aufstellung und gab dem Platz nach der Wende seinen Namen. Im Kommunismus war er nach dem berühmten rumänischen Nationaldichter Mihai Eminescu benannt.

Vom Römischen Platz geht der Bd. Dacia ab. Nur wenige Schritte sind es an ihm entlang zum kubistisch anmutenden Gebäude **Blocul Agir** (1935 – 1937) von Richard Bordenache. Das Büro-, Verwaltungs- und Konferenzgebäude zeigt in der Fassade eine klare Trennung zwischen öffentlichem Bereich und privaten Wohnungen.

Der Bd. Gheorghe Magheru entstand zeitgleich mit dem Römischen Platz im Rahmen der Neustrukturierung der Stadt. Die ihn flankierenden Bauten stammen zum großen Teil aus der Zeit nach dem Ersten Weltkrieg. Neue Themen und Bauformen bestimmten damals die Architektur: Es entstanden Fabriken, Kinos, Verwaltungsgebäude für Versicherungen, Hotels und Wohnraum. Wer die funktionale Moderne liebt, wird an diesem lauten Boulevard viel Interessantes finden.

Erstes Glied in einer Serie von Bauten ist der **Blocul Leonida** (Nr. 28 – 30) von Ion Giurgea von 1937. Gegenüber steht ein

Die römische Wölfin

Stadtspaziergänge

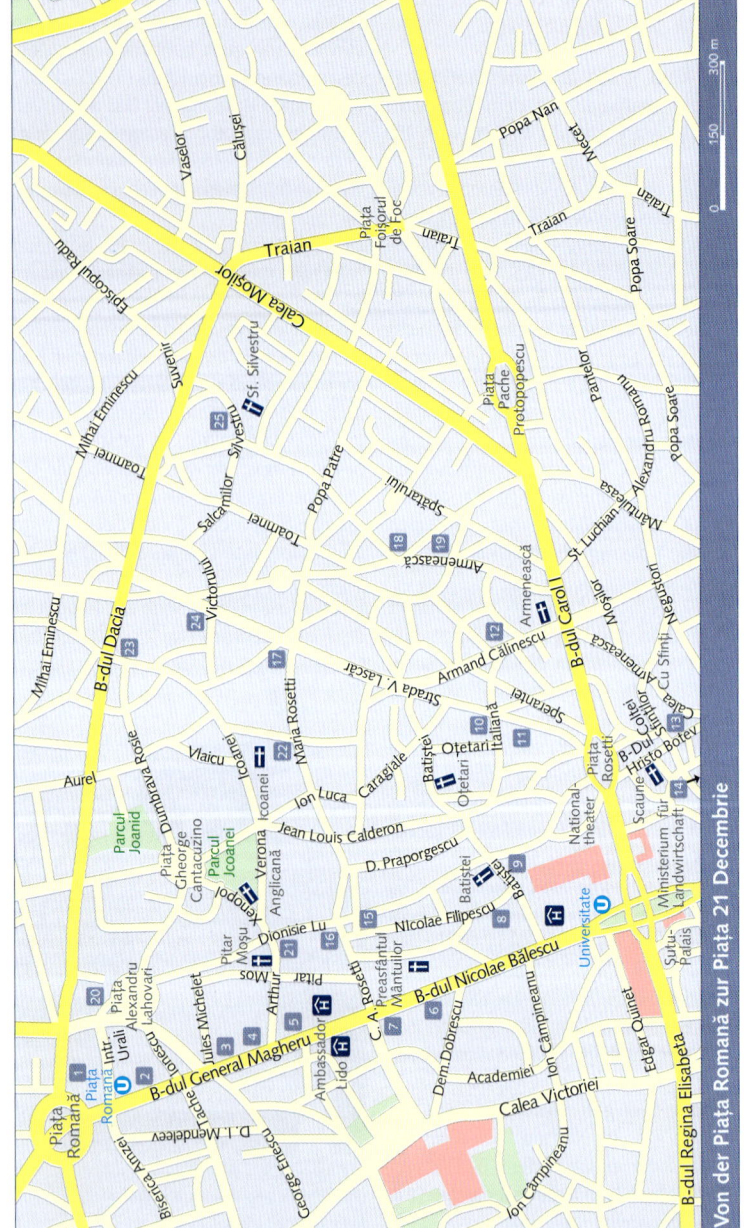

Wohnhaus von Paul Smărăndescu und Emil Prager, ebenfalls aus dem Jahr 1937.

Das Haus Nr. 22 entstand von 1935 bis 1937 als **Casa de Credit și de Asigurare a Magistraților** nach Entwürfen von Duiliu Marcu. Ursprünglich sollte ein Zwillingsgebäude gegenüber folgen, das aber nicht zur Ausführung kam. Balkonbrüstungen betonen die Horizontale, die Nordfassade wird durch Betonrippen vertikal gegliedert. Zeitgleich entwarf Marcu an der Ecke zur Str. Jules Michelet die **Casa Magistraților** (Nr. 14) als Hotel- und Apartmenthaus.

Das **ARO-Gebäude** (Nr. 12–14), heute Blocul Patria genannt, entstand im Jahr 1934. Mit seinen sieben Stockwerken und seinem Kinosaal ist es das Symbol der Bukarester Moderne schlechthin. Den ausgeschriebenen Wettbewerb für ein Verwaltungsgebäude für eine Versicherungsgesellschaft, in das verschiedene Funktionen von der Verwaltung über Praxen, Geschäfte, Büros und Lagerräume integriert werden sollten, gewannen Creangă und sein Team. Sie wurden im Verlauf der Arbeiten von Haramlamb Georgescu und den Ingenieuren Cristea Mateescu und Ștefan Mavrodin unterstützt. Aus dem geplanten Konferenzsaal entstand ein Kino für 1200 Zuschauer, die 73 Wohnungen haben konventionellen Charakter.

Das **Hotel Ambassador** (Nr. 10) steht für den damals modernen Typ von Hotelbauten. Es entstand 1938/39 nach Plänen von Arghir Culina. Um der Höhe der zwölf Stockwerke entgegenzuwirken, mußten die oberen Geschosse gemäß den Bauvorschriften nach hinten gestaffelt werden. Zur Straße öffnet sich der Bau hufeisenförmig – ein Motiv, das in Bukarest häufiger anzutreffen ist. Über der Lobby befindet sich im ersten Stock ein Restaurant mit Terrasse.

Schräg gegenüber (Nr. 5–7) befindet sich das etwas ältere **Hotel Lido**, das im Jahr 1934 vom Architekten Ernest Doneaud gebaut wurde. In den Lido-Komplex wurde das Anghelescu-Haus des Architekten Ion N. Socolescu an der Str. Rosetti integriert.

Das Kino **Scala Cinema** mitsamt Bürogebäude (Nr. 2–4) ist eines der drei Kinos, die in den 30er Jahren an diesem Boulevard entstanden. Es wurde vom Architekt Rudolf Fraenkel entworfen, einem Schüler des bekannten Erich Mendelsohn. Ebenso wie beim Gebäude ge-

Stadtspaziergänge

Legende

1	Blocul Agir	12	Casa Manolache
2	Blocul Leonida	13	Culina-Villa
3	Casa de Credit și de Asigurare a Magistraților	14	Iancu-Villa
		15	Imobilul Cantacuzino
4	Casa Magistraților	16	Vasile-Museum
5	ARO-Gebäude	17	Apotheke
6	Scala Cinema	18	Frida-Cohen-Wohnhaus
7	Malaxa-Burileanu	19	Melik-Haus
8	ARCUB Palatul Societății Funcționarilor Publici	20	Club der Wissenschaftler
		21	Casa Gaetano Burelli
9	Schiller-Kulturhaus	22	Darvari-Kloster
10	Villa Matilda	23	Casa Lahovari
11	Sporthalle	24	Zentrale Mädchenschule
		25	Juster-Villa

genüber dominiert die geschwungene Gebäudeform, im Erdgeschoß befinden sich Läden. Das Gebäude wurde beim letzten Erdbeben sehr in Mitleidenschaft gezogen und mit neuen Elementen wieder aufgebaut. Die beiden anderen Lichtspielhäuser sind das Kino im Carlton-Gebäude von 1932 (Bd. Bălcescu Nr. 11) und das Kino im ARO-Gebäude.

Es folgt am Bd. Nicolae Bălcescu, wie die Straße in diesem Abschnitt heißt, das 1937 fertiggestellte Wohn- und Geschäftsgebäude **Malaxa-Burileanu** (Nr. 35) von Horia Creangă und H. Georgescu. Es symbolisiert den Wirtschaftsaufschwung Rumäniens. Das Erdgeschoß wird ebenfalls von Geschäften eingenommen, im ersten bis vierten Stock befinden sich je vier Wohnungen.

An diesem Abschnitt finden sich einige weitere Wohn- und Geschäftsbauten aus den 30er Jahren. Das Gebäude an der

Der 0-Kilometerstein vor dem Nationaltheater

Nummer 32–34 steht zwischen der Str. Rosetti und der Italienischen Kirche stammt von 1937 und geht auf Ion Boceanu zurück.

Die Italienische Kirche **Biserica Preasfântul Mântuitor** entstand im Jahr 1915 nach Plänen von Mario Stoppa und Giuseppe Furaboschi. Die Kirche erinnert ein wenig an toskanische Renaissancekirchen. Es handelt sich um eine Kreuzkuppelanlage mit Vorbau und Glockenturm. Die Innenausstattung geht auf Mario C. Grandi und Mario Stoppa zurück und wurde in den Jahren von 1970 bis 1980 von zeigenössischen Künstlern ergänzt. Die Umgebung der Kirche wurde so stark verändert, daß die urspüngliche Anlage nicht mehr erkennbar ist. Die Kirche ist heute völlig eingebaut, einst stand sie frei. Es werden Gottesdienste in Polnisch, Spanisch und Italienisch abgehalten.

Zwischen Kirche und Piața 21 Decembrie finden sich weitere Bauten aus den 30er Jahren, so die Nr. 22 von Herman Clejan von 1934 und die 32–34 von Ion Boceanu von 1937. Das Haus Nr. 7–9 war das Wohnhaus des Architekten Jean Monda.

Die Piața 21 Decembrie 1989

Die Piața 21 Decembrie 1989 (Platz des 21 Dezember 1989) ist die größte Kreuzung in der Innenstadt, von der der Verkehr in alle vier Himmelsrichtungen abgeleitet wird. Zusammen mit dem anschließenden Universitätsplatz ist sie das pulsierende Zentrum der Metropole. Hier trifft alles zusammen: die Metro, die Busse, die Geschäfte, die Studenten, die Pendler, die Touristen. Überall sieht man Zweigstellen der Fornetti-Kette, die süßes und pikant gefülltes warmes Gebäck als Zwischenmahlzeit anbieten. In der Unterführung befinden sich viele

Bücherläden, auch antiquarische, und das Wiener Café ›Julius Meinl Caffee Grimms‹.

Die Platzanlage geht auf das 19. Jahrhundert zurück und lehnt sich an die Pariser Vorbilder an. Hohe und niedrige, unauffällige Bauten säumen den Platz. Sein Name soll an den Aufstand vom 21. Dezember 1989 erinnern, der das Ceaușescu-Regime beendete. Ein kleiner Platz am Rande ist mit einem Kreuz aus alten Steinen geschmückt, zum Gedenken an die Opfer der Revolution. An der Brunnenanlage wird ferner mit Ikonen, Kreuzen und Kerzen der Opfer von 1995 gedacht. Eine Demonstration von Studenten wurde damals von Bergwerksarbeitern niedergeschlagen, die das Regime herbeigeholt hatte. Dabei gab es wiederum Tote.

An der südöstlichen Ecke befindet sich das **Ministerium für Landwirtschaft**, neben dem Justizpalast der zweite große Entwurf von Louis Pierre Blanc in Bukarest. Besonders die gestufte Dachlandschaft des Baus erinnert an die französische Renaissance. Vom Justizpalast unterscheidet sich das Gebäude durch das Baumaterial, die unverputzten Ziegel.

Im Șuțu-Palais

■ Șuțu-Palais

Zierlichstes Gebäude am Platz ist das Șuțu-Palais an der südwestlichen Ecke; es stammt wie das Ministerium aus dem 19. Jahrhundert. Im Șuțu-Palais ist heute das **historische Museum der Stadt Bukarest** eingerichtet. Der Hofmarschall Costache Șuțu (1799–1835) bekleidete hohe Ämter in der Justiz und kandidierte 1842 erfolglos für den Fürstenthron der Walachei. In seinem Auftrag schuf der Wiener Architekt Conrad Schwinck in Zusammenarbeit mit Johann Veit in den Jahren von 1833 bis 1835 ein typisches Bojarenhaus, dessen Ecken durch vier Türme markiert sind. Unter seinem Sohn Grigore wurden die Fassaden im neogotischen Stil umgestaltet. Der Eingang erhielt ein schmiedeeisernes Vordach, was typisch für die Bauten Bukarests in der Wende vom 19. zum 20. Jahrhundert wurde.

Das Innere hat der deutsche Bildhauer Karl Storck 1863 gestaltet, darunter einen Spiegelsaal mit Spiegeln aus Wien. Der Sohn und Erbe Grigore und seine Frau Irina, eine gebürtige Hagi-Mosco, deren Bildnisse in einem der kleinen Salons zu sehen sind, pflegten hier große gesellschaftliche Feste zu geben. Berühmt wurden ihre musikalisch untermalten Bälle. Das Orchester leitete der Wiener Ludwig Wiest (1819–1889), der auch eigene Kompositionen für die Familie kreierte. An einem solchen Fest soll auch Leo Tolstoi als junger Offizier während des Krimkrieges als Gast teilgenommen haben.

Stadtspaziergänge

Die Idee, ein historisches Museum einzurichten, geht auf Nicolae Iorga zurück, Historiker und Politiker der Zwischenkriegsjahre. Eine Sammlung wurde zunächst im Moruzzihaus an der Calea Victoriei eingeweiht. Nach vielen Zwischenstationen wurde diese ab 1959 im Șuțu-Palast ausgestellt: archäologische Funde, darunter die ›Göttin von Vidra‹, ein neolithisches Gefäß, das einen mit Ritzverzierung bedeckten Frauenkörper darstellt, ferner Dokumente, darunter ein Faksimile des von Vlad Țepeș erlassenen Edikts zur Stadtgründung von Bukarest. Die Sammlung, darunter historische Kostüme, Fotos und Möbel, ist chronologisch geordnet, der Schwerpunkt liegt auf dem 19. Jahrhundert. Sonderausstellungen werden ebenfalls gezeigt.

Hinter dem Palais lagen einst große öffentliche und private Gärten und dahinter die Treibhäuser der Stadt. Die Treibhäuser wurden in den botanischen Garten verbracht, die freigewordenen Flächen längst verbaut.

■ Hotel Intercontinental und Nationaltheater

Das markante Hochhaus des Hotel ›Intercontinental‹ und das dahinter liegende Nationaltheater an der Nordostseite des Platzes stammen – unverkennbar – beide aus den 1970er Jahren.

Das **Nationaltheater** geht auf die Entwürfe der Architekten Horia Maicu, Romeo Belea und Nicolae Cucu zurück und wurde von 1964 bis 1973 in etwas anderer Form als heute zu sehen realisiert. Der Bau ersetzte das am 24. und 25. August 1944 durch Bombenangriffe der Deutschen zerstörte Theater auf der Calea Victoriei. Um das Theater den Bauten des Ceaușescu-Stils, der vor allem in dem neu geplanten Civic Center

zum Tragen kam, anzupassen, wurden die Fassaden von 1984 bis 1992 von Cezar Lăzărescu so verändert, daß ihr individuelles Gepräge verloren ging.

Das Gebäude dient mehreren Funktionen: es gibt Schau- und Ausstellungsräume, einen Jazz-Club und andere Jugendtreffpunkte. Einmal im Jahr findet hier die Internationale Buchmesse statt. Im Theater finden Aufführungen internationaler Klassiker, aber auch moderner Stücke statt. An das Nationaltheater schließen sich das Operetten- und ein kleines Theater an.

Das **Hotel Intercontinental** ist ein Werk der Architektengemeinschaft Dinu Hariton, Gh. Nădrag, I. Moscu und R. Belea aus den Jahren 1968 bis 1970. Es ist mit seinen zwanzig Stockwerken, die in eine Höhe von etwa hundert Meter ragen, das höchste Gebäude der Stadt. Seine konvexen Fassaden beschreiben im Grundriß ein ›Y‹. Das Hotel wurde unlängst renoviert und gehört zur Oberklasse. Vor allem sein Restaurant gilt als eines der führenden Hotel-Restaurants in Bukarest.

Hinter dem Nationaltheater

Hinter dem Nationaltheater beginnt ein schönes Villenviertel, in das einige sehenswerte Neubauten integriert wurden.

Ein interessantes Beispiel für den Art Deco ist das **ARCUB Palatul Societății Funcționarilor Publici** (Str. Batiștei 14), ein von Radu Culcer und Ion D. Roșu entworfener Bau, der in den Jahren 1932 bis 1934 errichtet wurde.

Seit 1957 existiert das **Schiller-Kulturhaus** hinter dem Nationaltheater (Str. Batiștei 15). Die Kultureinrichtung widmet sich unter anderem Schauspiel, Tanz und Musikaufführungen. In den 60er Jahren war sie zeitweilig geschlossen.

Gleich neben der streng bewachten Botschaft der USA steht die wunderschöne **Biserica Batiștei**, eine der beiden Sakralbauten hinter dem Nationaltheater. Sie ist eine der ältesten Kirchen Bukarests und wird gerne übersehen, obwohl sie sich mitten im Zentrum der Stadt befindet. Die Biserica Batiștei entstand als Holzkirche in der Zeit des Matei Basarab (1632–1656), und sogar ihr Architekt, Mircea Despoin, ist bekannt. Früher floß hier der kleine Fluß Bucureștioara, der seinen Weg weiter durch die Metzgervorstadt und nach Scaune nahm. Dieser Bereich versteppte im Laufe der Zeit und erhielt den Namen Batiște (vom Verb abate = wenden).

Die Kirche brannte zweimal ab – 1726 und 1763 – und wurde schließlich aus Stein wieder aufgebaut. Die Kirche ist von zwei Kuppeltürmen erhöht, ein bemalter, umlaufender Medaillonfries schmückt die Außenwand. Die Kirche besitzt sehr schöne Malereien eines unbekannten Meisters. Im Pridvor sind Szenen aus dem Leben der Muttergottes zu sehen, und in der kleinen Kuppelschale ist ein jugendlicher Christus dargestellt. Die Ikonostase aus Ziegel fiel im Jahr 1837 dem Erdbeben zum Opfer und wurde durch eine hölzerne ersetzt.

Die **Biserica Oțetari** ist eine weitere sehenswerte Kirche in diesem Viertel. Sie ist als Steinbau um 1701 entstanden und wurde danach mehrfach renoviert. 39 Mosaikmedaillons schmücken die Außenwände, die damit eine Besonderheit in Bukarest darstellen. Wände und Ikonostase gehen auf Tattarescu zurück.

Ganz in der Nähe der Kirche sieht man die **Villa Matilda** (Str. Oțetari 2/Italiană) von Alexandru Clavel aus dem Jahr 1897, in der heute das Comitetul Olimpic Român (Olympisches Komitee Rumäni-

Eine der ältesten Kirchen in Bukarest: die Biserica Batiște

Stadtspaziergänge

ens) untergebracht ist. Im Inneren gibt es Malereien von Ștefan Luchian.

Weitere Sehenswürdigkeiten in dem Viertel sind die **Sporthalle** Spiru Haret in der Str. Italiană 31 von 1934, die auf Roger H. Bolomey zurückgeht, und die sehenswerte **Casa Manolache** (Str. Popa Rusu 21). Diesen Bau erkennt man an der überdachten Veranda mit Arkaden auf Holzpfosten. Er wurde für einen Karrenmeister namens Manolache gebaut.

Rund um die Piața Rosetti

Der längliche Rosetti-Platz wurde in den Jahren zwischen 1915 und 1935 angelegt. Die ihn umgebenden Bauten wurden, so sie Schäden davongetragen hatten, nach dem Erdbeben in den 70er Jahren wieder aufgebaut. Südlich der Piața Rosetti gelangt man wieder ins Alte Bukarest.

Den Platz ziert der sitzende Literat und Politiker Constantin Alexandru Rosetti (1816–1885). Das **Denkmal** schuf W. C. Hegel Anfang des 20. Jahrhunderts, es wurde mit öffentlichen Spenden finanziert.

Rosetti hat in der Revolution von 1848 eine herausragende Rolle gespielt. Er wurde in Bukarest geboren und lernte in Paris den Literaten und Politiker Alphonse de Lamartine und dessen republikanische Ideen kennen. Er heiratete Mary Grant, die Schwester des Englischen Konsuls in Bukarest, der wiederum mit Zoia, der Tochter von Dinicu Golescu, verheiratet war. Der Podul Grant im Grivitei-Viertel trägt seinen Namen.

Rosetti, der Revolutionär von 1848, gab die Pruncul Român heraus, die erste muntenische Zeitung. Mit seinen Mitstreitern Nicolae Bălcescu, Alexandru Golescu und Ion C. Brătianu führte er, wenn auch nur kurz, die provisorische Regierung Rumäniens. Doch die Revolution wurde niedergeschlagen. Rosetti entkam der Verhaftung nur aufgrund der Intervenierung seiner Frau. Sie gingen ins Exil nach Frankreich und kehrten 1861 nach Rumänien zurück. Rosetti blieb politisch aktiv, wurde Deputierter und Minister für Öffentliche Aufgaben.

Vom Rosettiplatz zweigt der Bd. Hristov Botev ab. An seinem Anfang steht eine **Villa** im Art Nouveau-Stil von Arghir Culina aus den Jahren 1925 bis 1928 und, schon fast im Alten Handelsviertel (Nr. 34), eine **Villa** von Marcel Iancu aus den 1930er Jahren. Es ist ein ganz schlichtes, schmuckloses Gebäude, eher kubistisch zu nennen und damit revolutionär für seine Zeit. Im Inneren ist das Haus jedoch weiträumig, licht und großzügig konzipiert. Weitere Villen von Iancu sind in der Str. Paleologu 5 im Mântuleasa-Viertel und in der Str. Pictor Iscovescu 32 in Alt-Obor zu sehen. In Alt-Obor sind auch die Villa Hermina Hassner von 1937 und die Villa Emil Pătrașcu erhal-

Das Denkmal für Constantin Alexandru Rosetti

ten, eines seiner letzten Projekte. Sein Auftraggeber, die Bankiersfamilie Hassner, stand den Experimenten und die neuen Bauideen Marcel Iancus sehr aufgeschlossen gegenüber. Einbauten und Glasfenster sind mit kubistischen Motiven gestaltet. Die Terrasse ist dank perforierter Wand uneinsichtig.

Drei Sakralbauten liegen ganz in der Nähe des Platzes. In der Strada Sfinților steht die **Biserica cu Sfinți** (Kirche der Heiligen), die man auch die Kirche mit den Sibyllen nennt, weil der obere Teil der Fassade gemalte Darstellungen der antiken Sibyllen trägt. Der Pfarrer Fiera veranlaßte die Kirche und weihte sie 1696 der Metropolie. Nach Schäden wurde sie unter Nicolae Mavrocordat wieder instandgesetzt. Man hat es ihm auf der Inschrift einer Votivtafel gedankt. Die Erdbebenschäden des 19. Jahrhunderts erforderten Instandsetzungsmaßnahmen, die sich bis ins 20. Jahrhundert verfolgen lassen. Zwischen 1912 und 1931 wurden diese Arbeiten unter der Leitung von Grigore Cerkez ausgeführt. Die Kirche weist den klassischen Grundriß und die Unterteilung der Fassade in zwei Register auf. Beide Register sind mit spitzbogigen Mehrpassblendarkaden verziert. Im oberen Register befinden sich die Malereien.

Der zweite Sakralbau, **Biserica Scaune** oder auch Biserica Măcelarilor genannt, die Kirche der Metzger, versteckt sich gleich hinter dem Rosetti Platz. Trotz Erneuerung ist dies eine der wenigen ganz traditionellen Kirchen Bukarests mit nur einem Kuppelturm, offenem Pridvor und horizontaler Zweiteilung der Mauern durch ein umlaufendes Reliefband in einer Schlichtheit, wie es auch die Răzvan-Kirche aufweist. Der erste Steinbau geht auf das Jahr 1705 zurück.

Die Armenische Kirche

Nach 1910 blieb die Kirche geschlossen und verfiel; sie wurde 1939 komplett aufgebaut und erst 1944 wieder geweiht.

Die **Biserica Armenească** (Armenische Kirche) ist 1911 auf einem Vorgängerbau nach dem Vorbild der Patriarchenkirche von Etschmiadsin in der Republik Armenien gebaut worden. Bereits seit dem 17. Jahrhundert befand sich an dieser Stelle eine Kirche. Der Entwurf stammt von Dimitrie Maimaroulu. Der Kirche ist ein Museum angeschlossen. In der Grünanlage steht das Denkmal für General Andranic (1865–1927), der armenische Friedhof befindet sich am östlichen Stadtrand an der Chaussee Pantelimon. Die Armenier wanderten bereits im frühen Mittelalter über die Grenzen ihres Landes hinaus. Sie siedelten sich dabei in ganz Europa und Kleinasien als Händler und Handwerker an. Ihre Einwanderung in die Walachei ist nach 1475 belegt. Ein großer Assimilierungsdruck im Galizien des 17. Jahrhunderts führte zu einem weiteren Zuzug. In Bukarest ist eine erste armenische Kirche für die Zeit um 1620 nachweisbar. Die Armenier spielten wie die Juden eine zentrale Rolle im Handel und nahmen im 19. Jahrhundert rege am kulturellen und politischen Leben des entstehenden rumänischen Staates Teil. Stalin förderte die Rückkehr vieler Emigranten in die Armenische Sowjetrepublik, außerdem schwächte die Auswanderung nach Westeuropa und in den mittleren Osten die Gemeinden. Seit den 50er Jahren ist ihre Anzahl in Rumänien rückläufig. Heute sind sie vor allem in Bukarest ansässig.

Der Eingang zum Vasile-Museum

Die Str. Rosetti

Die Str. Rosetti trägt in ihrem westlichen Teil den Namen des Literaten und Politikers Constantin Alexandru Rosetti und ist im östlichen Teil nach Maria Tescanu Rosetti (1878–1969) benannt. In diesem Viertel wechseln kleine Häuser mit Restaurants, Schlaglöchern, Verbotsschildern, verstellten Bürgersteigen, Kopfsteinpflaster und interessanten Eindrükken. Immer wieder überraschen die schönen Villen.

Alfred Margul Sperber, der Staatspreisträger für Literatur, wohnte eine Zeitlang im Haus Nr. 31, einem kubistischen Bau der 1930er Jahre, das siebenstöckige **Imobilul Cantacuzino** (Nr. 34) zeigt ebenso die Handschrift der 30er Jahre. Der Sammler und Künstler Grigore Vasile hat seine Wohnung (Nr. 29) in der Str. Rosetti samt Sammlung vor drei Jahren der Stadt als **Museum** vermacht. Das Gebäude ist von Julian Namescu. Eine Besichtigung bietet die Möglichkeit, hinter die Kulissen dieser Straßenzeile zu schauen. Die Wohnung ist schön geschnitten, hell und geräumig. Die Sammlung ist auf zwei Stockwerke verteilt und beinhaltet unter anderem schö-

ne Einrichtungsgegenstände, darunter Teppiche und kostbare Möbel, Ostasiatika, aber auch Werke von Cornil Baba (1906–1997), Büsten, Zeichnungen, Graphiken.

Das schöne Gebäude auf der Ecke zur Str. Vasile Lascăr (Imobil cu farmacie) stammt von Statie Ciortan aus dem Jahr 1926. Es besitzt eine sehr detailreiche Fassade. Die **Apotheke** ist im Erdgeschoß und weist noch Originale der ehemaligen Innenausstattung auf.

Das **Frida-Cohen-Wohnhaus** von Marcel Iancu stammt aus dem Jahr 1935. Man erkennt es an seinen turmartigen Vorsprüngen und Balkonen.

■ Melik-Haus

Vom **Frida-Cohen-Wohnhaus** ist es nicht weit zum **Melik-Haus**, dem ältesten Profangebäude Bukarests. Das Gebäude aus der Mitte des 18. Jahrhunderts ist ein eindrucksvolles Beispiel der traditionellen rumänischen Wohnarchitektur. Typisch für die walachischen Wohnbauten waren eine hölzerne Veranda, die geschlossen oder offen sein konnte, und ein tief heruntergezogenes Dach. Während seiner wechselvollen Geschichte gelangte das Haus zunächst in den Besitz des armenischen Kaufmanns Kevork Nazaretoglu, der es 1822 erstmals renovieren ließ. Sein Sohn und Erbe war Agop Nazaretoglu. Dessen einziges Kind, die Tochter Ana, heiratetete in die Familie Melik, die dem Haus den Namen gab. Agop und Jacob Melik unterstützten die Revolution von 1848 und gingen nach deren Scheitern nach Paris. Bei ihrer Rückkehr fanden sie das Haus verwahrlost vor und veranlaßten 1857 dessen Renovierung. Nach dem Tod von Jacob Melik wurde es zu einem Heim für arme Witwen. 1913 zerstörte ein Brand das Gebäude, bei dem tragischerweise auch die Bewohner ums Leben kamen. Der Erbe Eugen Melik ließ es durch Paul Smărăndescu wiederherstellen und überließ es der armenischen Kirche. Im Jahr 1973 wurde das Haus von Eugen Chefneux zum letzten Mal renoviert.

Die Statue für Theodor Pallady

Im Jahr 1969 wurde es der Stadt Bukarest gestiftet und beherbergt seit 1971 die Sammlung Serafina und Gheorghe Răut. Gheorghe Răut entstammte einer moldauischen Bojarenfamilie. In Paris, als Direktor der Maramureș Bank, begegnete er Theodor Pallady und freundete sich mit ihm an. Er kaufte dessen Pariser Werke und sammelte auch andere Objekte. Die Sammlung vermachte er 1960 dem Staat.

Auf zwei Etagen werden in wechselnden Ausstellungen Kunstgewerbe, Möbel und Gemälde aus drei Jahrhunderten ausgestellt. Darunter sind Werke von Pallady aus seiner Pariser Zeit, Aquarelle und Zeichnungen. Sein Thema war hier vor allem die Frau, in der Technik bevorzugte er die Ölmalerei. In der Sammlung sieht man ferner Bilder der französischen Maler Camille Corot und Lubin Baugin sowie Vertreter anderer europäischer Länder. Jeden Samstag können die Kinder im Museum das Malen lernen. Im Garten steht die Statue von Pallady von Gheorghe Anghel.

Theodor Pallady lebte von 1871 bis 1956 und stammte aus Iași. Er studierte in Dresden Technik und gleichzeitig mit Erwin Oehme Kunst. Oehme erkannte seine Begabung und riet ihm, nach Paris zu gehen. Hier studierte er unter anderem an der Académie des Beaux Arts und bei Gustave Moreau, wo er Henri Matisse, Georges Rouault und Albert Marquet kennenlernte. 1900 stellte er erstmals in Paris, dann nach seiner Rückkehr nach Bukarest im Athenaeum aus. Seine Verbindung nach Paris führte zu weiteren Ausstellungen. Seine Themen war die Landschaft, häufig aus der Pariser Umgebung, aber auch das Stilleben und Interieurs. In seinen Bildern herrscht oft eine expressive Linienführung vor, die Farben sind pastos und aquarellartig aufgetragen. Auffällig ist seine Vorliebe für das Selbstbildnis, die als Zeugnis der selbstkritischen Analyse eines von der bürgerlichen Gesellschaft abgestoßenen Künstlers gewertet werden kann. Sein bekenntnishaftes Tagebuch ergänzt diese Haltung. Drei Mal stellte er auf der venezianischen Biennale aus. Das Bukarester Museum seines Namens besitzt lediglich sechs Werke von Pallady.

Zwischen Boulevard Dacia, Boulevard Carol I., Calea Moșilor und General Magheru

Dieses Viertel wird durch die Lage zwischen drei großen Boulevards bestimmt und noch dem Zentrum zugeordnet (s. Karte S. 125). Es ist so groß, daß man es in mehreren Spaziergängen erkunden oder sich einfach treiben lassen kann. Entlang dem Boulevard Dacia stehen einige wunderschöne Villen, in denen Botschaften, Verbände und andere Organisationen untergebracht sind. Zwei Theater sind in diesem Viertel ansässig: das Tădăică und das C. Nottara.

Die Piața Lahovari trägt den Namen des Politikers Alexandru Lahovari, ein Bruder von Jacques und Jean, die alle drei unter Carol I. Ministerposten innehatten und deshalb ›die drei großen Lahovaris‹ genannt wurden. Alexandru Lahovari war zweitweilig Außenminister.

Der Platz wird unter anderem von der Casa Oamenilor de știință flankiert. Der Sitz des **Clubs der Wissenschaftler** wird auch Casa Assan genannt und entstand im Jahr 1914. Unverkennbar verrät der Bau die Handschrift von I. D. Berindei, denn das Haus ist eine verkleinerte Variante des Cantacuzino-Palastes. Schon der Eingangsbereich mit dem schmiedeeiserne Vordach deutet das an.

Zwei kleine Parkanlagen sind unmittelbar benachbart. Der **Parcul Ioanid** ist

Die Silvesterkirche mit den beiden auffälligen Kuppeltürmen

von gefälligen Wohnhäusern der Zwischenkriegszeit umgeben. Hier ging man einst in der Freizeit flanieren. Jenseits der Piața Cantacuzino liegt der ein Hektar große **Parcul Icoanei**. Er wurde an der Stelle angelegt, an der früher das Flüßchen Bucureștioara entsprang.

Unter den vielen Villen ist die **Casa Gaetano Burelli** in der Str. Arthur Verona 19 besonders bemerkenswert. Sie wurde von Ion Mincu für sich und seine Familie gebaut. Heute hat in ihr der Architekturverband seinen Sitz.

Nicht alle Kirchen können hier Erwähnung finden, wir beschränken uns auf die besonders wichtigen. Die **Biserica Pitar Moșu** aus Holz stifteten Popa Ivașcu, dessen Namen sie ebenfalls trägt (Biserica Ivașcu), und Moș Sârbu. Der Vodă Alexandru Moruzzi ließ sie in Stein erneuern. Danach folgten mehrere Renovierungen. Auf diese ist die auffällig geschlossene Vorhalle zurückzuführen. Die Malereien sind von Fritz Eltner.

Die **Biserica Anglicană** (Anglikanische Kirche) in der Str. A. D. Xenopol 3 ist ein beeindruckender Ziegelbau von Victor Gheorghe Ștephanescu aus den Jahren 1913/14 und erinnert an die burgähnliche englische Architektur des 19. Jahrhunderts.

Die **Biserica Icoanei** dagegen ist ganz traditionell rumänisch. Sie ist nach einer sehr verehrten Muttergottesikone benannt, die Constantin Brâncoveanu gestiftet hat. Die Kirche entstand in ihren heutigen hohen Formen nach dem Erdbeben im Jahr 1850 anstelle zweier Vorgänger: einer Holzkirche aus dem 17. und einem Ziegelbau aus dem 18. Jahrhundert. Wie viele Kirchen in Bukarest bewahrt sie schön gestaltete Gräber. General Ioan Odobescu (1793–1857) fand im Hof der Kirche seine letzte Ruhe.

Von der Icoaneikirche sieht man schon den nächsten Kirchturm. Das **Schitul Davari** (Schit bedeutet Kloster) ist eine Stiftung des Mihalache Davari von 1834. Das Kirchlein ist Helena und Konstantin geweiht und besitzt alte Ikonen. Im Vorhof sitzen oft ältere Menschen und hören von außen dem Gottesdienst zu.

Die Piața Spaniei (Spanischer Platz) ist einer der vielen Plätze, die in diesem Viertel in den 1930er Jahren angelegt wurden. Der Platz ist ausschließlich von Bauten der Moderne umstellt. Die Nr. 15 war das Wohnhaus des Armeniers Davidoglu nach einem Entwurf von Horia Creangă.

In der Str. Ion Movilă erstreckt sich das große Cantacuzino-Krankenhaus. In seiner Nähe befinden sich zwei schöne Gebäude des rumänischen Nationalstils. Die **Casa Lahovari** (Str. Ion Movilă 5) wurde von Ion Mincu im Jahr 1886 im Auftrag von General Iacob Lahovari (1846–1907) erbaut. Es handelt sich um einen ersten Versuch von Ion Mincu, dem Stileklektizismus dieser Zeit einen nationalen Stil entgegenzusetzen. Deutlich sind hier katalanische Einflüsse. Das Gebäude gehört heute zum Krankenhaus und steht im Innenhof. Die **zentrale Mädchenschule** (Colegiul Școala Centrāla, Str. Icoanei 1–3) aus dem Jahr 1890 stammt ebenfalls von Mincu. Die Fassade ist mit typischen Keramikverzierungen der damaligen Zeit geschmückt. Es lohnt der Blick in den Innenhof.

Eine heimelige Platzanlage ist rund um die **Silvesterkirche** (Sfântul Silvestru) bewahrt worden. Die Kirche wurde von 1900 bis 1904 von P. Petricu neu gebaut. Sie weist einen schönen Torturm auf, ihr Markenzeichen sind die beiden spiralförmig gedrehten Kuppeltürme. Ein Besuch der Kirche lohnt sich wegen ihrer zwei wertvollen Öfen im Kirchenschiff. Ebenso sehenswert ist die **Juster-Villa** in der Str. Silvestru 75. Marcel Iancu hat sie 1931 für den Bankier Jean Juster entworfen. Erstmals wurde eine Garage in das Gebäude integriert. Die Straßenfassade ist eine gelungene Kombination aus runden und rechteckigen Baugliedern. Die Abdeckung der Dachterrasse nahm beim Erdbeben im Jahr 1977 Schaden und wurde abgerissen.

Unweit vom Bd. Magheru kann man das neueste Kulturzentrum – ›Ceinăria Cărturești‹ – aus dem Jahr 2003 besuchen und ein wenig ausruhen (Str. Artur Verona 13). Der Bau stammmt von Șerban Sturdza. In ihn sind Buchhandlung und Teestube integriert, er wird auch für Ausstellungen genutzt.

Die Piața Universității

Die Piața Universității (Universitätsplatz) gleicht weniger einem Platz als vielmehr einer verbreiterten Straße. Die ovale Anlage wurde im Jahr 1857 konzipiert, wird von interessanten Gebäuden aus dem ersten Drittel des 20. Jahrhunderts gesäumt und weist einige bemerkenswerte Denkmäler auf (s. Karte S. 95).

Das älteste Gebäude ist der Eckbau der **Rumänischen Handelsbank** (Banca Comerciala Romană) von Otto Maugsch aus dem Jahr 1906, auch BCR-Palast genannt. Es entstand als Sitz der Allgemeinen Versicherung.

Als Gegenstück dazu schuf der Architekt G. M. Cantacuzino 30 Jahre später das benachbarte Bürogebäude **Palatul Creditul Industrial** mit neoklassizistischen Elementen. Cantacuzino griff die Rundung des BCR-Palastes auf und schuf so eine unvergleichliche Synthese.

Der langgestreckte Bau gegenüber ist das Hauptgebäude der **Universität**. Es wurde zwischen 1857 und 1869 von Alexandru Orăscu entworfen und zwischen 1914 und 1934, nach Plänen von N. Ghika-Budești, um mehrere Flügel erweitert – die Bauarbeiten wurden immer dann fortgesetzt, wenn Raumbedarf für eine neue Fakultät bestand.

In alten Zeiten befand sich genau an der Stelle, wo sich heute die Standbilder erheben, das bedeutende Kloster des Heiligen Sava mitsamt Kirche, dem eine Art Höhere Schule angeschlossen war, die fürstliche Academia domnească Sfântul Sava. Diese Oberschule wurde 1694 gegründet und von griechischen Lehrern geleitet. Anfang des 18. Jahrhunderts wurden genaue Statuten festgelegt, die den Unterricht regelten. Drei Schulmeister unterrichteten in Logik, Metaphysik, Psychologie, Physik, Astronomie, Rhetorik, Grammatik und Orthographie. Aus dieser alten Lehranstalt ist im 19. Jahrhundert die Universität hervorgegangen. Die Kirche mußte dem Universitätsgebäude weichen.

Schon drei Jahre früher war die Akademische Gesellschaft gegründet worden. Zu Beginn wurden Jurisprudenz, Naturwissenschaften, Literatur und Philosophie gelehrt. Bald darauf wurde die Medizinische Fakultät eröffnet. Besonders um die Wende vom 19. zum 20. Jahrhundert nahm die Wissenschaft einen großen Aufschwung. Bedeutende Forscher in vielen Gebieten sind aus Rumäniens Lehrstühlen hervorgegangen und haben dort gewirkt: in der Medizin Victor Babeș und der Neurologe Gheorghe Marinescu, der Mathematiker Gheorge Țițeica, die Geologen Ludovic Mrazek und Gheorghe Murgoci, der Botaniker Dimitrie Brândză. Die Flugtechnik hat einen bedeutenden Vertreter in Aurel Vlaicu, die führenden Historiker waren B. P. Hașdeu, A. D. Xenopol, Ioan Bogdan, Dimitrie Onciul, Grigore Toci-

Die Universitätskirche

lescu, Nicolae Iorga, Vasile Pârvan und Constantin Giurescu. Noch vor dem Zweiten Weltkrieg entstanden die Fakultäten Pharmazie und Tiermedizin sowie eine Schule für Brücken- und Straßenbau. Heute ist die Universität Bukarest ist mit ihren 19 Fakultäten die größte des Landes und eines der wichtigsten Wissenschaftszentren Rumäniens.

Neben der Universität stehen weitere Hochschulen zur Verfügung: das Polytechnikum, die TU für das Bauwesen, die Medizinische und Pharmazeutische Universität Carol Davila, die Wirtschaftsakademie, die Rumänisch-Amerikanische Universität, die Musik- und Kunstakademie, die Sportschulen.

Der Universitätsplatz ist bereits seit seinen Anfängen mit einer Reihe von Standbildern geschmückt. Symbolträchtig ist die **Reiterstatue Michael des Tapferen** (Mihail Viteazul, 1593 – 1601) von

Carriere Belleuse. Sie wurde im Jahr 1874 mit zwei von den Türken eroberten Kanonen im Beisein von König Carol I. enthüllt. Die bronzene Reiterfigur steht in ihrer Dynamik im Kontrast zu den klassizistischen Formen des Marmorsockels. Der Sockel trägt die bronzenen Wappen der drei Fürstentümer Moldau, Walachei und Siebenbürgen – als das Denkmal aufgestellt wurde, gehörte Siebenbürgen allerdings nicht zu Rumänien. Die von Lorbeerkränzen eingerahmten Felder verewigen die Schlachten und die dem Fürsten ergebenen Heerführer und Staatsmänner.

Die **Standbilder** zeigen große Geister Rumäniens, die sich auf vielen Gebieten der Wissenschaft und des Gesellschaftslebens hervorgetan haben. Ihnen waren das Interesse und die Verdienste um Erziehung und Bildung gemeinsam. Das Standbild für Heliade Rădulescu (1802–1872), Schriftsteller, Linguist und Politiker sowie Begründer der literarischen Gesellschaft Societatea literară, wurde aus weißem Carrara-Marmor vom italienischen Bildhauer Ettore Ferrari 1879 geschaffen. Gheorghe Lazăr (1779 – 1823) war Theologe, Pädagoge und Schriftsteller, Leiter der Heiligen-Sava-Schule und führte Rumänisch als Unterrichtssprache ein. Sein Marmorstandbild steht seit 1885 hier und geht auf Ion Georgescu zurück. Spiru Haret (1851 – 1912), Pädagoge, Reformator, Mathematiker und Mitglied der Rumänischen Akademie, kam mit seinem Standbild von Ion Jalea im Jahr 1935 als letzter hinzu.

Der Platz wird außerdem von der **Russischen Kirche** und dem **Garten des Șuțu-Palastes** gesäumt. Die Russische Kirche (Sfântul Nicolae Rusă, Strada Ion Ghika 3) heißt auch Nikolauskirche, nach ihrem Patron, dem heiligen Nikolaus,

Michael der Tapfere am Universitätsplatz

Gegenüber dem Eingang der Russischen Kirche gibt es viele neue Cafés. Sie liegen nur wenige Schritte von der Piața 21 Decembrie 1989 entfernt, dabei aber ruhig. Eine Einkehr bietet sich hier also an.

Der Boulevard Regina Elisabeta und der Cișmigiu-Garten

Der Boulevard Regina Elisabeta wurde bis 1871 angelegt und war Motor für die Erweiterung der Stadt nach Westen. Seine heutige Bebauung erinnert nicht mehr an das alte Bukarest, mehrstöckige Häuser haben die kleinen einstöckigen Wohnhäuser mit Gärten abgelöst. Öffentliche Bauten, beispielsweise vom Architekten Iosif Schiferer, wechseln mit repräsentativen Fassaden. Es ist der einzige Boulevard, auf dem ein Fahrradweg angelegt wurde. Ein breiter Bürgersteig macht das Flanieren angenehm. Es gibt Internet-Cafés, kleine Diskotheken, vor allem in den Souterrains, einige Geschäfte sowie Cafés mit viel jugendlichem Publikum. Gesäumt ist der Boulevard von riesigen alten Bäumen. Er nimmt seinen Ausgang am Platz des 21. Dezember, mit dem Gebäude der Universität. Schnurgerade führt er zunächst nach Westen, wohin der Verkehr vom Zentrum abgeleitet wird. Schmuckstück am Boulevard ist der Cișmigiu-Garten, der größte innerstädtische Park in Bukarest (s. Karte S. 95).

Direkt gegenüber vom Haupteingang zum Cișmigiu-Garten steht das **Rathaus** (Primăria Municipiului București). Es wurde zwischen 1906 und 1910 nach Plänen von Petre Antonescu im neurumänischen Stil erbaut. Viele Motive erinnern an den Brâncoveanu-Stil: die kräftigen Blendbögen über den Fenstern und dem Mauerwerk, die Details der Ornamentik, die kräftigen, kurzen Säu-

Nationalheiliger der Russen. Der hohe Bau mit den vielen Zwiebelkuppeln ist so ›klassisch‹ russisch und ein Unikat in Bukarest, daß man die Kirche kaum mit einer anderen verwechseln kann. Der Bau entstand nach Plänen des russischen Architekten Preobraženski von 1906 bis 1909 für die russische Botschaft in Bukarest; die Kirche selbst ist eine Spende von Zar Nikolaus II. Die Kirche hat seit ihrer ersten Weihe eine wechselvolle Geschichte hinter sich: Seit 1934 fungierte sie als Universitätskirche (Studenților), 1947 wurde sie der russischen Patriarchie zurückgegeben, ab 1957 gehörte sie zur rumänisch-orthodoxen Patriarchie als Paraklisis und seit 1992 wurde sie wieder zur Universitätskirche. Im Grundriß bildet der Bau aus Ziegel und Stein ein griechisches Kreuz, das Innere ist mit Ölfarben ausgemalt. Die Ikonostase hat ihr Vorbild in der Erzengel-Michael-Kathedrale des Moskauer Kreml.

len. Das Gebäude hat einen vorspringenden Mittelteil, hinter dem sich die großzügige Eingangshalle und ein repräsentativer Treppenaufgang befinden. Heute kommt man über einen Seiteneingang zum Bürgermeister. Das Gebäude wurde ursprünglich allein für das Ministerium für Öffentliche Arbeit geplant; seit seiner Fertigstellung ist neben ihm auch der Bürgermeister untergebracht.

Ein Stück weiter steht das **Justizministerium** von Constantin Iotzu aus den Jahren 1929 bis 1932. Es ist von ganz anderer Ausstrahlung als das Rathaus: viel höher und wuchtiger. Wie viele Gebäude dieser Zeit weist es ein Souterrain auf, dessen Fenster sich noch unter Straßenniveau befinden. Die Fassadengestaltung des Gebäudes ist unterschiedlich: Eine Seite ist in mehreren Stockwerken von Halbsäulen durchzogen, die andere Seite ist flach und eher funktional gestaltet.

Einige Seitenstraßen bieten ein Kontrastprogramm zum weltstädtischen Boulevard Regina Elisabeta, darunter die kleine Gasse Silfidelor: Kinder spielen Fußball, und auf dem kleinen Hügel, eine der niedrigen Erhöhungen in Bukarest, steht die **Eliaskirche** (Sf. Ilie Gorgani). Sie wurde im 19. Jahrhundert erneuert; an der Front erkennt man Elias im Feuerwagen.

An der Parkseite steht das **Liceul Gheorghe Lazăr**, eine der ersten öffentlichen Schulen von Bukarest. Der Dramatiker Eugen Ionescu unterrichtete hier. Den Bau schuf F. G. Montaureanu im Jahr 1890, heute ist in ihm das Erziehungsministerium untergebracht.

Fast an der Piaţa Mihai Kogălniceanu befindet sich das **Haus der Lehrervereinigung** (Casa Corpului Didactic) aus dem Jahr 1912, ebenfalls von Constantin Iotzu. Man kann also am Boulevard zwei Werke dieses Architekten gut ver-

Stadtspaziergänge

Das Universitätsgebäude ist in eine gepflegte Grünanlage gebettet

gleichen. Ganz offensichtlich war Iotzu bei seinem früheren Werk noch dem Bedürfnis nach repräsentativen Fassaden verpflichtet, wovon er sich im gewaltigen Justisministerium bereits gelöst hatte.

Ein **Standbild** des rumänischen Politikers Mihail Kogălniceanu (1817–1891) von Oscar Han zeigt den Mitstreiter von Ion Alexandru Cuza am gleichnamigen Platz, wo er seit 1936 den Kreisverkehr überwacht. Mihai Kogălniceanu war Ministerpräsident unter Cuza, begann die Agrarreform und diente auch den auf Cuza folgenden Regierungen. Von ihm ist folgender Ausspruch überliefert: »Die Ausländer haben immer behauptet, daß das Land den Status eines Vasallenstaates der Türkei habe. Wir haben das nie gesagt. Der Sultan war nie unser Lehnsherr. Unsere Bindungen an die Türken waren schwach, wenn wir stark waren, und stark, wenn wir schwach waren.«

Das **Universitätsgebäude** des Instituts für Rechtswissenschaften (Facultatea de Drept) von Petre Antonescu entstand in den 1930er Jahren. Es ist vom Boulevard rückversetzt und von einer Grünanlage umgeben. Um einen zentralen Kern entstand ein gleichmäßig und schlicht gestaltetes Gebäude, das durch flache Wandvorlagen gegliedert ist. Sein Mittelteil ist durch vier kantige Stützen unterbrochen, in denen Figuren berühmter Gesetzgeber stehen: Lykurg, Solon, Cicero, Papinian und Justinian. Die Darstellungen wurden von I. Jalea und C. Georgescu ausgeführt. Unter dem Gesims sind rechts und links Reliefplatten eingefügt, auf denen zwei wichtige historische Ereignisse dargestellt sind: Die Wahl Cuzas zum Fürst von Moldau und Walachei am 24. Januar 1859 und die Anerkennung des unabhängigen Rumä-

Die Staatsoper

nien auf dem Berliner Kongreß am 9. Mai 1877. In diesem Viertel sind weitere Fakultäten der Universität ansässig.

Die **Staatsoper** (Teatrul de Opera şi Balet) steht gegenüber der neuen Elefteriekirche inmitten einer schönen Grünanlage. Der Arkadenbau von 1953 geht auf den Entwurf von Octav Doicescu zurück. Doicescu hat sich in seinem Entwurf an italienische Vorbilder angelehnt: die Scala in Mailand und das Theater in Triest. Auch die Gestaltung im Inneren ist klassisch aufgebaut: Foyer, halbkreisförmiger Zuschauerraum mit Logen, Orchestergraben und Bühne. Die Dekoration ist in ihren Motiven eher am Brâncoveanu-Stil orientiert. Im Theater ist Platz für 1200 Zuschauer. Operngesellschaften sind in Bukarest zwar seit 1772 nachweisbar, aber ein erstes feststehendes Opernhaus wurde in Bukarest erst 1919 gegründet. Neben internationalen Opern und Balletten wurden die nationalen Komponisten wie George Enescu, Gheorghe Dumitrescu, Alfred Mendelssohn, Zeno Vancea, Mircea Kiriac, Corneliu Trăilescu und Laurenţiu Profeta gespielt. Die Oper ist derzeit leider nicht sehr gut besucht, obwohl sie nach wie vor ein herausragendes Ensemble hat.

Vor der Oper sitzt in lässiger Haltung mit nachdenklichem Gesichtausdruck, wie könnte es anders sein, George Enescu. Ein wenig erinnert seine Pose an Thomas Mann.

■ Der Cişmigiu-Garten

Mitten im Zentrum liegt der schöne Cişmigiu-Park, eine Oase der Ruhe inmitten des Großstadttreibens, ein Treffpunkt für Alte, Kinder und Liebespaare. Er ist 17 Hektar groß und der älteste Park Bukarests.

Im Jahr 1779 verlangte Alexander Ipsilanti, der damalige Fürst der Walachei, nach besserem Wasser für die Stadt. Deshalb befahl er, zwei Rinnen, Rohrleitungen oder ›cişmele‹ in Bukarest anzulegen. Eine befand sich in der Nähe des heutigen Gartens, und dahinter stand das Haus des Verwalters der Wasserleitungen, den man den ›Großen Cişmigiu‹ nannte. Dieser Spitzname gab dem Park den Namen. Der Park selbst wurde in der ersten Hälfte des 19. Jahrhunderts nach Plänen des deutschen Gartenbaumeisters Carl Friedrich Wilhelm Mayer angelegt; Mayer (1817–1852) stammte aus Schwerin und hatte sich in Wien einen Namen gemacht. Der Park konnte 1860 eingeweiht werden, viele Bäume waren eigens herangeschafft worden, teilweise aus Wien.

Die Grünanlage umschließt einen **See**, den einst eine feuchte, mit Schilf bestandene Niederung umgab, in dem die Wildenten ihre Nester pflegten. Das sumpfige Terrain legte man trocken, als Relikt davon blieb der Teich erhalten. 1910 wurde der Garten von F. Rebhuhn nach dem Pariser ›Jardin des Plantes‹ umgestaltet. Ganz in der Manier französischer Schloßgärten wurden nun die Pappeln und andere Bäume pyramiden- oder kegelförmig zurechtgestutzt, während die Blumen, vor allem Rosen, in geometrische Beete gepreßt wurden. Auch ein kleiner **Zoo** wurde eingerichtet.

Stadtspaziergänge

Im schönen Cişmigiu-Garten

Der Park ist heute voller **Denkmäler**. Darunter sind Erinnerungen an die Kriegshelden, Erinnerungstafeln für wichtige Ereignisse der rumänischen Geschichte, das Wappen der Familie Sturdza. Im Zentrum des Parks steht das sogenannte Franzosendenkmal, das der französischen Soldaten gedenkt, die während des Ersten Weltkriegs auf rumänischem Boden gefallen sind. Ein verwundeter Soldat wird von einer Helferin gestützt. Das Werk von Ion Jalea ist in Marmor gehauen und wurde 1920 enthüllt. Es zeigt eindrücklich die Verbundenheit der Rumänen mit Frankreich im 19. und 20. Jahrhundert.

Das ›Rondul Român‹ oder **Rotonda Scriitorilor** entstand als Pantheon der rumänischen Schriftsteller in den Jahren 1940–1943. Es ist mit zwölf Büsten rumänischer Dichter des 19. Jahrhunderts umstellt, die von zwölf verschiedenen Bildhauern geschaffen wurden und damit einen guten Überblick über das bildhauerische Schaffen in Bukarest geben. Unter den Dichtern sind Duiliu Zamfirescu (1858–1922) von Alexandru Calinescu, Alexandru Vlahuța (1858–1919) von Oscar Han, Alexandru Odobescu von Milița Pătrașcu, Ion Creangă (1837–1889) von Ion Jiga, und natürlich, Eminescu. Seine Büste geht auf Ion Jalea zurück.

Aber der Park besteht nicht nur aus Denkmälern. Hier findet man verschiedene **Restaurants** und **Freizeitmöglichkeiten**. So kann man hier rollschuhlaufen, Fahrrad fahren, auf einer der vielen Bänke lesen, joggen und auf dem Teich sogar Bootfahren.

■ Nördlich des Cișmigiu-Gartens

Auch nördlich des Parks stehen sehenswerte Sakral- und Profanbauten. Der **Krețulescu-Palast** (Str. Știrbei Vodă 39) wurde von Petre Antonescu an Beginn des 20. Jahrhunderts errichtet. In seiner Vergangenheit diente er verschiedenen Funktionen, unter anderem war hier von 1926 bis 1949 Museum für Religion untergebracht. Seit 1972 ist der Bau Sitz der UNESCO-Vertretung für Höhere Bildung in Rumänien.

Das neogotische Gebäude von Giulio Magni in der Str. Pictor C. Stahi 3–5 (1900–1902) ist ebenso sehenswert. Seit seiner Renovierung 1992 ist hier die **Apostolische Nuntiatur** (Nunțiatura Apostolică) eingerichtet.

In der Str. Ion Brezoianu 1 befand sich einst die Redaktion der ersten deutschsprachigen Zeitung Der Neue Weg. Heute ist hier MacDonald‹s. Die Zeitung wird seit 1949 herausgegeben, hat aber zwischenzeitlich sowohl Anschrift als auch Namen geändert. Heute sitzt die Redaktion im Pressehaus im Norden der Stadt und gibt die Allgemeine Deutsche Zeitung heraus. Die Internet-Seiten die-

Der Krețulescu-Palast

ser Zeitung bieten gute und aktuelle Informationen zum politischen Tagesgeschehen in Rumänien.

In der Str. Ion Brezoianu blieb außerdem die **Familienkapelle der Familie Brezoianu** aus dem 18. Jahrhundert erhalten. Sie wurde von Mihail Mărăcineanu restauriert. Sehenswert ist auch das Bürohaus von Constantin Ciurea von 1999, mit dem die Moderne in der Straße Einzug gehalten hat.

Alt-Obor

Bis zur tiefgreifenden Umgestaltung im 20. Jahrhundert war Alt-Obor ein malerisches Viertel. Drei große Verkehrsschneisen zerschneiden diesen Stadtteil heute, und wenig ist von der alten Atmosphäre zu spüren. Auch wenn Alt-Obor kein geschlossenes Viertel mehr ist, so lohnen doch einige sehenswerte Bauten einen Besuch.

Gegen Ende des 19. Jahrhunderts begann man mit dem Ausbau des Boulevard Ferdinand I; er nimmt an der Piața Pache Protopopescu seinen Anfang. Gleichzeitig entwarf A. Lardel im Jahr 1899 die **Griechische Kirche** (Sf. Elena bzw. Grecească). Sie ist einem griechischen Tempel, einem ionischen Pseudoperipteros mit sechs Interkolumnen, nachempfunden und trägt ein griechisches Kreuz auf dem Dach. Die Kirche ist an die griechische Botschaft angeschlossen, streng bewacht und nicht zugänglich. Davor steht die Büste des griechischen Unabhängigkeitskämpfers Rigas Velestinlis. Der Grieche, geboren in Belgrad, besuchte während seiner Reisen alle von den Türken besetzten Länder, darunter auch Rumänien, um sie für den Unabhängigkeitskampf zu gewinnen.

In den Gassen hinter der griechischen Kirche steht traurig, inmitten von Wohnhäusern verborgen, die **Olarikirche**, ein schöner Dreikonchentypus aus dem 18. Jahrhundert, den man in den 1980er Jahren im Rahmen der Stadtumgestaltung um einige hundert Meter versetzt hat. Die Kirche ist meistens verschlossen.

Ein paar Häuser weiter (Str. Olari 23) können Besucher dagegen die **Villa Paul Iluța** von Marcel Iancu besichtigen. Er schuf sie im Jahr 1931 für seinen Verwandten, den Apotheker Paul Iluța. Die Familie wanderte Anfang der 40er Jahre nach Palästina aus, woraufhin die Villa als Botschaft und anschließend als UNICEF-Büro genutzt wurde. Hinter der Villa befindet sich das vier Jahre jüngere Laborgebäude, heute ein Wohnhaus.

Lange stand das höchste Gebäude Bukarests am Boulevard Ferdinand. Der **Feuerwehrturm** (Foișorul de Foc) war als Brandwache mit großem Wasserreservoir von George Mandrea konzipiert worden und wurde im Jahr 1892 seinem Zweck übergeben. Die Reservoirs kamen jedoch nie zum Einsatz, weil die Pumpen nicht stark genug waren, um das Wasser hochzupumpen.

Die Feuerwehr war angesichts der vielen Brände in Bukarest eine große Errungenschaft. Die Häuser der Stadt waren fast alle aus Holz gebaut, die Dächer mit Stroh, Schilf oder Schindeln gedeckt, die Straßen verwinkelt, in den Hinterhöfen wurde gebacken, gebraten, gegrillt. Schnell war ein Feuer ausgebrochen, dem ganze Stadtviertel, wie zu Ostern 1847 das Leipziger Viertel, zum Opfer fielen. Vom sechsten Stock des Feuerwehrturmes und seiner Plattform beobachtete ein Feuerwehrmann die Stadt. Die Feuerwehr, die teilweise aus Wasserträgern und Freiwilligen bestand, wurde erst durch die Einrichtung der Militär-Feuerwehr im Jahr 1934 nachhaltig verbessert.

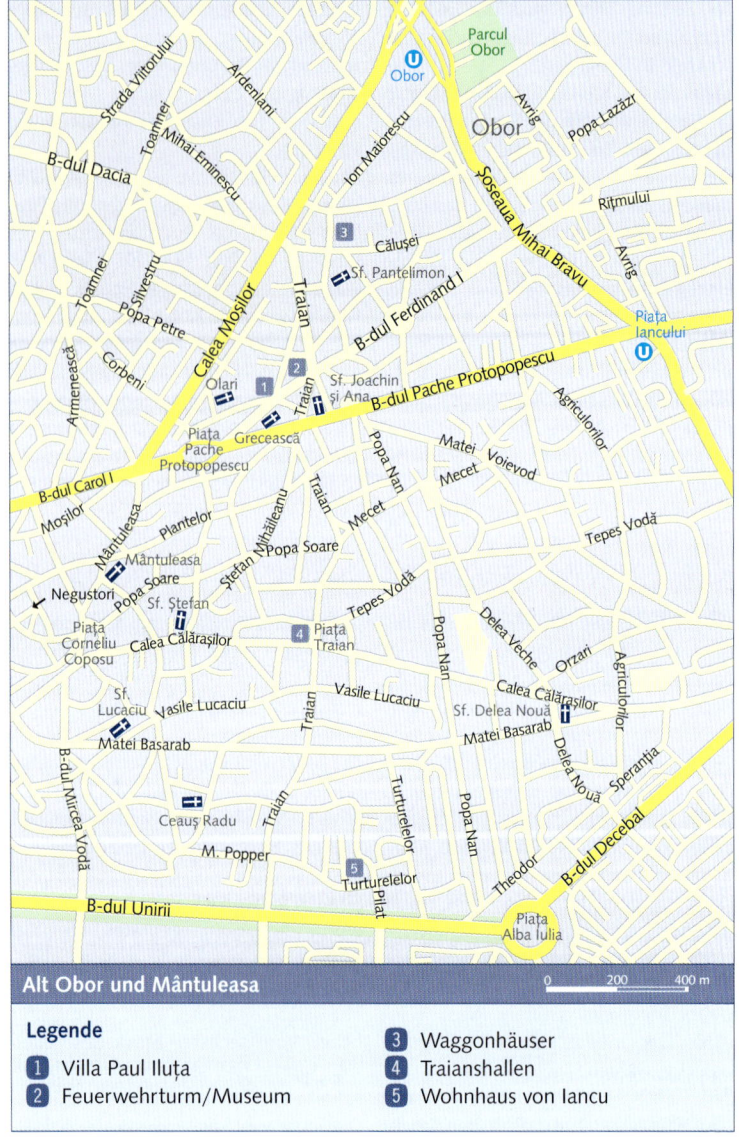

Alt Obor und Mântuleasa

0   200   400 m

Legende

1 Villa Paul Iluța
2 Feuerwehrturm/Museum
3 Waggonhäuser
4 Traianshallen
5 Wohnhaus von Iancu

In der damaligen Brandwache wurde ein **Feuerwehrmuseum** (Pompierilor) eingerichtet. Neben Dokumenten zu den Stadtbränden und der Geschichte der Feuerwehr sind auch Löschwerkzeuge und Pumpen ausgestellt. Den heldenhaften Feuerwehrleuten wurde so ein Denkmal gesetzt.

In unmittelbarer Nähe der alten Brandwache, am Ausgangspunkt der Str. Traian, erkennt man wieder einen Sakralbau, die **Biserica Sf. Ioachim şi Ana** (St. Joseph und Anna), die auch als Alte Oborkirche bekannt ist. Sie entstand vermutlich während der Zeit, als der Metropolit Grigore II. von 1760 bis 1787 die walachische Metropolie leitete. Kostbarstes Ausstattungsstück ist ein beschriftetes Steinkreuz, eine Stiftung des Groß-Serdar Mogoş (Mogoşescu). Leider ist die Kirche häufig verschlossen.

Die Kirche **Sf. Pantelimon**, nicht zu verwechseln mit der älteren und während des Kommunismus zerstörten Pantelimonskirche, ist ein Sakralbau des 19. Jahrhunderts, was man schon an den Blechdächern erkennt. Die beiden Kuppeltürme sind komplett durchfenstert, im Westen ist ein Vorbau mit Dreiecksgiebel angefügt. Die Kirche wurde im 20. Jahrhundert ausgemalt.

In diesem Viertel gibt es für Architekturfreunde interessante Wohnbauten, die sogenannten **Waggonhäuser** (vagoane), die tatsächlich an einen Eisenbahnwaggon erinnern und häufig zwei Fenster zur Straße aufweisen; eines davon in der Str. Căluşei ist jetzt das ›Restaurant in casă vagon‹. Weitere kleinere Wohnblöcke finden sich in der ›Intrarea Căluşei‹ (1936/37) und die ›Casa cu armură‹ in der Str. Episcopul Radu 29 von Alexandru Dimitru.

Mântuleasa

Der Schriftsteller Mircea Eliade beschreibt in seinen Werken das Mântuleasa-Viertel mit den Straßen Plantelor, Negustori, Mântuleasa, Ştefan, Popa Savu und Calea Calaraşilor als ein Viertel mit mittelalterlichen Flair, obwohl

Der Feuerwehrturm, heute ein Museum

seine Bauten erst in den Jahren zwischen 1860 und 1920 entstanden sind. Während eines Spaziergangs trifft man tatsächlich nicht nur auf unzählige Kirchen, Villen und die Traianshallen, sondern immer wieder auf pittoreske Straßenecken.

Über drei Kirchen stolpert man förmlich in diesem Viertel: Die **Mântuleasa-Kirche**, ein klassischer Dreikonchentypus mit offenem Pridvor, weit heruntergezogenen Dächern und einem Kuppelturm über dem Schiff vertritt das 18. Jahrhundert des Brâncoveanu-Stils. Ein Stifter namens Mânta soll sie im Jahr 1733 veranlaßt haben. Die Kirche wurde zwar immer wieder renoviert, bewahrte aber ihre ursprüngliche Form. Ihr Inneres ist mit Wandmalereien geschmückt, die sich an byzantinische Vorbilder anlehnen.

Etwas jünger ist die Biserica **Sf. Ştefan**, die unter der Herrschaft von Ştefan Vodă Racoviţa begonnen und unter Alexandru Ghika Vodă vollendet werden konnte. Die Kirche ist klein, bescheiden

In den Traianshallen

und malerisch. Erdbeben und Feuer haben ihr wiederholt geschadet, doch immer wieder baute man sie wieder auf.

Die älteste der drei Kirchen ist die **Biserica Negustori** aus dem Jahr 1665. Übersetzt bedeutet Negustori die Händler, weswegen sie auch dem heiligen Nikolaus geweiht ist, dem Patron der Händler und Seeleute. Einige Ikonen gehen auf die Zeit Michaels des Guten zurück. Die Wandmalereien stammen von Parvu Muţu-Zugravu und wurden von Tattarescu restauriert. Die Kirche wurde im 19. Jahrhundert rekonstruiert, man erkennt dies schon am untypischen Satteldach mit Dreiecksgiebel auf der Westseite und den beiden Kuppeln, wovon die eine auf einem eckigen und die andere auf einem runden Tambour ruht.

Die **Traianshallen** etwas weiter östlich wurden im Jahr 1896 von Giuglio Magni erbaut und vor wenigen Jahren grundlegend saniert. Allerdings vertreiben in ihr nicht mehr die Händler die Waren; man bedient sich an den Regalen des schö-

nen Supermarktes. Gegenüber den alten Traianshallen steht die dem eigentlichen Markt vorbehaltene Halle, wenngleich sie nicht ganz so schön ist wie die von Magni.

Zwischen Boulevard Călăraşilor und Bd. Unirii

Man vermutet es auf den ersten Blick nicht, aber hinter den alles dominierenden gleichförmigen Fassaden des Boulevard Unirii verbergen sich an manchen Stellen sogar romantische, gewundene Gassen und architektonische Sehenswürdigkeiten (s. Karte S. 146).

An einer der überdimensionierten Kreuzungen – flankiert von Hochhäusern, die zwar häßlich sind, aber gute Restaurants beherbergen – steht einsam umzäunt die **Kirche Sf. Delea Nouă**. Erstaunlich ist allein, daß man sie überhaupt stehengelassen hat. Sie wurde erstmals im Jahr 1798 gestiftet, danach zerstört und durch diesen mehrfach restaurierten Bau ersetzt.

Der Architekt Marcel Iancu ist in der Str. Dr. M. Popper 55 mit einem Wohnhaus von 1926 vertreten. Es gilt als das **erste moderne Wohnhaus Rumäniens** und entstand an der südlichen Spitze des väterlichen Grundstücks. Der Architekt bewohnte vor seiner Ausreise eines der Stockwerke und hatte im obersten Geschoß sein Maleratelier. Der ehemalige städtebauliche Zusammenhang als Abschluß einer darauf zulaufenden Straße existiert leider nicht mehr. Es hat auch Veränderungen durch die nachfolgenden Bewohner gegeben. Für damalige Gewohnheiten war das Aufsetzen eines Balkons auf einen dreieckigen Erker ungewöhnlich.

Die **Kirche Ceauş Radu** liegt in einem kleinen Park, der zwei Straßenzüge verbindet. In der Mitte des Parks steht die

Kirche mit zwei hochaufragenden Kuppeltürmen und einer geschlossenen Vorhalle. Über dem Eingang ruht das Auge Gottes über dem Eintretenden. Der Name der Kirche leitet sich vom Titel Ceauș (Aufseher bei Hof) und dem Namen des Titelträgers ab, vermutlich der Stifter. Weniger die künstlerische Ausstattung des Baus als die Stimmung, die durch diese Kirche und ihre Umgebung verbreitet wird, machen einen Besuch lohnend. Die Kirche wurde im 18. Jahrhundert erbaut und vielfach restauriert. Auffällig ist wieder die geschlossene, im Gegensatz zu den traditionellen Kirchen eher abweisend wirkende Vorhalle. Zwei hohe Kuppeltürme erheben sich über Naos und Narthex. Im Inneren steht ein Marmorgrab des 1838 verstorbenen Ianichi mit griechischer Inschrift.

In der ›Trattoria Verdi‹, in einem alten Bukarester Haus an der Emanoil Porumbaru Str. 9, kann man erst mal Pause machen.

Die **Biserica Sf. Lucaciu** wird als Stiftung des Bojaren Lucaci angesehen. Ein früher Holzbau von 1424 wurde im 18. Jahrhundert aus Stein ersetzt. Als in dieser Vorstadt 1846 ein Brand ausbrach, wurde die Kirche geschädigt und mußte wieder aufgebaut werden. Fast gleichzeitig wurde sie außen und innen bemalt. Sie bewahrt Reliquien des heiligen Stelians auf. Im Hof der Lucacikirche befindet sich die Büste des Musikers und Folkloristen Anton Pann (1796–1854). Er war Sänger, Musikprofessor und Verleger und hat die Musik der Nationalhymne komponiert. Die Büste ist aus Bronze gegossen und steht auf einem Sockel, dessen Seiten Inschriften und ein Zitat Panns tragen. Auf der Vorderseite ist zu lesen: »Singe, rumänischer Bruder, in deiner Stimme und Sprache und überlaß den Fremden den Gesang in ihrer Sprache.«

Centrul Civic

Das Erdbeben von 1977 und die davon verursachten Schäden gaben Ceaușescu den Vorwand, seinen gigantomanischen Zielen ein Fünftel der historischen Altstadt zu opfern. 70 000 Menschen mußten Anfang der 80er Jahre das ihnen vertraute Viertel Dealul Spirii verlassen. Eine Folge dieser Zeit war der sprunghafte Anstieg wilder Hunde – heute noch ein Charakteristikum Bukarests. Die Tiere waren von ihren Besitzern, die Mühe hatten sich umzuorientieren, zurückgelassen worden.

Dem Abrißwahn fielen neben tausenden von Wohn- und Geschäftsbauten unzählige Kulturdenkmäler zum Opfer, allein 28 Kirchen wurden zerstört. Die Vernichtung kultureller Werte begann mit dem Abriß der Eneikirche im März 1977 und endete im Jahr 1986 mit der Abtragung des wertvollen Klosters Văcărești. Es lag außerhalb des Zentrums, war eine Stiftung des Fürsten Mavrocordat aus dem Jahr 1722 und eines der bedeutendsten

Das Auge Gottes an der Kirche Ceauș Radu

Zwischen Piaţa Unirii und Parlamentsgebäude

Monumente der südosteuropäischen Christenheit und der rumänischen mittelalterlichen Kunst. An seiner Stelle schuf man eine Kongreßhalle für 50 000 Besucher.

Unter den abgerissenen Stadtteilen befand sich ein Teil der von den Juden bewohnten Straßen, auch Synagogen wurde gesprengt. Acht Kirchen und Klöster, darunter Schitul Maicilor, Sankt Johannes, Sankt Elias und so wertvolle Kirchen wie Mihai Vodă wurden versetzt, ihre Klostergebäude allerdings vernichtet. Sie wurden faktisch hinter Kulissen versteckt. Auch kostbare Profanbauten gingen unwiederbringlich verloren, darunter das Ensemble um das Staatliche Archiv (1900–1920) von Nicolae Gabrielescu, das Institut für forensische Medizin und das Stadion ANEF von Creangă und seinem Team.

Mit der Wende war der Spuk vorbei; bis heute blieben riesige Flächen unbebaut. Auch das monströse Haus des Parlaments und das umliegende Satelliten-Viertel Civic-Center waren noch nicht fertiggestellt. Glücklicherweise wurde eine internationale Ausschreibung ›Bukarest 2000‹ unter der Schirmherrschaft der UNESCO, der Internationalen Vereinigung von Architekten und des Präsidenten von Rumänien ins Leben gerufen. Sie ist vergleichbar mit anderen zeitgenössischen Wettbewerben wie für Berlin und Warschau und hat ähnliche Zielsetzungen. So sollen die riesigen Brachflächen bebaut werden, unter Berücksichtigung von städtebaulichen, verkehrstechnischen, denkmalpflegerischen, infrastrukturellen und wirtschaft-

lichen Aspekten und unter Berücksichtigung der Erhaltung verbliebener Bausubstanz und eventuell der Wiederherstellung zerstörter Bausubstanz. 238 Konsortien aus der ganzen Welt beteiligten sich am Wettbewerb und präsentierten ihre Projekte. Eine internationale Jury unter dem Vorsitz von Kenneth Frampton von der Columbia University wählte 15 Projekte für die Endausscheidung aus. Die Jury sprach Mainhard von Gerkan und seinem Team aus Hamburg einstimmig den ersten Preis zu. Deren Vorschlag sah vor, die historisch wichtigen Gebäude an ihren ursprünglichen Orten wieder aufzubauen und auf der nördlichen Seite des Parlaments ein Zentrum mit Hochhäusern für Büros und Geschäfte zu schaffen. Nach dem Plan sollte ferner auf den großen unbebauten Flächen ein Wohngebiet mit einem Straßennetz und Unterführungen geschaffen werden.

■ Bulevardul Unirii und Piaţa Unirii
Die riesige Piaţa Unirii (Vereinigungsplatz) wurde bereits in den 1970er Jahren konzipiert und realisiert. Viel Bausubstanz des alten Bukarest wurde dafür weitestgehend zerstört: die Markthalle von 1890 nach dem Pariser Vorbild ›Les Halles‹, das Brâncoveanu-Krankenhaus von 1889 sowie das vornehme Villenviertel Uranus. Die entstandenen Wohnhäuser mit integrierten Einkaufszentren verstellen den Blick auf die Kirchen Sankt Johannes, Domniţa Bălaşa und Metropolie. Das große **Einkaufszentrum Unirii** entstand im Jahr 1977 nach den Plänen von Gheorghe Leahu, N. Urum

---

Legende

1 Einkaufszentrum
2 Biologisches Forschungsinstitut

3 Bulandra-Theater
4 Casa Oprea Soare
5 Residenz des Patriarchen

und H. Constantinescu. Es wurde 1986 dem ›Ceaușescu-Stil‹ angepasst. Im Winter wird davor neuerdings ein Eislaufplatz aufgebaut, der viel Zuspruch von den Bukarestern erfährt.

Der Bulevardul Unirii (Straße der Vereinigung) trägt seinen Namen nach der Vereinigung der Fürstentümer Moldau, Walachei und Siebenbürgen. Er übertrifft mit seiner Länge von 3,2 Kilometern die Pariser Champs Elysées um 60 Meter Länge.

Mit den Abrißarbeiten für diese Straße, die breiteste in Bukarest, wurde im Jahr 1984 begonnen. Sie hieß bis zum Jahr 1989 Construcție Socialiste (Straße des sozialistischen Aufbaus) und wurde im Volksmund als ›Straße des Sieges des Sozialismus über die Menschen‹ verhöhnt. Die Paradestraße ist von breiten Gehwegen und Baumreihen gesäumt. Die mittlere Esplanade schmücken unzählige mit dekorativen Elementen geschmückte Brunnen, die der Straße zumindest im Sommer etwas von ihrer Kälte nehmen. Am Boulevard sollten feudale Wohnungen für die engsten Mitarbeiter des Diktators entstehen – einerseits Honorierung, anderseits Kontrolle. In den Erdgeschossen waren erstklassige Geschäfte vorgesehen, die die Nomenklatura mit kostbaren westlichen Waren bedienen sollten. Die fertiggestellten Bauten zeichnen sich durch eine dichte Aneinanderreihung von Fenstern, Balkonen, Balustraden und vorgesetzten Säulen aus. In ihrer Abfolge sind sie eine endlose Monotonie

Bis 1990 war nur ein Bruchteil des geplanten Volumens fertiggestellt, viele Straßen endeten im Nichts. Die Umsetzungen der Planungen scheitern unter anderem auch an finanziellen Kapazitäten. Nur langsam füllen sich die Flächen, werden die Seitenstraßen bebaut, zum Beispiel mit Hotels wie dem spanischen NH-Hotel. Die Architekten versuchen derzeit, mit ihren Entwürfen, zum Beispiel durch eine Rhythmisierung der Bauglieder in ihren Höhen, eine Auflockerung der statischen Anlage zu bewirken. In diesem Zusammenhang entstand etwas vom Bd. Unirii enfernt, am Bd. Mărășesti, die Handelskammer.

Brunnen und Neubauten an der weiten Piața Unirii

Zwischen der Piața Unirii und der Piața Alba Iulia am östlichen Ende des Boulevard sind neben Wohnbauten große Banken wie Banca Țiriac, Konzerne wie die russische Firma Lukoil, Versicherungen und die Nationalbibliothek angesiedelt.

Die Bibliothek brannte während der Proteste im Jahre 1989 aus und wurde noch nicht wieder instandgesetzt. Die Piața Alba Iulia wird seit 1997 durch die Architekten Șerban Sturzda und Mihai Ursachi neu umgeplant. Man versucht Fassaden zu verschönern, dem Verkehr mehr Durchfluß zu ermöglichen und saniert die sterilen Hochhäuser.

In der Nähe des Parlaments sind statt der Wirtschaftsvertretungen die Ministerien angesiedelt, die Ministerien für europäische Integration sowie für Technologie und Information haben unmittelbar vor dem Parlament ihren Sitz.

Auch eine neue Patriarchenkirche soll auf dem Boulevard entstehen (s. Karte S. 196). Die Idee dafür besteht seit 1929. Auch hierfür wurde eine Kommission ins Leben gerufen, die derzeit alle Variationsmöglichkeiten auslotet. Entstehen soll ein Ensemble von Kirche, Patriarchensitz, Friedhof und Pilgerzentrum. Nach der ersten Ausschreibung wurden 18 Vorschläge eingereicht, wovon der Entwurf von Augustin Ioan den ersten Preis gewann. Das Vorhaben geht nun in die zweite Runde.

■ **Haus des Parlaments**

Das größte einzelne Bauprojekt im Rahmen der brachialen Umgestaltung war das Haus des Parlaments (Palatul Parlamentului) mit seinen Zufahrtsstraßen und dem Civic-Center, einer Satellitenstadt in unmittelbarer Umgebung. Unter dem ›Conducator‹ war es zum ›Haus des Volkes‹ (›Casa poporului‹) stilisiert wor-

den. Dem unvollendeten Parlamentsgebäude in seiner unvorstellbaren Größenordnung drohte nach dem Sturz des Diktators der Verfall den Garaus zu machen. Auf der Suche nach neuen Bestimmungen nahmen das **rumänische Parlament** und ein **Kongreßzentrum** hier seinen Sitz. Trotz dieser Nutzungslösungen ist die Wirtschaftlichkeit immer wieder in Frage gestellt, da allein die Heizkosten ins Unermeßliche steigen.

Als Nicolae Ceaușescu im Jahr 1984 von einem Staatsbesuch in Nordkorea zurückkehrte, war er vom Ehrgeiz beseelt, daß das Bukarester Haus des Volkes den nordkoreanischen Palast in seinen Dimensionen übertreffen sollte. Dieses Vorhaben wurde umgesetzt: Das Haus des Parlaments ist hinsichtlich seiner bebauten Fläche nach dem Pentagon in Washington das zweitgrößte weltweit. Es hat eine Fläche von 265 000 Quadratmetern.

Die bis zum Sturz des Diktators dafür bereits aufgebrachten Summen standen in völligem Mißverhältnis zu den wirtschaftlichen Möglichkeiten des Landes. Allein 400 Architekten, 20 000 Zwangsarbeiter und Soldaten waren hier beschäftigt. Der Bau ist dreigeschossig konzipiert und bis zu 84 Meter hoch, womit er wahrlich als pyramidal angesehen werden kann. Die Vorstellungskraft eines Menschen ist überfordert, um die Fluchten von Sälen zu ermessen. Allein der zweite Stock beinhaltet 450 Riesenräume. Der Ausdruck von den ›verlorenen Schritten‹ gibt treffend den Charakter wieder. Viele Materialien kamen aus Rumänien, dabei wurde an nichts gespart: Marmor aus Reșița, Moneasa und Gura Văii, Kirsch- und Nußholzbäume für die Vertäfelungen der zwei monumentalen Galerien von 150 Meter Länge und 18 Meter Breite aus Siebenbür-

Stadtspaziergänge

Auch von weitem unübersehbar: das Haus des Parlaments

gen. Der Palast liegt auf einem über dem historischen Viertel Dealul Spirii künstlich aufgeschüttetem Hügel, unter ihm befindet sich eine mehrgeschossige Bunkeranlage.

Das Gebiet um den Palast ist längst noch nicht erschlossen, seine städtebauliche Entwicklung steht noch bevor. In wenigen Jahren soll im Rahmen des Großprojekts ›Izvor‹ ein neues Stadtzentrum entstehen. Man geht von 2,2 Milliarden Euro Kosten aus – verglichen mit dem Parlament, das allein 3,3 Milliarden US-Dollar verschlungen haben soll, ist das wenig.

Seit dem Jahr 1994 ist im Palast das Internationale Konferenzzentrum eingerichtet, und seit dem Oktober 2004 in einem Seitentrakt das **Museum für zeitgenössische Kunst** (MNAC – Muzeul Național de Artă Contemporana). Auch wenn man sich nicht besonders dafür interessiert, lohnt ein Besuch, denn so hat man eine gute Gelegenheit, den Palast einmal von innen zu sehen und einen Eindruck von den Dimensionen der umliegenden brachliegenden Flä-

chen zu bekommen. Dem Museum steht eine auf vier Stockwerke verteilte Fläche für Wechsel- und Daueraustellungen zur Verfügung. Im obersten Stockwerk sind eine Bibliothek mit Seminarräumen und eine Caféteria eingerichtet. Zur letzterer gehört eine Terrasse, die den Blick auf die Brachfläche und die dahinterliegenden Gebäude des Hotels ›Mariott‹ und der Ministerien freigibt und von der man sogar die Silhouette der Kirche Neu-Sankt-Elefterie erkennen kann. Die stuckverzierten Räumlichkeiten eignen sich aufgrund ihrer Großzügigkeit bestens für die zeitgenössische Kunst und ihre Installationen, für Fotografien und Videoinszenierungen. Zwei gläserne Aufzüge bringen die Besucher zu den verschiedenen Etagen. Ein Teil der Ausstellung ist der Entstehung des Palastes und den dadurch verursachten menschlichen und kulturellen Opfern gewidmet.

Der übergroße Platz der Verfassung (Piața Constituției) vor dem Parlament wurde wiederholt für spektakuläre Veranstaltungen genutzt; hier gab etwa

Luciano Pavarotti im August 1999 ein Open-Air Konzert. Die Straßen rings um den Palast wurden im Mai 2007 zur Rennstrecke für das erste Rennen der Formula 3 in Bukarest. Das riesige Areal wurde rundherum mit Tribünen und Absperrungen versehen. Der finanzielle Aufwand war enorm, das Prestigeprojekt daher sehr umstritten.

An den Ufern der Dâmbovița

Der Fluß Dâmbovița – alte Schreibweise Dîmbovița – kommt vom Fâgâraș-Gebirge aus Siebenbürgen, fließt durch das Zentrum von Bukarest und mündet nach 258 Kilometer in den Argeș. In der ausgedehnten Bukarester Ebene schuf sich der Fluß ein Tal, dessen Breite zwischen 300 bis 3000 Metern variiert. An den Rändern liegen sanfte Hügel wie etwa der, auf dem sich die Metropolie befindet. Der Fluß war niemals schiffbar und erhielt seine Brücken im Stadtgebiet erst im 19. Jahrhundert.

Lange war die Dâmbovița die Haupttrinkwasserquelle für Bukarest, der Volksmund erzählte: ›Dâmbovița, süßes Wasser, wer dich trinkt, zieht nicht mehr weiter‹. An ihren Ufern standen mehr als ein Dutzend Wassermühlen, und das Wasser war elementar wichtig für die Gerber.

Innerhalb des Stadtgebietes gab es einst zwei Nebenflüsse: rechtsseitig den Dâmbovicioara im Bereich der heutigen Strada Sființii Apostoli und den Bucureștioara, der an der Stelle des heutigen Icoanei-Gartens in einen Teich mündete. Und es gab noch den Seitenarm Gârlița, der eine Insel formte, Ostrovu.

Bukarest litt in der Vergangenheit häufig an Überschwemmungen, die vor allem das flachere linke Ufer betrafen. Um ihnen vorzubeugen, ließ Alexandru Ipsilanti Ende des 18. Jahrhunderts einen Kanal bauen, zwischen 1880 und 1883 wurde der Fluß auf einer Länge von sieben Kilometern erstmals kanalisiert. Die unter Ceaușescu angeordnete erneute Regulierung diente dem Bau eines neuen Stadtviertels und der Metro. Der Fluß wurde durch Wehre aufgestaut, sein Flußbett in eine Betonfassung gepreßt. Aus einem an Windungen reichen Fluß mit Inseln wurde ein steriler Kanal mit heute ausgetrockneten Nebenflüssen.

Entlang der Dâmbovița liegen einige stattliche Gebäude: Auf dem rechten Ufer das **Biologische Forschungsinstitut**, links das **Bulandra-Theater** und in Nähe zur Piața Unirii der von 1890 bis 1895 errichtete **Justizpalast** (Palatul Justiției), der glücklicherweise den Abrißwahn überlebt hat und vor kurzem renoviert wurde. Der Entwurf des Franzosen Albert Ballu ersetzte das Gebäude, in dem zur Zeit des Organischen Reglements (1831–1848) der Gerichtshof getagt hatte. Die Hauptfassade zeigt mit fast hundert Metern Länge zum Flußufer. Der Mittelteil ist erhöht und wird von sechs massiven Pilastern geschmückt. Die Nischen sind mit Statuen von Frederic Storck geschmückt und symbolisieren Gesetz, Recht, Gerechtigkeit und Wahrheit. Auf den Uhren stehen weitere allegorische Figuren, die Kraft und Behutsamkeit personifizieren. Stilistisch weist das Gebäude deutlich Elemente der französischen Renaissance auf und gibt einen Eindruck davon, wie das Stadtbild Bukarests am Ende des 19. Jahrhunderts aussah. Der Warteraum, der über eine doppelläufige Marmortreppe zu erreichen ist, ist ein Entwurf des bekannten rumänischen Architekten Ion Mincu. In ihm steht das Standbild des Juristen Eugen Stătescu (1836–1905) von Ernest Dubois.

Stadtspaziergänge

Die Altstadt hinter dem Justizpalast

Hinter dem Justizpalast verbirgt sich eine ganze Reihe sakraler Baudenkmäler der Stadt, die Meilensteine in der Geschichte Bukarests sind. Ein Besuch lohnt unbedingt, wenn auch nicht wenige Bauten im Rahmen des Stadtumbaus unter Ceaușescu versetzt, wiederaufgebaut und aus ihrem ehemaligen Zusammenhang herausgerissen worden sind.

Die **Kirche Alt-Sankt Spiridon** (Sfântul Spiridon vechi) wurde im Oktober 1987 zerstört und dank der Initiative der Patriarchie im Jahr 1992 wieder aufgebaut. Die Arbeiten am umliegenden Kloster werden derzeit noch fortgesetzt. Das Kirchlein ohne Turmkuppel, aber mit einer zierlichen Glockenwand steht deutlich unter Straßenniveau; man könnte fast an ihm vorbeilaufen. Die Kirche wurde dem Heiligen Spiridon geweiht, dessen unverwester Leichnam in seiner Heimat Zypern verehrt wird. Er wurde als Kind armer Leute geboren, war Hirte und widmete nach dem Tode seiner Frau

Der Eingang zum Justizpalast

sein Leben der Kirche. Er soll am Konzil von Nicäa teilgenommen haben und vertrat die Lehre von der Gleichheit Gottes und seines Sohnes. Er wird stets bärtig und als Greis dargestellt.

Der unscheinbar anmutende Dreikonchentypus tritt im Außenbau nicht hervor. Im Westen öffnet sich über eine dreibogige Säulenstellung der Pridvor. Aus einer arabischen und griechischen Inschrift oberhalb des Eingangs geht hervor, daß die Kirche vom Patriarchen Silvestru von Antiochien mit dem Geld des Constantin Mavrocordat (1746 – 1748) während dessen vierter Herrschaft umgebaut wurde. Entstanden ist sie vermutlich bereits um 1680.

Bis zur Regulierung der Dâmbovița im Jahr 1880 befand sich die Kirche auf dem linken Ufer. Eine Brücke, der Podul Cilibiului, führte hinüber. Sie trug ihren Namen nach dem Beinamen des Constantin Cantacuzino. ›Cilibiul‹ übersetzt Türkisch, weil sich seine Besitztümer auf der gegenüberliegenden Uferseite befanden. Constantin Cantacuzino war Byzantiner. Da er von den Türken eingesetzt worden war, bezeichnete man ihn als Türken. Der berühmte türkische Reisende und Diplomat Evliya Çelebi besuchte Bukarest 1666 auf einer seiner Balkanreisen und beschrieb die Kirche als fein und anmutig.

Die Kirche ist ausgemalt: Rechts sieht man Szenen aus dem Leben der Muttergottes und den Kampf gegen die Philister, links Szenen aus dem Leben Christi, darunter der für die Ostkirche typische Abstieg Christi in die Hölle. Die holzgeschnitzte Ikonostase birgt alte Ikonen und neuere Malereien.

Der Kirche benachbart stand eine Herberge, die ein Opfer des Erdbebens geworden ist. Im Viertel gibt es noch einige alte Häuser, die leider vom Verfall bedroht sind, und viele herrenlos streunende Hunde.

Zur **Apostelkirche** (Sfântul Apostoli), einer der ältesten Kirchen Bukarests, sind es nur wenige Schritte. Auf dem rechten Ufer des Dâmbovița, unmittelbar neben der Vorstadt der Tuchmacher, lag im 16. Jahrhundert das Tîrnovkloster mit einer Holzkirche. An dieser Stelle stiftete Fürst Matei Basarab (1632–1654) eine gemauerte Andachtsstätte. Sie wurde unter seinen Nachfolgern mehrfach, letztmalig 1936, restauriert. Einige Fragmente datieren in die Entstehungszeit. Die Steinkirche war berühmt für ihren schönen Kirchturm aus dem Jahr 1715, der, charakteristisch für die Zeit, den Narthex überragte. Der heutige Bau entstand von 1865 bis 1871 im Typus der frühen walachischen Kirchen: Dreikonchen mit Altarraum, Naos, Narthex und Pridvor, nur viel größer. Die Glasfenster, in denen links Sankt Johannes und rechts Sankt Spiridon zu sehen sind, sowie die eingezogene Empore mit ihrer schmiedeeisernen Treppe verweisen auf den westlichen Einfluß, während die beiden Kuppeltürme über Kirchenschiff und Vorhalle dem Außenbau die traditionelle Silhouette geben. Im Eingang begrüßen die Apostel Peter und Paul den Besucher. Die Malereien von Tattarescu sind stark verrußt und werden derzeit restauriert. Unter den Stifterbildern ist Matei Basarab zu erkennen.

Eine dritte Kirche liegt ebenso ganz in der Nähe. Die **Mihai-Vodă-Kirche,** von weither zu sehen, ist der Rest eines der bedeutendsten Klöster Alt-Bukarests. Es lag einst auf einem Hügel, war von reichen Herrenhäusern umgeben, in denen die Bojaren ihre Zelte aufschlugen und um die Gunst des Herrschers warben. Nach einem Brand im Jahr 1761 begann

Malereien in der Kirche Alt-Sankt Spiridon

der Verfall. Im 19. Jahrhundert wurde der Komplex mehrfach renoviert und im alten Stil wieder hergestellt. Fürst Grigore Dimitrie Ghika (1822–1828) wählte ihn zur Residenz.

Später richtete man eine Medizinische Schule und danach das Staatsarchiv ein, das vom Schriftsteller Cezăr Bolliac (1817–1881) geleitet wurde. Über den alten Kellergewölben des eingefallenen Klosters entstand im Jahr 1900 ein Neubau für das Staatsarchiv nach Plänen von Alexandru Băicoianu, M. Gabrielescu, Christofi Cerkez und P. Antonescu im Stil einer mittelalterlichen Festung. Dieses Kloster ist unwiederbringlich verloren. Die übriggebliebene Kirche und der Glockenturm entgingen ihrer Zerstörung durch Verschiebung um etwa 285 Meter nach Osten.

Der Stifter Michael der Tapfere erhoffte sich göttlichen Beistand für seinen Kampf gegen Sinan Pascha und stiftete

Die Apostelkirche

auch an diejenige des Alten Hofes. Und wie für diese Zeit üblich, trennt ein Reliefband die Außenmauern horizontal in zwei Teile. Jedes Geschoß ist von Blendarkaden vollständig umzogen.

Wer noch nicht genug Kirchen gesehen hat, kann sich in der gleichen Straße noch die **Sapienţiei-Kirche** vom Anfang des 18. Jahrhunderts anschauen. Sie ist turmlos, unauffällig und daher leicht zu übersehen.

In diesem Viertel gibt es auch lauschige Ecken. In einer steht das **Casa Oprea Soare**, das einst für die Familie Soare als Privathaus errichtet wurde. Der Architekt Petre Antonescu (1873 – 1965) schuf 1914 ein Gebäude im neurumänischen Stil mit hohem Souterrain, Erd- und Obergeschoß. Es ist eines der ganz wenigen erhalten gebliebenen Bojarenhäuser aus dem Bukarest des 19. Jahrhunderts, das nicht vollständig aus Stein errichtet wurde. Einige Zeit diente es Verwaltungsbehörden. Mittlerweile wurde das Hotel ›Bucur‹ hier eingerichtet. Und so gibt es eine gute Gelegenheit, sich im großen Gastgarten von der Besichtigungstour zu erholen.

Direkt hinter dem Justizpalast steht die relativ große **Kirche Domniţa-Bălaşa**. Sie ist, wie so viele Kirchen Bukarests, von einer Grünanlage umgeben. In ihr ist die Stifterin – Bălaşa, eine Tochter Constantin Brâncoveanus – beigesetzt. Ihr Standbild aus Carrara-Marmor, ein Werk von Karl Storck, steht im Garten. Er hat die Tochter Brâncovenaus mit reichem Gewand und einer Urkunde in der Hand ausgestattet.

Der ersten Stiftung aus dem Jahr 1751 folgte ein Neubau, der dem Erdbeben von 1838 zum Opfer fiel. 40 Jahre später erneuerten Alexandru Orăscu und Carol Beniş die Kirche. Der für eine rumänisch-orthodoxe Pfarrkirche relativ

dafür dieses Kloster. Die Schlacht fand im Jahre 1595 in Călugăreni, 25 Kilometer südlich von Bukarest, statt und brachte den Türken eine verlustreiche Niederlage. Dieser entscheidende Sieg wurde in der Literatur vielfach verewigt. Das Volksepos von Stavrino schreibt von einem ›sehr ehrfürchtigen und sehr tapferen Fürsten Michael‹. G. Palamidis verfaßte eine Chronik in homerischem Stil. Beide Schriften sind in griechischer und rumänischer Sprache erschienen.

Zwischen den Wohnblocks kann man den Paradebau walachischer Kirchen von 1591 an den alternierend wechselnden Reihen von Ziegeln und verputzten Flächen erkennen. Der Baumeister folgte darin den byzantinischen Traditionen. Der Dreikonchentypus mit großem Narthex ohne Vorhalle und nur einem Kuppelturm über dem Naos erinnert sowohl an die Kirche von Curtea de Argeş als große neoromanische Bau aus Ziegeln und gelbem Naturstein litt während der Erdbeben von 1940 und 1977 schwer. Der Grundriß ist ein griechisches Kreuz, in das drei Konchen eingeschrieben sind. Die hohe Mittelkuppel mit durchfenstertem Tambour und vier kleinen Kuppeln prägen das äußere Bild. Im Kirchenschiff sind auf der rechten Seite das Grabmal der Domnița-Bălașa und auf der linken das der Prinzessin Zoe Bibescu zu sehen. Die Kirche ist vollständig ausgemalt, in der Kuppel ist Christus als Weltenherrscher zu sehen.

Zwischen Parlamentsgebäude und Patriarchenhügel

Gleich hinter den Wohnblocks, die den Bd. Unirii auf seiner südlichen Seite säumen, stehen die Reste des **Klosters Maicilor**. Durchgänge vom Boulevard ermöglichen den Zutritt. Das Kloster trug einst den Namen Hagi Dina, übersetzt ›kleines Kloster der Mütterchen‹. Die Besichtigung seines malerischen Kirchleins, einem klassischen zierlichen Dreikonchentyp mit einem Turm über dem Naos, kann wegen seiner kostbaren Malereien nur empfohlen werden. Um 1700 entstand das Kloster, die Malereien aus dieser Zeit haben sich im Pridvor teilweise erhalten. Sie werden glücklicherweise durch eingezogene Glasfronten geschützt und von jungen Frauen betreut. Man erkennt mehrere Schichten. Von hier ist es ganz nah zum **Kloster Antim**, dessen zerstörte Mönchszellen wieder aufgebaut wurden. Linker Hand des Klosters steht der unter Ceaușescu hierher versetzte Synodal-Palast aus dem Jahr 1906 im neurumänischen Stil. Das Antimkloster mit Kirche und Glockenturm steht dagegen an seiner ursprünglichen Stelle. Die Mönchszellen wurden

zerstört und nach der Wende wieder aufgerichtet, nur den Synodalpalast hat man an eine andere Seite des Klosters versetzt. Kirche und Glockenturm verblieben am gleichen Platz.

Der Metropolit der Walachei, Antim Ivireanu, stiftete im Jahr 1714 zunächst ein Kloster für mittellose Frauen. Es wurde im Brâncoveanu-Stil ausgeführt, im 19. Jahrhundert erneuert und um den Glockenturm im Jahr 1857 ergänzt. Die Holztüren mit ihren Schnitzarbeiten stellen eines der ältesten Ausstattungsstücke dar und sollen auf Antim zurückgehen.

Das Kloster ist von einer Mauer umgeben. Durch einen Torturm betritt man das große Kloster. In seiner Hauptachse liegt die Hauptkirche, rechts eine Paraklisis, eine Nebenkirche oder Kapelle. Die Hauptkirche zieren neuere Mosaiken, farbige Lanzettfenster und eine Rosette in der Westfassade sowie Skulpturenschmuck von Karl Storck. Die Malereien

Hinter Neubauten versteckt: Kloster Antim

im Inneren stammen von Andre Petrescu, die steinerne Ikonostase birgt Ikonen von Petre Alexandrescu, darunter die Geburt Christi aus dem Jahr 1812. Im Westen des Schiffes ist eine Empore mit einer Orgel eingezogen. In der Kirche werden Reliquien der 40 Heiligen von Sebaste verehrt. Der Gründer des Klosters zeichnete sich als Gelehrter aus, der im Kloster eine Druckerei unterhielt, in der rumänische und griechische Bücher vervielfältigt wurden. Das Kloster wird von derzeit fünf Mönchen belebt.

Am Ende der Straße, vorbei an einer Mihai-Eminescu-Büste, steht die **Eliaskirche** (Sf. Ilie Rahova) aus dem Jahr 1838 mit alten Gräbern, einer weißen Kuppel und einem quadratischen Turm.

Der Hügel der Metropolie

Südlich des Bd. Unirii befindet sich einer der ältesten und gleichzeitig in ideeller Hinsicht bedeutsamsten Plätze Bukarests. Er ist der Sitz des Patriarchen von Rumänien und liegt auf einem gut 50 Meter hohen Hügel.

Auf dem Weg dorthin kommt man am Denkmal für Alexandru Ioan Cuza und Barbu Catargiu vorbei. Barbu Catargiu war erster Ministerpräsident Rumäniens und wurde im Jahr 1862 ermordet. Von ihm stammt der Ausspruch ›Alles für die Heimat, nichts für uns‹ (›Totul pentru patrie Nimic pentru noi‹).

Seit 1359 war die Walachei kirchenpolitisch in den Rang einer Metropolie erhoben worden. Der erste Sitz des Metropoliten befand sich zunächst in Curtea de Argeș, danach in Târgoviște. Seit dem 16. Jahrhundert war Bukarest die Hauptstadt der Walachei, der Metropolit dem Hof dorthin gefolgt. Seine Residenz befand sich zunächst in den Gebäuden des Klosters Alt-Sankt-Georg und danach im Radu-Vodă-Kloster. Seit Radu Leon (1664–1668) wurde die Stiftung Constantin Șerbans auf dem Hügel Viilor zum Sitz der Metropolie.

Mit der Vereinigung von Moldau und Walachei erhielt der Walachische Metropolit den Titel Primas von Rumänien, und im Jahr 1872 wurde als zentrales Leitorgan der rumänisch-orthodoxen Kirche die Heilige Synode geschaffen, die die Kirche seitdem leitet. Der Drang nach mehr Selbständigkeit führte zunächst zu Spannungen mit Konstantinopel, 1892 aber zur Anerkennung der Selbständigkeit. Rumäniens Kirche wurde autokephal. 1925 beschloß das Parlament die Einführung des Patriarchats. So wurde die ehemalige erzbischöfliche Kirche zur Patriarchenkirche.

Der Hügel auf einer Terrasse am rechten Ufer der Dâmbovița war einer von vier natürlichen Hügeln der Stadt und hieß ehemals Dealul Viilor (Weingartenberg). Wenn man den Reiseschriftstellern Glauben schenkt, müssen diese Weingärten, in deren Zentrum eine Holzkirche stand, bis ins 17. Jahrhundert bestanden haben. Vom 16. bis zum 18. Jahrhundert entstand die Klosteranlage. Weitere Gebäude und Erneuerungen folgten.

Im Jahr 1656 beschloß der Woiwode Constantin Șerban (1654–1658), ein Kloster aus Stein zu stiften, dessen Kirche der von Curtea de Argeș ebenbürtig sein sollte. Zu ihren Schutzpatronen wurden die Heiligen Konstantin und Helena (rumänisch Elena) erkoren. Der hohe Klerus unter dem Patriarchen Makarios von Antiochien weihte 1664 die Kirche im Beisein des ungro-walachischen Me-

Der Hügel der Metropolie am Abend

tropoliten Ștefan und der Bischöfe von Râmnica und Buzău. Die Arbeiten zogen sich hin, zur Kirche kamen Umfassungsmauern, Türme, Gebäude für die Mönche und Wirtschaftsbauten. 1668 wurde unter Fürst Radu Leon der Sitz der Metropolie in das Kloster verlegt. Der Aufstieg des Klosters zu einem bedeutenden religiösen Zentrum der Walachei begann, der Hügel wurde seitdem Dealul Mitropoliei genannt. In einem der Säle des Klosters wurden die Sitzungen des ›Diwans‹ abgehalten. Etliche Gebäude der Klosteranlage sind im Laufe der Zeit verschwunden. Andere kamen hinzu.

Während der Verwaltung von General Kiseleff im Jahr 1832 wurde auch der Metropolienberg verschönert, eine Umzäunung angelegt und eine repräsentative Verbindung zum Filarethügel (heute Carolpark) angelegt. Der rechte Berghang mußte abgestützt werden, Laternen und Bäume wurden angeordnet.

Bald darauf gestaltete man den Platz an der Dâmbovița, und allmählich entwickelte sich der Hügel zur wichtigsten Parkanlage Bukarests. Im Jahr 1930 wurde die Lindenalles angelegt. Leider hat die Anlage durch den kommunistischen Kahlschlag viel von ihrer alten städtebaulichen Struktur verloren und wirkt wie eine Randerscheinung.

Heute sind auf dem Hügel der Glockenturm von 1698, die orthodoxe Kathedrale (1654–1658), die Klosterkapelle im Patriarchenpalast (1665–1708), die Residenz des Patriarchen von 1938 und das Haus der Nationalversammlung (1903–1907) zu sehen.

■ Kathedrale

Die Kreuzkuppelkirche knüpft an den walachischen Typus an, der in Curtea Argeș, der ersten Hauptstadt der Wala-

chei, vorgebildet ist. Man erkennt sie aus der Ferne an ihren vier schlanken Kuppeltürmen. Der Außenbau besticht durch seine reiche gleichmäßige Gestaltung, die sich wie ein Reliefband um Öffnungen und Mauerwerk zieht. In der Horizontalen ist die Kirche durch ein breites, vielfältig reliefiertes Band in zwei Teile untergliedert. Die geräumige Vorhalle (Pridvor) ist durch flache Kuppeln gedeckt. Spiralförmigee Säulen in sieben Bogenstellungen öffnen die Vorhalle nach Westen.

Die Malereien im Inneren sind rußgeschwärzt und bedürfen dringend der Renovierung. In der Kirche werden die Gebeine des Stadtheiligen Sf. Dumitru (Dimitrie cel Nou Basarabov) aufbewahrt. Sein Fest wird am 27. Oktober begangen. Zu diesem Anlaß wird der Silberschrein mit seinen Gebeinen unter einem Baldachin im Freien aufgestellt. Dimitrie stammte aus dem Dorf Basarabi bei Rustschuk südlich der Donau. Er lebte im 13. Jahrhundert als Sohn einfacher Leute, hütete zunächst Schafe und wurde Mönch. 1774 wurden seine Gebeine vom russischen General Soltikoff nach Bukarest überführt. Gerne wird Dimitrie mit dem legendären Stadtgründer Bucur, ebenfalls einem Hirten, in Verbindung gebracht.

In der Kirche fand die Krönung Carols zum ersten König von Rumänien statt. Unter dem rumänischen Patriarchen Justinian Marina (1948–1977) wurde der Glockenturm renoviert und der Kirche ihre ursprüngliche Form wiedergegeben.

Der Glockenturm auf der Nordseite dient gleichzeitig als Torturm und markiert die Einfahrt in das Kloster. Er ist eine Stiftung des Fürsten Constantin Brâncoveanu aus dem Jahr 1698. Ein weiterer Turm begrenzt die Südseite.

Im Mittelpunkt des Kloster steht eine Nachbildung des sogenannten Brâncoveanu-Kreuzes, um das sich viele Legenden ranken. Eine steht in Verbindung mit der Ermordung von Constantin Brâncoveanu und hat zur Tradition geführt, am Auferstehungstag eine Kerze in den Rasen zu stecken.

In diesem Kloster entstand die erste Bibel in rumänischer Sprache.

■ **Der Patriarchenpalast**

Der Patriarchenpalast (Palatul Patriarhiei oder Palatul Adunării Deputaților) ist eigentlich das Gebäude der Nationalversammlung. Noch bis 1996 hatte die Abgeordnetenkammer hier ihren Sitz. Das äußerst denkwürdige, historische Gebäude wurde von 1903 bis 1907 nach dem Entwurf von Dimitru Maimarolu anstelle des Divanul Domnesc (Fürstendiwan) errichtet. Maimarolu schuf ein langgezogenes Gebäude im Neoklassizismus. Die Front wird durch Doppelsäulen gestaltet. Trotz seiner Monumentalität und Eleganz dominiert es keineswegs über die deutlich kleinere Kirche. Am 9. Mai 1859 fand in dem alten Palast die Abstimmung über die Vereinigung von Moldau und Walachei statt, in ihm wurde im Jahr 1862 Bukarest zur Hauptstadt erklärt, hier tagte die erste Sitzung des Rumänischen Parlaments, und hier wurde am 9. Mai 1877 die Unabhängigkeit des rumänischen Staates proklamiert.

Heute wird das Gebäude vom Patriarchen genutzt. Im Nicolae-Iorga-Saal finden wichtige kirchliche Aktivitäten statt, in einem Flügel soll das Museum der rumänischen Patriarchie eingerichtet werden.

Außen schlicht: die Kathedrale

Stadtspaziergänge

■ Die Residenz des Patriarchen

Die Residenz des Patriarchen entstand anstelle des ehemaligen Metropoliten-palastes in den Jahren von 1932 bis 1937 im Auftrag des ersten Patriarchen Rumäniens, Miron Cristea. Dem Architekten Gheorghe Simotta gelang es, im Rückgriff auf byzantinisches Formengut, die alte Kapelle vom Beginn des 18. Jahrhunderts zu integrieren. Zutritt zur Kapelle erhält man nur mit Sondererlaubnis. In ihr sind großformatige Stifterbilder aus dem 18. Jahrhundert der Fanarioten-Fürsten Nicolae Mavrocordat und seiner Familie sowie eine reiche Bilderwand zu sehen.

■ Weitere Kirchen

In der Umgebung der Patriarchie befinden sich unzählige Kirchen, zwei lohnen besonders einen Besuch: Am Boulevard Regina Maria, der schnell vom Hügel zu erreichen ist, steht in einer Grünanlage die **Nikolauskirche**. Ihre Renovierung wurde im Jahr 2007 abgeschlossen. Man kann den Boulevard mit der Straßenbahn befahren und dabei eine ganze Menge sehen. In entgegengesetzter Richtung vom Patriarchensitz steht die Kirche **Sf. Ecaterina** in der gleichnamigen Straße. Sie ist eine der ältesten Kirchen Bukarest aus dem Jahr 1595, deren Ursprünglichkeit aber den vielen Restaurierungen zum Opfer fiel.

Das Cotroceni-Viertel

Besucher des Cotroceni-Viertels kommen vor allem wegen des Botanischen Gartens und dem Cotroceni-Palast, heute ein Museum. Einerseits enstand hier in der Zwischenkriegszeit ein malerisches, aber keineswegs protziges Villenviertel, das heute bei Künstlern und Akademikern beliebt ist, andererseits sind in diesem Viertel auch viele Institute der Universität, vor allem der medizi-

Der Patriarchenpalast, früher die Nationalversammlung

Neu-Sankt-Elefterie bei Nacht

nischen Fakultät, sowie die Militärakademie gelegen.
Das Cotroceni-Viertel erstreckt sich
westlich des B. N. R.-Stadions und wird
vom Botanischen Garten und vom Bd.
Geniului begrenzt.

■ Universitätsbauten

Vor dem Zweiten Weltkrieg wurde das
Institutul de igienă publică (Hygiene-
Institut) an der Str. Leonte Anastasievici
ins Leben gerufen; Henriette Delavrancea-Gibory hat es entworfen. Entlang
der Dâmbovița stadtauswärts sind einige moderne Bauten der Universität zu
sehen, so das von 1937 bis 1940 von
Nicolae Neciulescu, Al. Iosif und Gh. Lungu erbaute Căminul 303 (Grajdurile re-
gale), der Campus. Hier befanden sich
ehemals die königlichen Stallungen, die
man im Jahr 1950 in ein **Studentenwohnheim** umgewandelt hat. Das Gebäude
der **Philosophischen Fakultät** (1960/61)

wurde von Horia Maicu, Romeo Belea
und H. Novac entworfen. Seine Hörsäle
sind wie ein Amphitheater gestaltet. Vor
einigen Jahren erfolgte eine Modernisierung.
Nicht weit davon entfernt befindet sich
der Complexul studențesc, der **Studenten-Campus** aus den 60er Jahren. Das
Team um Horia Maicu, Ignace Șerban,
Romeo Belea, Al. Kontza und N. Oprea-
nu hat dafür eine Reihe sechstöckiger
Gebäude entworfen, deren offene Trep-
penhäuser ihnen eine gewisse Leichtig-
keit geben.
Man beginnt den Spaziergang durch dieses Viertel am besten an der Piața Victor
Babeș. Überquert man ihn, so trifft man
auf das Denkmal zum Andenken an die
Sanitäter, Helden der Kriege.

■ Neu-Sankt-Elefterie

Gegenüber steht die Kirche Neu Sankt
Elefterie, eine der großen Kirchen Bukarests. Die griechische Kreuzkuppelkirche
zieht mit ihrer roten Ziegelfarbe und den
Kuppeln den Blick von weither auf sich.
Eine kleine Grünanlage schmückt die
Seite zum Fluß. Der Haupteingang liegt
an der Seitenstraße. Die Kirche entwarf
Constantin Iotzu in den Jahren 1936 bis
1942. Unter den sehr westlich beeinflußten Wandmalereien erkennt man auf
der rechten Seite die Figur des Patriarchen Justinian. Der Gottesdienst in dieser Kirche ist sehr stimmungsvoll.

■ Operncenter

Gleich neben der Kirche Kirche Neu
Sankt Elefterie steht das Opera Center
von 1998. Das Team um den Architekten Dorin Ștefan hat einen mulitfunktio-
nalen Komplex geschaffen. Hier gibt es
auch gastronomische Betriebe, die man
nach dem Opernbesuch gut aufsuchen
kann.

Stadtspaziergänge

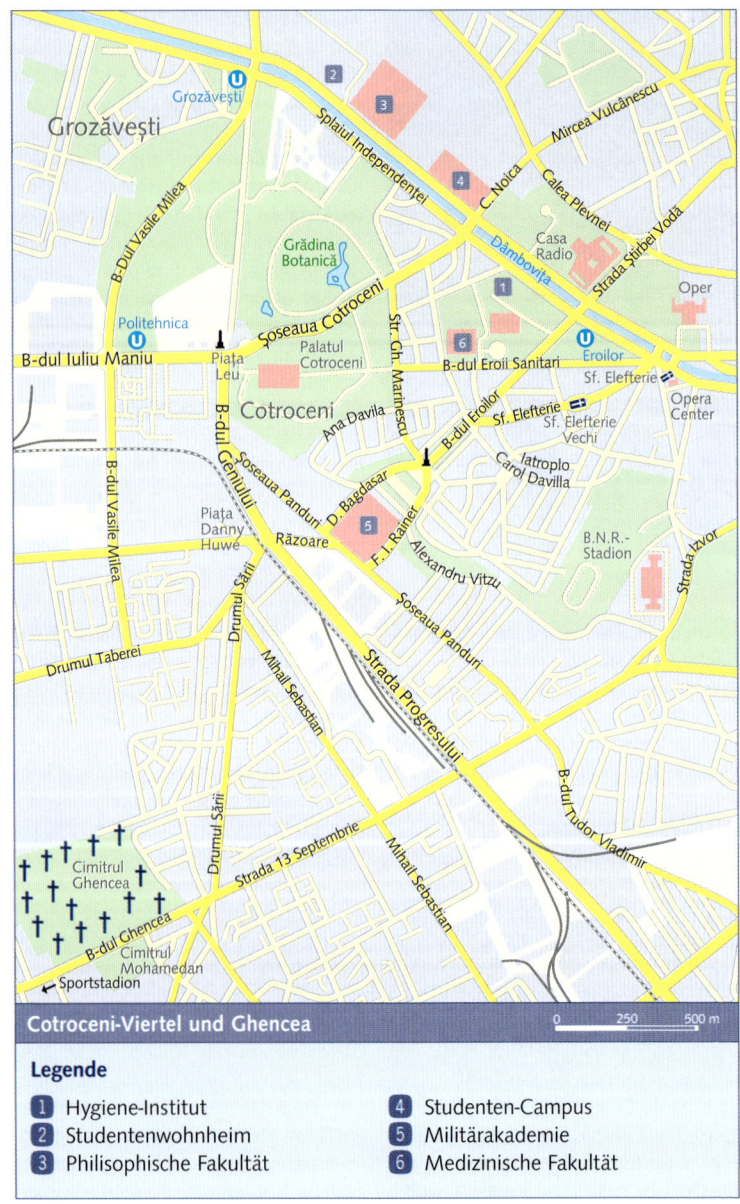

Cotroceni-Viertel und Ghencea

0   250   500 m

Legende

1 Hygiene-Institut
2 Studentenwohnheim
3 Philisophische Fakultät
4 Studenten-Campus
5 Militärakademie
6 Medizinische Fakultät

■ Alt-Sankt-Elefterie

Die wenigsten Bukarester wissen die Frage nach Alt-Sankt-Elefterie zu beantworten. Dabei sind es von der Kirche Neu Sankt Elefterie nur einige Schritte zu diesem Juwel; es steht unbeachtet und umgeben von Bäumen auf einer Verkehrsinsel. Das typisch walachische Kirchlein ist ein zierlicher Dreikonchentypus aus dem Jahr 1747, der Zeit des Mihai Vodă Racoviţa. Ein niedriger Zaun gewährt Eintritt bis zum Pridvor, der durch drei Kielbögenarkaden geöffnet ist. Alle Eintretenden werden von den heiligen Elefterie und Georg begrüßt. Der Pridvor ist jedoch vollständig ausgemalt, und das allein lohnt den Besuch. Warme Farben, darunter viele Grüntöne, dominieren. Auf der Eingangsseite sieht man rechts das Jüngste Gericht und darüber Propheten oder Richter. In der Mitte steht die Hetoimasia, der leere Thron, und darüber Christus in der Glorie. In der Kuppel ist wiederum Christus umgeben von Seraphinen zu sehen. Und

Verstecktes Juwel: Die Kirche Alt-Sankt-Elefterie

gegenüber dem Jüngsten Gericht ist liebevoll und detailreich die Erschaffung der Welt erzählt. Ganz besonders schön ist die Szene, die Adam und Eva bei der Arbeit zeigt. Die Malereien sind kyrillisch beschriftet. Auf dem Portal sieht man die Erzengel und Sonne und Mond, so wie in der Stavropoleos-Kirche. Ein bemaltes Medaillonband ziert die Außenmauern. Die Kirche wurde von 1982 bis 1984 renoviert. Sie ist zumeist geschlossen.

■ Militärakademie

Unser Weg führt weiter zur Militärakademie. Sie trägt eindeutig die Handschrift des Architekten Duiliu Marcu, der das Gebäude 1940 vollendet hat. Eine lange Esplanade führt zum erhöht stehenden Gebäude. Der Gesamtkomplex besteht aus einem Hauptbau und kleineren Pavillonen, die um einen Innenhof angeordnet sind. Das Hauptgebäude weist zur Esplanade eine symmetrisch angelegte weite Fassade auf, deren Eckbauten hervortreten. Der zentrale Teil ist höher und mit Pilastern versehen. Der Zugang erfolgt von der Str. Ş. Panduri. Hier erinnert eine Gedenktafel an die Auseinandersetzungen zwischen Deutschen und Rumänen, nicht zufällig: Im Zweiten Weltkrieg hatte zunächst die deutsche Heeresmission hier ihren Sitz. Als sich Rumänien von Deutschland abwandte, zogen sich die deutschen Truppen aus dem Südteil der Stadt hierher zurück. Am 25. August 1944 brachten die Rumänen alle Gebäude in ihre Hand.

■ Denkmal der Helden des Vaterlandes

Das ›Denkmal der Helden des Vaterlandes‹ verstellt den Blick auf den Bau. Es ist von 1957 und huldigt denen, die ge-

Stadtspaziergänge

gen das faschistische Regime kämpften. Auf einem massiven Granitsockel steht eine bronzene Statuengruppe, die einen Matrosen, einen Flieger und in der Mitte einen Infanteristen darstellt. Der Infanterist hält in der rechten Hand einen Eichenzweig als Symbol des Sieges über seinen Kopf. Die Statuengruppe ist neun Meter hoch. Auf beiden Seiten befinden sich zwei Flachreliefs von einer Fläche von 154 Quadratmetern mit Szenen aus kriegerischen Auseinandersetzungen. Das erste Relief zeigt Episoden im Kampf der Daker gegen Römer bei Tapae im Jahr 105, die Schlacht bei Rovine zwischen Mircea cel Bătrân und den Türken im Jahr 1394, den Bauernaufstand von Bobâlna im Jahr 1437, die Schlacht bei Podul Ânalt zwischen den Heeren von Ştefan cel Mare und der Türken im Jahr 1475, den Einzug des Mihai Viteazul in Alba Iulia im Jahr 1599, den Aufstand von Horea, Cloşca und Crişan im Jahr 1784, den Einzug von Tudor Vladimirescu in Bukarest im Jahr 1821, Szenen aus der Revolution von 1848 und die Eroberung der Redoute von Griviţa im Unabhängigkeitskrieg von 1877. Auf dem zweiten Relief sieht man den Bauernaufstand von 1907, die Schlacht von Mărăşesti im Jahr 1917, den Kampf der Eisenbahner im Februar 1933, die Entmachtung Antonescus im August 1944, den Einzug der Roten Armee in Bukarest im August 1944, Szenen der Waffenbrüderschaft an der Front, die Rückkehr der rumänischen Truppen nach der Kapitulation Deutschlands. Die Erzählungen stammen von einem Bildhauerteam um Zoe Băicoianu, Marin Butunoiu, Ion Dămăceanu und T. N. Ionescu.

Hinter der Esplanade (Str. Ana Davila) befinden sich **Wohnbauten** aus dem Jahr 1950 von Mihaela Slomnescu, Vlad Iliescu, Dan Ioanovici und D. Badea. Aus der gleichen Zeit stammen die Bauten von I. Noviţchi, C. Ionescu, C. Hacker und A. Şerbescu in der Str. Ş. Panduri. Stadtauswärts schließt sich eine der üblichen Trabantenstädte an, Drumul Taberei. Sie entstand zwischen 1955 und 1970 vom Team um Dinu Hariton, Gheorghe Culea, Gheorghe Nădrag, Constantin Rulea und I. Gianichian.

■ Medizinische Fakultät

Eine der ältesten Hochschuleinrichtungen Bukarests ist die Medizinische Fakultät. Das Gebäude ist ein Werk von Louis Pierre Blanc aus dem Jahr 1902. Zur Einweihung wurde das Standbild von Karl Storck für Carol Davila (1828 – 1884), den Begründer der modernen Medizin in Rumänien, vor dem Haupteingang aufgestellt. Im Garten steht die Büste von Victor Babeş vom Bildhauer Max Kremser. Eine erste medizinische Schule war bereits 1842 unter Nicolae Kreţulescu im Colţea-Krankenhaus eröffnet worden, eine weitere entstand beim Militärspital. Aus der Zusammenlegung dieser beiden Schulen entstand im Jahr 1855 auf Betreiben Carol Davilas die Militärschule für Chirurgie. Dort wurden auch Sanitäter für das Militär ausgebildet. Die erste medizinische Fakulät wurde im Jahr 1869 eingeweiht. An ihr wirkten bedeutende Wissenschaftler wie der Bakteriologe Victor Babeş sowie die Mediziner George Assaki und Nicolae Kalinderu.

■ Botanischer Garten

Auf dem Cotroceni-Hügel wurde auf Initiative von Prof. Dimitrie Brândza der Botanische Garten eingerichtet. Die Idee zur Gestaltung eines solchen Gartens geht auf den Mediziner Carol Davila zurück, der beim damaligen Landesherrn Fürst Barbu Ştirbei um die Erlaubnis nachsuchte. Der Garten entstand auf sieben Hektar westlich der Cotroceni-Chaussee unter der Leitung des Botanikers Ulrich Hoffmann. Er wurde auch erster Direktor des Botanischen Gartens. Im Jahr 1874 verlegte man den Garten ins Zentrum, an die Stelle des Universitätsplatzes. Diese Fläche war jedoch zu klein, und so wurde der Botanische Garten erneut ins Cotroceni-Viertel verlegt. Heute nimmt er 17,5 Hektar ein. Seit den 30er Jahren wurde er zum Teil als Vergnügungspark genutzt, im April 1944 erlitt er durch Bomben schwere Schäden. Das älteste seiner Treibhäuser stammt noch aus dem 19. Jahrhundert, die beiden anderen gehen auf die 1950er und 1970er Jahre zurück und dienen der Pflanzenzucht. Hinter dem Botanischen Garten am Bd. Iuliu Maniu befindet sich die Polytechnische Universität.

Oberhalb der Kreuzung zwischen Botanischem Garten und Cotroceni-Palast

Das Löwendenkmal

steht das Monumentul Geniului Leul. Das **Löwendenkmal** wurde zu Ehren des Heldenmuts der Pioniertruppen im Krieg von 1916 bis 1918 errichtet. Es zeigt als Symbol des Heldenmutes einen Löwen, der mit seinen Vorderbeinen auf dem Fragment eines Geschützrohres steht, auf dem sich eine Fahne und ein Helm der besiegten Armee befinden. Das Denkmal geht auf den Bildhauer Spiridon Georgescu im Jahr 1926 zurück.

■ Der Cotroceni-Palast

Das **Cotroceni-Nationalmuseum** im gleichnamigen Palast (Palatul Cotroceni) bewahrt die Geschichte des mittelalterlichen und modernen Cotroceni. Der Palast, die Kirche und das Kloster sind Zeugnis einer 300jährigen Geschichte. Hier spielten sich wichtige politische, diplomatische und militärische, religiöse und kulturelle Ereignisse ab.

Inmitten eines großen Waldgebietes entstand an dieser Stelle seit dem 17. Jahrhundert ein zweiter fürstlicher Wohnsitz mit einem Klosterkomplex, den Șerban Cantacuzino im Jahr 1679, als er Fürst der Walachei geworden war, gestiftet hatte. Șerban Cantacuzino stand zunächst in hoher Position in Diensten des Fürsten Gheorghe Ghika, der ihm für seine Verdienste dieses Areal zum Geschenk machte. Während eines Komplotts rivalisierender Bojaren, die nach seinem Leben trachteten, floh Cantacuzino nach Cotroceni. Abgeleitet von einem alten Verb, bedeutet ›Cotroceni‹ sich verbergen. Cantacuzino überlebte in seinem Versteck und gelobte deshalb, an dieser Stelle ein Kloster zu stiften. Als Șerban mit nur 54 Jahren starb, wurde er gemäß seinem Wunsch im Kloster von Cotroceni beigesetzt. Sein Nachfolger, Constantin Brâncoveanu, nutzte

Stadtspaziergänge

Cotroceni für private Zwecke, aber auch für offizielle Empfänge. Nach dessen Tod verwahrloste die Anlage, die Erdbeben von 1738 und 1802 verursachten den Einsturz großer Teile des Klosters, das immer wieder aufgerichtet wurde. 1821 schlugen die Vladimirescu-Truppen ihr Heerlager in ihm auf.

Danach sah Cotroceni russische Soldaten, es folgten die Türken, die ein Munitionslager anlegten. Eine neue Zeit brach für Cotroceni unter Cuza an, der es nach grundlegender Renovierung seit 1862 als Sommerresidenz nutzte. Hier fand auch sein Sturz statt. Ende des 19. Jahrhunderts wurden alle Gebäude bis auf die Kirche abgerissen.

Der heutige Palast von Cotroceni entstand in den Jahren von 1893 bis 1900 für den Thronfolger Ferdinand und seine Verlobte Maria, nach einem Entwurf von Paul Gottereau und Grigore Cerkez, der zwei Türme anfügte. Für die monumentale, von weiten Galerien umgebenen Treppen war die Große Oper von Paris das Vorbild. Den **Garten** legte F. Rebhuhn im romantischen Stil an.

In diesem Palast fand die Hochzeit von Ferdinand und Maria statt, und hier tagte der Kronrat und beschloß, die Neutralität Rumäniens zugunsten der Alliierten aufzugeben. Im Jahr 1918 fanden hier die Verhandlungen zum Frieden von Bukarest zwischen den Mittelmächten und Rumänien statt. Carol II. nutzte Cotroceni nur noch zeitweise als Residenz, und nach Michaels Ausreise nahmen die Kommunisten den Palast in Besitz. Nach dem Zweiten Weltkrieg wechselte seine Bestimmung vom Pionierpalast zum Gästehaus. Große Teile des Inventars und der kostbaren Bücher wurden zerstört. Zwei Erdbeben schädigten den Bau nachhaltig. Die Veränderungen unter Ceaușescu wurden von

den Architekten Nicolae Vlădescu, Constantin Rulea und Nicolae Rădulescu in den Jahren von 1977 bis 1989 umgesetzt. Dabei wurde auch die Klosterkirche abgerissen. Sie konnte bis 2004 rekonstruiert werden.

Seit 1991 ist der Palast von Cotroceni offizielle **Residenz des rumänischen Präsidenten**, der dort aber nicht wohnt, wenn auch die Präsidialverwaltung hier untergebracht ist. Der Palast wurde außerdem zum Nationalmuseum erklärt; als Museum werden vorwiegend die Räumlichkeiten der Hohenzollern gezeigt. Daneben werden einige Räumlichkeiten für kulturelle Veranstaltungen wie Konzerte genutzt. In der Parkanlage hat sich ein Teil vom alten Wald erhalten. Sie ist von einer streng bewachten Mauer umgeben.

Man benötigt für die Besichtigung eine Voranmeldung. Der Reisepaß wird kontrolliert, die Handtaschen durchleuchtet. Die Besichtigung der historischen Räume auf zwei Etagen wird von einer staatlichen Führung auch in Englischer Sprache begleitet. Besichtigt werden die

Der Cotroceni-Palast ist heute die Residenz des rumänischen Präsidenten

Im Cotroceni-Palast

Privatgemächer von Maria und Ferdinand, die den Palast dauerhaft mit ihren sechs Kindern bewohnten. Maria, selbst sehr künstlerisch veranlagt, hat die Möbel teilweise im keltischen, teilweise im rumänischen und teilweise im Jugendstil entworfen. Da das Erdbeben von 1977 vieles zerstört hat, ist fast die gesamte Einrichtung eine Rekonstruktion. Nur die Möbel konnten teilweise gerettet werden. Einer der wenigen originalen Räume ist Marias Kapelle, die sie nach ihrem eigenen Entwurf eingerichtet hat. Die Kapelle ähnelt eher an ein Meditationszentrum.

■ **Weitere Sehenswürdigkeiten**
Auf dem Weg zum Stadion kann man die nach dem Mediziner Panaît Iatropol benannte Straße wählen. Der berühmte Horia Creangă baute hier im Jahr 1932

die **Casa Thomas** (Nr. 15). Die zwei gegeneinander verschobenen Kuben erinnern an Bauten von Adolf Loos.
Der Rundgang durch Cotroceni endet am **B. N. R.-Stadion**. Hier werden regelmäßig die ›B. N. R. Tennis Open‹, ein internationales Turnier, ausgetragen. Neben den Siegprämien wird eine Miniaturausführung der Țiriac-Nastase-Trophäe vergeben, benannt nach dem ehemaligen Weltklassespieler Ilie Nastase und dem einflußreichen Geschäftsmann und früheren erfolgreichen Tennisspieler Ion Țiriac, der in Deutschland vor allem als ehemaliger Manager von Boris Becker bekannt ist.

Ghencea

Das Viertel Ghencea schließt sich südwestlich an Cotroceni an. Sein Name ist vor allem mit dem Friedhof, auf dem

Auf dem muslimischen Friedhof

sich das Grab Ceaușescus befindet, und mit dem Stadion Steaua verbunden.

Der riesige **Friedhof Ghencea** (Cimitirul Ghencea) besteht aus einem Militär- und einem Zivilfriedhof. Auf letzterem befinden sich die Gräber der Familie Ceaușescu. Das Ehepaar Ceaușescu liegt getrennt, das Grab von Nicolae Ceaușescu, der am 26. 01. 1918 geboren und am 25. 12. 1989 hingerichtet wurde, ist mit einem rosafarbenen Marmorgrabstein und einem Foto des Diktators geschmückt. Folgende Inschrift ist eingemeißelt: ›O Lacrima PE Mormântul Tău Din Partea Poporului Roveanu‹ (Eine Träne auf deinem Grab vom deinem Volk).

Etwas entfernt liegt seine Frau Elena. Man läuft die Hauptachse Richtung Kapelle und biegt dann links ein. Auch der Sohn Nicu wurde im Herbst 1996 auf diesem Friedhof begraben. Für viele erstaunlich ist die Tatsache, daß Besucher hierher kommen und Kerzen anzünden; alle Gräber sind mit frischen Blumen geschmückt, ein ewiges Licht brennt.

Gegenüber befindet sich ein **muslimischer Friedhof**. Er wird von einer rumänischen Familie muslimischen Glaubens gehütet. Sie hat hier auch ihr Zuhause, weswegen schon mal Wäsche aufgehängt ist und Kinder auf der Wiese zum Friedhof spielen. Das gibt diesem Friedhof eine seltene Wärme. Der Friedhof ist in einen Helden- und einen Zivilfriedhof unterteilt.

Ghencea ist berühmt für sein **Sportstadion**. Bedeutendster Fußballclub von Bukarest ist der Fotbal Clubul Steaua București, dessen Spitzname ›Militarii Roș-Albaștrii‹, die Rot-Blauen, oder ›Vizeziștii‹, die Schnellen, ist. Seit 1974 trägt der Club seine Spiele hier aus. Das Stadion faßt 28 000 Zuschauer und wird wegen der vielen Erfolge auch der rumänische Fußballtempel genannt. Es wurde nach der Wende umgebaut und wird seit 2006 wieder bespielt.

Der Verein wurde 1947 als Club der rumänischen Armee unter dem Namen ASA gegründet. Bis zur endgültigen Namensgebung Steaua (der Stern) im Jahr 1961 wurde der Name mehrfach gewechselt. Bis heute ist Steaua mit 23 Meistertiteln und 20 Pokaltiteln der erfolgreichste Verein Rumäniens. Einen großen internationalen Erfolg feierte man 1986, als im Finale zum Europapokal der Landesmeister in Sevilla der große Favorit FC Barcelona mit 2:0 nach Elfmeterschießen besiegt wurde. Ein Jahr später folgte der Sieg im Europäischen Supercup. Die großen Jahre erlebte der Verein zwischen 1985 und 1989.

Einer der bekanntesten Spieler war Marcel Răducanu, der 1979 und 1980 rumänischer Fußballer des Jahres war. Er setzte sich während eines Spiels in Dortmund ab, wo er auch seit 1982 spielte und heute einen Fußballclub betreibt. Als Spieler von Steaua besaß er den militärischen Rang eines Hauptmanns, so daß seine Flucht als Fahnenflucht gewertet wurde.

Andere bekannte Spieler des Vereins sind Dorinel Munteanu, Marius Lăcătuș, Gheorge Hagi, Helmuth Duckadam, Lászlo Bölöni, Adrian Bumbescu, Miodrag Belodedici, Gabi Bálint.

Zwischen Piața Revoluției und Nordbahnhof

Drei Sakralbauten und einige interessante Profanbauten befinden sich in diesem Viertel, aber mittlerweile auch kleine Läden und Cafés. Es lohnt sich also, auch hier durch die Gassen zu schlendern.

In der Str. General Budișteanu steht die **Kirche Manea Brutaru**, früher die Kirche der Bäcker. Auf einen Holzbau aus dem Jahre 1777 folgte bald schon ein Steinbau, der im 19. Jahrhundert mehrfach verändert und erneuert wurde. Auf dem Kirchenareal steht ein sehr schönes Steinkreuz mit einer langen Inschrift.

An der nach dem General Henri Berthelot benannten Str. Berthelot befinden sich einige sehenswerte Bauten, unter denen die **Josefskathedrale** (Catedrala Romano-Catolică Sf. Iosif) herausragt: Es ist die Erzbischofskirche Bukarests. Sie erinnert mit ihrer Rosette aus bunten Scheiben an westliche gotische Kirchen. Die farbigen Glasfenster wurden in München gefertigt, die Malereien gehen auf Georg Röder und Herms zurück. Die Kirche ist eine Stiftung Carols I. Mit ihrem Bau wurde im Jahr 1875 unter Bischof Paoli begonnen. 1884 wurde sie fertiggestellt und in Anwesenheit der Hohenzollern durch Papst Leo XIII. geweiht. Der Entwurf geht auf Friedrich von Schmidt und Carol Beniș zurück. In diesem Gotteshaus zelebrierte Papst

Ungewöhnliche Farbgebung: die Georgskirche

Stadtspaziergänge

Johannes Paul II. im Jahre 1999 die Messe. Der Kirche benachbart steht das Gebäude des Erzbischofs von Ferdinand Höflich aus dem Jahr 1925. Demnächst wird ein 19stöckiges Hochhaus die Sicht auf die Kirche versperren; die Proteste gegen den Bau blieben leider erfolglos. An der Ecke zur Str. Popa Tatu steht das Gebäude der **Finanzverwaltung** aus dem Jahr 1917. Der Architekt Statie Ciortan schuf nicht nur dieses, sondern eine ganze Reihe derartiger Verwaltungsbauten innerhalb von 30 Jahren. Ferner findet man in dieser Gegend den modernen **Palatul Radiodifuziunii** aus dem Jahr 1960. Der Radiopalast wird, wie etwa auch der Zirkus, die Palasthalle und die Oper, für Konzerte genutzt. Sein Zentralbau mit einer Fläche von 60 000 Quadratmetern beherbergt auch das Mihail Jora Concert Studio.

Die **Neue Evangelische Kirche** (Biserica Reformată) wurde am Palmsonntag 1853 durch den Pfarrer Neumeister geweiht. Die Alte wurde in eine Schule umgewandelt. Unübersehbar ist ihr recht hoher schlanker Turm, etwas unglücklich ihre Lage an einer verkehrsreichen Straße. Der Turm war lange eines der höchsten Bauwerke der Stadt. Seine Glocken stammten aus der Gießwerkstatt Blank in Bukarest; sie wurden 1996 durch ein elektrisches Läutwerk ersetzt. Königin Elisabeth, die erste evangelische Fürstin des Landes, ließ 1902 das Innere nach ihren Vorstellungen ausschmücken. Die Sprüche auf den Tafeln und die Altardecke waren ihr eigenes Werk. Ein Brand im Januar 1912 zerstörte vor allem das Innere, einschließlich der Orgel der Firma Ludwig Walker aus Ludwigsburg. Dank königlicher Unterstützung ging der Wiederaufbau zügig voran, so daß die Kirche bereits im Dezember des gleichen Jahres wieder geweiht werden konnte. Die Inschrift im Portal beschreibt die Kirche als ein Denkmal der göttlichen Gnade, das von Glaubenstreue, Bruderliebe und edler Toleranz erbaut wurde, Gott zum Dienst, der Gemeinde zum Segen unter dem Schirme des Höchsten.

In der Str. Știrbei Vodă befinden sich mehrere **Wohnbauten von Duiliu Marcu** aus den 1930er Jahren: die Nummer 17, die Nummer 18–20 mit gerundeten Formen und die Nummer 92. Dabei handelt es sich um das Wohn- und Geschäftshaus Ficsinescu, dessen Höhe wegen der Bauvorschriften 20 Meter nicht überschreiten durfte. An der Vielzahl seiner Bauten in Bukarest kann man die Bedeutung dieses Architekten für die Stadt ermessen.

Wer noch etwas gehen möchte, kann nun weiter Richtung Westen laufen. An der Str. Mircea Vulcănescu, Richtung Cotroceni, trifft man auf das **Militärmuseum**, und am Ende dieser Straße steht die **Georgskirche** (Sfântul Gheorghe Plevna). Der zierliche Bau stammt vom Jahr 1836 und wurde nach Kriegsschäden wieder erneuert. Man erkennt sie gut an der markanten Farbgebung ihres abwechselnd roten und weißen Mauerwerks und ihren Kuppeln.

Legende

1. Finanzverwaltung
2. Radiopalast
3. Militärmuseum
4. Eisenbahnwerke Grivița Roșie
5. CFR-Gebäude
6. Museum der rumänischen Eisenbahn
7. Rathaus Sektor eins
8. Testturm

Stadtspaziergänge

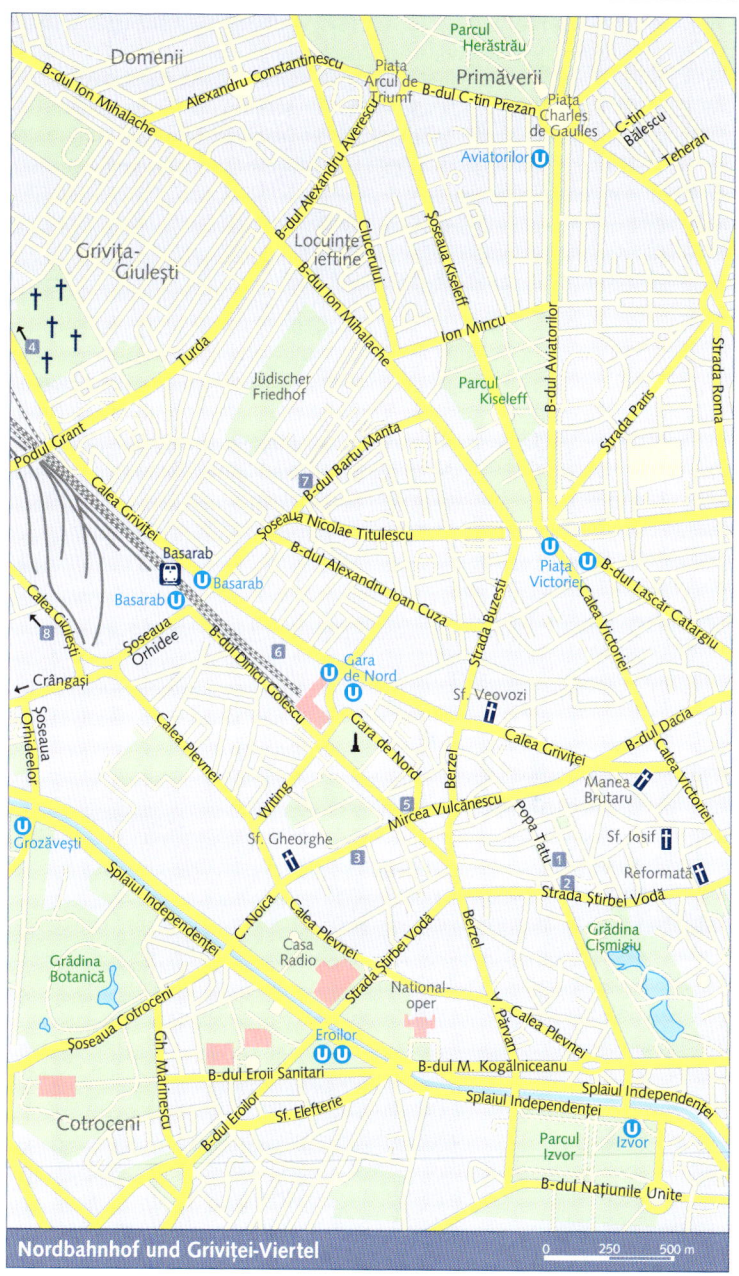

Nordbahnhof und Griviței-Viertel

0   250   500 m

Das Grivița-Viertel

Das Grivița-Viertel steht für Industrie, große Kriegsschäden und ein Bahnhofsviertel, in dem viele Jahre die Straßenkinder zu Hause waren. Es ist kein schönes, aber ein historisch interessantes Viertel, in dem es auch einiges zu entdecken gibt.

Die Calea Grivița ist eine der ältesten Straßen Bukarests. Einst verlief hier einer der ersten ›Poduri‹ des alten Bukarest, der Podul Târgoviște. Die Calea Grivița nimmt ihren Ausgang an der Calea Victoriei und führt in nordwestlicher Richtung stadtauswärts. Ihr erster Abschnitt reicht bis zum Nordbahnhof.

Nicht nur Denkmäler in Bukarest erinnern an den Unabhängigkeitskrieg von 1877, auch viele Straßennamen wurden nach Kriegsschauplätzen und Persönlichkeiten aus dieser Zeit benannt. Die Russen standen im Krieg gegen die Türken im heutigen Bulgarien, südlich der Donau, nahe der Stadt Pleven. Sie konnten die Schlacht nur dank der Unterstützung rumänischer Truppen unter Führung von Carol I. für sich entscheiden. Die Rumänen versprachen sich von dieser Hilfe auch die Unterstützung Rußlands im Kampf für ihre Unabhängigkeit von der türkischen Herrschaft. Deshalb wurden eine Reihe von Straßen in Erinnerung an die Kämpfe umbenannt: Victoriei, Plevnei, Griviței, Rahovei nach den Kriegsschauplätzen Plevna, Grivița und Rahova. So wurde aus dem Podul Târgoviște die Calea Griviței.

Am Nordbahnhof

In diesem Viertel wurde 1872 der zweite Bahnhof von Bukarest eingeweiht, der heutige Nordbahnhof. Ein Eisenbahnring umgibt Bukarest und leitet nationale und internationale Züge zum Gara de Nord, der damit Ausgangspunkt für den Fernverkehr ist. An ihn schließt sich der **Bahnhof Basarab** an, in dem überwiegend Regionalzüge starten.

Das Grivița-Viertel wurde wegen der hier angesiedelten **Eisenbahnwerke Grivița Roșie** bekannt, einst eine Reparaturwerkstatt für Eisenbahnen und Waggons. Die Arbeiter dieser Firma traten am 15. Februar 1933 in einen großen Streik, der blutig niedergeschlagen wurde. Mehrere Gedenktafeln, unter anderem auf dem Fabrikgelände, erinnern daran. Unter den Kommunisten wurde die Fabrik auf die Produktion von chemischen Apparaturen umgestellt.

Noch vor dem Zweiten Weltkrieg sah ein Stadtentwicklungsplan eine Verbreiterung vieler Straßen und Kreuzungen zu Esplanaden vor. Deren Eckpunkte sollten mit markanten Bauten besetzt werden. Der Nordbahnhof beispielsweise sollte an den inneren Stadtring angebunden werden. Aus den Wettbewerben ging das Team um Duiliu Marcu als Sieger hervor. Hinter den monumentalen Fassaden des Bahnhofs verbergen sich funktionale Grundrisse. Die im Jahr 1937 begonnenen Bauarbeiten wurden durch den Zweiten Weltkrieg unterbrochen und im Jahr 1946 unter der Leitung von Ștefan Călugăreanu wieder aufgenommen.

Während des Zweiten Weltkriegs wurde das Viertel durch Bomben stark zerstört. Das schuf Platz für eines der ersten großen Projekte unter Gheorghe Gheorghiu-Dej. In seiner Rede, die er im Juni 1962 in den Grivița-Roșie-Werken hielt, sagte er: »Die Calea Griviței, die der Krieg verheert hatte, erstand nicht nur aus Schutt und Asche neu, sondern ist mit ihren neuen Wohnblocks zu einer der Zierden der Hauptstadt geworden und versinnbildlicht die Wandlung, die sich unter den lebensspendenen Strahlen der Sonne des Sozialismus im ganzen Lande vollzogen hat.«

Die Umsetzung dieser pathetischen Worte, wie sie in den Jahren von 1959 bis 1964 vollzogen wurde, kann man sich auf einer praktisch schnurgeraden Strecke von fünf Kilometern ansehen. Hinter der Abzweigung von der Calea Victoriei ist die Straße noch ganz ursprünglich und gewunden. Dahinter aber wird die Umwandlung deutlich, die Straße wurde begradigt und um 30 Meter verbreitert.

Auf der rechten Seite blickt man auf eine frisch getünchte und strahlend weiße orthodoxe Kirche mit drei Kuppeltürmen. Die **Kirche Sfinții Voevozi** stammt aus dem 19. Jahrhundert und wurde um 1903 renoviert und mit neuen Malereien ausgestattet. Abseits der Calea Griviței gibt es kleine Sträßchen und den kurzen Abschnitt der Str. Bucesti mit vielen kleinen Antiquitätengeschäften.

Die ersten **Wohnblöcke** entstanden hinter dem Bahnhof. Allein um die Boulevards Duca und Dinicu Golescu wurden 7000 Wohneinheiten gebaut. Mit der zunehmenden Industrialisierung dieses Viertels war das Gebiet um den Nordbahnhof bereits vor dem Zweiten Weltkrieg radikal umgestaltet worden. Die Veränderung begann mit dem Gebäude gegenüber des Bahnhofs, dem **Palatul CFR**. Die Arbeiten wurden 1934 aufgenommen und nach der Unterbrechung durch den Zweiten Weltkrieg 1960 durch einen Erweiterungsbau von einem Team um Duiliu Marcu, P. Em. Miclescu, Șt. Călugăreanu, Teonic Săvulescu und

den Ingenieur I. Călin und E. Revici vollendet. In dem Gebäude ist das Ministerium für Transport eingerichtet.

Das Gebäude des **Nordbahnhofs** (Gara
de Nord) stammt von Victor G. Ştepha-
nescu aus dem Jahr 1935. Eigentlich
wurde der Architekt durch seine neurumänischen Formen populär. Im Bahn-
hofsgebäude zeigt er sich eher von Peter
Behrens beeindruckt. Den Haupteingang
in Form einer offenen Vorhalle verklei-
dete er mit dunklem Granit, der mit dem
Granit des gegenübeliegenden CFR-Ge-
bäudes korrespondiert.

Vor dem Nordbahnhof befindet sich das
**Denkmal der Helden der rumänischen
Eisenbahner** von Cornel Medrea und
Ion Jalea. Auf einem Granitsockel steht
eine Frau, die einen Lorbeerkranz als
Sinnbild des Sieges über den Kopf eines
Eisenbahners hält. Auf den Seiten be-
findet sich je eine Gruppe Eisenbahner.
Das Denkmal ist zum Gedenken an die
Eisenbahner errichtet worden, die wäh-
rend des Ersten Weltkriegs Transporte
von Waffen, Menschen und Lebensmit-
teln durchführten.

Weitaus schöner ist das **Standbild** an
der Kreuzung Dinicu/Mircea Vulcănescu
von W. Hegel aus dem Jahr 1908. Es
stellt den Gelehrten Dinicu Golescu
(1777–1828) dar. Der Begründer der
literarischen Gesellschaft Societatea
literară română steht in Bojarenkleidung
seiner Zeit auf einem Sockel, in dem an
allen vier Seiten je einer seiner Söhne im
Relief dargestellt ist.

In einem Gebäude an der nördlichen
Flanke des Nordbahnhofs (Nr. 193 A) ist
das **Museum der rumänischen Eisenbahn** untergebracht. Hinter den Boulevards haben kleine einstöckige Häuser
des alten Bukarest und einige schöne
Bauten der Jahrhundertwende den Zweiten Weltkrieg überstanden. Wir befin-

den uns im ersten Sektor. Das **Rathaus
vom Sektor eins** steht, den Platz dominierend, in der Bd. Banu Manta 9.
N. Georgescu und G. Cristinel entwarfen das interessante Gebäude, es wurde
zwischen 1927 und 1936 errichtet. Mit
seinem Turm auf der Ecke und dem
Aufbau erinnert es an den Palast der
Signoria in Florenz.

In größerer Entfernung vom Bahnhof
erkennt man den **Turnul de testa ascen-
soare**, einen 90 Meter hohen Turm, der
als Testtower für Aufzüge errichtet wurde. Der erdbebensichere Bau wurde
1972 von Corneliu Borcoman, Gh. Ne-
goiţa, V. Guran, E. Pajor und D. Macovei
entworfen.

Die Bebauung entlang der Calea Griviţei
hinter dem Bahnhof besteht zumeist aus
einförmigem Wohnhausblöcken der Jahre 1958 bis 1965. Viele Architekten waren an ihr beteiligt wie Virgil Niţulescu,
Mircea Bercovici und W. Juster. Jenseits
dieser Monotonie verbirgt sich aber ein
Viertel, das mit seinen einstöckigen Häusern den Charme vom Ende des 19. Jahrhunderts bewahrt hat. Es ist das **Cartierul Griviţa-Giuleşti**, ein Zeuge der ersten
Industrialisierungsphase.

Ähnlich sieht es um den Boulevard Mihalache aus: Entlang des Boulevards befinden sich riesige, eintönige Wohnblöcke
aus den 1970er Jahren, dahinter, in der
Str. Clucerului, aber ein charmantes
Viertel, das **Locuinţe ieftine**. Es besteht
aus niedrigen Wohnbauten der 1930er
Jahre, für die I. D. Trajanescu die Pläne
lieferte.

Westlich des Bahnhofs schließt sich die
Trabantenstadt Crângaşi an. Es ist ein
tristes Wohnviertel, typisches Beispiel
für die gesichtslosen Neubauten aus der
sozialistischen Zeit. Die einzigen Vortei-
le des Viertels sind der U-Bahn-Anschluß
und der große Stausee der Dâmboviţa.

Im Norden

Die schönste Einfahrt nach Bukarest ist die von Norden. Sobald man die Stadtgrenze überfahren hat, präsentiert sich die Zweimillionen-Metropole von ihrer großzügigsten Seite. Mitten in einem Seen- und Grünanlagenkranz, der die Stadt an dieser Seite wie eine grüne Lunge umgibt, treffen wir auf riesige, breit angelegte, lange Boulevards, die dem Ruf Bukarests als Paris des Ostens alle Ehre machen. Die Seen Lacul Grivița, Lacul Băneasa, Lacul Herăstrău, Lacul

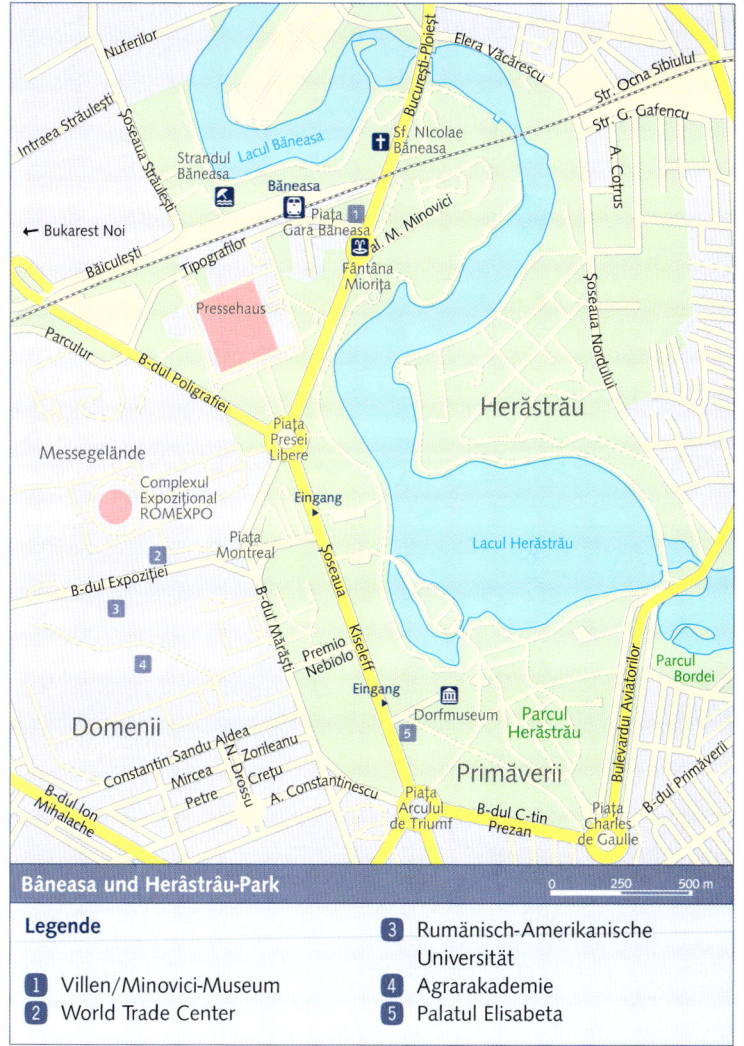

Bâneasa und Herâstrâu-Park

0   250   500 m

Legende

1 Villen/Minovici-Museum
2 World Trade Center
3 Rumänisch-Amerikanische Universität
4 Agrarakademie
5 Palatul Elisabeta

Stadtspaziergänge

Floreasca, Lacul Tei, Lacul Plumbuița und Lacul Fundeni werden aus dem Fluß Colentina gespeist. Die Parkanlagen rund um diese Seenlandschaft herum sind die grünen Lungen der Stadt und bieten ein reichhaltiges Unterhaltungs- und Sportprogramm.

Băneasa und Bukarest Noi

Băneasa liegt im Norden der Stadt und ist vor allem wegen des Flughafens bekannt. Vom Flughafen Otopeni oder Băneasa führt die stattliche Chaussee București-Ploiești stadteinwärts. Sie führt über den Lacul Băneasa, an dem sich eines der Freibäder befindet, Strandul Băneasa.

Nur wenige hundert Meter weiter stößt man unvermutet auf die ersten Sehenswürdigkeiten. Zu ihnen gehört auch der **Bahnhof Băneasa**. Er ist so unauffällig, daß man fast an ihm vorbei fährt, aus architekturhistorischer Sicht lohnt aber ein Besuch. Mit dem wirtschaftlichen Aufschwung nach dem Ersten Weltkrieg wuchsen auch die Anforderungen an das Schienennetz. Daher gab die rumänische Eisenbahngesellschaft CNR zusätzliche Bahnhöfe in Auftrag. Zu ihnen gehörten der Bahnhof Băneasa und derjenige von Sinaia. Beide wurden von Duiliu Marcu und Nicolae Nedelescu entworfen. Der Bahnhof Băneasa lag bei seiner Einweihung 1936 an der damaligen Stadtgrenze.

Er besteht aus drei Baugliedern. Ein hoher Baukörper dient als Wartehalle, ein langgezogener als Perron und ein kleinerer als Abschluß der Anlage. Die Tragstruktur ist aus Beton, die Verkleidung aus rumänischem Travertin. Der Bahnhof wird derzeit renoviert, die Strecken erneuert und erweitert.

Gegenüber befinden sich zwei sehenswerte **Villen**, die an der Wende vom 19. zum 20. Jahrhundert entstanden. Sie gehörten den Brüdern Minovici. Die Villa von Mina Minovici (1857–1933) wurde 1905 vom Architekten Cristofi Cerkez im Stil einer walachischen Kula errichtet. Sein Bruder Nicolae (1868–1941) übereignete im Jahr 1936 das

An der Fântâna Miorița

Haus mit einer Sammlung der Rumänischen Akademie der Wissenschaften. Es beinhaltet volkskundliche Gegenstände aus drei Jahrhunderten, darunter Keramiken, Ikonen, Skulpturen, Bücher und Gebrauchsgegenstände. Daneben steht eine Villa aus Ziegel, die an den englischen Tudorstil erinnert. An den Fenstern sind Verzierungen nach Blumenmustern der Walachei angebracht. Die Villa wurde 1937 von Enzo Canella entworfen.

Beide Villen wurden zu einem Museum umfunktioniert. Die schöne Einrichtung und der Garten lohnen den Besuch. Mina Minovici war ein bahnbrechender Gerichtsmediziner, der 1892 das forensische Institut Mina Minovici in Bukarest ins Leben rief. Das Gebäude des gerichtsmedizinischen Instituts wurde leider 1985 abgerissen.

Auf einer Verkehrsinsel steht die **Fântâna Miorița**. Sie stammt von 1936, ist aus Dobrudscha-Granit gefertigt und wurde von Octav Doicescu (1922–1981) gestaltet. Die Autos fahren um diesen Brunnen herum. Der Brunnen trägt den Namen Miorița (das Lämmchen) nach der wohl berühmtesten Ballade Rumäniens. Die schwarz-weißen Mosaiken gehen auf Milița Pătrașcu (1892–1976) zurück, einer Schülerin von Constantin Brâncuși. Nur der Schäfer und die Lämmer sind Weiß auf Weiß, alles andere ist Weiß auf schwarzem Hintergrund dargestellt.

Oberhalb der Eisenbahnbrücke steht die zierliche **Kirche Sf. Nicoale Băneasa** von 1774, eine Stiftung des Enăchița Văcărescu. Sie diente den Văcărescu als Familienkapelle. Ihre Renovierung im 19. Jahrhundert verdankt sie George Bibescu. Es handelt sich um einen zierlichen Dreikonchenbau mit Glockenturm über dem Narthex und einem kleinen, offenen Pridvor.

Das neu konzipierte Wohnviertel **Băneasa Lac** liegt zwischen den Straßen Gârlei und Madrigalului. Das Viertel **Bukarest Noi** schließt westlich an Băneasa an. Es wurde in den 1950er Jahren begonnen. Als 1953 das Internationale Jugendfestival in Bukarest stattfand, nahm man dies zum Anlaß für größere Projekte im Sport- und Unterhaltungsbereich. Interessant ist aus dieser Zeit ein Open-Air-Theater in überdimensionalen Renaissanceformen (1953–1958), in dem heute ein Kino eingerichtet ist. In den 80er Jahren entstand hier auch das Club-Restaurant, das nur Priviligierten zugänglich war. Der Entwurf geht auf die Architekten Ion Barabaș, Paul Georgescu und Vasile Marcu zurück.

■ Pressehaus

Vom Bahnhof Băneasa ist es nur ein kurzes Stück bis zum Pressehaus (Casa Presei Libere), früher das Haus des Funkens (Casa Scînteia), ein Geschenk Stalins aus dem Jahr 1956. Die Entwürfe von H. Maicu lehnten sich deutlich an das Moskauer Vorbild der Lomonossov-Universität an. Die Bauweise wird gern – mitunter ein wenig spöttisch – mit dem Begriff ›Zuckerbäckerstil‹ umschrieben. In diesem Bau haben auch heute die meisten Zeitungen und viele Verlage ihren Sitz. Das Haus ist ein Symbol der Freiheitsbewegung, während des Kommunismus war es ein Symbol der Zensur. Hier war auch die Redaktion der deutschsprachigen Literaturzeitschrift Neue Literatur untergebracht. Vor dem Gebäude stand bis zum Januar 1990 auf einem Granitsockel Genosse Lenin und wies die Richtung. Lenin wurde entfernt, und der rote Granitsockel blieb bis heute ohne richtungsweisenden Ersatz.

Stadtspaziergänge

Vorbild Moskau: das Pressehaus

■ **Die öffentliche Meinung**

Nach dem Sturz der Kommunisten war in Rumänien und ganz besonders in Bukarest ein enormer Nachholbedarf an Information. Der Übergang von der Zensur zur Meinungsfreiheit vollzog sich innerhalb weniger Wochen. Zeitungen, Zeitschriften, Druckereien, Radiosender, Fernsehkanäle und Nachrichtenagenturen sind wie Pilze aus dem Boden gesprossen. Fast alle sind privat. In öffentlicher Hand sind die nationale Nachrichtenagentur Rompres, die Nationale Rundfunkgesellschaft mit Sendungen in vielen Sprachen und die Nationale Fernsehgesellschaft mit ihren drei Kanälen TVR 1, TVR 2 und TVR international. Daneben bieten die privaten Sender ProTV, Antena 1, Prima TV ein Programm rund um die Uhr an. Die hohen Auflagen der Tageszeitungen zu Beginn der 90iger Jahre haben sich zwischenzeitlich relativiert. Nationale Tageszeitungen sind Adevărul, România Libe-

ră, Evenimentul Zilei, Național, Ziua, Cotidianul, Libertatea und Cronica Română. Deutschsprachige Tageszeitungen sind in den Hotels eher selten, englischsprachige dagegen häufiger zu haben. Eine englischsprachige rumänische Zeitung ist Nine o'clock, www.nineoclock.ro. In Rumänien selbst wird die ADZ von der Stiftung zur Förderung der Deutschen Literatur in Rumänien herausgegeben. Gedruckt wird in der stiftungseigenen Concordia-Druckerei. Die rumänische Regierung unterstützt das Erscheinen finanziell über das Minderheiten-Department des Informations-Ministeriums.

■ **Messegelände**

Neben dem Pressehaus befindet sich das Bukarester Messegelände (Complexul Expozitional ROMEXPO). Sein Hauptgebäude, der **Pavilionul Central** (Pavilionul EREN) mit seiner modernen Glaskuppel von 93 Meter Durchmesser, wurde von 1963 bis 1965 von Ascanio Damian, Mircea Enescu und Vea Hariton konstruiert. In diesem Pavillon wurde im Jahr 1965 eine Industrieausstellung unter Beteiligung von Deutschland veranstaltet, der Auftakt zur Wiederaufnahme diplomatischer Beziehungen zwischen der Bundesrepublik Deutschland und Rumänien.

Um das Messegelände sind große **Hotels** angelegt. Eines der ersten Luxushotels nach der Wende war das ›Sofitel‹. Hinter ihm ragt das **World Trade Center** hervor, Symbol der erneuten wirtschaftlichen Öffnung Rumäniens nach der Wende. Fast 20 Jahre lang prägen diese beiden Wolkenkratzer von V. Vion und Nicolae Tarălungă nun breits das Stadtbild.

Hinter dem Messegelände ist 2004 ein neues **römisch-katholisches Kloster** geweiht worden, Richtung Innenstadt folgen die **Rumänisch-Amerikanische Universität** und die **Agrarakademie** (Adacemia de Ştinţe Agricole), dies ein Bau der 1930er Jahre von F. Stănculescu.

■ **Kiseleff-Chaussee**

Vom Presseplatz führen zwei Linien in die Stadt. Der direkte und sehenswertere Weg führt über die Chaussee Kiseleff, benannt nach dem beliebten General der russischen Protektoratszeit. Die Prachtstraße wurde in zwei Abschnitten angelegt. Ihr nördlicher, jüngerer Teil führt direkt auf den Triumphbogen zu. Sie wird hier vom Freizeitpark Tineretului, nicht zu verwechseln mit dem gleichnamigen Freizeitpark im Süden der Stadt, und dem Herăstrău-Park flankiert. Der ältere Abschnitt, ausgehend vom Freiheitsplatz, entstand bereits im Jahr 1832, wurde bald darauf mit Bäumen bepflanzt und im Jahr 1844 durch Wilhelm Mayer mit

dem ersten Park Bukarests geschmückt. Während der ältere Abschnitt von historischen Bauten und Villen flankiert ist, in denen Botschaften, Museen und Verbände eingerichtet sind, trifft man entlang des Herăstrău auf die Sportanlagen von Marcel Iancu und das rumänische Kulturinstitut.

Herăstrău-Park

Der Herăstrău-Park ist mit einer Fläche von 187 Hektar der größte Park, und sein künstlich angelegter **See** mit 77 Hektar der größte See der Stadt. Seit seiner Entstehung, die sich in den Jahren 1936 bis 1939 vollzog, gilt es als ein sonntägliches Vergnügen, elegant gekleidet im Herăstrău zu flanieren.

Mehrere Eingänge ermöglichen den Zugang. Im Park befinden sich Sport-, Freizeit- und Vergnügungsanlagen, darunter auch ein Riesenrad. Auf dem See werden Regatten abgehalten. Vom eleganten Restaurant bis hin zur Imbißbude gibt es ein großes kulinarisches Angebot, besonders schön sind die Gartenrestaurants im nördlichen Parkteil, von denen der Biergarten ›Maria Celeste‹ sehr zu empfehlen ist.

Im Park sind einige **Skulpturen** verteilt, darunter ›Miorița‹ und ›Dochia‹, und verschiedene Büsten, darunter eine vom Dichter Sadoveanu. Jüngstes Denkmal ist das **Pantheon der europäischen Bewegung**, eine Stiftung der Europäischen Union. In einem Rondell sind die Bronzeköpfe all derer verewigt, die an der Gründung der Europäischen Union maßgeblich beteiligt waren, darunter Alcide de Gasperi, Konrad Adenauer, Robert Schumann und Jean Monnet. Inmitten des Parks entstand in der Nachkriegszeit der Pavillon Herăstrău von Dimitrie Gusti, H. Stern und Ascanio Damian. Am Ufer des Sees kann man Boote mieten.

Windmühle im Dorfmuseum

Im Parcul Herăstrău befindet sich das sehr sehenswerte **Dorfmuseum** (Muzeul Satului). Es wurde auf Initiative des Soziologen Dimitrie Gusti geplant, 1936 eingeweiht und seitdem kontinuierlich erweitert. Heute stehen auf einer Fläche von zehn Hektar 300 originale Bauernhöfe aus verschiedenen Regionen Rumäniens. Es war das erste große Freilichtmuseum im Südosten Europas und hat sein Vorbild im Skansen (Schweden), dem ersten europäischen volkskundlich orientierten Museum dieser Art aus dem Jahr 1891.

Der Soziologe Dimitrie Gusti schuf mit der Erforschung der rumänischen Bauernkultur die eigentlichen Grundlagen für ein Museum. Erste Ausstellungen erfolgten im Freiheitspark. Der Andrang war so groß, daß man die Anlage eines ganz eigenen Freilichtmuseums beschloß: »Um richtig verstanden zu werden, müssen die Gegenstände im Museum so Aufstellung finden, wie sie in Wirklichkeit sind, nicht zwischen Leinwandbahnen, sondern in einem richtigen Bauernhaus, nicht in Ausstellungsständen, sondern im Hof der Bauernwirtschaft. Wir brauchen dringend ein Freilichtmuseum, dessen Stände ganze Bauernhäuser sind, die ihrerseits Museumsstücke sind. Die Häuser aber müssen so aufgestellt werden, daß sie ein richtiges Dorf ergeben.«

Innerhalb von nur zwei Monaten, von März bis April 1936, entstand dieses Museum. Es spiegelt besser als alles andere die Fülle und Vielfalt des bäuerlichen Lebens wider. Das bedeutende Wissen um die Anpassung an die Umwelt und die Nutzung derselben, die Originalität in der Ausschmückung und die instinktive Sicherheit oder die Ausgewogenheit hinsichtlich der Raumnutzung sind hier anschaulich gegenwärtig. Die größtenteils echten Gebäude wurden Stück für Stück zerlegt, befördert und wieder aufgebaut. Im Jahr 1978 wurde das Dorfmuseum mit dem Volkskundemuseum vereinigt. Die Buslinie 105 fährt über den Hauptbahnhof zum Park.

In unmittelbarer Nachbarschaft des Dorfmuseums liegt der **Palatul Elisabeta** (Şos Kiseleff 28). Er wurde von Prinzessin Elena, Tochter von König Ferdinand und zeitweilige Königin von Griechenland, in Auftrag gegeben und 1937 von Corneliu Marcu fertiggestellt. Nur einheimische Materialien kamen zur Anwendung: der Tuff aus Deva, der Marmor aus Reşiţa. Unter den Kommunisten wurde der Bau zur offiziellen Residenz für Staatsgäste: Nixon und Juan Carlos übernachteten unter anderem hier. Danach wurde das Palais in ein staatliches Luxushotel mit Restaurant umfunktioniert. Es ist heute wieder im Besitz der königlichen Familie. Mihai, der letzte König Rumäniens, und seine Frau leben hier, wenn sie sich in Bukarest aufhalten.

Vom Triumphbogen zur Piața Charles de Gaulle

Am **Triumphbogen** fühlt man sich nach Paris versetzt. Es wurde von Petre Antonescu als Vereinigungsdenkmal Rumäniens nach dem Ersten Weltkrieg entworfen. Zunächst entstand ein provisorischer Bau aus Holz und Stuck, erst in den 30er Jahren erfolgte der Neubau aus Granit. Er sieht dem Arc de Triomphe an der Place d'Etoile überaus ähnlich. Die symbolischen Reliefs wurden von den Bildhauern Ion Jalea, C. Baraschi, Mac Constantinescu und A. Călinescu gefertigt. Im Rund des Torbogens sieht man die Wappen der rumänischen Provinzen.

Ganz Rumänien feierte an dieser Stelle am 8. November 1941 den Namenstag von König Michael I. und den Sieg der rumänischen Armee, die Bessarabien zurückerobert und Odessa eingenommen hatte. Im Jahr des Neubaues wurde

Stadtspaziergänge

Zwischen Triumphbogen und Floreasca

Legende

1. Kloster Cașin
2. Restaurant Doina
3. Institut für Geschichte
4. Allgemeine Schule
5. Deutsche Botschaft
6. Cerkez-Villa
7. Casa Prager
8. Miclescu-Villa
9. Culina-Villa
10. Nedioglu-Wohnhaus
11. Bușilă-Villa, Casa Elisabeta Cantacuzino, Bunescu-Villa, Niga-Villa, Malaxa-Villa
12. Casa Vâlacovici
13. Casa Cornel Medrea
14. Wexler-Villa
15. Reich-Villa
16. Museum Zambaccian
17. Filipescu-Parzellen
18. Heldenfriedhof der Roten Armee
19. Studentenstadt

Eines der Wahrzeichen Bukarests: der
Triumphbogen

auch die Kiseleff-Chaussee jenseits des Bogens bis zum heutigen Flughafen Băneasa verlängert. Über Băneasa war einst Karl, Prinz von Hohenzollern, in die Stadt eingefahren. Der damalige Bürgermeister D. Brătianu hatte ihm als Willkommensgruß die Stadtschlüssel überreicht.

Parallel zur Kiseleff-Chaussee verläuft der **Bd. Mărăști**, der an eine für die Rumänen siegreiche Schlacht im Ersten Weltkrieg erinnert, die im Osten Rumäniens stattgefunden hat.

An diesem Boulevard liegt das **Kloster Cașin** mit einer großen neoromanischen Kirche auf einem hohen Unterbau (Stylobat), die mit behauenem Marmor verziert wurde. Mit dem Bau wurde zwischen den beiden Weltkriegen begonnen, der Bau ist aber erst nach dem Ende des Zweiten Weltkrieges vollendet worden. Ein ganze Gruppe von Architekten war daran beteiligt: D. Ionescu Berechet, Aurel Beliș und Toader Mihail. Die Ikonostase schufen Dumitriu Bâlard,

C. Baraschi und Miahi Wagern. Die robuste Konzeption der Kirche hielt sogar dem Erdbeben stand.

■ Boulevardul Kiseleff

Vom Triumphbogen bis zum Freiheitsplatz ist der Kiseleff-Boulevard von Nutzbauten gesäumt: von Wohnbauten aus den 30er Jahren wie der Popescu-Villa im neurumänischen Stil von 1931, von neuen Luxuswohnungen aus dem Jahr 2002 und vom ›BNR‹-Hotel.

Die schönsten Häuser stehen im ältesten Abschnitt der Prachtstraße. Berühmt ist das unter dem Namen ›Bufett‹ bekannt gewordene Restaurant, heute **Doina**. Es befindet sich in einer Villa im neurumänischen Stil, der auch gerne mit dem Jugendstil gleichgesetzt wird. Das Gebäude des Gartenrestaurants war für die Weltausstellung geplant worden und wurde 1892 von Ion Mincu ausgeführt. Es besteht aus zwei Stockwerken; im unteren wurde ein Weinkeller eingerichtet. Hauptelement ist ein Aussichtsturm mit mehrbogigen Arkaden, die auf geschnitzten Holzsäulen ruhen und deren Innenflächen mit Ornamenten aus glasierter Keramik ausgeschmückt sind. Unter der breiten Traufe läuft ein Fries entlang, der die Namen einiger bekannter rumänischer Weinberge trägt. Eine wohldurchdachte Gliederung und die dekorativen Elemente der bunten Keramik machen es zu einem schönen Beispiel der rumänischen Volksarchitektur. Das **Institut für Geschichte** aus den 1930er Jahren steht im Kiseleff-Park, und die **Allgemeine Schule** im neurumänischen Stil von Giulio Magni aus dem Jahr 1895 erkennt man an ihren Keramikverzierungen. Dahinter sieht man schon den Turm des **Mavrogheni-Klosters**, von dem nur die Kirche und ein verwunschener alter Friedhof mit Grabmälern und kleinen Mausoleen – beispielsweise von Konstantin Mihail Șuțu, Ion Heliade Rădulescu, Alecu Filipescu und Prinzessin Bagrațion – übriggeblieben sind. Die Kirche war eine Stiftung des Fanarioten Nicolae Petre Mavrogheni und seiner Frau Maria Doamna aus dem Jahr 1785 nach dem Vorbild eines griechischen Klosters auf der Insel Paros. Mehrfach wurde es restauriert. In den 1990er Jahren entschloß man sich, dem Kloster einen neuen Glockenturm zu schenken, der von Horea Gavriș und Marius Marcu Lapadat entworfen wurde.

Drei Museumsbauten stehen am Beginn der Kiseleff-Chaussee. Das **Muzeul Țaranului Român (Bauernmuseum)** in einem neurumänischen Ziegelbau von Nicolae Ghika-Budești wurde im Jahr 1913 als nationales Kunstmuseum geplant und bis 1938 fertiggestellt, 1960 entstand ein Anbau zum Boulevard Mihalache. Es wurde 1996 als bestes europäisches Museum ausgezeichnet und konnte im Jahr 2006 sein hundertjähriges Bestehen feiern. Mitte Juni finden hier jährlich Musikfestspiele statt. Grundstock der Sammlung bildet der Nachlaß des Gründerteams des ethnographischen Museums um Alexandru Tzigara-Samurcaș. Das Konzept der Museumsgestaltung im Inneren geht auf den Maler Horia Bernea zurück. Gegenüber steht das **Geologische Museum** und in Richtung Freiheitsplatz das **Naturhistorische Museum**, beides Bauten vom Beginn des 20. Jahrhunderts.

■ Der Bulevardul Aviatorilor

Der Bulevardul Aviatorilor ist die zweite große Straßenachse, die ihren Ausgang vom Freiheitsplatz nimmt. Ihr erster Abschnitt reicht bis zum **Fliegermonument** (Eroilor Aerolui), das ebenso wie der Straßenname den rumänischen Helden der Luftfahrt ein Denkmal setzt. Lidia Kotzebue und Iosif Fekete entwarfen in den Jahren von 1930 bis 1935 einen Ikarus, der mit weit gespreizten Flügeln vor einem Steinobelisk steht, der sich wiederum auf vier Prismen stützt. Der

Am Bauernmuseum

Fuß ist eine Komposition aus drei im Kampf gefallenen Fliegern mit Fliegerausrüstung. Ihn schmücken 13 Bronzeplatten mit den Namen der zwischen 1912 und 1918 gefallenen Flieger. Rumänien hat entscheidende Forscher auf diesem Sektor hervorgebracht. Die Flughäfen und die Metrostation in dieser Gegend sind nach zwei Flugpionieren benannt.

Zwischen den Boulevards Kiseleff und Aviatorilor stehen einige sehenswerten **Villen**: eine Villa aus dem Jahr 1913 von Roger H. Bolomey, die Casa Mătăsaru von Cerkez aus dem Jahr 1927 und die Casa Poru aus dem Jahr 1931.

Der Boulevard Aviatorilor führt weiter zur **Piața Charles de Gaulle**, der ebenso wie andere Plätze und Bauten in Bukarest, die enge Verbundenheit mit Frankreich dokumentiert. Der Platz wurde im Jahr 1930 angelegt und ist mit dem Kreuz der Sektoren geschmückt. Hier steht das **Wohnhaus Bazaltin** von Marcel Iancu aus dem Jahr 1935, der es für eine Brückenbaufirma entwarf. Im Villenviertel bestand damals eine Höhenbe-

schränkung von 14 Metern, die an diesem Platz durchbrochen wurde, indem man ein Hochhaus von sieben Stockwerken zuließ. Dem Antrag wurde nur mit der Auflage stattgegeben, daß die drei letzten Geschosse nach hinten gestaffelt wurden. Damit setzte Iancu auch einen Akzent der Platzanlage, sein Gebäude vermittelt zwischen dem Platz und der kleinteiligen Nachbarbebauung. Das hochaufragende, nach Plänen von Vladimir Arsene 2005 fertiggestellte **Centrul Internațional** demonstriert, daß derartige Beschränkungen heute nicht mehr gelten.

Um die Piața Dorobanților

Zwischen dem Boulevard Aviatorilor und der Calea Dorobanților liegt ein schönes **Villenviertel**. Es gilt als Diplomatenviertel, weil man hier die dichtestes Ansammlung an Botschaften und Konsulaten vorfindet. Auch die Botschaft der Bundesrepublik Deutschland ist hier, wenngleich sie in einem weniger schönen, dafür aber funktionalen Zweckbau angesiedelt ist.

Die katholische **Kirche Sacre Coeur** befindet sich unweit der deutschen Botschaft. In ihr werden Gottesdienste in verschiedenen Sprachen abgehalten. Im Jahr 1996 wurde erstmals wieder eine katholische Sonntagsprozession durch Bukarest veranstaltet. Der Zug begann hier bei der Kirche Sacre Coeur und verlief bis zur Josefskathedrale.

In diesem Viertel konnten sich in den vergangenen Jahren viele gute und vor allem teure **Restaurants** wie ›Caredy‹, ›Zaffarelli‹ und ›Arcade‹ etablieren. Die Straßen tragen die Namen bekannter Bukarester Persönlichkeiten, im südlichen Teil die Namen großer Städte verschiedener Kontinente. Prägnantestes Gebäude des Viertels ist das rumänische

Das Fliegermonument

Die kleine Kirche Sacre Coeur

Fernsehzentrum Televiziunea Română, in dem sich 1989 die Machtkämpfe abspielten. Es entstand 1968 nach dem Entwurf von Tiberiu Ricci, Teodor Iacoban, Maria Căciulă und Traian Popp A. Cișmigiu und ersetzte die alten Tomis-Filmstudios in der Molierestraße.

Von der dichten Ansammlung der **Villen**, die von namhaften Architekten wie Creangă, Cristofi Cerkez, Duiliu Marcu, Henriette Delavrancea-Gibory und vielen anderen entworfen wurden, seien hier einige beispielhaft herausgegriffen: an der Str. Rabat 19 die Villa von Cristofi Cerkez aus dem Jahr 1914, an der 47 die Casa Prager; an der Str. Paris 56 die Villa für Ion Miclescu (1930) von Horia Creangă, an der 47 vom gleichen Architekten die für Arghir Culina (1931) im Art Deco. An der Str. Roma 63 baute Creangă 1935/36 das Nedioglu-Wohnhaus, es ist einer der wenigen Geschoßwohnbauten im Villenviertel. In dieser Straße befand sich einst auch der Haupt-

sitz der faschistischen Legionäre. In der Aleea Alexandru stehen die Villa für den Ingenieur Bușilă von Diuliu Marcu aus dem Jahr 1932 und zwei Häuser von Horia Creangă: an der Nr. 15 die Casa Elisabeta Cantacuzino und an der Nr. 12 die Villa für den Ingenieur A. Bunescu aus dem Jahr 1932, deren Fassaden mit der inneren Aufteilung korrespondieren. In der Aleea Alexandru bauten auch Tiberiu Niga – die Villa an der Nr. 41 – und Petre Antonescu; er entwarf die Villa an der Nr. 38, in der sich der Hauptsitz des Industriellen Nicolae Malaxa befand. In der Str. Londra 44 schuf Henriette Delavrancea-Gibory im Jahr 1933 die Casa Vâlacovici. Die Architektin stammte aus einer berühmten Familie: Der Vater war ein anerkannter Schriftsteller, ihre Schwester Pianistin. In der Villa wurden runde und rechteckige Volumen kombiniert. Für die viertelkreisförmige Glaswand über dem Haupteingang verwendete die Architektin Glasbausteine, ein damals neues Material aus industrieller Fertigung. Schließlich sei noch die Casa Cornel Medrea erwähnt, ein Studio für den Bildhauer und Akademieprofessor Cornel Medrea (1889–1964) in der Str. Andre Mureșanu 2. Das Gebäude entwarf im Jahr 1929 Horia Creangă. Der Künstler verkaufte das Haus noch vor seiner Fertigstellung. Der massive Baukörper besteht aus zwei getrennten Bereichen, Atelier und Wohnung. Von zwei Seiten umschließen die Wohnräume den dominanten Atelierbereich. Vor allem die leichte Glasstruktur trägt zum modernen Charakter bei.

Zwei Villen von Marcel Iancu stehen in der Str. Grigore Mora. Die Villa an der Nr. 36 entstand im Auftrag der wohlhabende Familien Wexler, sie wurde eines der kubistischen Frühwerke von Iancu aus dem Jahr 1931. Die Dachterrasse war für das damalige Bukarest eine Neuheit. Die einst offene Loggia ist mittlerweile geschlossen. Die Villa an der Nr. 39 entstand 1936 als luxuriöse Wohnstätte für den Pelzhändler Florica Reich.

Dem armenischen Händler und Sammler Krikor Zambaccian (1889–1962) ist die Straße gewidmet, in der sein Wohnhaus nach dem Entwurf von C. D. Galin steht. Die Familie Zambaccian war vor langer Zeit nach Constanța gekommen. Krikor Zambaccian studierte Wirtschaft in Antwerpen und in Paris, wo er mit der Kunst eines Dufy, Derain, Bonnard und Matisse in Berührung und zum Sammeln kam. 1946 vermachte er dem Staat einen Teil seiner Sammlung unter der Bedingung, daß sie im Wohnhaus des Sammlers untergebracht sein müsse. Es wurde für diesen Zweck 1957 umgestaltet. Nach dem großen Erdbeben wurde die Sammlung in das Museum der Kunstsammlungen integriert und erst 1996 hierher zurückgeführt. Der Kunstsammler ist als Büste von Corneliu Baba zu sehen.

In den 1930er Jahren wurde mit den **Filipescu-Parzellen** eine Baulücke für eine bauhausähnliche Bebauung erschlossen. Baulücken finden sich auch heute noch, manche sind bereits zugunsten neuerer, manchmal etwas zu protziger Villen verschwunden. Ein Bummel durch das Viertel ist in jedem Fall lohnend, um zu sehen, wie variationsreich sich die Bukarester Gesellschaft ihre Einfamilienhäuser bauen ließ.

Im Viertel stehen einige **Statuen** und **Büsten**. So sind Simon Bolivar, der Befreier Südamerikas, auf dem Dorobanților-Platz der in Rumänien sehr verehrte Bildhauer Brâncuși und als jüngstes Denkmal – eine Stiftung der römisch-katholischen Kirche – Vladimir Ghika, der 1954 im Gefängnis von Jilava ums Leben kam, verewigt.

■ Floreasca und Studentenstadt

An dieses Villenviertel schließt sich nach Nordosten die Wohnsiedlung Floreasca an. Sie wurde in den Jahren zwischen 1950 und 1960 von einem Team um Corneliu Rădulescu und Virgil Nițulescu geplant. Und noch weiter im Norden, zunächst entlang dem Herăstrău-Park, trifft man auf gut bewachte **Villen** und weitere **Botschaften** und erreicht schließlich die Șos. Pipera. Hier entstehen derzeit neue Industriebauten, Verwaltungsgebäude, Wohnviertel und sogar Kirchen. Und hier befindet sich auch der **Heldenfriedhof der Roten Armee** mit einem Denkmal für die Helden von 1944/45. Alle Gräber sind mit dem Roten Stern geschmückt. Der Friedhof ist eine Oase der Ruhe.

Abschließend sei noch die **Studentenstadt** (Student Parc) erwähnt, die in 1970er Jahren von B. E. Popescu und

Petre Ciută geplant wurde. In die Anlage wurde der Jugendstrand vom Tei-See einbezogen.

Im Villenviertel nördlich des Boulevard Dacia

Am Anfang der Str. Viitorului (Nr. 2) steht das **Liceul Dimitrie Cantemir** von 1926. Es entstand nach einem Entwurf von N. Stăncescu und Viriginia Haret, einer der wenigen Frauen unter den Architekten Bukarests. In der gleichen Straße sieht man die leider sehr renovierungsbedürftige Casa Paciurea aus dem Jahr 1906. Das Haus wurde für den Unternehmer Talvez Paciurea von einem unbekannten Baumeister im Art-Nouveau-Stil erbaut. Die Villa ist aus Ziegel, Stein und Holz und erinnert an den westlichen Jugendstil. Besonders untypisch für Bukarest sind die vielen robusten Holzdetails.

Die **Biserica Dichiu** (oder Sf. Nicolae Tirchilești) wurde im 18. Jahrhundert als Klosterkirche gebaut und im Laufe der Zeit als Pfarrkirche genutzt. Die Klostergebäude blieben nicht erhalten. In der

Kirche wird die einzige Kopie der polnischen Schwarzen Madonna verwahrt.

Weiter nördlich trifft man auf die **Vasile-Polonă-Kirche** (1908–1912). Nicolae Ghika-Budești entwarf sie als Pendant zur Argint Kirche am Carolpark. Der Ziegelbau hält sich an die Tradition und trägt über dem Naos eine Turmkuppel. Henriette Delavrancea-Gibory entwarf 1926 in der Str. Mihai Eminescu eine Villa, die **Casa Studenti**, die sie dann als ihr Eigenheim erwarb.

Daneben gibt es in diesem Viertel, das bis zur Chaussee ›Ştefan cel Mare‹ reicht, Einfamilienhäuser mehr oder weniger bekannter Architekten und einen schönen alten Baumbestand.

Nördlich der Chaussee ›Ştefan cel Mare‹

Vom gemütlichen Villenviertel gelangen wir auf den lauten und verkehrsträchtigen Ringboulevard. Er wurde im Jahr 1960 angelegt und wird von Wohnbauten und Kinos nach Plänen des Teams um Dinu Hartion, A. Căciulă und L. Anania gesäumt. An ihm liegt auch ein großes **Krankenhaus**. Das Hauptgebäude des Instituts für innere Medizin Dr. Gheorghe Lupu wurde von Gheorge Neogescu im Jahr 1931 entworfen. Ein weiteres Krankenhaus entstand nach Entwürfen von Grigore Ionescu 1950.

Das Gebäude des **Staatszirkus**, genannt Globus, entwarf eine Gruppe von Architekten um Nicolae Porumbescu, Constantin Rulea, Ştefan Berovici und Nicolae Pruncu. Das 1961 fertiggestellte Gebäude entstand auf der brachliegenden Fläche Tonola/Tonellogrube. Der Durchmesser des Gebäudes beträgt 300, der der Arena 13 Meter. Der Zuschauerraum ist wie ein Amphitheater angelegt und faßt 2500 Plätze. Im Zusammenhang mit diesem Bau ist auch

Das Lyzeum Cantemir

Stadtspaziergänge

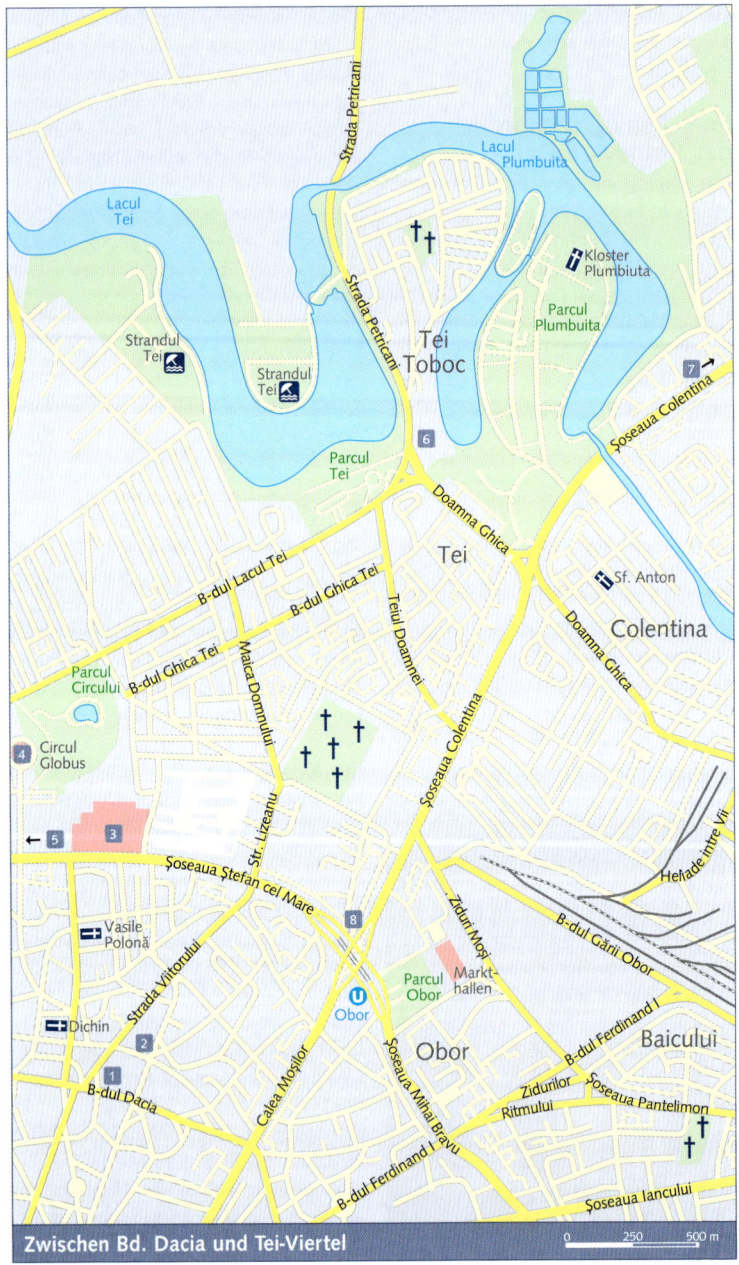

Zwischen Bd. Dacia und Tei-Viertel

ein größerer Komplex von Wohnungen in dieser Zone entstanden.

Der Globus war nicht der erste Zirkus der Stadt. Der Zirkus Theodor Sidoli begann 1864 in Bukarest mit seinen Darbietungen und feierte sein 50jähriges Jubiläum. Sein feststehendes Gebäude unweit des Parlamentes wurde 1927 abgerissen. Der Zirkus America von Anton Krateyl – sein Zelt stand gegenüber der Universität, wo sich heute das Hotel ›Intercontinental‹ erhebt – wurde 1954 verstaatlicht. Erster Direktor des Staatszirkus war Vincențiu.

Nicht weit vom Zirkus steht das **Complexul Sportiv Dinamo**, eine riesige Anlage aus den 1960er Jahren des letzten Jahrhunderts mit zahlreichen sportlichen Einrichtungen für nationale und internationale Wettkämpfe.

Das Tei-Viertel

Das Tei-Viertel befindet sich zwischen Obor und Colentina. In früherer Zeit bestand hier eine selbständige Siedlung um den Palatul Ghika-Tei (Str. Doamna Ghika Tei 5). Die Bezeichnung verbindet den Namen eines Fürsten Ghika mit dem rumänischen Wort ›Tei‹ für Lindenbaum, von denen es hier wohl viele gab.

Der **Palast** wurde als Sommerresidenz für den Fürsten Grigorie IV. Dimitrie Ghika 1822 errichtet, dem Jahr seiner Ernennung zum Fürsten der Walachei. Der einstöckige Palast ist ein bedeutendes Baudenkmal mit italienischen und französischen Elementen der Renaissance und des Klassizismus. Die ursprüngliche Form konnte bewahrt werden. Die Stadt hat den Palast nun gekauft und dessen Renovierung veranlaßt. Über seine Zweckbestimmung wurde noch nicht entschieden.

Das Erdgeschoß ist mit Rustikaplatten verkleidet und hat rechteckige Fenster, während das Obergeschoß mit schlanken, halbkreisförmig abschließenden Fenstern versehen ist. Leichte Risalite betonen die Seitenflügel und die Mitte. Das Eingangstor wurde ehemals von liegenden Löwen flankiert. Im Obergeschoß verrät der Balkon römischen Einfluß. Das Innere birgt Bilder von Giacometti, außerdem zeichnet sich der Palast durch bemerkenswerte Schmiedearbeiten aus.

Zum Palast gehörte eine Paraklesis, die Familienkapelle Biserica înălțarea Domnului-paraclisul familiei Ghika. Sie wurde bereits renoviert, wird für öffentliche Gottesdienste genutzt und kann auch besichtigt werden. Die Kirche ist für Bukarest mit ihrem elliptischen Grundriß eine Besonderheit. Die konkave Westseite öffnet sich zu einer Vorhalle, die von zwei dorischen Doppelsäulen und einem Dreiecksgiebel geformt wird. Über der Kirche erhebt sich eine durchfensterte Kuppel mit einer Laterne. Die Malereien sind ebenso wie die Ikonostase im Stil des Barock. An der Eingangswand ist Dimitrie Ghika dargestellt. Im Garten befinden sich Gräber und Denkmäler der Familie Ghika.

Gegenüber liegt der **Tei-Park** mit einem schönen See mitsamt Strandbad, in dem die Bukarester baden gehen. Im Park hat sich mit einer schönen Terrasse mit Blick

Stadtspaziergänge

Legende		
1 Liceul Dimitrie Cantemir	**4**	Staatszirkus
2 Casa Studenti	**5**	Casa Studenti
3 Krankenhaus Gheorghe Lupu	**6**	Palast Ghika-Tei
	7	Kirche Fundenii Daomnei
	8	ALMO-Bau

auf den See ein neues türkisches Restaurant mit ausgezeichnen Vorspeisen etabliert.

Am Ufer des Tei-Sees, noch innerhalb der Stadtgrenze, liegt das **Kloster Plumbuita**. Das Klosterensemble geht auf den walachischen Fürsten Peter den jüngeren (1559–1568) und seine Mutter, Doamna Chiajna, zurück. Es wurde aber erst unter Peters Nachfolgern Alexandru II. Mircea (1568–1577) und Mihnea II. Turcitul (1585–1591) vollendet. Das Kloster war die Wiege des Bukarester Buchdrucks, aus dessen Druckerei im Jahr 1582 das erste Bukarester Buch kam. Daneben wurden in ihm das Kunstgewerbe und die Glockengießerei gepflegt. Die Johannes dem Täufer geweihte Kirche war immer mit verbleitem Blech gedeckt, weswegen dieser Mönchssitz im Volksmund Plumbuița (das Verbleite) genannt wurde. In seiner Nähe trafen 1632 Matei Basarab und Radu Alexandru Ilias im Kampf um den walachischen Thron aufeinander. Sieger wurde Matei Basarab. Er ließ das bei der Schlacht zu Schaden gekommene Kloster daraufhin wieder aufbauen. Das Kloster wurde durch die Erdbeben von 1802 und 1838 beschädigt, diente 1848 als Gefängnis für die Revolutionäre und ist heute verschlossen.

Wenn man schon einmal in dieser Ecke ist, sollte man nicht versäumen, die **Kirche Fundenii Daomnei** an der Șoseaua Fundeni aufzusuchen. Der Dreikonchenbau auf dem ehemaligen Gutsgelände von Mihai Cantacuzino ist wegen seiner in Rumänien so seltenen Stuckarbeiten an den Außenwänden besonders sehenswert. Den Auftrag für die Kirche gab General Mihai Cantacuzino im Jahr

1699. Auch nach einem Umbau behielt die Kirche ihre Einzigartigkeit. Die Stuckornamente, mit denen die Außenwände verziert sind, weisen deutlich auf einen persischen Einfluß hin. Bestattet wurden hier Șerban Cantacuzino und zwei seiner Brüder.

Die Kirche bedarf dringend der Renovierung, eine Besichtigung ist jedoch trotz des traurigen Zustands lohnenswert. Man erreicht das Areal mit dem Bus Nr. 153 nach Fundeni, der ab Metrostation Costin Georgian fährt.

Obor

Der Obor-Platz liegt direkt an der großen Șoseaua Mihai Bravu und damit ein gutes Stück vom Zentrum entfernt. Eine Fahrt mit der Metro von dort bis zum Obor-Platz dauert jedoch nicht lange und lohnt sich allein wegen der Markthallen und dem davor liegenden freien Marktplatz.

Die Kreuzung dominiert auf den ersten Blick ein Hochhaus, das unverkennbar aus den 1970er Jahren stammt und von den Architekten Mircea Săndulescu, Antonio Toeodorov, Eugen Cosmatu, M. Năvodaru und L. Neagoie gebaut wurde. Es wurde als **ALMO-Bau** bekannt.

Schöner ist es in den **Markthallen**. Hier fühlt man sich wirklich in den Orient versetzt. Von einer kleinen Parkanlage und einer kleinen Kirche abgesehen, wird das gesamte unüberschaubare Areal von den Hallen dominiert; dahinter liegt der Bahnhof Obor.

Die Markthallen wurde in den Jahren zwischen 1937 und 1950 errichtet. Ein städtischer Entwicklungsplan hatte unter anderem die Versorgung der Bukarester mit Lebensmitteln zum Ziel. Ein

Eine der vielen unscheinbaren Kirchen

Großmarkt und viele kleine Stadtteil-märkte sollten entstehen. Begonnen wurde diese Markthalle von Octav Doicescu. Danach übernahm Creangă mit seinem Partner das Projekt. Beide hatten die Markthallen in Europa studiert und lehnten sich in ihrem Entwurf an ein Berliner Vorbild an. Nach dem Tod Creangăs im Jahr 1943 übernahm sein Partner Georgescu bis zu seiner Auswanderung im Jahr 1947 in die USA die Bauleitung. 1950 wurden die Hallen eröffnet. Sie bestechen durch ihre Klarheit, Sachlichkeit und Funktionalität im Baukörper. Bis heute sind sie kaum verändert worden.

Es gab in Bukarest einst mehrere Formen von Marktplätzen. Um die Jahrhundertwende waren vor allem die ›bedeckten‹ Märkte typisch für die Stadt. Sie selbst sind verschwunden, die Namen aber haben sich zum Teil erhalten. So liegt etwa neben dem Nordbahnhof der ›Buzești‹, der im Volksmund noch immer seinen alten Namen ›Matache Măcelaru‹ (übersetzt der Schlachter) trägt. Der größte und traditionellste Markt ist jedoch nach wie vor der in Obor. Hier wird alles angeboten, wonach einem der Sinn steht. Man wähnt sich in einem kleinen Dorf.

An Obor schließt sich das **Wohnviertel Colentina** an. Nicht nur das Centru Civic im Zentrum brachte große Wohnsilos und den Abriß historischer Bausubstanz mit sich, von der nur Fragmente blieben. Auch in Colentina beherrschen Hochhausbauten das Bild; dahinter aber haben sich kleine Häuser erhalten. Nach 1990 begannen die Menschen hier kleine Firmen aufzubauen. Als Folge davon wurden die alten Häuser vergrößert, verändert und renoviert.

In Bukarest ist im 20. Jahrhundert – und auch zu kommunistischen Zeiten – eine ganze Reihe von Kirchen entstanden. In Colentina entstand noch vor der Wende die römisch-katholische **Kirche Sf. Anton** (Str. Magnoliei 113) mit einem Pfarrhaus von Peter Derer in Anlehnung an den Stil des Art Deco.

Vom Nationalpark ins Industrieviertel

Bereits nach dem Ersten Weltkrieg begann man, das Gebiet östlich des Zentrums zu erschließen. Sein heutiges Gesicht prägen vor allem die Wohn- und Industrieviertel der sozialistischen Ära – scheinbar: Bei genauem Hinschauen erkennt man die interessanten Industriebauten und Wohnsiedlungen der 30er Jahre.

Hinter der **Piața Muncii** (Platz der Arbeit), die in den Jahren 1954 bis 1960 von T. Niga, B. Gumușdian, I. Antonescu, A. Dâmboianu und N. Vlădescu konzipiert wurde, steht eine Konstantin und Helena geweihte Kirche.

Stadtauswärts, am Boulevard Basarabia, liegt der ausgedehnte **Nationalpark (**Parcul și Stadionul Național Lia Manoliu) mit einem großen **Sportkomplex**. Die Anlage ist nach der vor knapp einem Jahrzehnt verstorbenen Diskuswerferin Lia Manoliu benannt. Die Rumänin hatte bei den Olympischen Spielen in Rom und Tokio die Bronzemedaille und im Jahr 1968 in Mexiko die Goldmedaille im Diskuswerfen gewonnen. Die schöne Parkanlage mit einem **See** in etwas traurigem Zustand entstand anstelle der früheren Vergului-Grube auf einer Fläche von 70 Hektar und wurde anläßlich der hier 1953 abgehaltenen Weltfestspiele der Jugend eingeweiht. Im Nationalpark befindet sich das neue große Stadion, das von Gheorghe Filipeanu, W. Juster und G. Aznavorian in den 1950er Jahren für 80 000 Zuschauer konzipiert und in den Jahren von 2002 bis 2004 von Emil Barbu Popescu, Dragoș Perju, Remus Hârșan und Nemes Karoly neu gebaut wurde. Im Stadion finden sowohl sportliche Wettkämpfe als auch große Popkonzerte statt. Außerdem gibt es ein Sommertheater (teatrul de Vară), das A. Dâmboianu 1953 in neoklassizistischen Formen angelegt hat. An den Wochenenden scheint sich ganz Bukarest hier zu vergnügen. Man sieht Inlineskater, Fußballspieler und Radler, aber auch Kinder, die sich mit ganz einfachen, uralten Spielen die Zeit vertreiben und sogar auf die Bäume klettern. Das Restaurant mit dem vielversprechenden Namen ›Rivera‹ bietet eine Terrasse zum See, rumänische Küche und Live-Musik. Der breite Bürgersteig vor dem Park ist von Obst- und Gemüseständen belagert, die einheimische Produkte anbieten. Und gegenüber gibt es unscheinbare, kleine einheimische Restaurants in Holzhäuschen, die so einladende Namen wie ›Dacia‹ oder ›Cerbul Carpatin‹ tragen.

Seit 1920 hatte man im Viertel hinter dem Nationalpark mit der Parzellierung begonnen. Darauf entstand ein ganzer Komplex von Sozialwohnungen, eines der wenigen Beispiele des sozialen Wohnungsbaus in Bukarest während der Zwischenkriegszeit. Dieser Bereich wurde vom Staat kaum gefördert, und neben der Eisenbahn und wenigen Industrieunternehmen war nur noch die Zentrale Versicherungsanstalt Rumäniens an günstigen Wohnungen für Mitarbeiter interessiert. Zunächst entstand die **Siedlung Vatră Luminoasă**, übersetzt die Scholle oder der Herd. Man kaufte zwischen den Straßen Vatră Luminoasă, V. Manu, I. Coravu und T. Dafür wurde ein Areal von 50 Hektar aufgekauft und mit Doppel- und Reihenhäusern bebaut. Sie wurden von mehreren Architekten unter Leitung von N. Aprihăneanu und I. Haniu geplant. Zwischen 1933 und 1939 entstanden 150 Einfamilienhäuser auf einer durchschnittlichen Grundfläche von 45 Quadratmetern auf Parzellen von 150 bis 200 Quadratmeter Größe. Nach 1939 wurden die Parzellen verkleinert und bis 1941 noch 266 Häuser gebaut. Im Souterrain eines jeden Hauses waren Wasch- und Nebenräume. Individuelle

Stadtspaziergänge

Auf dem Markt am Nationalpark

Das Viertel Titan-Balta-Albă, ein typisches
Neubauprojekt

Umbauten der Eigentümer haben den einheitlichen Charakter der Siedlung seit den 90er Jahren abgeschwächt. Es ist trozdem eines der heimeligen Wohngebiete Bukarests geblieben.

Ein paar Straßen weiter realisierte Horia Creangă im Jahr 1937 seinen Traum, eine Wohnsiedlung nach dem Vorbild der Werkbundausstellungen zu planen. Die Mittel für die **Siedlung Iancului Municipal** kamen aus dem Fonds des benachbarten Viertels Vatră Luminoasă. So entstanden 15 kostengünstige Wohneinheiten aus minimierten Doppelhäusern mit einem kleinen Garten zum Innenhof. Außerdem entwaf Horia Creangă hier eine Schule.

Wenn man den Bd. Basarabia scheinbar endlos weiterfährt oder mit der Metro zur Station Titan fährt, erreicht man ein riesiges **Industriegelände**, in dem sich auch das ehemalige Fabrikgelände der Malaxa Rohrfabrik befindet, eine 1930 bis 1939 errichtete Industrieanlage nach

dem Entwurf von Horia Creangă. Seine Bedeutung für den Industriebau wird gerne mit der eines Peter Behrens verglichen. Für die Fabrikanlage entstanden Eingangstor, Rohrfabrik, Labor und Verwaltungspavillon. Das Eingangstor existiert heute nicht mehr. Alle Fabrikhallen sind mit den Längsseiten aneinandergereiht und werden von der Stirnseite im Westen betreten. Großflächige Verglasungen sorgen für eine gute Belichtung. Die langen Baukörper sind durch Ziegel gestaltet.

Nicolae Malaxa, rumänischer Großindustrieller, gründete im Jahr 1921 seine Fabrik, die zur führenden Produktionsstätte in der rumänischen Metallindustrie wurde. Sie produzierte in ihren besten Zeiten Lokomotiven, Dieselmotoren, Rüstungsteile, Schienen und Autos. Aus diesem Werk wurde unter den Kommunisten die Lokomotivfabrik 23. August und danach das **Werk FAUR**, das heute zur Bega-Gruppe Faur SA gehört und unter anderem Lokomotiven produziert.

Im Zusammenhang mit der Kanalisierung der Dâmbovița entstand die Metro. Das Industriegelände wurde daran angeschlossen. Die **Metrostation Titan** gilt als eine der gelungensten Stationen. Signifikant ist ihre lange tonnengewölbte Schale, die im Jahr 1982 in Zusammenarbeit von Ion Podocea, Ion Pătrșcu, Doina Tănăsescu und Sucri Baubec entstand.

Das **Viertel Titan-Balta-Albă** ist eine Satellitenstadt mit Hochhausbauten, die von 1960 bis 1980 in einem Großprojekt von Nicolae Kepeș, Nicolae Porumbescu, Ana Keszeg, Margareta Dâmboianu und Ion Moscu entworfen wurden. Schier endlos reiht sich Hochhaus an Hochhaus aneinander. Schönstes Ziel in diesem Viertel ist der **Parcul Titan**.

Südlich des Boulevard Unirii

Vom Boulevard Unirii führt seit 1960 der Bd. Dimitrie Cantemir nach Süden. Er ist nach dem moldauischen Fürsten und Gelehrten benannt. Seine Büste steht etwas abseits des Verkehrs und ist von modernen Wohnbauten flankiert. An und in der Nähe dieser Ausfallstraße finden sich Spuren des alten Bukarest wie auch moderne Bauten, die den Wandel der Stadt nach der Wende zeigen.

Östlich des Bd. Dimitrie Cantemir verläuft die Dâmbovița, in deren Nähe sich im 18. Jahrhundert ein Manufakturviertel (Zona de manufactrui și fabrici Lemaitre) befand. Es trug den Namen des Franzosen Lemaître, der hier im Jahr 1764 die erste dieser Manufakturen gegründet hat.

Das Viertel wurde zum Kern für die Industrialisierung, die mit Gerbereien, Metallwerken und chemischen Fabriken begann. Nach dem Zweiten Weltkrieg wurde das Viertel Timpuri Noi (Neue Zeit) genannt. Die traditionellen Ziegelbauten sind fast alle verschwunden. Dafür entstand im Jahr 2000 in der Str. Nerva Traian die neue **Ausstellungshalle** ›Showroom într-o veche hală industrială‹ von Cătălina Preda. Es handelt sich um ein Stahlgerüst mit Ziegeln, in nostalgischer Erinnerung an ein ähnliches Gebäude, das ehemals am Bd. Unirii bestand.

Anfang des 20. Jahrhunderts wurden in diesem Viertel mehrere Schulen und Freizeitzentren sowohl für Jungen als auch für Mädchen eingerichtet. Charakteristisch sind die großen, sie umgebenden Grünflächen. Ein solches Beispiel aus dem Jahr 1920 ist die **Şcoala primară și Ateneul popular Foișor** in der Str. Foișorului.

Die **Feuerwehrkirche** (Bis. Foișor) von 1745 steht abseits aller berühmten Baudenkmäler. Ihr äußeres Aussehen, das Rückschlüsse auf die vielen Renovierungen gibt, steht im Kontrast zur alten Ausstattung. Darunter sind zwei sehenswerte Steinkreuze mit Inschriften und eine kostbare Inschrift über dem Eingang.

An der Calea Vitan erstreckt sich die **Bukarest Mall**. Sie ist die Konsummeile

Die Bukarest Mall, größtes Einkaufscenter der Stadt

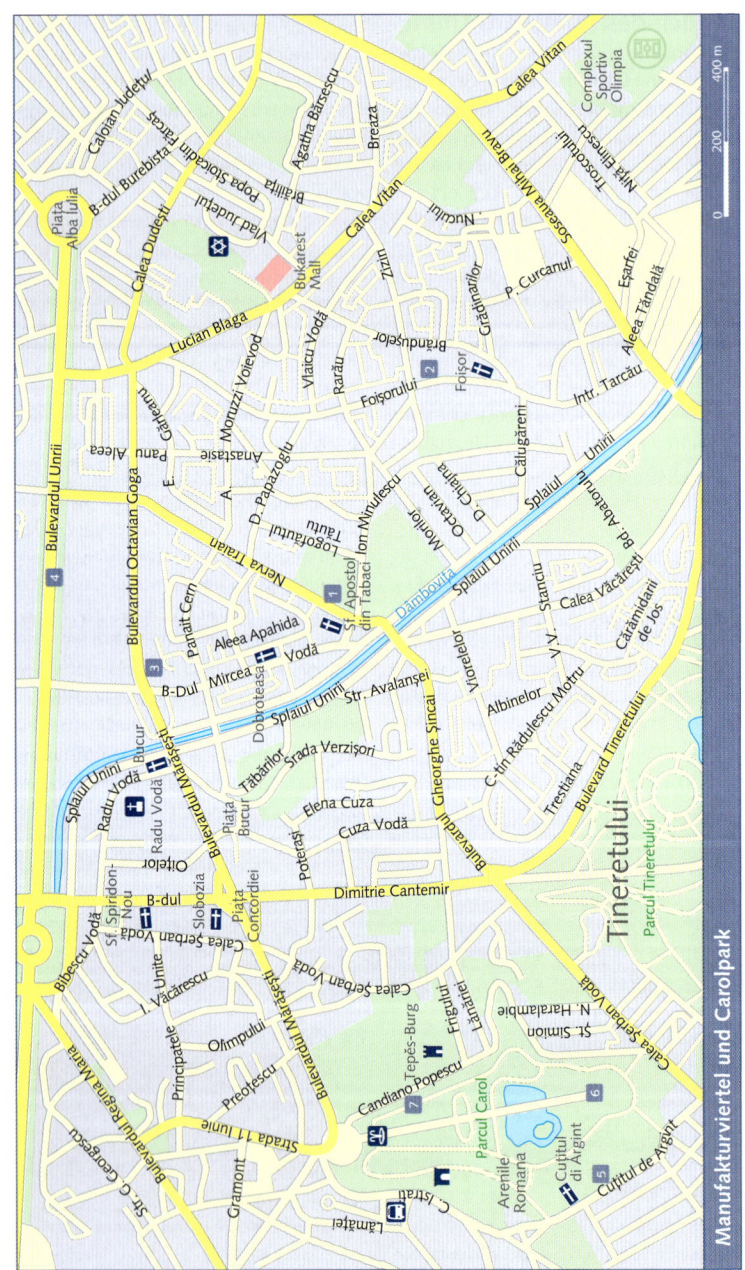

Manufakturviertel und Carolpark

Bukarests schlechthin und hat zudem das größte und modernste Kino der Stadt. Sie wurde noch im Kommunismus als Markthalle begonnen und blieb, wie so vieles, unvollendet. Der Bau wurde nach der Wende nicht nur fertiggestellt, sondern um einen noblen Anbau erweitert. Die Kuppel der Mall erinnert jedoch eher an einen Zirkus.

Hinter der Mall erreicht man über die Str. Vasile Toneanu, nach dem Dramatiker Toneanu (1869–1934) benannt, eine **Synagoge**. Sie ist nur für die Zeremonien am Freitag und Samstag geöffnet und ansonsten stets verschlossen.

■ **Kirchen**

Unzählige Kirche verbergen sich in diesem Viertel, einige von ihnen sind für die Geschichte Bukarests von aufschlußreicher Bedeutung. Als erstes ist die **Biserica Dobroteasa**, die in Form und Dekoration der Kirche Neu-Sankt-Elefterie nahesteht. Ein hölzerner Vorgänger wurde 1730 durch Stein ersetzt und nach der Zerstörung in den Jahren 1847 bis 1884 wieder aufgebaut. Auffällig sind die schönen Steinmetzarbeiten. Heute ist die Kirche komplett eingerüstet und wird endlich grundlegend renoviert, so daß man auf den ersten Blick nicht erkennt, um welch stattlichen Bau es sich handelt.

Einige Schritte weiter stößt man auf die Kirche **Sf. Apostol din Tabaci** aus dem 18. Jahrhundert; sie weist Malereien von Tattarescu und I. Trâmbițescu auf.

Die Kirche **Sf. Spiridon-Nou** (Neu-Sankt-Spiridon), noch die größte Kirche Bukarests, entstand von 1852 bis 1858 im romanisch-gotischen Stil anstelle eines traditionellen Baus. Der westliche Einfluß dieser orthodoxen Kirche ist unverkennbar: Ihre Fassade präsentiert sich mit polygonalen Türmchen, einer Rosette und Blendarkaden. Das Innere, ein Langhaus mit Apsis, besitzt Wiener Glasfenster aus dem Jahr 1860 und eine gerundete Ikonostase von Tattarescu, die eher an ein Theater erinnert. An das Langhaus schließt sich ein Narthex an, der durch eine Bogenstellung vom Naos getrennt und von einer Empore bedeckt ist. Die Malereien stammen aus dem 19. Jahrhundert. Rechts sind die Metropoliten Nifon und Justinian dargestellt. Das Viertel hinter der Kirche ist ein Stück erhaltenes Alt-Bukarest mit niedrigen kleinen Häusern.

Die **Freiheitskirche** (**Biserica Slobozia**) ist ein Kleinod: Sie ist nicht nur eine der ältesten, in ursprünglichem Zustand erhalten gebliebenen Kirchen Bukarests, sondern auch geschichtlich sehr interessant. Sie wird derzeit restauriert. Die Freiheitskirche wurde unter dem Woiwoden Radu Leon in den Jahren von 1664 bis 1667 errichtet. Ein kleiner Dreikonchentypus mit offenem Pridvor und einem Turm über dem Naos steht in einem von Gräbern umgebenen Garten. Die Kirche ist vollständig in mehreren Schichten ausgemalt. Die oberste Schicht erinnert an die europäische Rokokomalerei und ist sehr qualitätvoll. An wenigen Stellen sind die alten Fresken

Stadtspaziergänge

Legende

1. Ausstellungshalle
2. Școala primară și Ateneul popular Foișor
3. Camera de comerț
4. Geplante Patriarchenkirche
5. Sternwarte
6. Mausoleum/Grab des unbekannten Soldaten
7. Astronomisches Institut / Technisches Museum Dimitrie Leonida

Neu-Sankt-Spiridon, größte Kirche Bukarests

freigelegt: Davon sieht man rechts vom Eingang in der Höhe einen Kopf des heiligen Sava und außerdem in den Fensterlaibungen des Naos weitere Reste dieser alten Malerei. Die Beschriftungen sind kyrillisch und griechisch. Die Ikonostase ist mit wertvollen Ikonen geschmückt. Vater John, Priester der Gemeinde, die aus fünf Hochhausblöcken besteht, gibt bereitwillig in mehreren Sprachen Auskunft über seine Kirche.

Die Kirche trägt ihren Namen nach einer Schlacht, die zwischen rivalisierenden Woiwoden am 29. Februar 1632 an dieser Stelle ausgetragen wurde, mehrere zehntausend Opfer forderte und das Schlachtfeld zum Friedhof machte. Genau an dieser Stelle stiftete Radu Leon, der als Sieger aus der Schlacht hervorging, diese Kirche. Bei Grabungen entdeckte man Reste der Gebeine. Im Garten der Kirche stehen zwei Kreuze. Das größere ist ein kostbares epigraphisches Monument, dessen Inschrift Aufschluß über die Schlacht und die Entstehung der Kirche gibt. Das zweite, kleinere, ist ebenfalls mit einer Inschrift versehen. Sie thematisiert einen Vertrag, der an dieser Stelle zwischen Russen und Türken geschlossen wurde.

Die **Bucurkirche** ist geradezu ein Besichtigungs-Muß. Sie trägt ihren Namen nach Bucur dem Hirten (Bucur Ciobanul), dem legendären Stadtgründer von Bukarest. Er soll hier seine Schafe geweidet und ein erstes Kirchlein gestiftet haben. Ziegelstempel mit der Datierung von 1743 bestätigen ihre Entstehung des Baus im 18. Jahrhundert als Friedhofskapelle. Teil des Bauprogramms unter Ceaușescu war die Umschließung von Kirchen mit Neubauten, um sie so unsichtbar zu machen. Deswegen steht die zierliche Bucurkirche auf ihre Weise bezaubernd mit einem kreuzgeschmückten Türmchen und einem Säulenvorbau inmitten riesiger Hochhäuser da.

Gegenüber der Bucurkirche stehen Alt und Neu fast beisammen: Ein junges Architektenteam um Dragoș Perju, Remus Hâșan und Nemes Karoly errichtete im Jahr 2003 anstelle eines alten Wohnhauses aus dem Jahr 1920 ein Bürohaus. Sie nutzten und erneuerten die alten Reste und schufen zwei pittoreske Fassaden.

Das **Kloster Radu Vodă** kann man von verschiedenen Seiten betreten: Schräg gegenüber der Bucurkirche führt ein

Das Kloster Radu Vodă

Aufgang auf den Hügel, oder man geht durch den großen Torturm auf der Nordseite. Das Kloster, eine Stiftung von Alexandru Mircea (1568–1577), stand einst auf einem Hügel am Ufer der Dâmbovița und wurde im Jahr 1980 hierher versetzt. Der großen Kirche ging eine von Mircea dem Schlechten im Jahr 1508 gestiftete Holzkirche voraus. Sie wurde durch den der heiligen Dreifaltigkeit geweihten Steinbau im Jahr 1570 ersetzt. Deswegen ist sie auch als Sf. Troiţa, dem slawischen Wort für Dreifaltigkeit, und Sf. Treime, dem gleichen Begriff in rumänischer Sprache, bekannt. Unter dem großen Förderer Radu Vodă, der das Kloster zum reichsten des Landes machen wollte, wurde sie erneuert. Seitdem trug das Kloster seinen Namen. Der heutige Bau stammt aus dem 19. Jahrhundert und wurde von Tattarescu ausgemalt. Das begrünte Kloster ist von Mauern umgeben. Mittelpunkt der Anlage ist ein Dreikonchenbau mit einem Turm auf einem quadratischem Sockel und einem Pridvor mit zwei kleineren Kuppeln. Sowohl die Kirche als auch der Torbogen mit dem Glockenturm sind vollständig ausgemalt.

Am Bd. Mărășesti findet man die **Camera de comerţ**. Dieser Neubau mit seinen metallisch verkleideten Fassaden, in dem unter anderem die Industrie- und Handelskammer untergebracht ist, stammt von 1998. Das Gebäude wirkt wie ein Pendant zur Financial Plaza an der Calea Victoriei, deren Silhouette vom Dâmbovița-Ufer aus ebenfalls einen weltstädtischen Eindruck von Bukarest vermittelt.

Der Carolpark

Ein Stück südlich des Parlamentsgebäudes befindet sich auf einer Anhöhe, dem Gebiet des ehemaligen Filarethügels, der Carolpark (Parcul Carol). Der Hügel war eines der alten Weinbaugebiete Bukarests, wo es immer auch einen Sumpf und einen Teich gegeben hat. Seinen Namen erhielt das 35 Hektar große Areal nach dem Metropoliten Filaret II., der 1792 einen Pavillon errichten ließ. Hier versammelten sich im Juni 1848 zweimal etwa 30 000 Menschen, um der provisorischen Regierung zuzujubeln, die nach der Vertreibung des Fürsten George Bibescu die Macht übernommen hatte. Sie wurde von den Brüdern Brătianu, Golescu, C. A. Rosetti und Nicolae Bălcescu sowie Ion Heliade Rădulescu angeführt. Eine neue Verfassung wurde proklamiert, die Trikolore zur Nationalfahne bestimmt. Die Revolution wurde kurz darauf zwar, niedergeschlagen, aber seitdem trägt das Câmpia Filaret den Namen Câmpia Libertăţii (Freiheitsfeld).

Seit 1869 gab es hier Industriebetriebe: die Bragadiru-Brauerei, die jetzt wieder in Betrieb ist, und eine Streichholzfabrik. Der erste Bahnhof Bukarests in Stahlbauweise wurde hier eingeweiht; er ist mittlerweile stillgelegt und fungiert als Busterminal.

Seit 1866 plante man eine Parkanlage auf diesem Feld und begann bald mit der Trockenlegung und Nivellierung des Geländes. Bevorstehende Jubiläen gaben Anlaß für den Vorschlag zu einer rumänischen Landesausstellung. Im Jahr 1906 fand dann anläßlich verschiedener Jubiläen – 40 Jahre Hohenzollernherrschaft, 25 Jahre Königreich unter Carol I., 1800 Jahre seit der Eingliederung der Daker in das Römische Reich – ihre Einweihung statt. Ihr internationaler Charakter wurde durch Pavillons unter anderem von Österreich, Ungarn, der Bukowina, Bessarabiens, dem Banat und Mazedonien unterstrichen. Unter den geladenen Gästen waren Karl Lueger, Bürgermeister aus Wien, Graf von San Marino, der Vize-Bürgermeister von Rom, der zur Eröffnung eine Kopie der römischen Wölfin als Geschenk überreichte. Generalkommissar der Ausstellung war C. I. Istrati, ein Mitglied der rumänischen Akademie, dessen Büste den Eingang zur **Sternwarte** schmückt. Die Ausstellung sollte vor allem das Zugehörigkeitsgefühl der Rumänen untereinander stärken. Auf einer Fläche von 36 Hektar entstanden eine zentrale und zwei dazu parallel verlaufende Alleen. Allein der **See** hat eine Fläche von zwei Hektar. Die Wege sind immer wieder zu Plätzen verbreitert und mit Skulpturen geschmückt, unter anderem mit den ›Giganten‹ von Frederic Storck und Dimitrie Paciurea. Innerhalb nur eines Jahres wurden verschiedene Bauwerke rumänischer Traditionen hier angelegt: ein walachisches Bojarenhaus, eine sogenannte Kula, eine als Wasserturm konzipierte **Burg** von Vlad Țepeș von Petrulescu sowie internationale Gebäude wie eine Moschee. Dominierendes Objekt war der Kunstpalast, der nach der großen Vereinigung als Sitz des zentralen Militärmuseums diente. Von den Bauten ist nur noch der Vlad Țepeș-Turm aus rotem Ziegelmauerwerk erhalten geblieben.

Im Jahr 1935 fand hier eine weitere Ausstellung statt, die Luna Bucureștilor. Im Zusammenhang damit entstand am Eingang des Parkes die **Fântâna Zodiacului**, nach Plänen von Octav Doicescu und August Schmiedigen gestaltet und vom Bildhauer Mac Constantinescu ausgeführt. Über der Mitte eines Rundbeckens erhebt sich eine schwarze Schale aus Stein. Sie ist außen mit den aus schwarzem Mosaik auf grauem Grund ausgeführten Zeichen der zwölf Tier-

Der ›Gigant‹

kreise geschmückt. Eine Fontäne von fünfundzwanzig Metern wird oben aufgefangen.

Im Park gibt es ältere **Brunnen**. Einen davon, in Form eines einbogigen Triumphbogens, ließ George Grigore Cantacuzino im Jahr 1870 auf eigene Kosten installieren. Ein schlichterer Brunnen entstand in der gleichen Achse anläßlich der Einweihung des Parks. Die **Römische Arena** (Arenele Romane) dient als Freilichtbühne für Theater- und Sportveranstaltungen. Hier kann man Box- und Ringkämpfen beiwohnen.

Von der Mittelachse wird der Blick auf das **Grab des unbekannten Soldaten** von 1936 und dem dahinterstehenden **Mausoleum** für die Gefallenen aller Kriege gelenkt. Von dieser erhöhten Position hat man einen guten Blick auf das Parlamentsgebäude.

Im Carolpark kann man sich lange aufhalten; Bänke, Stiftungen der Bukarester, kleine Cafés und ein Sommergarten laden zum Verweilen ein. Manchmal werden auch Konzerte veranstaltet. Auch außerhalb gibt es nette Lokale wie die Pizzeria am zentrumsnahen Eingang mit Holzofenpizza und das Restaurant ›Pergola‹.

Außerhalb des Parks steht das **Astronomische Institut** der Rumänischen Akademie der Wissenschaften, das man schon von weitem an seinen schönen Kuppeln erkennt. Zu diesem ältesten Bukarester Astronomischen Institut von 1906 gehören die Sternwarten von Iași, Cluj und Temeșvar. Das Gebäude war einst im Besitz von Constantin Bozianu, einem Berater Alexandru Ioan Cuzas. Das Landwirtschaftsministerium kaufte 1888 das Areal und erweiterte es um ein Gebäude, das den astronomischen Beobachtungen diente. Auf Anregung von Ștefan C. Hepites und Nicolae Coculescu wurde die Gründung des meteorologischen und astronomischen Observatoriums beschlossen. Es wurde 1908 eingerichtet, Coculescu sein erster Direktor.

Nicht weit von der Sternwarte steht die orthodoxe **Kirche Cuțitul de Argint**; sie ist auch unter dem Namen Bărbătescu Nou bekannt (1906/07). Bevor die Architekten N. Ghika-Budești und G. Sterian anläßlich der rumänischen Landesausstellung diese Kirche errichteten, stand an dieser Stelle bereits seit 1796 eine steinerne Kirche. Der jetzige Bau wirkt mit seinem Wechsel aus Back- und Naturstein und den dekorierten eingelegten Nischen sehr fröhlich. Er stellt eine Replik moldauischer Kirchen des 16. Jahrhunderts dar. Die Kirche ist von einem großen Friedhof mit viel buntem Grabschmuck umgeben. Auf ihrem Areal befindet sich außerdem das kostbare Antonie-Vodă Steinkreuz von 1677.

Das **Technische Museum Dimitrie Leonida** geht auf eine Initiative des Ingenieurs Leonida zurück und ist an den Park angelehnt. Industrie siedelte sich in dieser Gegend seit dem 19. Jahrhundert an, und an diese Tradition knüpft seit dem Jahr 2000 die Fabrik Industrie farmaceutică Labs in der Str. General Candiano Popescu an.

In der Umgebung der Parkanlage bleibt noch viel zu tun. Einerseits stehen hier schöne Häuser, andererseits sind viele Gassen von Schlaglöchern übersät. Nördlich des Parks ist in jüngster Zeit ein individuelles Luxushotel eingerichtet worden, das ›Carol-Parc-Hotel‹.

Das Mausoleum

Auf jüdischen Spuren

Die nachzustarrende Welt,
bei der ich zu Gast
gewesen sein werde, ein Name,
herabgeschwitzt von der Mauer,
an der eine Wunde hochleckt.

Paul Celan

Vor dem Zweiten Weltkrieg lebten in Rumänien etwa 800 000 Juden. Sie bildeten die zweitgrößte ethnische Minderheit des Landes. Heute leben nach unterschiedlichen Angaben 9000 bis 14 000 Juden in Rumänien, davon rund 4000 in Bukarest.

Man kann die Anwesenheit von Juden im heutigen Rumänien bis in die Römerzeit zurückverfolgen. Nach ihrer Vertrei-

bung aus Ungarn im Jahr 1367 siedelten die Flüchtlinge in der Walachei, wohin auch 1492 Sepharden hinzukamen, aus Spanien vertriebene Juden. Auch im Fürstentum Moldau bestanden viele jüdische Gemeinden. Sie waren 1648/49 auf der Flucht vor dem Kosaken Hetman Bogdan Chmielnicki hierher gekommen. Und nach der Besetzung der Bukowina durch Österreich und Bessarabiens durch Rußland wanderten wiederum Juden in das heutige Rumänien ab. Im Zuge der rumänischen Unabhängigkeitsbewegung, die in der Vereinigung der Fürstentümer Moldau und Walachei zum Nationalstaat Rumänien ihren Abschluß fand, kam es zu einer antijüdischen Gesetzgebung. Immer wieder kam es zu antisemitischen Ausschreitun-

Stadtspaziergänge

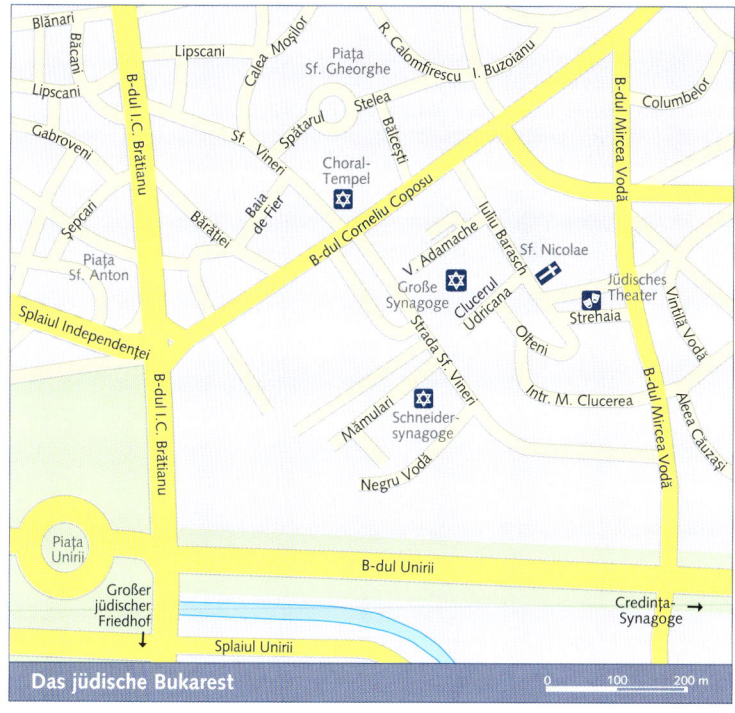

Das jüdische Bukarest

gen. Die Shoah, Pogrome, Zwangsar-beit, Verschleppung nach Transnistrien und Auswanderung gegen hohe Ablöse-summen haben die jüdische Bevölke-rung fast zum Verschwinden gebracht. Nach dem Zweiten Weltkrieg sind viele der Überlebenden nach Israel ausgewan-dert. Viele jüdisch-rumänische Bürger gehören der älteren Generation an, vie-le jüngere verlassen bis heute das Land. Nur noch wenige Synagogen sind erhal-ten, die vom Leben der einst großen jüdischen Gemeinde zeugen.

Unbestritten sind die großen Leistungen der Juden auf den Gebieten der Kunst, des Theaters, der Musik und der Lite-ratur, aber auch auf dem Gebiet der Folklore. Über die Grenzen berühmt wurden nicht nur die Dichter der Buko-wina, des südlichsten Kronlandes der Donaumonarchie, zu denen Dichter wie Paul Celan (1920–1970), Rose Auslän-der (1901–1988), Alfred Margul-Sper-ber (1898–1967) und Alfred Kittner (1906–1991) gehörten. Manche schrie-ben in deutscher Sprache, manche in rumänischer oder ungarischer.

Das jüdische Leben ist auch mit Namen wie dem des Schriftstellers Ion Eliade Rădulescu (1802–1872), dem jüdischen Aufklärer Moses Mendelssohn (1729–1786) und dem Pädagogen und Autor Iuliu Baraș (1815–1863) verbunden, und auch mit Künstlern wie Tristan Tzara (eigentlich Samuel Rosenstock), Mitbegründer des Dadaismus, Marcel Iancu, Victor Brauner, dem großen Gra-phiker, Zeichner und Maler der Avant-garde, bis zu Dr. Moses Rosen, Gelehr-ter, Historiker und Rabbiner. Der italienische Objektkünstler Spoerri (Da-nil Isaak Feinstein), der französische Maler Jules Pascin (Julius Pinkas), der Pianist Radu Lupu und Lory Wallfisch, der Hauptvertreter des absurden Thea-ters Eugen Ionescu, der Dirigent Law-rence Foster und viele andere stammen aus dem rumänischen Judentum.

In Bukarest gab es nie ein Ghetto wie in vielen anderen europäischen Städten. Die Juden lebten vorwiegend in den Stadtvierteln Văcărești und Dudești süd-lich des Boulevard Unirii und in der Alt-stadt, nicht weit vom Leipziger Viertel. Der Planung des kommunistischen ›Ci-vic Center‹ mit dem Haus des Parla-ments fiel der Teil der Altstadt zum Opfer, in dem viele jüdische Mitbürger wohnten.

Die meisten erhaltenen Zeugnisse der Jüdischen Kultur befinden sich nördlich des Boulevards Unirii. Man trifft hier auf völlig Verfallenes, Unvollständiges, in jüngster Zeit aber auch ganz modern Erschlossenes und auf kleine Gäßchen, in denen sich tatsächlich Altes erhalten hat.

Das jüdische Theater

»Ich bitte ergebenst,
dies zu notieren und aufzuschreiben,
Es muß im Gedächtnis
der Menschheit bleiben,
Die heutige Generationen
wie auch die künftigen Tage
Sollen wissen,
echten Schauspielern stellt
Sich die Gewissensfrage:
Um Menschen wirklich in den Genuß
Nicht der Hülsen, sondern der Kerne
Von Wahrheit und
Schönheit zu bringen,
Sie nicht zu verblenden,
Bleibt Schauspielern nichts,
als Abend für Abend
Das Blut ihrer Adern zu spenden«

Israel Bercovici,
Geschichte des jüdischen Theaters

Eingangsschild am Jüdischen Theater

Die Str. Strehaia zweigt vom Bd. Mircea Vodă ab und führt direkt zum Jüdischen Theater. Es ist eng mit Iuliu Baraş verbunden. Baraş, Arzt, Gemeindevorsitzender, Pädagoge und Autor (1815 – 1863) wird auch gern der Mendelssohn Rumäniens genannt. Er wurde im galizischen Grody geboren, studierte in Berlin und lebte seit 1841 in Bukarest. Unter anderem gründete er im Jahr 1862 die ›Societate de Cultură Israelită‹ (Gesellschaft für jüdische Kultur). Nach ihm wurde das erste Bukarester jüdische Theater ›Barascheum‹ genannt. Es war ein kleines bescheidenes Haus, das sich seit dem 19. April 1941 etablierte, als es nichtarischen Schauspieler nicht mehr gestattet war, in rumänischen Theatern aufzutreten. Aus diesem Barascheum ging nach dem Zweiten Weltkrieg das IKUF-Theater hervor. Es war damit das zweite große jüdische Theater Rumäniens. Ein erstes hatte Abraham Goldfaden bereits 1876 in Iaşi ins Leben gerufen. Diese Theater waren nur mit denen in Wilna und in Moskau zu vergleichen.

Der IKUF, ein jüdischer Kulturverband, war eng mit dem kommunistischen Jüdischen Demokratischen Komitee verbunden. Er eröffnete sein erstes Kultur-haus in der Str. Iuliu Baraş, worin sich das bis heute bestehende Jüdische Theater befindet. 1948 wurde das IKUF-Theater verstaatlicht, und es entstand das ›Jüdische Staatstheater‹ für jiddisch-sprachige und rumänische Aufführungen. Die erste Aufführung war ›Dos groyse gevins‹ von Scholem Alejchem in der Regie von Izo Schapira.

Das Theater wird bis heute bespielt und von der Stadt Bukarest mit Unterstützung der Jüdischen Gemeinde finanziert. Viele Jahre wurde das Theater von Israel Bercovici geprägt. Er war hier als literarischer Leiter, Dramaturg, Regisseur, Übersetzer und Gutachter publizistisch tätig. Er starb ein Jahr vor der Wende mit nur 66 Jahren. Seine Frau Mirjam Lia Korber, von Beruf Kinderärztin, setzt sich bis heute für die Hilfsbedürftigen der jüdischen Gemeinde ein. Die Theateraufführungen finden nicht täglich und häufig als Matinee statt. Derzeit wird ›Anne Frank‹ von Alexander Hausvater gespielt. Das Jüdische Theater wird von Harry Eliad geleitet.

Seit dem 19. Jahrhundert gehörten auch Medien zum öffentlichen jüdischen Leben. So wurde im Jahr 1859 bereits die rumänisch-jiddische Tageszeitung ›Timbrul‹ herausgegeben; seit 1949 wurde eine jiddische Radiosendung ausgestrahlt. Im Verlag Kriterion werden bis heute jiddische Bücher gedruckt, und im IKUF bis heute Nachrichten über das zeitgenössische jüdische Leben veröffentlicht.

Obwohl viele Überlebende des Faschismus nach dem Krieg das Land in Richtung USA, Kanada und Israel verließen, besteht in Bukarest weiterhin ein äußerst reges jüdisches Kulturleben. Der Oberrabiner Elieser Glanz betreut die Gemeinde ›Bukureschter Kehile‹, die nach offiziellen Angaben heute

Stadtspaziergänge

5110 Mitglieder zählt. Seit 1990 gibt es die Vereinigung oder Förderation der jüdischen Gemeinden Rumäniens. Ihr Präsident ist Nicolaj Cajal. Und vor fast zehn Jahren nahm ein neu gegründetes Zentrum für jüdische Studien seine Arbeit auf. Seit 1997 gibt es wieder einen jüdischen Kindergarten, wenngleich mit wenigen jüdischen Kindern. Und trotz der kleinen jüdischen Gemeinde gibt es den Talmud-Thora-Chor mit 38 Mitwirkenden, zwei Gesangs- und Folkloregruppen, die jüdische Folklore pflegen, und die Musikensembles Menora und Klezmer, die regelmäßig Veranstaltungen bieten. Sie treten regelmäßig vor Publikum auf, das zum Großteil aus Nichtjuden besteht.

Hinter dem jüdischen Theater steht die rumänisch-orthodoxe **Nikolauskirche**. Der Bau aus dem 18. Jahrhundert wird derzeit komplett saniert. Man kann sich nicht mehr vorstellen, welche dörfliche Anmut die Kirche einst umgeben hat. Heute erblickt man brachliegende Flächen, Hinterhöfe von Wohnblocks, in deren Schatten unauffällig und als solche zunächst nicht erkennbar die **Große Synagoge** steht. Sie wurde kürzlich renoviert. In ihr ist das **Holocaust-Museum** eingerichtet. (Synagoga cel Mare).

Das Jüdische Museum

Über die Str. Udricani gelangt man zur Sf. Vineri und von dort in die kleine Str. Mämulari. In der ehemaligen **Schneidersynagoge** (Schnaiderschilö), der späteren Synagoge Unirea Sfînta, wurden das **Jüdische Geschichtszentrum** und das **Jüdische Museum** eingerichtet. Nur fünf Jahre nach der Wende wurde der internationale Verlag Editura Hasefer für jü-

dische Literatur gegründet. Er hat hier ebenfalls seinen Sitz. Mittlerweile werden mit großem Erfolg jährlich mehrere Titel veröffentlicht und weltweit vertrieben.

Das jüdische Museum geht auf die Initiative von Moses Rosen zurück, dem früheren rumänischen Oberrabiners, der von 1948 bis zu seinem Tod im Jahr 1994 das Amt ausübte. Er war Begründer der Zeitschrift Revista Cultului Mozaic. Heimlich rief er 1977 ein Dokumentationszentrum zur Geschichte der rumänischen Juden ins Leben, um ihre Geschichte als ethnische und religiöse Gruppe in Rumänien zu bewahren. Das Museum wurde im Januar 1978 offiziell eröffnet.

Das Historische Museum der rumänischen Juden gibt einen Überblick über die Geschichte der Juden Rumäniens. Im Erdgeschoß sind Exponate zur politischen, wirtschaftlichen und kulturellen Entwicklung vom 14. bis zum 20. Jahrhundert ausgestellt. Außerdem werden archäologische Exponate von der Römerzeit gezeigt, als die ersten Juden ins Land kamen. Gutes Kartenmaterial weist auf die vielen Orte, in denen Juden eine Bleibe fanden. Ein Reihe von Exponaten reflektiert die Anfänge der jüdischen Beiträge im öffentlichen Leben. Beispiellose Aufstiege mancher Juden wie der des ersten jüdischen Finanziers Bercovic, der die gleichnamige berühmte Bank in Bukarest gegründet hat, werden dokumentiert. Man erfährt viel über den Beitrag der Juden zum kulturellen Leben in der zweiten Hälfte des 19. Jahrhunderts. Schulen wurden gegründet, Zeitungen und Zeitschriften publiziert und die Choral-Synagoge

Stadtspaziergänge

Der Innenraum des Choral-Tempels

Die Schneidersynagoge, Sitz des jüdischen Geschichtszentrums

gebaut. Die Beteiligung der Juden zur Verteidigung Rumäniens während der Vereinigungsphase und dem Ersten Weltkrieg wird deutlich gemacht. Eine ganze Wand ist der Zwischenkriegszeit gewidmet, in der 1923 die neue Verfassung verabschiedet wurde, die auf außenpolitischen Druck die Gleichberechtigung der Juden festschrieb. Ein Raum ist dem Leiden in den Jahren 1940 bis 1944 gewidmet. Zeitgenössische Aufnahmen zeigen die Pogrome in Dorohoi, Bukarest und Iași, in Bessarabien und Bukowina, die Deportation der Juden aus Nord-Transsilvanien auf Befehl des ungarischen Horthy-Regimes.

Eine große Fläche im Erdgeschoß ist den jüdischen Persönlichkeiten gewidmet, die auf den Gebieten der Kunst, Wissenschaft und Literatur Herausragendes geleistet haben. Gezeigt werden Fotos und Werke großer Schriftsteller und Li-

teraten wie dem Journalisten Felix Aderca, den Schriftstellern I. Peltz, Vladimir Colin, Mihail Sebastian, Serge Moscovici und Eugene Ionescu.

Im ersten Obergeschoß sind Gemälde sowohl rumänischer Meister wie auch jüdischer Künstler ausgestellt. Der Rumäne O. Bancila bevorzugte als Motiv die jüdischen Mitbürger und ihre Gewohnheiten. Die jüdischen Meister Arnold, Iser, Vermont und Maxy, dessen Werke an Max Beckmann erinnern, sind vertreten. Wer Marcel Iancu als Architekt kennengelernt hat, kann ihn hier als Maler bewundern. Die Themen der jüdischen Künstler sind vorwiegend jüdische Zeremonien wie Hochzeiten, jüdische Gesichter und andere jüdische Motive.

Die Bukarester Synagogen

Den Juden stehen für ihre Gottesdienste mehrere Synagogen zur Verfügung. Auf den Friedhofssynagogen finden vor allem anläßlich von Begräbnissen Zeremonien statt.

Als schönste Synagoge der Stadt gilt der **Choral-Tempel** in der Sfânta Vineri Str. 9 – 11. Wie in allen Synagogen kann man hier am Freitag abend und am Samstag morgen den Zeremonien beiwohnen. Der Choral-Tempel ist ein Gebäude aus der zweiten Hälfte des 19. Jahrhunderts und wurde von den Architekten Enderle und G. Freiwald realisiert. Er erinnert an die Prager und Wiener Synagogen von L. Förster. 1932/ 1933 renovierten die Architekten Iuliu Leoveanu und Grigore Ansch das Gebäude. Die Synagoge wurde in den 30er Jahren durch Vandalismus zerstört und 1945 zügig wieder aufgebaut. Man kann sie außerhalb der Gebetszeiten besichtigen, die Wärter öffnen gern die Pforten. Im Garten erhebt sich eine große Menora.

Die **Habatsynagoge** – auch ›Yeshoah Tova‹ genannt – befindet sich nicht weit vom Amzeiplatz, und in der etwas abgelegenen **Credința-Synagoge** hinter der Bukarest-Mall im Dudești-Viertel werden Freitag abend und Samstag morgen jüdische Zeremonien abgehalten. Ein Besuch lohnt sich auch hier.

■ **Marcel Iancu**

Zu den bekannten Architekten, die im 20. Jahrhundert in Bukarest tätig waren, gehört Marcel Iancu (1895 – 1984). Im Dudești-Viertel, innerhalb der Straßen Maior Zenovie, Vameșul Răcoțeanu und Maximilian Poper, befindet sich die von ihm geplante **Siedlung Parcelarea Trinității**.

Der Architekt, Maler und Schriftsteller jüdisch-rumänischer Abstammung baute 1937 auf dem etwa 10 000 Quadratmeter großen Gelände seines Vaters traditionelle Doppelhäuser; von den 22 Gebäuden entwarf er 13. Aufgrund ihrer kubischen Volumen und schmucklosen Fassaden ist den Häusern ein moderner Charakter eigen.

In unmittelbarer Nachbarschaft zum jüdischen Theater, in der Str. Olteni 12, steht das **Wohnhaus Haimovici Vătărescu** von Iancu. Der ursprüngliche städtebauliche Zusammenhang existiert nach den großflächigen Zerstörungen durch die Kommunisten leider nicht mehr. Ost-, Süd- und Westfassade beschreiben eine Halbkreisform, die Dachgeschoßwohnung ist durch eine Holzpergola mit Terrasse aufgewertet.

Marcel Iancu gründete während seines Studiums in Zürich mit Hugo Ball, Hans Arp und Cristian Tsara das ›Cabaret Voltaire‹ und wurde zum Begründer des Dadaismus. Er war einer der führenden Architekten zwischen den zwei Weltkriegen in Bukarest. Wegen des zunehmen-

den Antisemitismus emigrierte er 1941 nach Israel. Er gründete 1953 bei Haifa das Künstlerdorf En Hod.

Die jüdischen Friedhöfe

Mehrere jüdische Begräbnisstätten sind in der Stadt zu besichtigen. Der **jüdische Friedhof Cimitrul Evreisc de Rit Sefard** gegenüber dem Friedhof Bellu beim Viertel Văcărești war ehemals den Sepharden vorbehalten. Viele Opfer der Shoah fanden hier ihre letzte Ruhe. Heute erhalten hier bekannte jüdische Mitbürger ihr Grab. Der **neuere jüdische Friedhof** liegt außerhalb. Ein **weiterer Friedhof** ist nicht weit vom Nordbahnhof am Bd. Ion Mihalache.

Die Synagoge des Friedhofs aus dem Jahr 1865 wurde 1940 zerstört und wieder aufgebaut. Bis heute finden hier Bestattungen statt. Eine Hauptallee von tausend Meter Länge führt an die 12 000 Gräber heran. Einige bekannte Persönlichkeiten des Bukarester Kulturlebens fanden hier in jüngerer Zeit ihre letzte Ruhe: Dora Masim, der Schriftsteller Josif Sava Segal (1933 – 1998), der Musiker Anatol Viero (1926 – 1998), der Journalist Eugen Preda (1910 – 2000), der Komponist Tibor Varga, der im Jahr 2004 starb, und Sico Maushold.

Vor dem Choral-Tempel

Stadtspaziergänge

Die Parkanlagen

Das Bukarest des 18. und 19. Jahrhunderts war weitläufig und wies niedrige Bauten und zierliche Kirchen auf. Die Bojarenhäuser, Herrschaftssitze und Bauten der Kleriker waren von großen Gärten umgeben, in denen sogar Treibhäuser standen. Man war einerseits Selbstversorger, wollte aber auch schattenspendende parkähnliche Gärten. Wichtig war das Wasser, was bedeutete, daß man die Gärten meistens in der Nähe einer Quelle oder eines Flusses anlegte.

Zunächst war Bukarest noch türkisch beeinflußt. Deshalb entstanden sogenannte Kioske. Das waren offene Pavillons, in denen Erfrischungen ausgegeben wurden, vielleicht auch Musik gespielt wurde. Diese Kioske befanden sich nicht dort, wo die Kutschen vorbeifuhren, sondern meist am Rande einer kleinen Grünanlage oder am Rande eines Bojarengartens. Manchmal als Privatkiosk angelegt, wurden sie bald für die gehobene Öffentlichkeit errichtet. Der Begriff Kiosk kommt vom Türkischen köşk, wurde dort aber wiederum vom Persischen koschk übernommen. Von dort kommt überhaupt die Anlage eines Kiosks als Landschaftsbestandteil. Der Mode fürs Asiatische folgend, wurden diese Kioske in Frankreich übernommen und erst im 19. Jahrhundert in Deutschland mit der Zweitbedeutung als Verkaufsstand für Zeitungen verändert.

Gleichzeitig entstanden aber auch sogenannte Promenaden. Diese haben ihren Ursprung in Frankreich. Das waren breit angelegte Wege, die ausschließlich zum Spazierengehen gedacht waren. Beim Promenieren wurde aber auch teilweise hitzig diskutiert, aber häufig promenierte man, um zu sehen und gesehen zu werden. Solche Promenaden entstanden in der ganzen Stadt. Sie wurden später wie die Kiseleff-Allee mit Bäumen bepflanzt. Bukarest ist im Sommer sehr heiß – Schatten war also nötig. Im Bukarest des 19. Jahrhunderts mußten alte Anlagen der neuen Architektur weichen, dafür aber begann man riesige Parkanlagen als Freizeitstätten anzulegen.

Schon im Jahre 1846 entstand mit Cişmigiu der erste öffentliche Garten der Stadt. Ihm ist auch der Park von Măgurele zu verdanken, wo sich heute das Institut für Atomphysik befindet. Der Nachfolger Meyers wurde Ulrich Hoffmann, Professor der Botanik an der Medizinischen Fakultät, der um 1860 den ersten Botanischen Garten ins Leben rief. Erst 50 Jahre später legte E. Redont den Freiheitspark (Carolpark) an.

Neben den öffentlichen entstanden eine Reihe privater Gärten: durch I. A. Filipescu jenseits von dem Podul Mogoşoaia, heute der Filipescu Park; durch den Bojaren Golescu, nordwestlich der Calea Plevnei, heute nicht mehr existent. Der Pfarrer von Cotroceni, Ilie Nicolae, pflegte einen Garten auf der Hangfläche im alten Flußbett der Dâmboviţa.

Noch 1935 besaßen die Grünanlagen mit rund 107 Hektar einen relativ geringen Anteil an der Gesamtfläche Bukarests. Die Gesamtfläche der Grünanlagen erhöhte sich bis 1944 auf 204 Hektar und bis 1955 auf 471 Hektar. Im kommunistischen Rumänien kam der Vergrößerung der Grünanlagen große Bedeutung zu. Im Osten entstanden der Nationalpark (ehemals Park des 23. August) und der Cuzapark, im Süden der Tineretului-Park.

In fast alle Parkanlagen sind künstlich angelegte Seen integriert, besonders an Wochenenden halten sich die Bukarester hier gern auf.

Park Tineretului

Dieser Park – sein Namen bedeutet ›junge Leute‹ – liegt im südlichen Teil des Bukarester Stadtgebiets. Günstig erreicht man ihn über die Metrostation Tineretului. In den 1960er Jahren hieß das Gebiet das ›weinende Tal‹, es war ein Armeleuteviertel. Der Park wurde von 1965 bis 1975, ohne Rücksicht auf die Anwohner, durch den Gartenarchitekten Victor Donose angelegt, der eine natürliche Terrasse integrierte. Im Park befinden sich verschiedene Veranstaltungsgebäude: In der Sala Polivalentă (1975 – 1980) finden Musik- und Sportveranstaltungen statt, beispielsweise der internationale Tanzwettbewerb der lateinamerikanischen Tänze, daneben entstand das Palatul Naţional Copiilor von Gheorghe Nădrag, Dinu Hariton,

Gheorghe Verona und Viorel Hurduc. Hier finden unter anderem Veranstaltungen für Kinder statt, darunter Ballettkurse, Tanzkurse, Theateraufführungen und vieles andere.

Entlang des Parks verläuft die Calea Văcăreşti, an deren Ende, schon außerhalb der Stadt gelegen, dank Nicolae Mavrocordat das Kloster Văcăreşti in den Jahren von 1716 bis 1724 gebaut wurde. In der berühmten Mavrocordat-Bücherei wurden Manuskripte und Bücher gesammelt, 1848 wurde das Kloster zum Gefängnis für politische Häftlinge. Die Große Kirche besaß einen Pridvor, der durch offene Arkaden zu betreten war, die an die tradionelle rumänische Architektur erinnern. Der obere Teil des Pridvor war wie eine Fassade in Anlehnung an den Klassizismus mit

Bukarest hat zahlreiche Grünanlagen zu bieten

Im Park Tineretului

Dreiecksgiebel errichtet. Darüber erhoben sich zwei polygonale Türme. Leider wurde dieses Kloster Opfer des Abrißwahns.

Der Cuza- und Titanpark

Im Osten befinden sich die Parkanlagen Titan und Cuza, die von einem breiten Boulevard voneinander getrennt, aber durch eine Unterführung miteinander verbunden sind. Der Cuza-Park ist wie ein englischer Garten angelegt. In seiner Mitte erstreckt sich ein großer See mit Inseln, auf dem man auch Bootfahren kann. Der Park wird seit 1992 durch eine hochaufragende Holzkirche im Stil der Maramureş geschmückt. Sie geht auf die Idee einer Gruppe um den Architekten, Restaurator, Altmeister und Theoretiker Constantin Joja zurück und stellt eine Rückbesinnung auf die regional variantenreiche rumänische Architektur dar. Im Park befindet sich auch der Schachspielerverein Clubul Sahistilor.

Vor allem an Wochenenden lassen sich die konzentriert über das Brett gebeugten Spieler beobachten.

Außerhalb des Parkes, im Stadtteil Titan direkt an der Şos. Mihai Bravu 259, steht die neue römisch-griechisch-katholische Kirche Sf. Cruce. Der Entwurf von Tiberiu Boitan und Dragoş Badea erinnert an die katholische Bărătiei-Kirche im Zentrum.

In den 1950er Jahren entstanden einige harmonische Neubaugebiete. Ein Beispiel dafür ist das Cartierul Căţelu Cluster (1954–1956) von Tiberiu Niga. Der Architekt versuchte dem Bedarf an Wohnungen unter Berücksichtigung traditioneller Formen gerecht zu werden. Schöne, wenngleich heruntergekommene Einheiten weisen zum Teil eine Keramikbedachung, Loggien und Veranden auf, die dem sensiblen Umgang mit der Tradition gerecht werden.

Der Friedhof Bellu

Was für Wien der Zentralfriedhof und Paris der Friedhof Père Lachaise, ist für Bukarest der historische orthodoxe Friedhof Bellu: ein nationales Pantheon, auf dem rumänische Größen aus Kunst, Kultur, Wissenschaft, Militär und Politik ihre letzte Ruhe fanden und finden. Der Bellu-Friedhof ist zwar nicht der älteste, aber sicherlich der bedeutendste Friedhof der Stadt.

Bis zur Mitte des 19. Jahrhunderts wurden die Toten unmittelbar auf den Kirchhöfen um ihre Kirche herum bestattet, die Armen auf mehreren großen Friedhöfen außerhalb der Stadt begraben. 1831 wurde ein erstes Gesetz zur Bestattung erlassen, und ein Komitee beschloß 1850, neue Friedhöfe anzulegen. Einer dieser Friedhöfe liegt an der Straße Şerban Vodă, wo auch der Baron Barbu Bellu (1825–1900) einen großen Garten

besaß. Bellu, später Kultur- und Justizminister von Rumänien, schenkte den lokalen Behörden ein Stück Land. Andere
Gönner wie die Mönche des Klosters
Văcărești folgten seinem Beispiel.

Auf diesem von Bellu gestifteten Terrain
befindet sich heute der berühmteste,
nach seinem Spender benannte Friedhof
Bukarests. Im November 1852 wurde
der Grundstein zum neuen Friedhof gelegt. Man beauftragte damit den Architekten Alexandru Orescu, der im Jahr
1853 die Friedhofskapelle entwarf. Sie
befindet sich genau an der Stelle, wo die
Kirche des alten Bellu-Friedhofs gestan-
den hatte. Ausgemalt wurde sie von
Constantin Lecca. Die Arbeiten am neu-
en Friedhof waren 1858 beendet, und
ein Jahr später begann man mit der
Umbettung der Toten von den Kirchen-
friedhöfen. C. M. Rosetti, einer der Mit-
initiatoren des Friedhofes, kaufte als
einer der ersten ein Grab für seine jüngst
verstorbene Tochter Elena. Weitere Prominente folgten seinem Beispiel. Seit
1862 lag der Friedhof in der Obhut des
Stadtrates. Im Jahr 1890 wurde die Kapelle zerstört, eine neue durch den Bürgermeister Emilian Pache-Protopopescu
veranlaßt. Als Vorbild diente diesem Bau
die Karlsbader Kathedrale. Zunächst
wurde sie von Mihail Popp ausgemalt,
später folgten Malereien von Dimitrie
Belisarie und Artur Verona. Die Ikonostase aus Holz geht auf Anghel Dima
zurück. Nunmehr begannen auch berühmte Familien ihre Toten hierher um-
zubetten und ihre Verstorbenen hier zu
begraben.

Die Fläche des Friedhofs betrug zu seiner Entstehung 17 Hektar, heute 22 Hektar. Er liegt hinter dem Tineretului-Park,
mehrere bewachte Eingänge befinden
sich an der Str. Șerban Vodă. Ein Besuch
des Friedhofs führt durch die Geschichte Rumäniens: Mitglieder großer Familien wie Cantacuzino, Krețulescu, Bibescu, Florescu und Paleologen sind hier
bestattet. Im ›Dichterviertel‹ (Secțiunea I, Fig. 9) fanden viele große Literaten ihre letzte Ruhe. Ion Caragiale und
George Coșbuc, und auch der jung verstorbene Schauspieler Cornel Cuman
(1936 – 1981), der durch seinen Film
›Untersuchung auf der Werft‹ auch bei
uns bekannt wurde. Die Brüder Labiș,
Eugen, gestorben 1992, und Profira gestorben im Jahr 2001, liegen hier. Marin
Preda 1922 – 1980, der viel zu früh verstorbene rumänische Literat, hat mit
seinem Roman ›Delirium‹ der Stadt Bukarest ein unvergängliches Denkmal
gesetzt. Der 1889 verstorbene und un-
vergessene Nationaldichter Mihai Eminescu darf hier natürlich auch nicht
fehlen. Ein Blumenmeer schmückt bis
heute seine Grabstätte.

Der Bellu-Friedhof ist allein wegen des
künstlerischen Wertes zahlreicher Grab-
anlagen einen Besuch wert. Viele große
rumänische Künstler haben hier gewirkt.
So schuf Alfred Galleron das Grab des
Sammlers und Dichters Alexandru Linche de Moissac (1851 – 1938) (Secțiu-

Ein Sonntag im Cuza-Park

Stadtspaziergänge

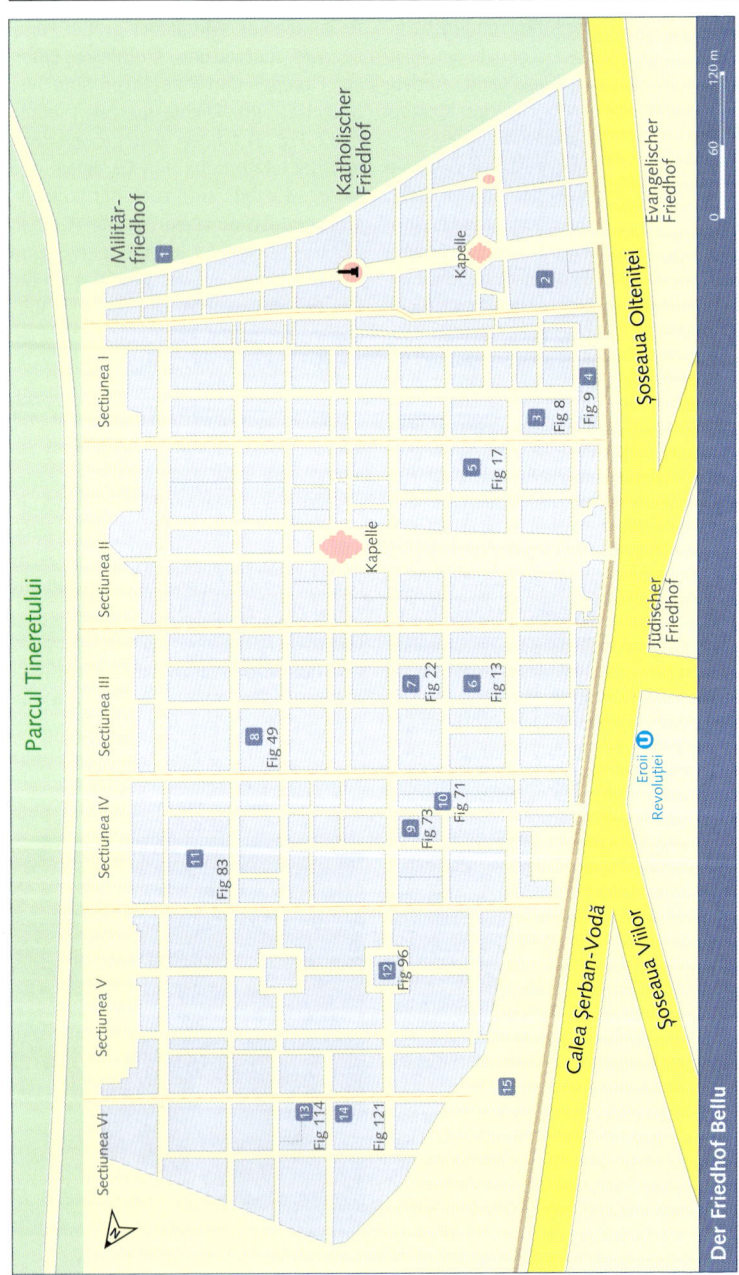

nea I, Fig. 21), das sehenswerte Mauso-leum der Bankiers Cristu und Eflaghie Georghiev ist ein Werk von Ion Mincu. Die Skulpturen der Evangelisten schuf Frederic Storck (Secțiunea I, Fig. 47). Mincu kreierte auch ein Kirchlein am Grab der Familie Lahovari. Karl Storck schuf die Büste von C. A. Rosetti, während die Bronzebüste des Schriftstellers Panait Istrati ein Werk der Bildhauerin Milița Pătrașcu ist. Die Grabkapelle von Eucel Mavrocordat stammt von Karl Storck (Secțiunea II, Fig. 17). Das Denkmal für vier berühmte rumänische Maler – Ștefan Luchian, Gheorghe Petrașcu, Theodor Pallady und Ion Andreescu – auf der Sektion des Militärfriedhofs ist eine Kopie nach Constantin Brâncuși.

Der alte Bellu-Friedhof ist in sechs Sektoren und die Abteilung Militärfriedhof untergliedert. Dazu gehört auch der Friedhof für die Helden der beiden Weltkriege. Erst später entstanden die Abteilungen der jüngsten Revolution; sie liegen außerhalb dieser Sektoren. An den orthodoxen Friedhof schließt der katholische Friedhof an. Die Friedhöfe schließen gegen 17.00 Uhr, im Winter später.

Der Friedhof liegt an der Calea Șerban-Vodă, die nach dem Woiwoden Radu Șerban-Vodă (1602–1611) benannt ist. Sie zieht sich über drei Kilometer stadtauswärts. Die breite Straße wird einerseits von Alt-Bukarester Bauten, die man an den zwei Stockwerken erkennt, und andererseits von Wohnhausblöcken gesäumt. Hinter diesen Hochhäusern gibt es mit Kopfsteinplaster durchzogene Viertel.

Auf der gegenüberliegenden Seite des Friedhofes Bellu befindet sich einer der jüdischen Friedhöfe der Stadt. Einst war er den Sepharden vorbehalten, heute finden prominente Juden hier ihre letzte Ruhe.

Außerdem lugt hinter den Hochhausbauten ein Minarett hervor. Von der Str. Constantin Manescu erreicht man den Eingang zur Moschee. Hier haben die Muslime Gelegenheit, ihre Gebete in der Gemeinschaft zu verrichten.

Auch der protestantische Friedhof fehlt hier nicht. Ein erster evangelischer Friedhof lag in der Eichenstadt Mahalaua Stejarului, und sein Brunnen hieß der Ochsenbrunnen ›Fântâna Boului‹.

Stadtspaziergänge

Legende

1. Gheorghe Gheorghiu-Dej (Generalsekretär der Kommunistischen Partei)
2. Parzelle Academicienilor, u. a. Prof. Emil Crăciun (Mediziner), Prof. Traian Săvulescu (Biologe), Prof. C. Georgescu (Botaniker)
3. Mitglieder der Familie Bibescu
4. ›Dichterviertel‹, u. a. Mihai Eminescu, Mihail Sadoveanu, George Coșbuc und Marin Preda
5. Familiengrab der Văcărescu
6. Gheorghe M. Tattarescu (Maler)
7. Lia Manoliu (Olympiasiegerin im Diskuswerfen)
8. Henri Coandă (Flugpionier)
9. Prof. Spiru Haret (Soziologe)
10. Ion Mincu (Architekt)
11. Gheorghe Magheru (General)
12. Ion Luchian Mihalea (Komponist), Dumitru Alexandru Paciurea (Bildhauer), Tănase Maria (Sängerin)
13. Dan Barbillian (Ion Barbu, Mathematiker und Dichter) und Camil Ressu (Maler)
14. Dem Rădulescu (Schauspieler und Professor)
15. Opfer (›Helden‹) der Revolution 1989

George Bacovia

Die Gedenkstätte des Dichters George Bacovia (1881–1957) befindet sich an der Str. George Bacovia, einige Querstraßen vom evangelischen Friedhof entfernt. Bacovia hieß eigentlich Gheorghe Vasiliu und schrieb unter dem latinisierten Pseudonym Bacovia in Anlehnung an seine Heimatstadt Bacău. Er begann nach dem Gymnasium ein Jurastudium in Bukarest, schloß es aber nicht ab. So verdingte er sich als Buchhalter und Kanzleischreiber sowie als Mittelschullehrer in Bukarest und Bacău. Bacovia versuchte, im Bibliothekswesen Fuß zu fassen. Gequält vom ständigen Gefühl des Versagens und von Depressionen, folgten Sanatoriumsaufenthalte.

Sein Debüt als Dichter gab er 1902 mit dem Gedicht ›Şi toate‹ (›Und alles‹) in der renommierten Zeitschrift Literatorul von Alexandru Macedonski. Mit 47 Jahren heiratete er, nach langem Werben, die dichtende Lehrerin Agatha Grigorescu. Agatha bewunderte ihn sehr, war tatkräftig und erfüllte mit Hingabe ihre dreifache Rolle als Ehefrau, Literaturagentin und Krankenpflegerin. Sie ernährte die Familie einschließlich des einzigen Kindes, den Sohn Gabriel. Für sie war Bacovia ein genialer Dichter.

Mit seinem Gedichtband ›Blei‹ (Plunels, 1916 erschienen) etablierte er sich neben Lucian Blaga, Ion Barbu und Tudor Arghezi auf dem Gipfel der rumänischen modernen Lyrik. Seit 1925 lebte der ewig kränkelnde und labile Bavocia zeitweise in Bukarest, wo er 1957 auch starb. In seiner Heimatstadt Bacău, deren Universität seinen Namen trägt, ist in seinem Geburtshaus eine Gedenkstätte eingerichtet. Außerdem wird regelmäßig das Bacovia-Festival veranstaltet.

Allein

Der Raum hat mich verrückt gemacht,
der Wandbemalung schwarze Streifen.
Und tausend Flöten mich ergreifen,
der lose Herbststurm in der Nacht.

Geheimnisvoll, o Stube mein,
in deinem Frieden Wahnsinn lauert,
sind schwarze Schatten eingemauert.
Vom Tisch her flackert Kerzenschein.

Der Stube Echo zu mir spricht,
wenn mich das heiße Weinen packt.
Die schwarzen Bilder, traurig nackt ...
Im Spiegel zuckt der Kerze Licht.

Der Raum hat mich verrückt gemacht.
Hier wird nie eine Liebe reifen,
Und tausend Flöten mich ergreifen,
der lose Herbststurm in der Nacht.‹

Das ›Dichterviertel‹ im Friedhof Bellu

Die rumänische Hauptstadt bietet Unterkünfte für jeden Geschmack und Geldbeutel. Das gastronomische Angebot ist vielfältig, das Nahverkehrsnetz dicht. Beeindruckend ist die große Anzahl sehenswerter Museen und Galerien.

Bukarest-Informationen

Allgemeine Informationen

Vorwahl: 021, aus dem Ausland 0040/21.

Für eine Stadt dieser Größe und zumal für eine Hauptstadt ungewöhnlich ist die Tatsache, daß es nach wie vor kein offizielles Tourismusbüro mit den üblichen Serviceleistungen in Bukarest gibt.

Die Online-Ausgabe der deutschsprachigen Zeitung ›Allgemeine Deutsche Zeitung für Rumänien‹ bietet gute und aktuelle Informationen zum politischen Tagesgeschehen in Rumänien: www.adz.ro

Für Informationen eignen sich die Hotels, die Museen mit gut geschultem Personal und vorher die Tourismus-Büros in Berlin, München, Wien und Zürich (s. Reisetips A – Z).

Agenție de turism, Str. Gabroveni 9, Tel. 021/314 24 64, Fax 314 12 70, www.carpediemtravel.ro. Die Agentur ist ein Reiseveranstalter. Man kann hier Ausflüge buchen.

Magazine, Broschüren und Karten

Folgende Stadtmagazine sind in den Hotels, in Buchhandlungen und teilweise auch in den Restaurants zu erhalten. Sie liegen manchmal kostenlos aus, manche sind für 2 – 3 Lei zuhaben.

City Guide (englisch); Șapte Seri (Sieben Abende rumänisch/englisch); Bucharest Hot Guide (englisch); Non stop (englisch, kostenlos); Bucharest Nightlife (englisch/rumänisch); Bucharest inyourpocket (www.inyourpocket.com, englisch/rumänisch, sehr empfehlenswert); Coffee Break (rumänisch); Freetime (englisch); Bucharest guide business & entertainment (englisch); 24 – FUN (rumänisch); București (Magazin für Unterhaltung, Business, Einkaufen, Stadtleben, sehr zu empfehlen); Downtown (Magazin fürs Clubleben).

Neben den vor Ort erhältlichen Karten ist z. B. auch die Bukarest-Karte von Freytag & Berndt (1:15 000) zu empfehlen.

Banken, Wechselstuben

An den zahlreich vorhandenen Geldautomaten kann mit der EC-Karte, oft auch mit der Kreditkarte, problemlos Bargeld bis zu einer Summe von 1000 Lei RON abgehoben werden. Umtausch ist in jeder der zahlreichen Wechselstuben und in den Banken möglich. Die Wechselangebote auf den Straßen gehören der Vergangenheit an. Reiseschecks in Euro oder US-Dollar werden nur von Banken und offiziellen Wechselstuben angenommen (Wechselkurs: s. S. 14.)

In der Calea Victoriei 26 ist die Deutsche Bank vertreten, Tel. 315 33 91, office@deuba.eunet.ro.

Die meisten Hotels, Restaurants, Geschäfte und Banken akzeptieren die üblichen Kreditkarten wie Mastercard, Visa und American Express. Mietwagenfirmen verlangen sogar Kreditkarten-Nummern als Sicherheit.

An Banken herrscht kein Mangel

Postämter

Die meisten Postämter sind täglich einschließlich Samstag vormittag geöffnet. Die **Hauptpost** befindet sich in der Strada Matei Millo 10, Tel. 315 90 30.

Internetcafés

Mittlerweile bieten alle großen Hotels – nicht nur in Bukarest – ihren Gästen Zugang zum Internet, teilweise von jedem Zimmer und sogar kostenlos, teilweise in der Lobby. Daneben befinden ich im Zentrum unzählige Internetcafés. Sie sind in der Broschüre ›Şapte Seri‹ (›7 Abende‹, s. o.) aufgelistet. Empfehlungen:

Flamingo Internet Café, Calea Vitan 55 – 57 (in der Bukarest Mall).
Internet Café, Str. Maria Rosetti 7 – 9. Internetzugang rund um die Uhr.

Rush-hour am Revolutionsplatz

Unterwegs in Bukarest

Bukarest verfügt über ein dichtes Netz an öffentlichen Verkehrsmittteln, in der Stadt verkehren Autobus (autobuz), Oberleitungsbus (troleibuz), Straßenbahn (tramvai oder metrou uşor Leichtmetro/Stadtbahn) und U-Bahn (Metrou).

Wer es eilig hat, nehme die Metro (Netzplan s. hintere Klappe), wer Zeit hat und etwas von der Stadt sehen möchte, die öffentlichen Busse. Busfahrkarten werden in den Häuschen an den Haltestellen verkauft. Achtung: Nicht an jeder Haltestelle ist ein Verkaufsstand, und nicht jeder Verkaufsstand hat immer offen. Es ist ratsam, Fahrkarten auf Vorrat zu kaufen.

Metro

Seit 1979 verfügt Bukarest über eine Untergrundbahn, die das schnellste Verkehrsmittel der Stadt ist. Das Strek-kennetz umfaßt derzeit gut 63 Kilometer und vier Linien. Die Weiterführung der bestehenden und neue Linien sind in Planung, die rote Ringlinie M 1 wird derzeit nach Osten verlängert. Die M 2 (blaue Linie) quert die Stadt von Nord nach Süd, die Linien M 4 und M 3 führen von der Ringlinie in die Vorstädte. Die Stationen liegen relativ weit auseinander.

Teilweise sind moderne Waggons im Einsatz, in denen die Stationen angezeigt werden. Die alten Wagen und ihre Fenster sind teilweise versprüht, die Namen der Stationen außen nicht lesbar, so daß die unterirdische Orientierung nicht immer leicht ist.

Fahrkarten bekommt man an den Schaltern in den Metrostationen. Eine Tageskarte kostet derzeit 3,5, ein Carnet für 10 Fahrten 7 Lei. Infos: www. metrorex.ro, contact@metrorex.ro, Tel. 92 64.

Bus und Minibus

Ergänzt wird das öffentliche Verkehrsnetz durch die Busse der RATB. Das Busliniennetz wird derzeit ausgebaut, veraltete Busse wurden durch abgasärmere Typen ersetzt. Einige wichtige Linien:

131: Piața Romană–Flughafen Băneasa.

300: Über die Piața Victoriei direkt ins Zentrum.

783 (Express): Flughafen Otopeni–Piața Unirii.

781 (Express): Piața Reșița–Piața Romană.

Neben den Bussen der RATB sind private Minibusse unterwegs. Sie halten an den städtischen Bushaltestellen. Pro Person sind 2 Lei direkt beim Fahrer zu zahlen, man fährt so weit mit, wie man möchte.

Straßenbahn

Das Straßenbahnnetz ist einerseits gut ausgebaut, andererseits sind die Bahnen und Schienen teilweise in erneuerungsbedürftigem Zustand, teilweise fahren ausgemusterte Züge aus Deutschland und Österreich, teilweise wurden die Züge und Schienen erneuert. Die Straßenbahnen fahren vor allem im Zentrum entlang der großen Boulevards wie Bd. Regina Maria, Strada Traian, Bd. Ferdinand.

Eisenbahn

Für Reisen ins Umland stehen drei Bahnhöfe zur Verfügung:

Die meisten Züge fahren vom **Gara de Nord** (Hauptbahnhof), Information: Tel. 9521, 2230880.

Der **Gara Basarab** befindet sich hinter dem Hauptbahnhof. Von ihm starten viele Regionalzüge, auch die ganz langsamen nach Brașov. Information: Tel. 6375705, 2230884.

Vom **Gara Băneasa** im Norden fahren die Züge ans Schwarze Meer. Information: Tel. 2224856, 3537.

Daneben gibt es Regionalbahnhöfe in Obor, Progresul und Titan.

Mit dem Auto

In Bukarest gibt es ein großes Angebot an Mietwagen, vornehmlich Klein- und Mittelklassewagen. Wer zu einer bestimmten Zeit ein Auto benötigt, sollte aber unbedingt vorher reservieren, da sonst keines zur Verfügung stehen könnte. Anschriften der internationalen Firmen:

Rent a Car Hertz Hilton, Tel. 2221256, Fax 2221257, www.hertz.com.ro.

Express Rent a Car, Tel. 0744/389773, www.express-rent.com, office@express-rent.com.

National Car Rental, International Airport Otopeni, Tel. 311/2704, Fax 311/2705.

Taxi

Das Taxifahren ist immer noch preiswert in Bukarest und sehr bequem, wenn nicht gerade Berufsverkehr ist. Mittlerweile gibt es viele kleinere und größere Taxiunternehmen, darunter allerdings auch weniger seriöse.

Man muß zwischen Standardtarifen pro Kilometer und unabhängigen Taxis unterscheiden, deren Kilometerpreis um ein Vielfaches höher ist. Der Kilometerpreis steht auf den Türen, er liegt zwischen 1,2 und 3,5 Lei.

Am besten fährt man mit der Bestellung eines Fly Taxis. Auch die Hotels greifen häufig auf dieses Unternehmen zurück. Eine Fahrt vom Flughafen ins Zentrum sollte bei normalem Verkehr nicht mehr als 75 Lei kosten, eine Fahrt vom Nordbahnhof ins Zentrum maximal 15 Lei. Fly Taxi, Tel. 9440. Luxus Limousine Mercedes mit professionellem Fahrer, Tel. 0722/456190.

Mit dem Fahrrad

Angesichts langer Wege und vieler Staus bietet sich das Fahrradfahren förmlich an, zumal die Stadt sehr eben ist. In den Parkanlagen ist das Radeln ideal. Ein einziger Radweg befindet sich auf dem Bd. Regina Elisabeta. Weder Fußgänger noch Autofahrer sind mit Radfahrern vertraut. Dennoch empfiehlt sich für Mutige die Nutzung der breiten Bürgersteige. Man sieht viel und erreicht die Ziele schneller.

Unterkünfte

Der Wandel, den Bukarest in den vergangenen Jahren durchgemacht hat, zeigt sich auf den ersten Blick in der Hotellerie. Noch im Jahr 2000 galt das ›Sofitel‹ im Norden der Stadt als eines der ersten Häuser der Stadt, im Zentrum war das ›Hilton‹ konkurrenzlos. Viele staatliche Hotels dagegen waren in einem stark renovierungsbedürftigen Zustand. Heute sind in und um Bukarest so gut wie alle großen internationalen Hotelketten vertreten, und auch das Angebot in den anderen Preiskategorien ist breit gefächert. Das Hotelportal www.tourneo.ro weist eine größere Anzahl an Hotels mit detaillierten Informationen nach, hier kann man auch Buchungen vornehmen. Einige Empfehlungen:

Howard Johnson Grand Plaza Hotel [1], Calea Dorobanților 1, Tel. 201 50 00, Fax 201 50 50, frontoffice@hojoplaza. ro www.hojoplaza.ro. DZ 340, EZ 295 Euro, das Haus mit 200 Zimmern ist drei Jahre alt, und für wohlhabende Geschäftsleute ist alles geboten; sicher eines der elegantesten und teuersten Häuser.

Athenée Place Bukarest Hilton [2], Str. Episcopiei 1 – 3, Tel. 303 37 77, Fax 315 21 21, hilton@hilton.ro, www. hilton.com. Zentrale Lage, 5 Sterne, exclusive Ausstattung, entsprechende Preise: EZ um 500 Euro.

JW Mariott Bukarest Grand Hotel [3], Calea 13. Septembrie 90, Tel. 403 19 04, Fax 403 00 01, www.mariott.com/buhro, marriott.bucharest@ marriotthotels.com. Das Hotel wurde im Jahr 2001 eröffnet und befindet sich hinter dem Parlamentspalast; eine Shopping-Meile ist integriert. 5 Sterne, DZ ab 200 Euro.

Inter-Continental [4], Bd. N. Bălcescu 4, Tel. 310 20 20, Fax 312 04 86, www. intercontinental.com reservation@interconti.ro. 5 Sterne, mehrere sehr gute Restaurants, Fitnesscenter, EZ um 300 Euro.

Novotel [5], Calea Victoriei Nr 37 B, Tel. 308 85 05, Fax 308 85 01, www. novotel.com, www.accorhotels.com. DZ um 270 Euro.

Ramada/Majestic [6], Calea Victoriei 38 – 40, Tel. 310 27 72, reservations@ majestic.ro, www.majestic.ro. DZ ab 170 Euro.

Capitol [7], Calea Victoriei 29, Tel. 315 80 30, Fax 312 41 69, reservations@ hotelcapitol.ro. Drei-Sterne-Haus im Herzen Bukarests, 2006 letztmalig renoviert. DZ ab 180 Euro.

Golden Tulip [8], Bd. Decebal 19, Tel. 316 65 16, Fax 3166519, reservations @goldentuliptimes.com, www.goldentuliptimes.com. Das Hotel der holländischen Kette Golden Tulip ist außerdem im Norden in Otopeni, ›Golden Tulip Sky Gate‹, und in der Calea Victoriei vertreten. Die Hotels gehören aber nicht zusammen, sondern sind Franchise-Unternehmen. Gute Ausstattung, u. a. Fitnessraum und Konferenzzimmer; DZ um 160 Euro.

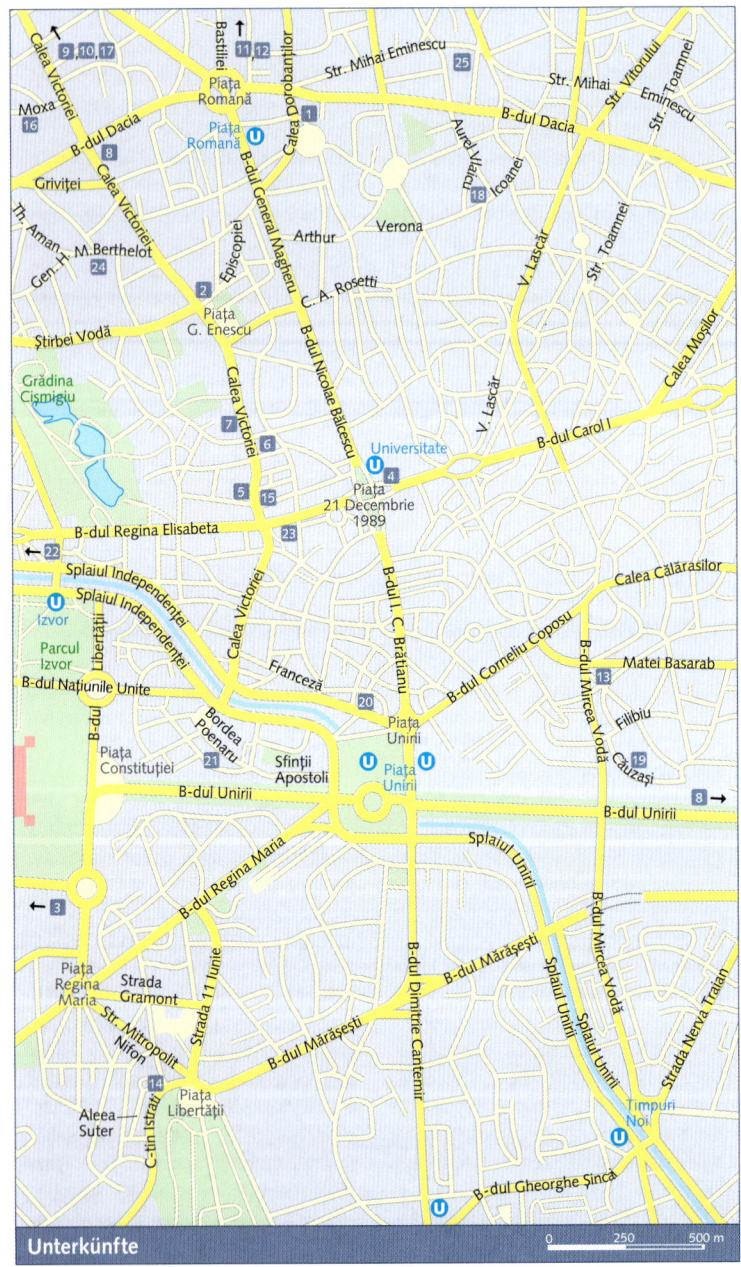

Romantisch: die Casa Bucur

Sofitel 9, Boulevard Expozitiei 2, Tel. 224 30 00 und 224 26 83, Fax 211 56 88, www.sofitel.com, sofitel@sofitel.ro, reservation@sofitel.ro. Gehört zur Accor-Gruppe, im Norden der Stadt unweit des Kongresszentrums. 4 Sterne, ausgezeichnet geführt. DZ um 200 Euro.

Helvetia 10, Piața Charles de Gaulle 13, Tel. 223 05 66, Fax 223 05 67, www.helvetia.netvision.net.il. Erstes Privathotel Bukarests, seit 1993 jointventure zwischen Schweiz und Rumänien. 3 Sterne, nicht zu groß, sehr empfehlenswert. DZ ab 150 Euro.

Phoenicia Grand Hotel 11, Bd. Alexandru Șerbanescu 87, Tel. 300 08 88/89, www.phoenicia.ro, reservation@phoenicia.ro, office@phoenicia.ro. Das Hotel besteht seit zwei Jahren, bietet ein rumänisches und ein italienisches Restaurant, eine Pianobar und einen Nachtclub. Mehrere Kilometer nördlich des Zentrums, für die Ausstattung erstaunlich niedrige Preise: DZ 116, EZ 108 Euro, am Wochenende Sonderpreise.

Crystal Palace 12, Av. Cpt. Alexandru Șerbanescu 18–20, Tel. 233 20 30, Fax 232 02 26, www.crystalpalaceotel.ro, reservation@crystalpalacehotel.ro. Das Hotel liegt im Norden, in der Nähe der U-Bahnstation Aurel Vlaicu (M2), wurde 2003 gebaut und bietet jeden erdenklichen Comfort. Für Geschäftsleute wegen der Flughafennähe gut geeignet.

NH Hotel 13, Bd. Mircea Vodă 21, Tel. 300 05 45, www.nh-hotels.com, nhbucharest@nh-hotels.com. Das erste Hotel dieser spanischen Kette in Rumänien wurde vor kurzem eröffnet. DZ ab 140 Euro.

Kleinere Hotels

Carol Parc Hotel 14, Alea Suter 23–25, Tel. 336 33 77, Fax 335 49 13, www.carolparchotel.ro, office@carolparchotel.ro. Dieses kleine 5-Sterne-Haus unweit des Carol-Parkes wurde erst im Frühjahr 2007 eröffnet. Jede Zimmereinheit erhielt ihre individuelle Gestaltung, Restaurant mit kleiner, aber feiner Speisekarte. Die Musikerin Sylvia Petre-Schlie und ihr Mann konnten sich mit diesem Haus einen Lebensraum erfüllen. Hochpreisig.

Casa Capșa 15, Calea Victoriei 36, Tel./Fax 313 40 38, www.capsa.ro, info@capsa.ro. In einem Gebäude aus dem Jahr 1852, ganz neu renoviert. 5-Sterne-Haus mit 61 Zimmern. DZ um 200 Euro.

Moxa 16, Str. Mihail Moxa 4, Tel. 650 55 55, Fax 650 66 66, www.hotelmoxa.com office@hotelmoxa.com. 4 Sterne, 25 Zimmer, kleiner Wellness-Bereich, ruhig und nicht weit vom Zentrum. DZ um 200 Euro.

Residence 17, Str. Clucerului 19, Tel. 021/223 19 78, www.residence.com.ro, office@residence.com.ro. In der Nähe des Kiseleff-Parks.

7 18, Str. Aurel Vlaicu 20, 210 77 47. Das 4-Sterne-Haus liegt in einem schönen Viertel nicht weit vom Bd. Dacia. 24 Betten, Fitness-Bereich und Restaurant. DZ um 200 Euro.

Tiny Club 19, Str. Căuzași 27, Tel./Fax 323 72 61, www.tinyclub.ro, office@ tinyclub.ro, cristian.popa@tinyclub.ro. 3 Sterne, kleines Privathotel mit sieben Zimmern nicht weit vom Bd. Unirii. DZ um 150 Euro.

Hanul Manuc 20, Franceză Str. 62 – 64, Tel. 313 14 11/2/4/5. 2 Sterne, sehr pittoresk mitten in Alt-Bukarest. DZ um 120 Euro.

Casa Bucur 21, Str. Poenaru Bordea 2, Tel. 336 15 22/92, Fax 337 28 38, reservations@yourhotels.ro. Wer mehr wert auf Ambiente denn auf internationale Standardisierung legt, ist hier bestens aufgehoben. Eines der wenigen noch vorhandenen Alt-Bukarester Häuser hinter der Kirche Alt Sankt Spiridon mit großzügigem Gartenrestaurant. Das Hotel unterhält ein weiteres Haus in der Str. Plevnei.

Jugendherbergen und Hostels

Jugendherberge **Villa Helga** 22, Str. Salcamilor 2. Eine der ersten offiziellen Jugendherbergen Bukarest, nicht weit vom Nordbahnhof. Buchung über www.studserv.de.

Jugendherberge **Midland** 23, Bd. Regina Elisabeta Nr. 30. Im dritten Stock eines 150 Jahre alten Hauses nicht weit vom Zentrum. Buchung über www.studserv.de.

Funky Chicken Hostel 24, Str. Gen. Berthelot 63, nicht weit von der Calea Victoriei. Buchung über www.studserv.de.

Hostel Villa Helga 25, Str. Mihai Eminescu 184, Tel. 021/212 08 28, villa_ helga@yahoo.com.

Gastronomie

Bukarest hat in den vergangenen Jahren in vielen Bereichen enorm aufgeholt, so auch in der Gastronomie. Es gibt mittlerweile eine Vielzahl an Restaurants mit internationaler und nationaler Küche. Die internationale Küche wird in Spitzenqualität in den Restaurants der großen Hotels angeboten. Hier haben sich vor allem das ›InterContinental‹, das ›Mariott‹ und das ›Hilton‹ einen ausgezeichneten Ruf erworben. In jüngster Zeit wurde das ›Novotel‹ mit Restaurant mitten im Zentrum eröffnet.

Im Sommer geht man in den ›Grădina de vară‹, ein typisches Terrassenrestaurant, das aus dem Stadtbild Bukarests nicht wegzudenken ist. Spannend ist insgesamt nicht nur das vielfältige kulinarische Angebot, sondern auch die oft originelle Innenausstattung der Lokale und ihre Lage. So kann man ebenso in noblem Ambiente speisen – das Restaurant ›Doina‹ etwa ist in einer alten Villa untergebracht – wie auch in skurriler Umgebung, wodurch sich insbesondere einige Restaurants und Bars auszeichnen, die auf die Initiative junger Leute zurückgehen. Gekocht wird in der Regel mit wenigen Ausnahmen bis 24 Uhr.

Besonders an den Wochenenden gibt es ein reges buntes Nachtleben. Viele Bars und Cafés bieten Konzerte von Klassik, Jazz bis Pop, Rock und Techno. Außerdem geht man gerne tanzen.

In den Wochen- und Monatsprogrammen der Veranstaltungsheftchen, die in jedem Hotel, Restaurant und Museum kostenlos zu erhalten sind, wird eine große Zahl an Lokalen angepriesen. Auch im Internet gibt es eine lange Liste mit Empfehlungen.

Eines der vielen kleinen Cafés

Im Folgenden eine geprüfte Auswahl aus dem großen Angebot.

Internationale Küche

Das Preisniveau in den Restaurants der internationalen Küche entspricht den Preisen von München, Berlin, Wien und liegt teilweise sogar darüber.

Mica Helveţie, Str. Sandu Aledea 64, Tel./Fax 224 50 17, www.micaelvetie. ro, info@micaelvetie.ro, So geschlossen. Dieses Restaurant ist eine Besonderheit. Jakob Hausmann, ein Graubündner, lebt seit vielen Jahren in Bukarest und bietet eine erlesene Auswahl excellenter rumänischer Weine zu einer originalen Schweizer Küche. Die Produkte kommen aus der Schweiz. Besonders zu empfehlen ist das Fleisch vom heißen Stein. Gehoben.

La Provence, Str. Barbu Văcărescu, Tel. 243 17 77. Eines der wenigen Restaurants, die sich auf die französische Küche spezialisiert haben. Gehoben.

Up town, Str. Rabat 2, Tel. 231 40 77, www.uptown.ro. Im ersten Obergeschoß einer von außen runtergekommen wirkenden Villa. Das Restaurant wird gerne von Geschäftsleuten aufgesucht.

Casa Doina, Avenue Kiseleff 4, Tel. 222 67 17, casadoina@xnet.ro. Das Restaurant, das früher unter dem Namen Bufett bekannt war, wird gerne von den Hotels empfohlen. Eine Reservierung ist trotz der hohen Preise unbedingt erforderlich. Im Gebäude ist zusätzlich eine Galerie eingerichtet.

Casa Vernescu, Calea Victoriei 133, Tel. 311 97 44. Das Restaurant etablierte sich kurz nach der Wende und konnte seinen guten Ruf bis heute halten.Eine Reservierung empfiehlt sich; im gleichen Haus wird ein Casino unterhalten. Gehoben.

Maria Celeste, Şoseaua Nordului 7–9, Tel. 232 62 35, www.mclub.ro. Im Herăstrău-Park mit direktem Blick zum See. Das Restaurant unterhält auch in anderen Parkanlagen Clubs. Im Winter täglich bis 22 Uhr, im Sommer bis 23 Uhr. Mittlere Preisklasse.

La Fitze, Şoseaua Nordului 7–9, Tel. 232 20 93, bis 23 Uhr geöffnet.

Nice Place, Str. Tudor Ştefana 23, Tel. 07 22/37 77 72. Bistro; alle, die gerne unter Einheimischen essen, sind in diesem Bistro gut aufgehoben. Mittlere Preisklasse.

Red Bistro, Str. Costache Negri 1–5, Tel. 410 26 58, info@redbistro.ro. Im neuen Opera Center, die Küche ist italienisch beeinflußt. Wer nach dem Opernbesuch noch Appetit hat, ist hier richtig: Man wird äußerst zuvorkommend bedient, kann auch nur Kleinigkeiten essen und hat stets einen schönen Blick auf die Kirche Neu-Sankt-Elefterie und die Oper.

The Harbour, Piaţa Amzei, Tel. 07 24/38 86 86, ab 11.30 Uhr, mit Terrasse und Parkplatz.

La Gil, Bd. Aerogarii 15 – 17, Tel. 232 91 05. Nennt sich Nostalgie-Restaurant, internationale und nationale Küche, Folkloregruppen.

Louisenhof, Str. Iancu Căpitanu 30, Tel. 25 32 9 45. Das Restaurant, geführt von einem Rumänen, wirbt mit deutscher Küche. Nicht weit von der Pantelimonkirche.

Italienische Restaurants

Wie so gut wie überall in Europa gibt es auch in Bukarest eine Vielzahl an italienischen Restaurants. Von der Holzofenpizza zum fein zubereiten Fisch ist alles zu finden.

Casa di David, Șoseaua Nordului 7–9, Tel. 232 47 15. Das Restaurant gibt sich sehr vornehm, sehr gehobene Preise.

Gino's, Șoseanau Cotroceni 9, Tel. 07 23/53 09 01, ab 12 Uhr geöffnet. In diesem italienischen Bistro kann man auch nur einen Kaffee bestellen. Es sieht von außen eher aus wie eine Spelunke, ist aber innen sehr gemütlich. Das Restaurant bietet auch Catering.

Zafferano, Str. Popa Savu 29, Tel. 222 72 10. Ein sehr gastfreundlicher Italiener der gehobenen Preisklasse, Restaurant mit Terrasse.

Gattopardo blu, Calea Victoriei 115, Tel./Fax 319 65 95. Im Erdgeschoß der Casa Monteoru. Man tafelt in einem außergewöhnlich schönen historischen Ambiente aus dem Jahr 1887, im Sommer steht der Gastgarten hinter dem Haus zur Verfügung. Täglich außer Samstag. Mittlere Preisklasse.

Palladium, Bd. Unirii 1, Tel. 07 29/14 41 44, www.palladiumcafe.ro. Ganz in der Nähe des Parlaments; neues In-Lokal und nicht billig. Serviert wird bis 23 Uhr.

Pergola, Str. Fabrica de Chitrituri 2, Tel. 337 45 67, 10–24 Uhr. Vielfältiges Angebot an Speisen und Getränken vom Menü bis zur einfachen Tasse Kaffee. Nicht weit vom Carolpark.

Sole, Str. Olteni 9 (gegenüber dem Jüdischen Theater), Tel. 327 04 54. Unter anderem Holzofenpizza. Mittlere bis gehobene Preisklasse.

Capriccio, Str. Icoanei 18, Tel. 211 12 35. Eines der ersten italienischen Restaurants nach der Wende. In einem Teil von Bukarest, in dem zweistöckige, bürgerliche Einfamilienhäusern vorherrschen.

Zerillo's, Piața Lahovari 2, Tel. 318 62 91 www.incotro.ro/zerillos, 12–24 Uhr. Hausgemachte Pasta und Gnocchi, aber auch Pizza und dazu rumänische Weine; gehobene Preise.

Rumänische Küche

Jariștea, Str. George Georgescu 50–52, Tel. 335 33 38, www.jaristea.ro. Eines der originellsten Restaurants von Bukarest: ein mit Tüchern und Hüten geschmückter Pavillon, der bereits seit einigen Jahren besteht. Man sollte sich von der Lage, einer heruntergekommenen, schlecht beleuchteten Straße unmittelbar hinter dem Bd. Unirii nicht abhalten lassen. Das Wachpersonal empfängt freundlich, der Service ist ausgezeichnet. Das Essen ist nicht preiswert, aber auch nicht überzogen. Eine Flasche guter Rotwein etwa kostet 60 Lei. Zu empfehlen sind der Vorspeisenteller und die Gänseleber. Unter dem Augenschein der Eigentümerin, kapriziös mit einem großen Hut geschmückt, werden die Gerichte durch Peitschenschlag abgesegnet und unter Fackelschein serviert. Das Essen wird von einem abwechslungsreichen

*Traditionsreiche Adresse in der
Str. Stavropoleos*

und niveauvollem Unterhaltungspro-
gramm begleitet, das Folklore und
Klassik der ganzen Welt sowie Tanzein-
lagen von Tango über Flamenco bis zur
rumänischen Folklore bietet. Es darf
auch getanzt werden. Eine Reservierung ist unbedingt erforderlich.

Boema, Str. Nicolae Caranfil 33, Tel.
233 37 39. Über zwei Stockwerke verteilt sind gemütliche Tische angeordnet, die den Blick auf die Straße und
das Treiben freigeben. Das Essen ist
frisch, gut und liebevoll zubereitet.
Das Restaurant ist hervorragend geeignet, die rustikale rumänische Küche
kennenzulernen. Für den kleinen Geldbeutel.

Mon Chéri, Str. Tudor Ştefan 16, Tel.
23 10 9 08 www.bistromoncheri.ro.
Der Name ist zwar französisch, doch
die Küche in diesem heimeligen Ambiente eindeutig rumänisch. Günstige
Preise.

Golden Blitz, Str. Răzoare/Bd. Geniului, Tel. 410 51 00. Ab 12 Uhr geöffnet,
Folkloreprogramm, viele Geschäftse-
leute, mit Biergarten. Mittlere Preisklasse.

Villacrosse, Pasajul Macca (an der Calea Victoriei), Tel. 07 44/79 68 94 und

07 27/29 73 20, villacros@yahoo.com.
Das kleine und einfache, aber sehr
gute Restaurant bietet seit Jahren täglich frisch zubereitete Speisen, offenen
Wein und eine gleichbleibend freundliche Bedienung. Günstig.

Hanul Hangitei, Str. Gabroveni 16, Tel.
314 70 46, geöffnet ab 12 Uhr bis zum
letzten Gast. Im Keller eines alten Hauses im Leipziger Viertel. Hier wird ein
rumänisches Folklore-Programm geboten. Einrichtung und Küche sind traditionell rumänisch. Mittlere Preisklasse.

Terasa Doamnei, Str. Doamnei 9, Tel.
314 64 81, geöffnet von 11 Uhr bis zum
letzten Gast. Gegenüber der Nationalbank, das Musikensemble spielt rumänische Lieder und internationale Schla-
ger. Mittlere Preisklasse.

Vatră, Str. Brezoianu 23 – 25, Tel.
315 83 75. Übersetzt heißt das Lokal
›der Herd‹, nicht zufällig: Man sitzt in
urigem Ambiente mit offenem Kamin;
internationale wie natione Gerichte.
Mittlere Preisklasse.

Burebişta Vânătorescu, Str. Batiştei
14, Tel. 211 89 29. Hinter der amerikanischen Botschaft, schönes Ambiente
im Kellergewölbe mit rumänischer
bzw. ungarischer Musik. Bei der Reservierung sollte man auf die Platzwahl
achten. Die Preise sind gehoben, es
gibt nur Flaschenweine. Das Restaurant ist bekannt für seine Wildgerichte, darunter Bärenfleisch. Die Gäste
setzen sich vorwiegend aus Auslän-
dern zusammen. Das Restaurant hat
einen guten Ruf, der Service ist aber
wenig zuvorkommend. Gehoben.

Burebişta Vânătorescu, Str. Calea Moşilor 195, Tel. 210 97 04. Das Restaurant hat sich nach der Wende im Erdgeschoß einer Hochhauszeile etabliert

und bietet eine gute rumänische Küche mit großen Portionen. Der Service dürfte etwas freundlicher sein. Zivile Preise.

Caredy, Str. Sofia 1, Tel. 230 27 69. In einer alten Villa mit schönem Sommergarten wird seit zwei Jahren rumänische Küche serviert.

Arcade, Str. Ioan Cantacuzino 8, Tel. 260 29 60, rezervari@restaurantarcade.ro. Internationale und nationale Gerichte, schöner Garten. Gehoben.

Casa Românească, Calea București 285 A, Otopeni, Tel. 350 15 10, mobil 07 44/899 20. Das Restaurant gehörte zu den ersten, die nach der Wende rumänische Küche angeboten haben. Es wird gerne von Geschäftsleuten, aber auch von Einheimischen aufgesucht. Bis 22 Uhr wird rumänische Volksmusik gespielt. Das Restaurant eignet sich auch für größere Gruppen. Es befindet sich neben dem Hotel ›Golden Tulip Sky Gate‹ und liegt direkt an der autobahnähnlichen Ausfallstraße. Das Essen ist sehr gut, der offene Wein etwas gewöhnungsbedürftig.

La Taifas, Str. G. Manu 16, Tel. 212 77 88. Im Obergeschoß des Restaurants Taifas (übersetzt ›das Geplauder‹) ist ein sehr schöner türkischer Salon eingerichtet, in dem auch traditionell serviert wird. In der Regel gutes Essen, akzeptable Preise, liebevolles Ambiente. An manchen Abenden Klavierbegleitung, Service leider wechselhaft. Häufig ist das Lokal ausgebucht. Im Sommer wird auch im Garten serviert. Besonders zu empfehlen ist ›Sărmăluțe cu Mămăliguță‹, kleine Kohlrouladen mit saurer Sahne und Maisbrei.

Atheneu, Str. Epsicopiei 3, Tel. 313 49 00. An dieser Stelle existiert bereits seit 1924 ein Restaurant. Die Inhaber betreiben auch das › La Taifas‹ (s. o.).

Moara Măriei, Str. Blănari 14, Tel. 315 64 94. Großes Lokal mit gemütlichen Holzbänken, durchgehend Live-Musik. Zivile Preise.

Casa Gorjană, Str. Domnița Anastasia 13, Tel. 315 64 29. Die rumänische Küche wird hier in klassischer Zubereitung serviert. Eine fünfköpfige rumänische Musikgruppe bietet jeden Abend Unterhaltung.

La Mama, Delea Veche 51, Tel. 320 52 13. Das Restaurant gehört zu einer Kette von sechs Filialen, die mit großem Erfolg arbeiten. Vielbesucht von der Bukarester Mittelschicht.

Decebal, Bd. Decebal 17, Tel. 321 67 00. Urgemütlich, für das schmale Portemonnaie.

Caru' cu bere, Str. Stavropoleos 3 – 5, Tel. 313 75 60, www.carucubere.ro. Bierhalle mit frisch renoviertem neugotischen Ambiente, eher für Biertrinker, rustikale Küche.

Don Tako, Str. Doctor Felix 101, Tel. 316 94 52. Erstes Restaurant mit rumänisch/mexikanischer Küche, die sehr ansprechend zubereitet wird, nicht zu teuer. Geöffnet bis zum letzten Gast.

Mazagran, Str. Biserica Amzei 30, Tel. 311 61 80. Eines der neueren Restaurants, das internationale und rumänische Küche innen oder im Sommergarten bietet.

Asiatische Küche

Dragon, Str. Biserica Amzei 6, Tel. 08 00/88 87 77. Chinesische Küche, Menüs zum Mitnehmen und preiswerte Mittagsgerichte.

In einem anatolischen Restaurant

Türkische Küche

Idomemoș, Str. Jacob Felix 15, Tel. 317 70 37. Sehr klassisches ›Löffelrestaurant‹, in dem man sich die Speisen am Tresen aussuchen kann. Große Portionen, nur Bier. Zivile Preise.

Anatolia, Bd. Lacul Tei 145, Tel. 710 22 27, office@anatolia.ro. Das neue Restaurant mitten im Park bietet eine Vielfalt ausgezeichneter Vorspeisen. Es wird auch Wein serviert. Mittlere Preisklasse.

Cafés

Im Lipscani-Viertel haben sich viele neue Cafés etabliert, allein in der Strada Smârdan das ›Café Kartell‹, das ›Café Loggia‹ und das ›Café Klein‹.

Markt Café, Strada Stavropoleos 3, neben der Bierhalle.

Salzburg, Str. Brezoianu 19, Tel. 312 07 14. Reizendes kleines Café, in dem frisches Gebäck serviert und Kaffeevariationen sowie frisch gepreßte Säfte ausgeschenkt werden.

Internet Café, Bd. Mihai Kogălniceanu. Spezialität: Café Frappe (geschlagener Kaffee).

CremCaffé Royal, Piața Romană/Bd. Lascăr Catargiu 2, Tel. 312 91 11. In einer alten Villa, in der der Maler Petrescu wohnte. Das CremCaffé ist seit 1950 in Triest etabliert und hat nun zwei Filialen in Bukarest eröffnet. Die zweite ist gegenüber der Universitätskirche. Gemütliches Ambiente mit vielen Porträts, darunter sogar Lenin, abends Live-Violinenspiel von 20 bis 22 Uhr.

Galleron, Str. Nicolae Golescu 18 a, Tel. 312 45 65. www.grandcafegalleron.ro. Das Café befindet sich hinter dem Athenäum und ist nach dem Architekten des Athenäums, Galleron, benannt. Im Jahr 2005 öffnete es in historistischen Räumen. Leider wird man, wie so oft, kontinuierlich mit moderner Musik berieselt, die Bildschirme halten einen auf dem Laufenden. Separate Nischen sind für Besprechungen geeignet, 9 – 24 Uhr.

Tempo, Str. George Enescu 10, Tel/Fax 313 12 28.

Yourcafé, Calea Plevnei 10, Tel. 315 57 90. Guter Kaffee, die Inneneinrichtung erinnert an einen klassischen griechischen Tempel.

Monaco Lounge, Str. Covaci 16, Tel/Fax 314 00 79, www.monacolounge.ro. Neben französischer Küche werden auch Events geboten: Live-Musik (Blues, Salsa, Jazz) und Parties.

Kartell, Str. Smârdan 7, Tel. 07 49/05 77 73. Hinter der Nationalbank

Bars, Clubs, Diskotheken

Offside Pub, Str. Gabroveni 14, Tel. 312 29 16, www.offsidepub.ro. Bierkneipe, Café und Bar in einem, drei Fernseher halten über die Welt des Sports auf dem Laufenden. Dekoriert mit Trikots berühmter Fußballer. Kleine Snacks; vorwiegend rumänisches ›Bergenbier‹ aus Blaj, auch Live-Music.

In der Bar Beverly Hills

Beverly Hills, Bd. Unirii (nahe des Parlaments) Die Bar lockt mit schönem Ambiente, weniger mit der unfreundlichen Bedienung.

Green hours, Calea Victoriei 120, Tel. 314 57 51, greenhours@yahoo.com. Jazz-Café mit schönem Biergarten in einem Hinterhof an der Prachtstraße; durchgehend geöffnet.

Queen's Club, Str. Mihai Bravu 32, Tel. 07 22/75 42 93, www.queensclub. Einer der wenigen Treffpunkte für Homosexuelle. Der Club hatte sich zunächst in der Str. Vineri etabliert, ist aber seit einigen Monaten im Gebiet Obor. Nicht leicht zu finden, auch die Taxifahrer kennen es nicht immer. Er befindet sich hinter den Hochhäusern im Areal der neu eröffneten Pizzeria ›La Piazzeta‹. Eintritt 20 Lei incl. einem Getränk, Do bis So 23 – 5 Uhr.

Amsterdam, Str. Covaci 6, www.amsterdam.ro, Club und Café.

Derby, Bd Eroii Sanitari 49 A, Tel. 07 22/50 03 61. Emil Avrămiţa führt dieses Restaurant mit Bar seit 1990.

Edgar's Pub, Str. Quintet 9, Tel. 314 18 43, edgar@home.ro. Bis 2 Uhr wird warmes Essen serviert, morgens gibt es ein reichhaltiges Frühstücksangebot.

ArtJazzClub, Bd. Nicolae Bălcescu 23 A, www.artjazzclub.ro, Tel. 07 22/58 90 58. Im Keller der Orizont Art Gallery. Sa und So Jazz-Konzerte, Eintritt 20 – 30 Lei, 22 – 5 Uhr.

Point Black, Str. Schitu Magureanu 6, Tel. 07 27/12 60 44. Für die mittlere Generation, täglich bis 24 Uhr.

PAT Lounge, Str. Sevastopol 21, Tel. 31 33 10. Bar mit Pianomusik und Diskothek im Keller im Hinterhof, modern gestylt, ab 17 Uhr.

Kristal Glam Club, Str. Sebastian Bach 2 (Floreasca), Tel. 07 21/993 98 82 31 21 36, wwwclubkristal.ro. Diskothek, Einlaß ab 18 Jahre, Eintritt normal 10 – 12 RON, bei besonderen Veranstaltungen um 80 RON; Fr und Sa ab 23 Uhr. Die Disko ist in einem ehemaligen Kino untergebracht und großzügig ausgestattet. Sie steht auf der Beliebtheitsskala im Moment ganz oben und hält sich bereits seit drei Jahren. Gute Parkmöglichkeit.

Gossip, Str. Lânăriei 90, Tel. 337 47 88. Disko eher für junges Publikum, Zutritt ab 15 Jahre, Eintritt 10 Lei, ab 23 Uhr geöffnet, Mo/Di geschlossen. Bevorzugt wird Techno gespielt.

Mon Amour, Str. Mihai Eminescu, Diskothek.

Million Dollars, Şoseau Mihai Bravu 221 (Pasaj Piaţa Muncii), Tel. 0723/229 77 53 21 50 97. Der Nachtclub bietet erotische Tanzshows.

Spice, Calea Victoriei 21–23. Tel. 312 01 36, www.spiceclub.ro. Pub und Club, im ersten Stock direkt neben dem Polizeigebäude und gegenüber der Passage Villacrosse. Events verschiedenster Art von Klassik bis Pop.

Dark House, Bd. Regina Elisabeta 89. Seit 5 Jahren wird hier jede Nacht von 18 bis 3 Uhr Programm geboten. Jede

Art von Musik für junge Leute mit einer Bar und Café. Im Keller wird getanzt.

Embryo Club, Str. Ion Otetelesanu Intrarea Serg. Dascălu 8, Tel. 0727/379.023. Tanz und Cocktails, am Wochenende bis 5 Uhr morgens.

Syncron, Calea Vitan 206, Tel. 344 37 11. Rumänische Küche im Erdgeschoß, im Keller Diskothek für junge Leute mit gemischter Musik; Sa bis 5 Uhr morgens.

Cabaret, im Leipziger Viertel, Tel. 0722/93 79 72. Die Events finden im Keller statt.

Sporting Club Bamboo, Str. Ramuri Tei 39, Tel. 07 88/29 67 76, www.bamboosportingclub.ro. Es ist zugleich Sportclub mit großem Pool, bietet ein italienisches Restaurant und ist berühmt für seine Diskoatmosphäre am Pool.

Club Fratelli, Str. Vulcanescu/Ceaikovski. Nur für Events geöffnet; kein Eintritt, finanziert sich über Getränke.

Veranstaltungen

Die Veranstaltungen können im Internet abgerufen werden. Außerdem sind in Stadt verschiedene Veranstaltungsbroschüren käuflich zu erwerben oder liegen in den Hotels aus (s.o.). Die umfangreichsten Informationen gibt Bucharest in your pocket.

Einige Veranstaltungen konnten sich seit Jahrzehnten etablieren, andere wurden in jüngster Zeit ins Leben gerufen.

Mai: Musikfestival Bukarest.

September: ›George Enescu Musikfestival‹ www.festivalenescu.ro; Tennis Open.

November: Filmfestival DaKino, www.dakino-filmfestival.ro.

Bukarest am Abend

Auch zu diesen Terminen informieren die genannten Broschüren.

Konzerthallen

Teatrul Ateneul Român, Str. Franklin 1, Tel. 315 00 24, Kartenverkauf 10 – 18 Uhr.

Palatul Radiodifuziunii, Str. Nuferilor 60 – 62. Saal des rumänischen Rundfunks, in dem das rumänische Symphonieorchester spielt.

Musik- und Tanztheater

Staatsoper (›Teatrul de Opera şi Balet‹), Bd. Regina Elisabeta, Tel. 314 69 80. Opern- und Ballettaufführungen.

Teatrul de Operetă Ion Dacian, Tel. 313 63 48

Zirkus Globus, Alea Circului 2, Tel. 611 01 20. Mehrfach wöchentlich finden Vorstellungen statt, am Sonntag auch am Nachmittag. Das Gebäude wird außerdem für Musicals und Revues genutzt.

Sprechtheater

Komödie, Str. Sfântul Dumitru 2, Tel. 315 91 37. Die Komödie in der Altstadt wurde 1961 gegründet und in ihren

Der Eingang zur Komödie

Anfängen lange vom berühmten Schauspieler Radu Beligan geleitet.

Teatrul Naţional I. L. Caragiale, Bd. N. Bălcescu 2, Tel. 314 71 71. Der Lustspielautor Ion Caragiale (1852 – 1912) gab dem Theater den Namen.

Teatrul Lucia Sturdza Bulandra, Str. Jean Louis Calderon 76, Tel. 21 13 41. Das Theater trägt den Namen der großen rumänischen Schauspielerin Lucia Sturdza Bulandra. Das Theater ist seit 1991 Mitglied des Europäischen Theatervereins, dem auch das Piccolo Teatro Milano, die Royal Shakespeare Company, das Teatre Lliure und das Odeon l'Europe Paris angehören.

Teatrul Odeon, Calea Victoriei, Tel. 31 17 45. Eines der repräsentativen Dramentheater Bukarests. Es wurde 1946 gegründet und spielt seit 1974 in diesem Haus.

Teatrul de revistă Constantin Tănase, Str. Lipscani 53, Tel. 315 56 78, www.teatrultanase.ro. Vor alllem satirische Stücke.

Teatrul C.I. Nottara, Bd. Magheru 20, Tel. 212 52 89. Das Theater wurde im Jahr 1947 als Armeetheater gegründet. Heute trägt es den Namen des rumänischen Schauspielers, Regisseurs und Bühnenbildners Constantin I. Nottara (1859 – 1935). Auf der Bühne sind nationale und internationale Klassiker und moderne Stücke zu sehen.

Teatrul Tăndărică, Str. Gen. Eremia Grigorescu 24, Tel. 21 32 88.

Kino

Die Bukarester gehen gern ins Kino. Bedauerlicherweise werden fast ausschließlich ausländische Produktionen, darunter viele amerikanische Actionfilme, gezeigt. Eine dichte Ansammlung an Kinos findet man auf dem Boulevard Mihail Kogălniceanu, wo es auch viele Cafés und Kneipen für junge Leute gibt. Ausländische Filme laufen mit Untertiteln.

Hollywood Multiplex, Calea Vitan 55 – 59 (in der Bukarest Mall), www.multiplex.ro. Das modernste Kino Bukarests wurde im Jahr 2000 eröffnet und bietet zehn Kinosäle, eine moderne Einrichtung und Klimaanlage. Die Filme werden im Original mit rumänischen Untertiteln gezeigt, Studentenermäßigung.

Patria, Bd. Magheru 12. Das Kino wurde westlichen Standards angeglichen.

Scala, Bd. Magheru Nr. 2. Von außen etwas heruntergekommen, im Inneren aber mit Marmor.

Studio, Bd. Mihail Kogălniceanu 29. Sehr beliebt.

Bukarest, Bd. Mihail Kogălniceanu 6.

Capitol, Bd. Mihail Kogălniceanu 16.

Central, Bd. Mihail Kogălniceanu 2.

Festival, Bd. Mihail Kogălniceanu 14.

Lumina, Bd. Mihail Kogălniceanu 12.

Timpuri Noi, Bd. Mihail Kogălniceanu 18.

Victoria, Bd. Mihail Kogălniceanu 7.

Glendale Studio, Şoseaua Cotroceni 9. Auch Nachtvorführungen.

Elvira Popesco, Bd. Dacia 77. Im Gebäude des französischen Kulturinstitutes. Hier werden vor allem französische Produktionen gezeigt.

Kulturinstitute

In Bukarest gibt es eine Reihe ausländischer Kulturinstitute, die neben ihren Sprachkursen Ausstellungen, Vorträge, Filmvorführungen und andere kulturelle Veranstaltungen anbieten und damit nicht unerheblich zum großen Kulturangebot der Stadt beitragen.

Unscheinbar: das ›Capitol‹

Das älteste Institut in dieser Art ist das **Französische Kulturinstitut**, Bd. Dacia 77, Tel. 210 02 24. Es wurde bereits 1923 gegründet und verfügt sogar über einen eigenen Kinosaal.

Goethe-Institut, Str. Henri Coandă Nr. 1, info@bukarest.goethe.org. Das Goethe-Institut war lange gegenüber der italienischen Botschaft in einer alten Arztvilla untergebracht. Sie soll demnächst renoviert werden. Daher wird das Institut mit eigener Bibliothek und einem guten Angebot an Deutschkursen demnächst in die Str. Tudor Arghezi 8 – 10 (hinter dem Nationaltheater) umziehen.

Italienisches Kulturinstitut, Aleea Alexandru 41, Tel. 322 71 72. Vor allem großes Angebot an Italienischkursen.

British Council, Calea Dorobanților 14, Tel. 307 96, www.britishcouncil.org/ro. Große Bibliothek, Seminarräume, englische Tageszeitungen, britisches Café mit Internetzugang.

Cervantes-Institut, Strada Serghiescu 12, Tel. 230 13 54, www.cervantes.es. Eines der jüngeren Einrichtungen dieser Art in Bukarest. Hier kann man alles über Spanien erfahren.

Ungarisches Kulturhaus, Str. Batiștei 39, Tel. 210 48 84, und Petöfi Sandor Kulturhaus, Str. Zalomit 6, Tel. 314 98 80. Beide Einrichtungen werden vor allem von der starken ungarischen Minderheit gerne genutzt.

Daneben gibt es ein polnisches, tschechisches und arabisches Kulturinstitut und weitere deutschsprachige Einrichtungen wie das Schiller Kulturhaus (Casa de Cultură Schiller), Str. Batiștei Nr. 15, das Kulturzentrum der deutschsprachigen Minderheit.

Einkaufsmöglichkeiten, Souvenirs

Traditionelles Kunsthandwerk sind Körbe, Textilien, Trachten, Hinterglasikonen, Gebrauchsgegenstände für die Küche aus Holz wie Kochlöffel sowie modernes Kunstgewerbe aus Glas.

Curtea Sticlarilor, Str. Șelari 9 – 11, täglich 8 – 16 Uhr, Sa bis 14 Uhr. In den Glasbläserwerkstätten werden Glasarbeiten hergestellt.

Antiquarische und zeitgenössische Buchhandlung, Bd. N. Bălcescu 18, Mo bis Sa 10 – 20.30, So 11 – 19 Uhr.

Fundația Mircea Nedelciu, Str. Blănari 21, Tel. 313 59 62. Galerie und Bücherverkauf, die Galerie wurde 2007 eröffnet. Angeboten werden Gemälde rumänischer, auch zeitgenössischer Künstler, Bücher und Antquitäten. Außerdem werden Vernissagen und Lesungen veranstaltet.

Rumänisches Kunsthandwerk, Str. Gabroveni 9.

Rumänisches Kunsthandwerk, Str. Soarelui 4 – 6, Tel. 373 34 67.

Hinterglasikonen, gemalt von Horia Țigoiu, nur über Tel. 777 22 06.

Bukarest-Informationen

Comtesse du Barry, Str. Ion Câmpineanu 10, Tel. 315 22 15, www.lemanoir.ro, office@lemanoir.ro. Delikatessen aus Frankreich.

Music Box 1, Bd. Corneliu Coposu 5, Tel. 312 00 52, und **Music Box 2**, Şoseaua Pipera 3, Tel. 233 36 48. Musik und Viedoverleih in der Bukarest Mall.

Cramă Ceptura, Tel./Fax 650 03 43. Weinhandlung mit großem Angebot rumänischer Weine auch vom Faß und drei Standorten: Calea Griviţei 107–109, Str. Alexandru Ioan Cuza 49, Piaţa Traian 3.

Casa de Vinuri Bucium, Bd. Dinicu Golescu (Ecke Mircea Vulcănescu), Tel. 311 08 89, Weinhandlung seit 1949.

Einkaufszentren und Supermärkte

Unirea-Shopping-Center, Piaţa Unirii, täglich 10–20 Uhr. Teure Designerläden und auch einfache Läden.

Grand Shopping Center, Piaţa Victoriei, Mo bis Fr 9–20, Sa 9–18, So 9–15 Uhr. In dem neuen Einkaufscenter ist von der Kosmetik bis zur Elektronik fast alles zu finden.

Bukarest Mall, Calea Vitan 55–59, www.bucurestimall.com, 10–22 Uhr. Hier findet man praktisch alles, von der CD bis zum Friseur.

Supermarkt Rainbow, Str. Mihai Eminescu, Mo bis Sa 9–23, So 9–16 Uhr.

Märkte

In Bukarest gibt es viele Märkte: auf der Piaţa Dorobanţi, gegenüber den alten Traianshallen, um die Piaţa Bucur, in Obor, im Viertel Vatra Luminoasă und den Blumenmarkt am alten Hof (Curtea Veche), der auch Antoniusmarkt genannt wird.

Sportmöglichkeiten

Schwimmbäder

Öffentliche Schwimmbäder befinden sich unter anderem an den Seen Ştrandul Dâmboviţa im Westen, Ştrandul Tineretului im Süden und im Herăstrău-Park zur Verfügung.

Die großen Hotels bieten teilweise Wellness-Bereiche mit Sauna und Whirlpool. Besonders luxuriös ist die Sauna im Hotel Intercontinental.

Fitness-Center

Es gibt zahlreiche Fitness-Center in fast allen Stadtteilen. Einige von ihnen sind in die großen internationalen Hotels integriert, z. B.: ›Crowne Plaza Hotel‹ (täglich 6.30–23 Uhr), ›Intercontinental‹ (täglich 6–20 Uhr), ›Hotel Mariott‹ (täglich 6–23 Uhr).

Daneben bieten folgende öffentliche Sport-Center ein umfassendes Fitness-Programm an:

Clas Fitness Club, Calea Floreasca 91–111, Tel. 230 60 53, Mo bis Fr 9–22, Sa/So 9–16 Uhr.

Diplomat Club, Alea Minovici 1, Tel. 222 84 97, mit Außenpool, Tennis- und Fußballplatz, Tischtennis und Golfplatz.

Floreasca Club, Strada Mircea Eliade 1, Tel. 230 79 70, täglich 8–22 Uhr, mit überdachtem Becken, Bodybuilding und Tennis.

Sunshine Club, Alea Nordului 94–96, Tel. 07 22/23 70 80. Von der Sauna bis zum Fitness- und Schönheitssalon wird alles angeboten.

Năstase Club, Bd. Mircea Eliade, gegenüber dem ehemaligen Wohnhaus der Ceauşescus am Floreasca See.

Schwimmbad im Hotel ›Bucureşti‹, Calea Victoriei 63–69.

Museen und Galerien

Bukarest ist sehr reich an Museen. Einige davon wurden erst in jüngster Zeit restauriert und konnten der Öffentlichkeit bereits wieder zugänglich gemacht werden, andere werden noch saniert. Besonders spannend ist die Geschichte der Kunstsammlungen, die im Muzeul Național de Artă al României zusammengefaßt sind. Ihre Bestände sind auf vier nationale Museen verteilt.

Typischer Blumenstand im Zentrum

Erste Museumsgründungen in Bukarest datieren vom Beginn des 20. Jahrhunderts, seitdem hat sich die Museumslandschaft kontinuierlich weiterentwickelt. Leider sind viele Museen nicht sehr gut besucht, andererseits ist es ein Genuß, ungestört die Sammlungen betrachten zu können.

Muzeul Național de Artă (Nationales Kunstmuseum), Calea Victoriei 49–53, Mi bis So 11–19 Uhr. Das bedeutendste der vier staatlichen Kunstmuseen ist nach 10jähriger Renovierung dem Publikum teilweise wieder zugänglich. Die Sammlung umfaßt etwa 100 000 Exponate, die in sechs Abteilungen untergliedert sind: rumänische mittelalterliche Kunst – darunter kostbarste Ikonen aus dem ganzen Land –, Wandmalereien der mittelalterlichen Kirchen, rumänische moderne Kunst, orientalische Kunst, die Abteilung für Kunsthandwerk mit Stickereien, Schmuck und Keramiken und das Graphikkabinett mit alten Drucken.

Die europäische Kunst umfaßt die europäischen Schulen von Italien bis Holland, Frankreich, Deutschland und Österreich und zeitlich die Epochen von der Renaissance bis zum 20. Jahrhundert. Die rumänische moderne Kunst präsentiert Werke u. a. von Negulici, C. Rosenthal, Theodor Aman, Ion Andreescu, Ștefan Luchian, N. Vemont, Nicolae Grigorescu sowie Werke des Bildhauers Karl Storck, Ion Georgescu, Romulus Ladea, C. Medrea und C. Brâncuși, zur orientalischen Kunst zählen indische, japanische, chinesische und islamische Gegenstände. Die Europäische Sammlung ist derzeit wegen Renovierung geschlossen.

Muzeul Colecțiilor de Artă, Calea Victoriei 111, Mi bis So 10–18 Uhr, jeder erste Mi im Monat freier Eintritt. Das Museum der Kunstsammler ist das zweite der vier staatlichen Kunstmuseen. Auf drei Stockwerken sind die Exponate von zwölf begüterten Sammlern ausgestellt. Die Exponate zeigen Gemälde rumänischer Künstler, Möbel, Asiatika, Teppiche, Stickereien, Vasen, Silber- und Zinngeschirre, Hinterglasmalerei, Fliesenbilder, Elfenbeinarbeiten und Waffen aus einem Zeitraum von etwa 250 bis 300 Jahren. Jüngster Zuwachs ist die Schenkung des Armeniers Humuz Aznavorian aus dem Jahr 2001, die unter anderem Gobelins, japanische Möbel, Perlmutteinlagearbeiten und Seidenteppiche aus Kayseri umfaßt.

Muzeul K. H. Zambaccian, Str. Muzeul Zambaccian 21 a, Mi bis So 10–17.30 Uhr. Das Museum ist das dritte der nationalen Kunstsammlungen, wurde 1947 eröffnet und zeigt die Sammlung des armenischen Industriellen Krikor H. Zambaccian. Ausgestellt werden unter anderem 71 Bilder und Zeichnungen und 40 Skulpturen. Die insgesamt 310 Exponate beinhalten auch eine Sammlung französischer Malereien des 19. Jahrhunderts sowie Möbelstücke. Die Sammlung gibt einen schönen Überblick über die rumänische Malerei vom 19. bis Anfang des 20. Jahrhunderts. Nicolae Ion Grigorescu (1838–1907), hier mit Landschaften vertreten, und Ştefan Luchian (1868–1916) mit seinen Blumenbildern, Landschaften und Frauendarstellungen gelten als Begründer der Rumänischen Modernen Schule. Daneben sind Werke von Tonitza, F. Şiratom, Ioan Andrescu (1850–1882) und Constantin Lecca (1810–1887) sowie Bronzen von den Bildhauern Cornel Medrea, Dimitrie Paciurea und Oscar Han, Ölbilder von Theodor Pallady in expressionistischer Manier, ein Kopf des epochemachenden Bildhauers Brâncuşi, Werke von Camill Ressu, Ion Theoderescu Sion, Gheorghe Petraşcu und Josif Iser zu sehen. Besonders stolz ist man auf die Werke der Originale und Kopien französischer Impressionisten, darunter Matisse, Sisley, Pissaro, Renoir und Cezanne.

Muzeul Theodor Pallady, Str. Spătarului 33, Mi bis So 11–19 Uhr von Mai bis September, sonst 10–18 Uhr. Es handelt sich um das vierte Haus der nationalen Kunstsammlungen. Das Museum ist in der Casa Melik untergebracht, die als ältester erhaltener Profanbau Bukarests gilt, weil es trotz Bränden und Wiederaufbau seine ursprüngliche Form beibehielt. Gezeigt

Das schöne Pallady-Museum im Melik-Haus

werden neben der Inneneinrichtung der Zeit Graphiken und Ölgemälde des Malers Theodor Pallady (1871–1956). Dem Museum ist eine museumspädagogische Abteilung angeschlossen, die auch Malkurse für Kinder anbietet.

Muzeul Naţional de Artă Contemporana, Calea 13. Septembrie 1, Tel. 31 891 37, www.mnac.ro, Eingang E 4 (Palatul Parlamentului), Mi bis So 10–18 Uhr. Das staatliche Museum für zeitgenössische Kunst (oft abkürzend MNAC genannt) ist das jüngste der Bukarester Museum. Es befindet sich im Parlament.

Muzeul Nicolae Minovici, Str. Minovici 3, Tel. 315 08 37, Di bis So 9–17 Uhr. Die Buslinie Nr. 753 hält ganz in derr Nähe. Die Privatsammlung steht unter der Aufsicht der Rumänischen Akademie der Wissenschaften. Sie ist in den beiden Villen der Brüder Minovici untergebracht. In ihnen wird eine große Anzahl volkskundlicher Gegenstände aus den nördlichen Provinzen des Landes ausgestellt. Die Sammlung war der Stadt Bukarest 1936 vermacht worden.

Muzeul Theodor Aman, Str. C. A. Rosetti 8, Tel. 314 58 12, Mi bis So 9–17

Uhr. Zahlreiche Werke des Künstlers Theodor Aman sowie Möbel und Gebrauchsgegenstände werden gezeigt. Das Museum ist derzeit in Restaurierung.

Muzeul Gh. M. Tattarescu, Str. Domnița Anastasia 7, Tel. 314 10 06. In diesem Haus wohnte Tattarescu zwischen 1855 und 1894. Das Museum gibt nicht nur einen Einblick in Leben und Werk des Malers, sondern zeigt auch ein typisches Gebäude des 19. Jahrhunderts. Tattarescu ließ das historische Gebäude für seine Zwecke renovieren: Umbau des ersten Stocks, klassizistischer Schmuck der Fassade und Ölmalereien an den Innenwänden. Der Innenhof ist, wie damals üblich, von einer verglasten Veranda eingefaßt. Derzeit in Restaurierung.

Muzeul Satului, Șos. Kiseleff 28–30, täglich 10–19 Uhr. Das Dorfmuseum wurde auf Initiative des Soziologen Domitrie Gusti geplant, im Jahr 1936 eingeweiht und seitdem kontinuierlich erweitert. Diese einmalige Sammlung von mehr als 300 Originalbauten steht auf einer Fläche von zehn Hektar,

Das Minovici-Museum

darunter sind originale Bauernhöfe aus verschiedenen Regionen Rumäniens, Windmühlen, Kirchen, Zäune, Gasthäuser und alles, was zum Dorfleben gehört. Jedes dieser bäuerlichen Anwesen und Kirchen, die hierher verlegt wurden, ist ein eigenes kleines Volkskundemuseum. Man erhält den Eindruck, sich in einem richtigen Dorf zu befinden. Neben Kirchen und Häusern sind Wind- und Wassermühlen, Höfe, Scheunen und Ställe zu sehen. Die Gehöfte mit den originalen Inneneinrichtungen sind, angefangen von den Textilien bis hin zu den Küchengeräten, vollständig eingerichtet.

Muzeul Țăranului Român, Șos. Kiseleff 3, www.muzeultaranului.ro, Di bis So 10–18 Uhr. Das Museum der rumänischen Volkskunst und Traditionen feierte 2006 bereits seinen hunderjährigen Geburtstag. Von Mai 1996 bis Mai 1997 war es das Europäische Museum des Jahres. Es besteht aus einem Gebäude des 19. Jahrhunderts und einem Anbau aus den 1950er Jahren. Über drei Stockwerke verteilt sind Gegenstände der Volkskunst, darunter Hinterglasikonen, traditionelle Gebrauchsgegenstände aus dem rumänischen Bauernleben wie Schöpfkellen, Holzstempel, Kachelöfen, die verschiedenen Handwerke und ihre Gerätschaften, Wasserräder und Webstühle, Trachten der verschiedenen rumänischen Regionen und ganze Inneneinrichtungen der Bauernhäuser. Das Museum ist ein wunderbares Pendant zum Dorfmuseum. Auf einer großzügigen Fläche sind außergewöhnlich vielfältige Exponate sehr geschmackvoll präsentiert.

Noch heute finden an bestimmten Feiertagen wie Neujahr, Ostern, oder dem Tag des heiligen Georg am 23. April oder am Tag des Kreuzes kleine Märkte statt.

Kunsthandwerker kommen aus dem ganzen Land hierher und führen ihre Werke in Verkaufsausstellungen vor: von der Hirtenflöte bis zu Kannen, Ikonen aus Holz und Glas.

Historische Museen und Gedenkstätten

Muzeul de Istorie Și Artă al Municipiului București, I. C. Brătianu Bulevardul (im Palatul Șuțu), Mi bis So 10–18 Uhr. Das Geschichtsmuseum der Stadt Bukarest ist in repäsentativen Räumlichkeiten des 19. Jahrhunderts eingerichtet. Es werden archäologische Funde vom Neolithikum bis zur Römerzeit, Einrichtungsgegenstände vom 18. bis zum 20. Jahrhundert sowie Dokumente zur Stadtgeschichte gezeigt. Ein Teil der Säle wird für Sonderausstellungen genutzt.

Muzeul Național de Istorie al României, Calea Victoriei 12, Mi bis So 10–18 Uhr. Das Historische Museum Rumäniens wird derzeit grundlegend renoviert. Trotzdem ist ein Teil der Sammlung zu sehen, darunter der westgotische Goldschatz von Pietroasa und die Kopie der Trajanssäule.

Muzeul Comunități Armene, Bd. Carol 43, Mo bis So 10–16 Uhr. Das Armenische Museum zeigt Dokumente zur Geschichte der Armenier in Rumänien.

Muzeul de Istorie a Comunității Evreiești din România, Str. Mămulari 3, Mo bis Do 9–14, Fr 9–13 Uhr. Das Jüdische Museum dokumentiert anhand von Objekten, Bildern, Karten und Statistiken ausführlich die historische Präsenz des Judentums von der Zeit der Daker bis heute. Für den Besuch ist ein Paß notwendig.

Muzeul George Enescu, Calea Victoriei 141, Di bis So 10–17 Uhr (9–17 Uhr im Winter). Das Museum zeigt Dokumente und Erinnerungsstücke aus dem Leben des bedeutenden Komponisten, darunter eine seiner ersten und seine letzte Geige, seine Totenmaske, seine Auszeichnungen und Dokumente zu seinen Auslandsreisen. Außerdem organisiert das Museum Wechselausstellungen. Auf dem Gelände hinter dem Museum steht sein letztes, bescheidenes Wohnhaus, das unverändert erhalten blieb und ebenso besichtigt werden kann.

Muzeul Național Cotroceni, Geniului Boulevard 1, Tel. 638 38 22, Di bis So 10–18 Uhr. Eine Besichtigung ist nur mit Führung möglich, Anmeldung und Personalausweis sind erforderlich.

Curtea Veche (Palatul Domnesc), Str. Franceză 23–31, Tel. 314 03 75, Mo bis Fr 8–17 Uhr, Sa 9–14 Uhr. Archäologische Ausgrabung, Gruppen werden nur mit Voranmeldung eingelassen.

Muzeul Literaturii Române, Bd. Dacia 12, Mo bis Fr 10–18 Uhr, Sa/So 10–16 Uhr. Das Museum ist in der ehemaligen Casa Scarlat Krețulescu eingerichtet. Der ehemalige Besitzer war unter anderem Kulturminister und gilt als Begründer des Postwesens in Rumänien. Das Gebäude entstand nach Plänen von Rudolf Borocyn 1863. Das im Jahr 1958 gegründete Museum bietet einen reichen Schatz an Handschriften, Fotografien, Erstausgaben und literarischen Veröffentlichungen.

Gedenkstätten

Bei den Rumänen ist die Verehrung für ihre Dichter und Künstler sehr ausgeprägt. Viele ihrer Wohnstätten wurden deshalb auch zu Museum gemacht.

Gedenkstätte Tudor Arghezi, Str. Martisor 26, Tel. 332 59 00, Di bis So 10–18 Uhr. Ausgestellt werden Zeugnisse aus dem Leben des berühmten Dichters, der eigentlich Ion N. Theodorescu (1880–1967) hieß und den Namen Arghezi in Anspielung auf den antiken Fluß Argesis annahm.

Gedenkstätte George Călinescu, Str. George Călinescu 53, Tel. 231 31 63, Di und Fr 10–14 Uhr. Ausgestellt sind Zeugnisse aus dem Leben des Dichters, der auch für die von ihm verfaßte rumänische Literaturgeschichte bekannt wurde.

Gedenkstätte George und Agatha Bacovia, Str. George Bacovia 63, Tel. 332 45 47, Mi bis Fr 10–17 Uhr. Der Dichter hat von 1933 bis 1957 in diesem Haus gewohnt. Seit 1966 ist hier eine Gedenkstätte eingerichtet, in der Dokumente zu seinem Leben gezeigt werden.

Gedenkstätte Liviu und Fanny Rebreanu, Bd. Gheorghe Marinescu 19, Tel. 638 43 93, Di bis So 10–17 Uhr. Die Gedenkstätte wurde für den Novelisten, Journalisten und zeitweiligen Direktor des Nationaltheaters eingerichtet.

Gedenkstätte Ion Minulescu, Bd. Gheorghe Marinescu 19, Mi bis Fr 10–17 Uhr. Die Gedenkstätte befindet sich in der Wohnung des Dichters Minulescu (1881–1944). Sie befindet sich im gleichen Haus wie die Bacovia-Gedenkstätte. In der Wohnung sind auch Hinterglas-Ikonen und polychrome mittelalterliche Holzfiguren interessant.

Technische Museen

Muzeul CFR-Căilor Ferate Romăne, Calea Griviței 193, Di bis So 9–17 Uhr. Das Eisenbahnmuseum gibt in drei Sälen einen Überblick über die Entwicklung des rumänischen Eisenbahnwesens. Ausgestellt werden Dokumente und Fotografien berühmter Ingenieure wie Angel Saligny (1854–1925) und Elie Radu (1853–1931), Uniformen der Bahnbeamten, Zubehör wie Bahn- und Gleislampen. Zu sehen sind außerdem der Zug der Jungfernfahrt von Bukarest nach Giurgiu im Jahr 1869, die erste in Reșița gebaute Lokomotive sowie Modelle der im Land gebauten Lokomotivserien. Eine Führung ist in englischer Sprache möglich.

Muzeul Militar Național, Str. Mircea Vulcănescu 125–127, Di bis So 9–17 Uhr. Das Militärmuseum ist die repräsentative kulturelle Institution des Verteidigungsministeriums. Es wurde von König Ferdinand I. begründet und ist seit 1959 in der umgebauten Offiziersschule aus dem Jahr 1895 eingerichtet. Es besteht aus mehreren Gebäuden, die sowohl für Dauer- als auch Wechselausstellungen genutzt werden.

Die permanente Ausstellung ist auf vier Stockwerke aufgeteilt und in zwei große Bereiche untergliedert: Verteidigungsgeschichte sowie Sammlung von Waffen, Orden und Uniformen. Der didaktisch gute Aufbau macht das Museum insbesondere für Kinder sehr aufschlußreich. Deshalb wird es auch von vielen Schulklassen besucht.

Die Geschichte der Verteidigung beginnt in der Vorgeschichte, mit Werkzeugen und Methodendarstellung. Die Zeit der Daker ist mit der Nachstellung eines dakischen Tagesablaufs anschaulich dargestellt. Die militärische Ausstellung endet mit den beiden Weltkriegen, deren Strategien dank der Karten deutlich werden. Im hinteren Gebäude sind Flugzeuge ausgestellt. Im Garten stehen Büsten rumänischer Herrscher: Stefan Cel Mare, Vlad Țepeș.

Muzeul Național de Geologie, Șos. Kiseleff 2, Tel. 650 50 94, Mo bis So 10–18 Uhr. Das geologische Museum wurde 1906 gegründet. Das Gebäude ist ein Entwurf vom Architekt Victor Ștefănescu. In drei Stockwerken wird die Geschichte der Erde und ihre Entstehung einschließlich einer großen Mineraliensammlung gezeigt. Die Beschriftung ist leider nur auf Rumänisch. Im Treppenhaus hängen Fotos bedeutender rumänischer Forscher. Besonders sehenswert ist die Abteilung zum Donaudelta und dem Schwarzen Meer.

Muzeul Național de Istorie Naturală ›Grigore Antipa‹, Șos. Kiseleff 1, Mi bis So 10–18 Uhr. Ein naturhistorisches Museum in Form eines Naturalienkabinettes bestand bereits in Iași. Der Kern der Bukarester Sammlung geht auf den Großbojaren Mihail Ghika aus dem Jahr 1831 zurück. Bereichert um ausgestopfte Tiere, wurde die Sammlung 1867 in einem Flügel der Universtät untergebracht und mit der geologischen Sammlung zusammengeführt. Hier blieb sie bis 1893. Nach einem Brand wurden die Sammlungen in getrennte Gebäude überführt und dank der Initiative von Grigore Antipa (1867–1944), dem unermüdlichen Forscher, entstand das neue Gebäude.

Gezeigt werden Exponate zur Entwicklung der Tierwelt: Dinosaurier, menschliche und tierische Skelette, Reptilien, Vögel, Säugetiere und die Unterwasserwelt. Besonders reich ist die Schmetterlingssammlung. Das Museum wird ebenso wie das geologische gerne von Familien mit Kindern besucht.

Muzeul Tehnic Dimitrie Leonida, Str. Gen. Candiano Popescu 2, Tel. 336 93 90, Di bis So 9–16 Uhr. Das technische Museum wurde im Jahr 1909 geschaffen. Es trägt den Namen des Ingenieurs Dimitrie Leonida (1883–1965), einem Wissenschaftler auf dem Gebiet der Energetik. Er sammelte Objekte, die die Entwicklung der Technik im Bukarest des 19. Jahrhunderts veranschaulichen. Darunter sind ein Zylinder der Assan-Dampfmühle von 1853 und die zur Beleuchtung der Stadt verwendeten Dynamos.

Gezeigt werden sowohl innen als auch außen Objekte zur Geschichte der Mechanik, Elektrizität, des Magnetismus, der Bergwerks- und Erdölindustrie, des Fernmeldewesens, der Hydraulik und Elektrotechnik, der Industriemaschinen und der Luftfahrt.

Observatorul Astronomic Vasile Urseanu, Bd. Lascar Catargiu 21, Tel. 650 34 75, www.astro-urseanu.ro, Mi bis So 10–18 Uhr. Das Observatorium wurde 1909 begründet und ist im Wohnhaus des Gründers, Admiral Vasile Urseanu, eingerichtet. Es birgt Objekte zur Geschiche der Astronomie, ein Teleskop und Manuskripte.

Muzeul Pompierilor, Bd. Ferdinand 33, Tel. 252 28 84, Mo bis Fr 10–16 Uhr, Sa und So nach Vereinbarung. Das Feuerwehrmuseum besteht seit 1963 in der alten Feuerwache. Gezeigt werden Exponate zur Entwicklung der Feuerlöschvorrichtungen, und es wird die Geschichte der Feuerwehr in Bukarest dokumentiert.

Galerien

Apollo, Bd. Nicolae Bălcescu 1, Mo bis Sa 11–19 Uhr. Spezialisiert auf Gemälde und Skulpturen.

Nemţoi Galerie, Calea Victoriei 126, Mo bis Sa 10–20 Uhr. Hier werden kunsthandwerkliche Gegenstände, vor allem Glaskunst, angeboten. Wer ein Geschenk sucht, sollte es hier versuchen.

Galatea, Calea Victoriei 132, Mo bis Fr 10–18, Sa 10–14 Uhr. Ebenfalls feine Glasartikel.

Simeza, Bd. Magheru 20. Diese Galerie bietet zahlreichen rumänischen Künstlern Gelegenheit zu Ausstellungen.

Orizont, Bd. Nicolae Bălcescu 23 A, Mo 11.30–18, Di bis Fr 10.30–18.30, Sa 10–14 Uhr.

Fundaţia Mircea Nedelciu, Direktor Tudor Ghinea, Str. Blănari 21, Tel. 021/318 44 04.

Kunstbiennale

Seit 2005 hat Bukarest eine Kunstbiennale. Im Jahr 2006 betreute der Budapester Zsolt Petranyi die Ausstellung mit dem Motto ›Chaos:The Age of Confusion‹; www.bucharestbiennale.org.

Weitere Sehenswürdigkeiten

Curtea Veche (Alter Fürstenhof), Archäologische Ausgrabungsstätte, an der Str. Franceză, Di – So 9 – 17 Uhr.

Stavropoleos-Kirche, Str. Stavropoleos, täglich 8.30 bis 18 Uhr, Gottesdienst jeden Sonntag um 9.30 und 10.30 Uhr.

Italienische Kirche (Biserica Preasfântul Mântuitor), Bd. Nicolae Bălcescu, 9 – 19 Uhr.

Botanischer Garten, Cotroceni-Hügel, Di – So 9 – 17 Uhr, im Winter eingeschränkte Öffnungszeiten. Die Treinhäuser sind nicht durchgängig zugänglich.

Friedhöfe

Bellu-Friedhof mit Heldenfriedhof für die Helden der beiden Weltkriege und Heldenfriedhof für die Opfer der Revolution vom 23. Dezember 1989. An der Str. Şerban Vodă, die Friedhöfe werden bewacht und schließen gegen 17.00 Uhr.

Jüdischer Friedhof, gegenüber dem Bellu-Friedhof, täglich außer Sa 8 – 14 Uhr.

Religiöse Zeremonien und Gottesdienste

Der rumänisch-orthodoxen Liturgie kann man in vielen Kirchen im Zentrum beiwohnen: beispielsweise in der Zlătari- und Stavropoleoskirche, im Antim- und Mihai-Vodă-Kloster oder in der Patriarchenkirche. Am Samstag morgen in der Neuen Elefteriekirche, unter der Woche am besten in der Vasilekirche an der Calea Victoriei.

Die anglikanische Kirche im Zentrum Strada Xenopol 2 bietet am Sonntag Gottesdienste in englischer Sprache.

Die katholische Bărăţiei-Kirche im Handelsviertel Bulevardul I. C. Brătianu Nr. 16 zelebriert Gottesdienste am Sonntag in ungarischer und deutscher Sprache.

Die katholische Kirche Sacre Coeur in der Gheorghe Dimitriade Str. 1 – 3 bietet Gottesdienste in Rumänisch, Französisch, Englisch und am Samstag sogar in Arabisch. Tel. 230 93 01

Italienische Kirche, Bulevardul Nicolae Bălcescu 28, Tel. 314 18 57. Gottesdienste werden hier auf Polnisch, Spanisch und Italienisch abgehalten.

Sankt Josefskathedrale, Str. General Berthelot 19, Tel. 313 19 43.

Reformierte Kirche Calvineum, Str. Luterană 13, Tel. 413 40 80. Gottesdienst in deutscher Sprache.

Im Choral-Tempel, Str. Sfânta Vineri, wird die jüdische Liturgie am Freitag um 19 Uhr, am Samstag um 8.30 und 16 Uhr begangen.

Islamische Gebete finden in der Moschee in der Strada Constantin Manescu 1 (gegenüber dem Friedhof Bellu) in arabischer Sprache statt. Der Beginn ist von der Jahreszeit abhängig. Im Winter um 12.20 Uhr und im Sommer um 13.30 Uhr.

Für Kinder

Für Kinder bieten sich alle großen Parks mit ihren vielfältigen Spielplätzen an. In einigen kann man Bötchen fahren, im Herăstrău-Park gibt es Karussell und Riesenrad. Außerdem wird Reiten und Co-Kart-Fahren angeboten. Vorstellungen im Zirkus sind fast ausschließlich auf Kinder ausgerichtet. Der Zoo und der Botanische Garten bieten Programme für Kinder. Das Militär-, Geologische, Technische und Naturwissenschaftliche Museum lohnen unbedingt einen Besuch mit Kindern.

Ärztliche Versorgung

Die ärztliche Versorgung in Bukarest ist im Vergleich zum ganzen Land dichter und qualitätsvoller. Das Angebot an Krankenhäusern und die bestehenden Krankenhäuser konnten verbessert werden. Viele Privatkliniken und Praxen haben sich etabliert.

In Notfällen empfiehlt sich die Notaufnahme der **Unfallklinik**, Spitalul de Urgență Floreasca, Calea Floreasca 8, Tel. 23 00 16, spital@urgenta.ro, www. urgenta.ro.

Optiker Opticris, Bulevardul Unirii 19, täglich außer So 9–20, Sa 10–14 Uhr.

Zahnarztpraxis Dent-A-America, Strada Varșovia 4, Tel. 021/230 26 08, Mo bis Fr 8–20, Sa 8–14 Uhr, dent-a-america@opensys.ro, www.dentamerica. o.ro.

Apotheken

In Bukarest gibt es ein großes Angebot an Apotheken. Darunter sind auch die Ketten Farmadex und Sensiblu, die in allen Stadtteilen zu finden sind.

Farmacia Universității, Piața Universității (in der Passage), Tel. 310 20 14, täglich außer So 7.30–19 Uhr, Sa 10–14 Uhr.

Farmacia Verde, Calea Dobranților 159, Tel. 230 14 51, Mo bis Fr 9–17, Sa 9–13 Uhr.

Farmadex, Calea Moșilor 280, Tel. 211 95 60; Nonstop-Apotheke.

Sensiblu, Piața Amzei, 10–22 Uhr.

Sensiblu, Bd. Bălcescu 7, 10–22 Uhr.

Sensiblu, im Unirea-Kaufhaus, 10–22 Uhr.

Ebenso kontrastreich wie Bukarest ist
auch das Umland der Hauptstadt.
Hochgebirge, Hügel, Wälder, Seen und
Auen wechseln von Nord nach Süd,
und eine Vielzahl baulicher Kleinode
lädt zu Entdeckungen ein.

Die Umgebung
von Bukarest

Allgemeine Hinweise

Nur wenige Kilometer vom Zentrum Bukarests entfernt befinden sich, rund um die Stadtgrenze gelegen, malerische Dörfer, Klöster, Paläste und viel Natur. Die meisten Ausflüge zu den Sehenswürdigkeiten im Bezirk Ilfov lassen sich am besten mit einem Auto bewerkselligen, obwohl manche Ortschaften auch von den öffentlichen Bussen oder von den Zügen angefahren werden. Man würde aber zu viel Zeit benötigen und nicht vor Dunkelheit nach Bukarest zurückkehren. Durch das enorm angestiegene Verkehrsaufkommen benötigt man jedoch insgesamt mehr Zeit für die Ausflüge, als die Entfernungen vermuten lassen.

Um die Stadt Bukarest verläuft eine Ringstraße, deren Ausbau zur Schnellstraße im Gange ist. In Teilstücken ist sie bereits fertig. Staus ergeben sich häufig an den Bahnübergängen. Für die Besichtigung des Ostens verläßt man die Stadt am besten über den Stadtteil Pantelimon und die gleichnamige Chaussee. Die Benennung erfolgte nach dem beliebten Arzt, dem Heiligen Pantelimon, dem in diesem Stadtteil ein Kloster gewidmet worden war. Zum Kloster gehörte ein Krankenhaus das für Pestkranke genutzt wurde. Ihm 19. Jarhhundert entwickelte sich daraus die erste neurologische Klinik unter Dr. Gheorghe Marinesu. Das vom Fürsten Grigore II. Ghica

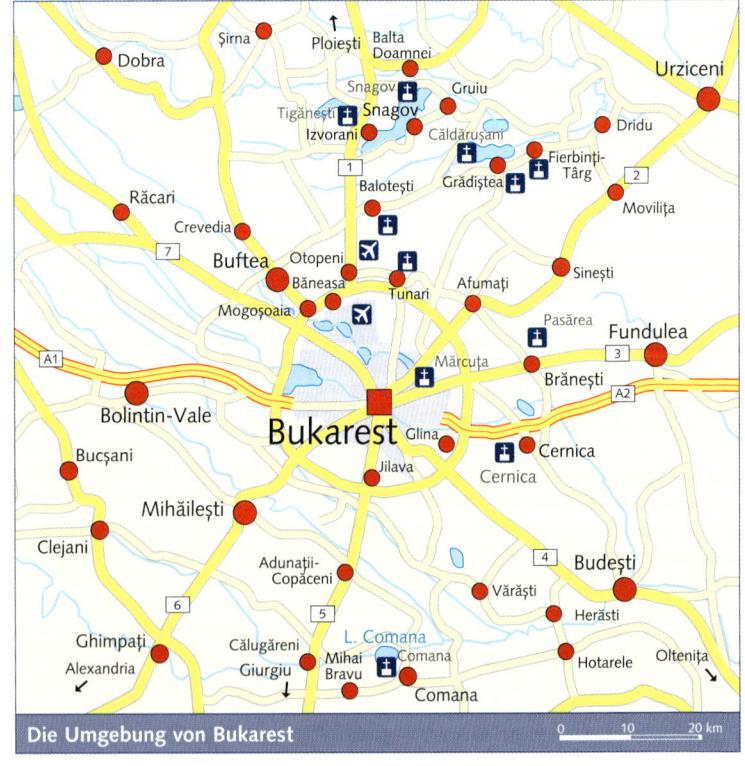

Die Umgebung von Bukarest

0   10   20 km

gestiftete Kloster aus der ersten Hälfte des 18. Jahrhunderts wurde in den Jahren 1980 bis 1987 vom Architekten Mihai Nicolescu in ein Hotel umgewandelt. Die Kirche, die sich im Zentrum des Klosters befand, wurde 1987 zerstört. Das ehemals bewaldete Vorstadtviertel wurde während der letzten großen Stadterweiterung nach dem Zweiten Weltkrieg eingemeindet.

Kloster Mărcuța

Auf dem Weg stadtauswärts, kurz vor der heutigen Stadtgrenze, liegt Kloster Mărcuța. Es besteht seit dem 16. Jahrhundert und lag ursprünglich außerhalb der Stadt. Die Anlage repräsentiert ebenso wie das Mihai-Vodă-Kloster den typisch walachischen Stil der rumänischen Klosteranlagen des 16. Jahrhunderts. Wie die Silvester- und die Patriarchenkirche verfügt Mărcuța noch über einen Eingangsturm; insgesamt sind also drei Bauten dieser Art erhalten.

Der neben dem Colentina-Flüßchen gelegene Bau wurde 1586/87 vom Ersten Kanzler namens Dan errichtet, einem der Würdenträger des Herrschers Mihnea II. Turcitul (1577–1583, 1585–1591). Der Klostername Mărcuța leitet sich vom Namen der Enkelin dieses Ersten Kanzlers ab.

Seit dem 18. Jahrhundert wurde die Kirche mehrfach renoviert, erstmals 1779 durch Fürst Alexandru Ipsilanti, letztmalig in den 1950er Jahren. Im Inneren sind Wandmalereien aus dem 19. Jahrhundert und ältere Ikonen zu sehen.

Pasărea und Cernica

Über die Straße Nr. 401 erreicht man das **Kloster Pasărea**, das zur Gemeinde Brănești gehört. Das Nonnenkloster Pasărea wurde 1813 vom Archimandriten Timotei aus Cernica gegründet. Die

1847 errichtete Kirche geht auf den Nachfolger Calinic zurück. Dieser veranlaßte auch den Bau der Friedhofskapelle. Der Bildhauer Gheorghe Anghel lebte lange in Pasărea und fand hier seine letzte Ruhestätte. Eines seiner bekanntesten Werke ist die Eminescu-Statue vor dem Athenäum in Bukarest. Heute bewohnen Nonnen das Kloster und bieten den Reisenden Unterkünfte.

Nur wenig südlich davon liegt das Dorf Cernica mit dem **Cernica-Wald** (Pădurea Cernica). Man kann die kleine, direkte Verbindungsstraße nutzen oder zurück auf den Umgehungsring fahren und dort den Abzweig nach Cernica nehmen. Man ist zwar nur wenige Kilometer von Bukarest entfernt, fühlt sich dennoch hier in eine ganz andere Welt versetzt. Obgleich das waldreiche Gebiet mit dem malerischen **See** bereits von reichen Rumänen als Domizil entdeckt wurde, konnte sich diese Region den Charme der Abgeschiedenheit bewahren. Viel Bauland wird hier zum Verkauf angeboten. Dies dürfte die Gegend in wenigen Jahren sehr verändern. Auch eine orthopädische Klinik wird derzeit gebaut. Noch aber springen Ziegen durch die Getreidefelder, und Fuhrwerke bremsen die rasenden Autofahrer. In der waldreichen Umgebung sind Eichen, Weißbuchen, Linden und erstaunlich viele Ulmen zu Hause.

Von der Straße Nr. 461 ist der Abzweig ›Kloster Cernica‹ gut ausgeschildert; 14 Kilometer beträgt die Entfernung von Bukarest. Eine kleine Parkgebühr ermöglicht die Einfahrt.

Das **Kloster Cernica** liegt in einer verwunschenen Umgebung. Auch wenn der See schon bessere Zeiten gesehen hat und derzeit nicht über allzu viel Wasser verfügt, findet man hier Ruhe und Entspannung vom Lärm der Groß-

Romantisch gelegen: Kloster Cernica

stadt. Einst war der See ein Anglerpara-
dies, in dem Barsche, Karauschen, auch
Steinkarpfen oder Bauernkarpfen genannt, Hechte und Rotaugen gefangen
wurden. Die Umgebung des Sees war
einst versumpft, sie wurde nach der
Trockenlegung lange landwirtschaftlich
genutzt.

An Stelle einer alten Einsiedelei stiftete
Radu Vodă Șerban Anfang des 17. Jahrhunderts das Kloster. Es wurde während
einer Pestepidemie verlassen, und erst
1781 kehrten die ersten Mönche zurück.
Eine starke Wiederbelebung verdankte
es der bedeutenden Persönlichkeit des
1955 heiliggesprochenen Abtes Armin
Calinic. Einige Jahre lebte hier der berühmte Dichter Tudor Arghezi.

Der Komplex besteht aus dem ummauerten Kloster mit der weiß getünchten
großen **Kirche Sf. Gheorghe**. Ihr Wiederaufbau im 19. Jahrhundert geht auf Calinic zurück. Sein Grab befindet sich im
Eingangsbereich der Kirche auf der rechten Seite. Außerdem befinden sich hier
die Grabstätte des Metropoliten Roman
Ialomițeanul und die von Iosif Gheorghi-

an (1829 – 1909). Die Eingangswand
ziert das Jüngste Gericht. Der Kirchen-
grundriß folgt dem klassischen Schema
Apsis, Naos und Narthex. Unter den
Motiven der westlich beeinflußten Malerei erkennt man die heiligen Konstantin und Helena mit dem Kreuz. Die Malereien sind das Werk von N. Polcovnicul
und Gr. Frujinescu.

Die Kirche ist von einer Mauer mit
Mönchszellen umgeben. Das Refekto-
rium ist mit Malereien zum Leben des
heiligen Calinic von Traian Bilțiu Dăncusi
aus dem Jahr 1969 geschmückt.

Der Arkadengang der Klostermauer ist
vollständig ausgemalt. Sehr anschaulich
sind hier die Heiligenlegenden von verschiedenen zeitgenössischen Künstlern
umgesetzt. Man betritt den Arkadengang von dem bemalten Torbogen auf
der Nordseite her. Im Nordflügel des
Arkadenganges sind Szenen aus Leben
Johannes den Täufer sowie der Heiligen
Nikolaus, Paulus und Georg zu erkennen. Die Künstler dieser Werke sind
unter anderen Ioan Bobruzan, Adrian
Alexandrescu, Gotoran Vasile und Pirvo

Vladimir. In der Hauptachse des Klosters befindet sich ein Glocken- und Eingangsturm. Der gesamte Klosterkomplex und die ihm zugeordneten Gebäude liegen auf einer Halbinsel mitten in der Ebene.

Vor dem Kloster steht ein Brunnen. Ein Spaziergang auf dem Gelände führt zum malerischen **Friedhof** mit der zierlichen **Lazaruskirche**. Sie ist über einen Treppenaufgang zugänglich. Ihr Äußeres ist durch reliefierte Pilaster mit üppigen Kapitellen gegliedert. Die Kirche besitzt so etwas wie eine Unterkirche, die auch ausgemalt ist.

Die umliegenden Gräber haben die Form von kleinen Mausoleen. Bis heute werden hier Verstorbene bestattet. Über Ziehbrunnen werden die Gräber mit Wasser versorgt. Ihre letzte Ruhe fanden hier Schriftsteller, Künstler, Geistliche wie beispielsweise der Metropolit Nifon, der Chronist Naum Rîmniceanu und der Maler Ion Țuculescu. Die Bilderwand trägt Reste der Malerei von Frujinescu (1803).

Fast am Ufer des Sees steht die **Nikolauskirche** (Sf. Nicolae din Ostrov). Das heutige Gotteshaus wurde an der Stelle eines Vorgängerbaus aus dem Jahr 1608 errichtet. Sein damaliger Stifter, der Erste Kanzler Cernica Știrbei, gab dem Kloster seinen Namen. Ein Erdbeben zerstörte 1808 die Kirche. Abt Timotei veranlaßte die Errichtung eines Neubaus. Dieser wurde 1940 beschädigt und verdankt seine Restaurierung dem Patriarchen Justinian Marina. Das Innere wurde nach einem Brand 1923 von den Künstlern Fotache und Nicolae Polcovnicul neu bemalt.

Zum Kloster gehörten ein Waisen- und ein Krankenhaus, eine bedeutende Bibliothek, eine Schule für Kirchenmalerei und das heute noch aktive Priesterseminar. Der verstorbene Patriarch Teoctist hatte hier acht Jahre studiert.

Das Kloster wurde in den letzten Jahren renoviert, die Arbeiten in der Nikolauskirche sind noch nicht abgeschlossen.

Auf der anderen Seeseite befinden sich ein **Campingplatz** und ein großes **Gartenrestaurant**, das gerne von den Bukarestern aufgesucht wird. Im Wald von Cernica werden Jagdausflüge angeboten.

Pasărea und Cernica

Restaurant-Bar Gradina, Tel. 02 79/ 352 23 50, restaurantcernica@yahoo. com. Ab 10 Uhr. Auf der anderen Seeseite.

Glina

Auf dem Weg nach Süden von Bukarest passiert man über den Umgehungsring das Dorf Glina. Das Dorf selbst weist keine besonderen Sehenswürdigkeiten auf, seine wichtigsten Bauwerke – Kläranlage und Mülldeponie – verweisen jedoch auf einige zentrale Herausforderungen, denen sich das Land stellen muß.

Glina und seine Umgebung sind daher besonders in jüngster Zeit häufig ins Blickfeld der Presse geraten. Die 1985 unter Ceaușescu begonnene Kläranlage wurde aus Mangel an finanziellen Mitteln bis heute nicht vollendet. Bukarest ist in Europa nicht die einzige Stadt, die ihre sämtlichen Abwässer noch immer ungeklärt in die Flüsse leitet.

Diese bedenkliche Situation soll sich nun schnellstens ändern; erste Erfolge wurden bereits erzielt. Die europäische Bank für Wiederaufbau und Entwicklung hat zur Fertigstellung und Kapazitätserweiterung einen ersten Kredit gewährt. Damit wird dem stillgelegten Projekt neues Leben eingehaucht. Die Flüsse Argeş und Dâmboviţa sollen damit entlastet und die Umweltbelastung für die Donau deutlich verringert werden. Das Projekt stellt das größte Umweltvorhaben Rumäniens dar, und nach Fertigstellung beider Bauabschnitte wird es eine der größten Kläranlagen Europas sein. Die Abwässer von nahezu zwei Millionen Menschen sollen hier gereinigt werden.

Der Umweltschutz war lange kein Thema in Rumänien. Für den EU-Beitritt wurde er jedoch zur Auflage gemacht. Auf diesem Gebiet bestand eines der größten Reformdefizite. Es hätte fast die Aktivierung einer Schutzklausel und der damit verbundenen Verschiebung des Beitrittsdatums erwirkt.

Die Stadt plant weitere Vorhaben. So sollen 50 Millionen Euro in eine Trinkwasseraufbereitungsanlage bei Crivina fließen. An diesem Projekt ist ein privates ausländisches Konsortium beteiligt. Weniger positiv ist die ebenfalls bei Glina angesiedelte Mülldeponie Bukarests zu bewerten. Viele Arme der Vororte leben von deren Abfällen.

Kloster Comana, Innenhof

Comana

Comana bietet sich wegen seines **Klosters** und dem **Naturpark** für einen Ausflug an. Der Ort gehört ebenso wie Herăşti bereits zum Judeţul Giurgiu; er liegt im Einzugsbereich des Flusses Argeş. Über die Ringstraße passiert man zunächst Jilava mit seiner 1916 zum Gefängnis umgebauten Festung. Nicht nur zu Zeiten der Eisernen Garde machte der Ort durch Massaker von sich reden. Unter dem Diktator Ceauşescu war es einer der am meisten gefürchteten Orte des Landes. Abseits der Ringstraße gibt es noch typische walachische Dörfer. Ein dichtes Waldgebiet breitet sich aus.

Nach Comana kommt man über zwei Wege. Der eine, längere, führt zunächst auf der ausgebauten Schnellstraße in Richtung Giurgiu. Man folgt dem Abzweig Mihai Bravu und fährt etwa 16 Kilometer durch ein menschenleeres Waldgebiet bis nach Comana. Der andere Weg führt nur bis Adunaţii Copăceni. Man zweigt ab nach Grădiştea, einer Ortschaft mit sehenswerter Kirche und weiter nach Comana. Die Straße ist momentan in keinem guten Zustand.

Nur ein Teil der Klosterummauerung ist erhalten. Man betritt die Anlage durch den Tor- und Glockenturm. Das Männerkloster auf einer hoch gelegenen Terrasse des Nealjovflusses wird gern auf Vlad Ţepeş zurückgeführt. Radu Şerban soll hundert Jahre später die Erneuerung des Klosters veranlaßt haben. Er starb 1588 und wurde hier begraben. Um 1700 ließ Şerban Cantacuzino auf der Nordseite einen Beobachtungsturm anfügen. Die alte Kirche mußte 1854 einem Neubau weichen.

Das Kloster mit der **Nikolauskirche** lag in der Vergangenheit häufig in Ruinen. So litt es in einer wichtigen Schlacht zwischen Mihai Viteazul und den Türken und auch im November 1916. 1944 wurde in der Nähe ein britischer Bomber abgeschossen. Die Bewohner von Comano bargen die Opfer. Als Ausdruck ihrer Dankbarkeit haben Briten vor kurzem die Renovierung der Paraklisis, der Nebenkapelle, gestiftet. Seit 1991/92 wird der Wiederaufbau vorangetrieben.

Die dem Nikolaus geweihte Kirche ist ausgemalt. In der Stifterreihe sind Radu Şerban Cantacuzino, Constantin Brâncoveanu und die Heiligen Sofia, Tatjana, Irina, Marina und Paraskieva zu sehen. Die Westseite schmückt das Thema Tod der Muttergottes. Der Naos zeigt Szenen aus dem Leben Jesu Christus.

Es ist weniger das Kloster selbst, das die Fahrt in diese Gegend so lohnend macht, sondern die Umgebung, so etwas wie eine rumänische Dorfpoesie. Hinter dem Kloster verläuft das hohe Flußufer des Neajlovul. Seine noch naturbelassenen Windungen schlängeln sich durch eine zauberhafte Landschaft und lassen Besucher auch die schlechten Straßen vergessen.

Seit dem Jahr 2004 wurde bei Comana um den Baltă Comana, einem zwar langgezogenen aber nicht sehr tiefen Tümpel, ein Naturschutzgebiet eingerichtet. Dieser Tümpel ist Teil eines Sumpfgebietes und dehnt sich in der Aue des Neajlovflusses auf etwa tausend Hektar aus. Er läßt sich auf eine Endmoräne zurückführen. Das große Waldgebiet des Naturparks birgt viele spezifische Pflanzen wie beispielsweise die rumänische Pfingtstrose, die nur hier im Land, vor allem in der Dobrudscha, blüht. Im Wald stehen jahrhundertealte Eichen, und dort leben viele Kleintierarten. Außerdem wurde hier der Karpatenhirsch angesiedelt. Weitere Informationen unter www.comanaparc.ro.

Herăşti

Über kleine Landstraßen, durch ein Gebiet, in dem sich riesige Getreidefelder und Waldgebiete abwechseln, ist Herăşti zu erreichen. Der Bojar Udrişte Năsturel ließ sich hier um 1642 einen **Landsitz** errichten. Er war während der Herrschaft von Matei Basarab Erster Kanzler. Ein schlichtes Gebäude, bestehend aus Erdgeschoß und Obergeschoß, ist hier am Ortsrand hinter der Erzengel-Michael-Kirche zu besichtigen. Die Inneneinrichtung ging leider verloren, und nur wenige ursprüngliche Fragmente blieben erhalten. Sie sind im Lapidarium des Museums für Kunstsammlungen ausgestellt. Der schlichte Bau besticht durch die schön bearbeiteten griechischen Steinblöcke, die ihm den Namen Steinernes Haus eingetragen haben. Der Landsitz wurde zusammen mit dem Landgut 1831 an den serbischen Fürsten Miloš Obrenovič verkauft, der es renovieren und erweitern ließ. Der Landsitz, umgeben von ehemaligen Wirtschaftsgebäuden, ist ein Museum ohne geregelte Öffnungszeiten.

Daneben steht die **Erzengel-Michael-Kirche** aus dem 17. Jahrhundert. Die einschiffige Kirche mit einer geschlossenen Vorhalle wurde mit sehenswerten Werken des zeitgenössischen Malers Alexandrescu Cons geschmückt.

Malerei in der Erzengel-Michael-Kirche

Im Norden von Bukarest

Im Schatten des Karpatenbogens liegen im nördlichen Teil der walachischen Ebene Dörfer und Seen, Klöster und Paläste. Die Bauten spiegeln die rumänische Geschichte, und ein Ausflug dorthin macht mit den Traditionen des Landes bekannt und führt gleichzeitig zu malerischen Landschaften.

Băneasa-Wald

Nur zehn Kilometer vom Zentrum der Metropole entfernt ist das Überbleibsel des ehemaligen riesigen Waldgebietes Codrii Vlăsiei zu finden, der Băneasa-Wald (Pădurea Băneasa). Wo heute die großen Einkaufscenter wie Carrefour und Metro die Käufer anlocken und sich riesige Parkplätze erstrecken, reichte der Wald nach der jüngsten Revolution noch bis an die Ausfallstraße in Richtung Norden. Seit dem Jahr 1921 war der Wald ein der Öffentlichkeit zugängliches Gebiet.

Obwohl stark dezimiert, ist der Băneasa-Wald eines der wichtigen Naherholungs-

Bewohner des Zoos

gebiete der Bukarester. In ihm befindet sich auch der **Zoologische Garten** der Hauptstadt. Auf dem Terrain sind relativ dicht gedrängt Bären, erstaunlich viele Wildkatzen, Wasservögel und andere Tiere zu sehen, ferner ein Haus für Reptilien, Affen und Fische. Der Weg zum Eingang des Zoos ist von Buden gesäumt, die allerlei Vergnügungsartikel für die Kinder verkaufen.

An der Einbiegung zum Zoo steht eines der traditionsreichen Bukarester Lokale, das ›Restaurantul din Pădurea Băneasa‹ (Allea Privighetorilor). Derzeit ist es allerdings außer Betrieb, ein neuer Besitzer wird seit längerem gesucht. Das Gebäude des beliebten Restaurants wurde 1930 von Octav Doicescu im neorumänischen Stil gebaut und erinnert an die walachischen Bauten des 18. Jahrhunderts.

An den Băneasa-Wald schließt sich eines der großen **Neubaugebiete** Bukarests an: Pipera. Hier findet man die Luxusvillen wohlhabender und sehr reicher Rumänen wie die des umstrittenen und doch bewunderten Millionärs Gigi Becali wie auch geschmackvolle Wohnsiedlungen für die Mittelklasse. Internationale Schulen und die amerikanische Universität haben sich hier angesiedelt. Es lohnt sich, einmal eine Fahrt mit dem Taxi durch dieses Viertel zu machen. Es ist geplant, es durch eine U-Bahn an das Zentrum anzuschließen.

Die Klöster im Norden

Nicht weit von Bukarest, abseits der nach Norden in Richtung Ploieşti führenden E 60, liegen in verwunschenen Winkeln im oder am Wasser drei Klosteranlagen und das Naturschutzgebiet um den Snagovsee. Diese Sehenswürdigkeiten lohnen einen Besuch und sind von Bukarest einfach zu erreichen.

Das Naturschutzgebiet um den Snagovsee

Besonders sehenswert ist Kloster Snagov, vom Zentrum der Metropole nur 35 Kilometer entfernt. Dieses Kleinod befindet sich auf einer kleinen Insel mitten im gleichnamigen See innerhalb eines Naturparkareals. Die Gegend um Snagov erhielt ihren Namen nach dem gleichnamigen Fluß.

Der **Snagovsee** hat eine Fläche von 576 Hektar, ist 18 Kilometer lang und

Überfahrt auf dem Snagovsee

bis zu 9 Meter tief. Rechts und links des Flusses sind inmitten dieses wasser- und waldreichen Gebietes Siedlungen entstanden. Das ganze Gebiet ist bei den wohlhabenden Bukarestern sehr beliebt, nicht zuletzt der Yachtclub ›Clubul Societății Gaz-Electra‹ zeugt davon. Das Gebäude dieses Clubs wurde 1932 von Octav Doicescu im Bauhausstil gebaut. Es gilt als eines der signifikantesten Bauwerke des modernen Rumänien.

Vor allem der kleine Ort **Izvorani** hat sich als Nobelgebiet der Bukarester etabliert. Auch die Familie Ceaușescu hatte hier ihren Sommersitz, von dem sie auf das idyllisch gelegene Kloster Snagov blicken konnte. Unweit dieses Klosters befanden sich einst Dörfer, heute liegen um den See herum zwei **Touristenkomplexe**. Den ›Complexul Snagov‹ erreicht man über das gleichnamige Dorf. Hier werden Übernachtungen im Hotel sowie Ferienwohnungen und Sportmöglichkeiten angeboten. Ein großes Restaurant mit Blick auf den See bietet rumänische Küche. Von hier kann man eine Fahrt zur Klosterinsel mit dem Motorboot buchen. Der Preis ist Verhandlungssache und beginnt bei 150 Lei. Am anderen Ufer des Sees, mitten im Wald, befindet sich ein weiterer Campingplatz mit einem kleinen Restaurant. Die Straßen durch den Wald sind nicht allzu gut,

man sollte auch die Wege kennen oder sich begleiten lassen. In den Ortschaften Snagov und Izvorani haben sich gemütliche Pensionen etabliert.

In Izvorani befindet sich das **Filmstudio Castelfilm**. Es besteht seit Anfang der 90er Jahre und wurde in den vergangenen Jahren im großen Rahmen erweitert. Eine bedeutende Produktion war der Film ›Zug des Lebens‹ des rumänischen Regisseurs Radu Mihaileanu. Im April 2006 kam sein Film ›Geh und Lebe‹ in die Kinos. Er handelt von der Geschichte eines Jungen, der sein Leben lang seine Identität leugnen muß. Die Mutter, eine äthiopische Christin, trennt sich von ihrem neunjährigen Sohn, damit er überleben kann. Sie schickt ihn nach Israel, wo er, sich als Jude ausgebend, in Tel Aviv seine Wurzeln verleugnen und eine neue Identität annehmen muß. Ab jetzt wird er Salomon heißen. Er ist zunächst sehr einsam, wird dann aber von einer jüdischen Familie adoptiert, die sich um sein Vertrauen bemüht. Schließlich läßt er sich auf diese Menschen ein, sein Geheimnis behält er jedoch für sich. Er wächst auf mit der Angst, das Land verlassen zu müssen, wenn jemand erfährt, daß er kein Jude ist. Salomon lernt leben und lieben. Doch die Last seines Geheimnisses begleitet ihn, immer wieder schreibt er seiner Mutter. Der Tag rückt näher, an dem er sein Schweigen brechen muß, denn auch seine Frau ahnt nicht, wer er wirklich ist.

Izvorani ist außerdem Sitz des rumänischen olympischen Sportzentrums **Centrul Olimpic**. Das neue Gebäude des Zentrums gilt als einer der spektakulärsten Bauten aus der Nachwendezeit. Constantin Ciurea hat es im Jahr 2002 entworfen. Die Sportanlagen mit Hotel werden derzeit um eine neue Schwimmhalle erweitert.

Am Wochenende wird das Gelände von den Bukarestern zur Erholung aufgesucht. Der See ist ein Eldorado für Angler; hier gibt es vor allem Karpfen. Im Winter ist der See dagegen mehr oder weniger ohne Wasser. Im Sommer sind Ruder- und Kahnpartien möglich.

■ Kloster Snagov

Das Kloster Snagov ist fast ein Muß für jeden Bukarestbesucher. Es empfiehlt sich, einen ganzen Tag für den Ausflug einzuplanen. Man folgt am besten den Hinweisschildern ›Monastirea‹ und biegt bei Ciolpani von der Hauptstraße ab. Das Kloster ist im Sommer vom Ufer

nicht zu sehen. Einen Blick vom Festland hat man nur vom ehemaligen Ceauşescu-Palast. Aber im Winter wird der Blick auf die Insel mit seiner Kirche von den entlaubten Bäumen freigegeben.

Ein Landwirt führt hier eine kleine Landwirtschaft und kümmert sich um das Kloster. Von einer Stelle unweit des Ceauşescu-Palastes beträgt die Entfernung zur Insel etwa 500 Meter. Hier ist sie mit einem kleinen Ruderboot von der Privatvilla eines Sportlers zu erreichen; der Preis ist Verhandlungssache, die Überfahrt überaus lohnend. Größere Motorboote sind nur am Wochenende im Einsatz. Um deren Anlegestelle zu erreichen, folgt man der braunen Beschilderung.

Von der Anlage sind nur noch die **Hauptkirche** und der **Glockenturm** aus dem 16. Jahrhundert erhalten. Berühmt wurde das Kloster als Grabstätte des Woiwoden Vlad III. Ţepeş Dracul. Sein Grab befindet sich im Hauptraum der Kirche. Eine Legende besagt, daß man das Grab überschreiten müsse, um die Sünden des Vlad Ţepeş abzutragen.

Urkundlich ist die Klosteranlage als Stiftung Mircea des Alten (1386–1418) belegt. Von der ursprünglichen, Marias

Blick auf Kloster Snagov

Eintritt in den Tempel geweihten hölzernen Kapelle dieser Zeit sind nur die Flügel der Königstüre, der Ikonostase, erhalten. Sie befinden sich in Bukarest. Der heutige Ziegelbau geht auf den Fürsten Neagoe Basarab (1512–1521) zurück. Im Typus einer Kreuzkuppelkirche errichtet, wurden nach dem Vorbild der Athoskirchen Seitenapsiden angefügt, über denen sich zwei schlanke Türme erheben. Im Westteil fügte man ein offenes Atrium an, dessen Arkaden 1559 unter Fürst Mircea Ciobanul vermauert wurden, so daß ein Narthex entstand. Die Malereien stellen einen der wenigen komplett erhaltenen, zusammenhängenden Bilderzyklen in der Walachei dar. Der Künstler, vermutlich Petru cel Tânăr (der Junge) führte sie 1563 aus. Danach wurden sie mehrfach restauriert und übermalt. Die jüngste Restaurierung begann 1992 und wurde 2004 mit dem Narthex abgeschlossen. Die Malereien in diesem Raum präsentieren sich in einer erstaunlichen Farbigkeit und Ausdruckskraft. Der unterste Rang ist den Heiligen vorbehalten. Darüber folgen auf der Westwand die sieben ökumenischen Konzile, während die Süd- und Nordseite das Leben Christi zeigen. Darüber ist der Heiligenkalender zu erkennen. Die Restaurierung wird im Naos fortgesetzt. Hier sind die Wandmalereien noch stark verdunkelt. Sie gehören auch verschiedenen Zeiten an. Zeitgleich mit den Narthexmalereien entstanden auf der Westwand die bemerkenswerten Stifterbildnisse des Fürsten Neagoe Basarab und seines Sohnes Teodosie sowie des Fürsten Mircea Ciobanul. Darüber, wie es dem Kanon entspricht, ist der Tod der Muttergottes dargestellt. Die Ausmalung der nördlichen Konche ist jüngeren Datums. Die Ikonostase ist aus Ziegel gemauert. Ihre ältesten Iko-

nen datieren aus dem 18. Jahrhundert. Beachtenswert ist auch die aus Blendziegeln bestehende Außendekoration. Das Kloster war berühmt für seine Druckerei. Bald nach ihrer Gründung im 17. Jahrhundert durch Fürst Matei Basarab zählte sie zu den wichtigsten im Lande. Die liturgischen Bücher wurden in griechischer und arabischer Sprache gedruckt und bis in den Nahen Osten exportiert. Zeitweise wurde die Druckerei vom Metropolit Antim Ivireanul geleitet. Auf ihn geht das Antim-Kloster in Bukarest zurück.
Die Kirche ist heute ein Museum.

■ Kloster Căldărușani

Von Snagov fährt man etwa zehn Kilometer in Richtung Gruiu und weiter nach Căldărușani und gelangt so zum Kloster Căldărușani. Auch diese Anlage befindet sich am Ufer eines kleinen Sees. Das Kloster wurde 1638 von Matei Basarab gestiftet und seitdem mehrfach umgebaut. Alle Klostergebäude öffnen sich zum rechteckig umschlossenen Klosterhof. Hinter den Arkadenhallen befinden sich die Mönchszellen. Die Portalseite ist in rein rumänischem Stil in Anlehnung an die oltenischen Culen erneuert worden. Die Ikonen der Innenausstattung stammen teilweise von Nicolae Grigorescu (1838–1907). Das Kloster wird von Mönchen bewirtschaftet und seit einigen Jahren renoviert.

■ Kloster Tigănești

Ganz in der Nähe von Kloster Snagov befindet sich mit dem Kloster Tigănești eine weitere Sehenswürdigkeit. Auch während der harten kommunistischen Ära blieb das Kloster aktiv. Weniger wegen der Kirche als wegen der malerischen, reich mit Blumen geschmückten und nicht ummauerten Anlage ist das

Die Umgebung von Bukarest

Kloster einen Besuch wert. Die derzeit rund 150 Nonnen leben in schmucken Häusern, die um die der Himmelfahrt Marias geweihten Kirche von 1812 angeordnet sind. Die Kirche ist unter anderem dem Großban Golescu zu verdanken. Eine Besonderheit dieses Klosters ist die riesige Weberei, in der Brokate, Borten, sakrale Stoffe und Andachtsbilder aus Stoff gefertigt werden. Gerne zeigen die Nonnen dem Besucher diese Werkstatt.

Snagov

Der Preis für die Überfahrt zum Kloster Snagov ist Verhandlungssache, er sollte aber nicht mehr als 100 Lei betragen. Der Eintritt in die Kirche beträgt 8 Lei.

Complexul Turistic Snagov, 2 Sterne, Tel. 01/614 83 20, Tel./Fax 794 04 60. Staatliches Hotel, das zum Komplex ›Astoria‹ in Bukarest gehört. Es liegt mitten im Grünen, mit Blick auf die Insel von Snagov. Vorausbuchungen sind über das Hotel ›Astoria‹ in Bukarest möglich: Tel./Fax 021/316 75 50 oder Tel. 351 04 60.
Pension Montanul Galanton, Str. Ghermanesti 18 in der Ortschaft Snagov, Tel. 021/491 06 39, www. Montanulgalanton.ro. Individuell gestaltete Privatpension mit Pool.
Motel Lupului, Str. Complex Pacea 33–35, Izvorani, Tel. 021/491 07 11, Fax 491 11 06, www.motelul-lupului. com, motelul.lupului@gmail.com. Liebevoll geführtes Drei-Sterne-Haus mit gutem Restaurant. Nicht weit vom Waldgebiet um den Snagovfluß. Gerne ist man behilflich, zum Kloster Snagov zu finden.

Paläste im Norden

Die Paläste im Norden sind die letzten Zeugen der Feudalzeit der walachischen Herrscher. Sie liegen nicht weit vom Bukarester Zentrum entfernt und bieten sich besonders für einen Tagesausflug an.

■ Buftea

Der Ort Buftea, etwa 19 Kilometer vom Zentrum Bukarests entfernt, hat sich seit dem 14. Jahrhundert aus dem Dorf Mănești entwickelt. Er liegt in der Aue des Colentinaflusses und an der Zugstrecke nach Brașov.
Buftea ist die Hauptstadt des Bezirks Ilfov, hat 25 000 Einwohner, ein kleines Theater und heute viel ausgeschriebenes Bauland. Die rumänische Filmindustrie hat hier ihren Sitz. Die ersten **Filmstudios** von Buftea wurden im Jahr 1950 gegründet, 1964 folgte das Anima-Filmstudio. Von der Wende bis weit in die 90er Jahre hatte der rumänische Film eine Durststrecke zu überstehen, seit den dann vorgenommenen Privatisierungen geht es wieder aufwärts. Im Zuge dieser Privatisierungen ging im Jahr 1998 die Firma ›Media Pro Pictures‹ aus den Buftea-Filmstudios hervor. Sie verfügt in Buftea über komplett eingerichtete Studios zur Produktion von Kino-, Fernseh- und Werbefilmen. Die Firma ist Teil der Firma Media Pro Corporation, eine der größten Medien- und Unterhaltungsfirmen in Osteuropa. Ihr gehören Tochterfirmen im Hörfunk-, Theater- und Videobereich.
Besonders ausländische Filmgesellschaften haben die Studios für sich entdeckt. So wurde das Land zum Drehort für einige Szenen des Filmes ›Bloodrayne‹. Er spielt im Transsilvanien des 17. Jahrhundert. Über die Grenzen bekannt wurden die rumänischen Regisseure Dan Pița,

Der Eingang zu den Filmstudios

Lucian Pintilie und Nae Caranfil. Caranfil errang mit dem Film ›Filantropica‹ (2001/2002) und Christi Puiu mit dem ›Tod des Mr. Lăzărescu‹ internationale Erfolge in Cannes. Sehr populär wurde ›Merry Christmas‹, eine Koproduktion mit Frankreich, Deutschland, Großbritannien, Belgien und Rumänien. Dieser Film beruht auf einer wahren Begebenheit: Während des Ersten Weltkriegs werden Männer verschiedener Nationalität und Berufe einberufen. Sie begegnen sich an der Front. Zu Weihnachten werden sie Zeuge einer Begegnung der feindlichen Truppen, die sich der Sinnlosigkeit des Krieges bewußt werden und sich ihm entgegenstellen. Der jüngste Erfolg des rumänischen Films ist der Preis der Goldenen Palme in Cannes im Jahr 2007 für den besten Spielfilm. ›4 Iuni, 3 Săptămâni și 2 Zile‹ (4 Monate, 3 Wochen und 2 Tage) von Cristian Mungius und mit den Darstellern Laura Vasiliu, Anamaria Marinca und Vlad Ivanov gewann diese renommierte Auszeichnung. Im Film geht es um eine schwangere Frau, die eine Abtreibung vornehmen lassen will, eine strafbare Handlung während der Ceaușescu-Zeit. Der Film ist mittlerweile auch in Deutschen Kinos angelaufen und wurde von der Kritik mit Begeisterung aufgenommen.

In Buftea ist mittlerweile ein eigenes Filmfestival ins Leben gerufen worden, das Dakino-Filmfestival (www.dakino-filmfestival.ro).

In Buftea steht ein Kulturdenkmal, der ehemalige **Palast** des Fürsten Barbu Știrbei. Aus Richtung Bukarest biegt man gleich beim Ortseingang links in die Straße Știrbei Vodă hinein. Fast am Ende dieser Straße steht die Palastanlage inmitten eines weiten **Parkes**. Fürst Barbu Știrbei war ein geborener Barbu Dimitrie Bibescu, den sein Onkel aus der Familie Știrbei adoptiert hatte. Er hatte zweimal den Thron der Walachei inne (1849–1853 und 1854–1856) und setzte sich für Reformen ein.

Vor dem Eingang in den Palastgarten steht eine Statue des Mihai Viteazul. Im liebevoll hergerichteten Gebäude inmitten einer großen öffentlichen Parkanlage, in der Ziegen und Schafe weiden, war viele Jahre ein staatliches Hotel untergebracht. Das Areal wurde erst kürzlich verkauft und soll wieder als Hotel eröffnet werden. Auf dem Areal steht auch die **Backsteinkirche** der Familie aus dem 19. Jahrhundert. In der Kapelle der Familie Știrbei im Schloßpark drehte Regisseur Francis Ford Coppola einige Szenen seines Films ›Dracula‹.

Im Palast fanden ab Februar 1918 Beratungen zwischen Mackensen und Averescu statt. Sie endeten mit dem sogenannten Vorfrieden von Buftea, der am 5. März 1918 zwischen Rumänien und den Mittelmächten geschlossen wurde.

■ Schloß Mogoșoaia

Ganz nahe am Flughafen Otopeni liegt inmitten eines Parkes im italienischen Stil mit See Schloß Mogoșoaia, das Anwesen der Familie Brâncoveanu. Der Palast ist neben Schloß Potlogi ein einzigartiges Beispiel profaner Baukunst im Brâncoveanustil. Bevor Constantin Brâncovenau als Fürst der Walachei an die Macht kam, wurde das Gebiet von verschiedenen Bojaren genutzt. Constantin veranlaßte im Jahr 1688 zunächst den Bau einer Kirche, kurz nach seiner Wahl begann er, wie die Inschrift oberhalb der Terrasse belegt, mit dem Bau des Palastes: »Ich errichte diesen schönen Palast für meinen Sohn Ştefan«.

Mit der Ermordung Constantins und seiner Söhne in Konstantinopel war das tragische Ende der Familie besiegelt. So konnte das Schloß seine Bestimmung nicht mehr erfüllen. Die Anlage wurde geplündert und verfiel. Von 1830 bis 1832 ließen Grigore Brâncoveanu und seine Frau Safta die Kirche wieder instandsetzen, nur wenig später gelangte die Familie Bibescu in den Besitz von Mogoşoaia. Sie behielt ihn bis zur Enteignung durch die Kommunisten 1945. Gheorghe Bibescu (1834–1902), Prinz der Walchei von 1842 bis 1848, begann mit aufwendigen Renovierungsarbeiten. Sie gerieten auf Grund der Revolutionswirren ins Stocken, Bibescu ging ins Exil

Kleinod im Norden: Schloß Mogoşoaia

nach Paris. Unter Nicolae Bibescu wurden französische Architekten hinzugezogen. Der Nordflügel wurde verlängert, der Garten von Rohan und Montigny neu geplant. Außerdem entstand zu Ehren von Louise Helene Ney von Elchingen ein neuer Palast anstelle des ehemaligen Gästehauses. Die Tochter Nicolae Bibescus, Marie Nicole, verkaufte das Anwesen 1912 an ihren Cousin George Valentin Bibescu (1880–1941), den berühmten Rennfahrer und Flieger, der mit der schillernden Schriftstellerin Marthe Lucile Bibescu (1886–1973) verheiratet war. George Valentin Bibescu schenkte seiner Frau das Anwesen, die es mit Liebe und viel Geld von Domenico Rupolo und G. M. Cantacuzino restaurieren und verschönern ließ. Der Krieg unterbrach die Arbeiten, deutsche Angriffe beschädigten das Schloß.

Anfang der 20er Jahre wurde die schützende Zone rund um das Schloß erweitert. Dabei wurden sowohl das **Waldgebiet** als auch die **Parkanlage** vergrößert. Die Arbeiten zogen sich weit über zehn Jahre hin. In dieser Zeit sah das Schloß viele berühmte Besucher, darunter hochrangige Politiker. König Ferdinand machte hier Marthe Bibescu mehrfach seine Aufwartung, ebenso seine Gemahlin Königin Maria. 1945 wurde der Palast als historisches Monument verstaatlicht, Marthe Bibescu, zu dieser Zeit bereits verwitwet, begab sich ins Exil in das von ihr geliebte Paris. Der letzen Eigentümerin hat Christine Sutherland eine amüsant zu lesende Lebensbeschreibung gewidmet: ›Die rumänische Prinzessin. Marthe Bibescu und ihre Welt‹. Man erhält einen guten Eindruck von dieser ungewöhnlichen Frau, aber auch von den unruhigen Zeiten, in denen sie lebte.

Seit 1957 war hier ein Museum des Brâncoveanu-Stils eingerichtet. Außerdem diente das Schloß dem rumänischen Schriftstellerverband als Gästehaus. Der bedeutende Prosaschriftsteller Marin Preda starb 1980 in einem der Zimmer. Das Inventar hatte man auf die staatlichen Museen verteilt. Das Erdbeben von 1977 schädigte auch Mogoșoaia, in den 80er Jahren diente der Palast als privates Depot für Nicolae Ceaușescu.

Nach der Wende begannen umfassende Renovierungsarbeiten. Sie förderten Reste vom Herrenhaus aus der Zeit der Brâncoveanu zutage. Im Elchingen-Palast richtete man das Potlogi Konferenzzentrum mit Hotel und Restaurant ein, und seit 2002 wurden das Bibescu-Gartenhaus und der historische Garten instandgesetzt. Eine Kopie der zerstörten Minerva-Statue wurde am Târgoviște-Tor aufgestellt.

Um einen rechteckigen Hof gruppieren sich einige Wirtschaftsgebäude. In der Achse des Eingangstores liegt das Schloß, ein Ziegelbau mit plastischem Dekor aus Stein und Marmor. Die üppigen Details der spiralenförmig kannelierten Säulenschäfte, die korinthischen Kapitele, die Balustraden mit vegetabilen Ornamenten und eingeflochtenen Tierformen wie Delphinen verweisen auf Einflüsse aus Siebenbürgen, Italien und Konstantinopel. Sie verschmolzen hier zu einem eigenen Ganzen. Die Innenräume schmückten ehemals Wandmalereien, deren Thema die Adrianopel-Reise des Fürsten und sein Zusammentreffen mit dem Sultan 1703 war.

Im Verlauf der Zeit wurden Veränderungen vorgenommen. An der Nordseite wurde der zweite Stock hinzugefügt, das Dachgesims erhöht und ein Treppenaufgang an der Ostfront angefügt. Gleich zu Beginn der Erwerbung des Gutes durch die Brâncoveanu entstand die Kapelle vor dem Schloß in Form einer Saalkirche aus Ziegeln. Sie ist dem Heiligen Georg geweiht und wurde von griechischen Malern unter der Leitung des Malers Konstantinos geschmückt. Das gleiche Team hat auch die Malereien im Kloster Horezu geschaffen. In dieser Kapelle wurde noch der Enkel von Marthe Bibescu durch Patriarch Miron Cristea getauft. Auf der rechten Seite des Narthex ist der letzte Besitzer des Schlosses George Valentin Bibescu bestattet. Ihm ist die Instandsetzung der Kirche und die Reinigung der Malereien zu verdanken. Außerdem stiftete er Ikonen. An der Westwand des Narthex ist die Familie Brâncoveanu zu sehen: rechts Constantin mit den vier Söhnen Constantin, Ştefan, Radu und Matei, links seine Frau Mara und die sieben Töchter Stanca, Maria, Ilinca, Safta, Ancuța, Bălașa und Smaragda.

Buftea und Mogoșoaia

Ca. zehn Verbindungen täglich zwischen Buftea und Bukarest-Nordbahnhof, Fahrtzeit 20 bis 30 Minuten. Derzeit nur vier Verbindungen täglich zwischen Mogoșoaia und Bukarest-Nordbahnhof, Fahrtzeit ca. 25 Minuten.

Hotel im **Centrul Cultural Palatele Brâncovenești**, geleitet von Irina Gabriela Besciu, Str. Vale Parcului 1, Mogoșoaia, Ilfov, Tel. 021/350 66 21, www.palatebrancovenesti.ro.

Pizzeria Romana, Str. Stirbei Vodă 20 a, Tel. 021/351 57 04, www.pizzeria-roman.ro. Das neue Restaurant bietet römisch-antikes Ambiente und gute Holzofenpizza.

Die Umgebung von Bukarest

Das Prahovatal

Das Prahovatal ist ein etwa 20 Kilometer langes Tal, das von den Ortschaften Sinaia, Poiana, Tapului, Bușteni, Azuga, Predeal und Timișul de Suș geprägt ist. Westlich wird das Prahovatal vom Bucegimassiv begleitet; bei Predeal reichen die Ausläufer der Postăvaru-Berge heran. Das Tal gilt daher als die Grenze zwischen den Süd- und Ostkarpaten. Es ist ein beliebtes Wander- und Wintersport-

gebiet. Die Sommersaison beginnt im Juni und reicht bis in den September. Die Ortschaften sind Ausgangspunkt für Wanderungen in die gut erschlossenen Südkarpaten, in denen der Nationalpark ›Bucegi‹ eingerichtet wurde, aber auch in die noch weniger berührten Ostkarpaten mit den ans Prahovatal heranreichenden Bergen von Baia und Piatra Mare. Das waldreiche Gebiet besticht unter anderem durch einsame Mischwaldgegenden, in denen in großer Dichte Bu-

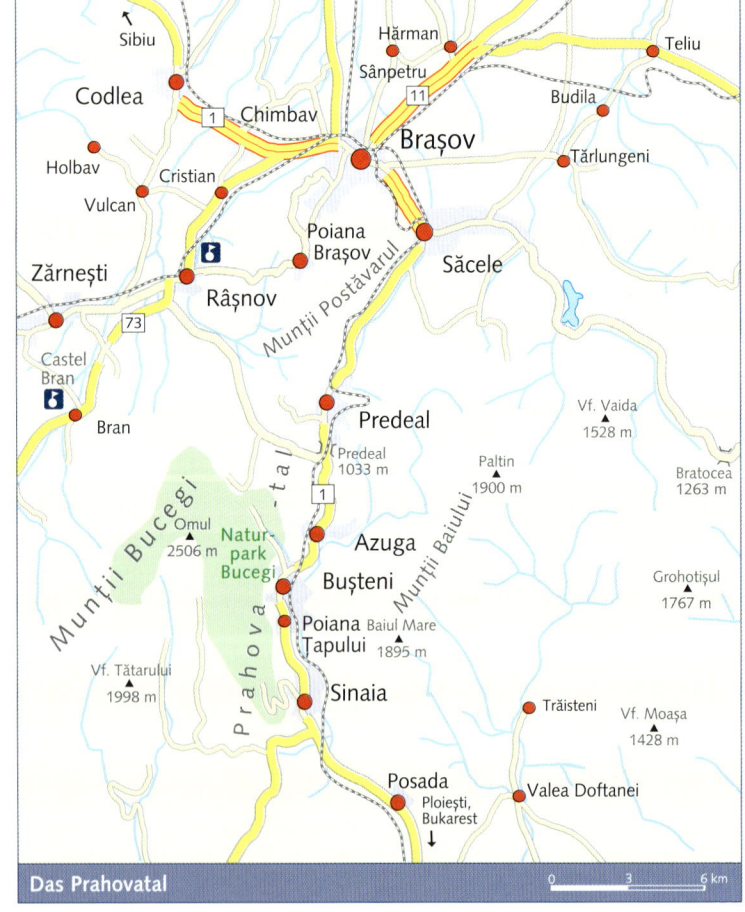

Das Prahovatal

chen zu finden sind. Man wandert in Höhen zwischen 1000 und 2500 Metern. Die Routen sind gut markiert, überall gibt es Einkehr- und häufig sogar Übernachtungsmöglichkeiten in Hütten, sogenannten Cabanas. Die Touristenbüros an den Bahnhöfen der Ortschaften unterrichten ausführlich über die Wanderwege. Gute Karten sind vor allem in Predeal zu erhalten.

Das Prahovatal erreicht man sehr günstig mit dem Zug. Je nach Zugtyp benötigt man für die 120 bis 140 Kilometer von Bukarest zwischen anderthalb und drei Stunden. Die Fahrt führt an Ölfeldern vorbei, seit neuestem auch an Windrädern, an Hochhäusern, Müllhalden, Fabrikgebäuden. Man passiert Ploieşti, das ehemals bedeutendste Erdölzentrum Rumäniens. Hier begann die erste Raffinerie 1856 zu arbeiten. Letzte Station vor dem Prahovatal ist Câmpina, das ebenfalls von den Erdölförderanlagen geprägt ist. Hier waren Nicolae Grigorescu (1838–1907), einer der großen rumänischen Maler des 19. Jahrhunderts, und der Literat und Wissenschaftler Bogdan P. Hasdeu (1836–1907) zu Hause.

Wie so häufig liegen in Rumänien Industrie- und Erholungszentren dicht beieinander. Bei Câmpina tauchen langsam die Gebirgszüge der Karpaten auf, und schon beginnt das Prahovatal. Die Zugfahrt bietet ab hier immer wieder beeindruckende Ausblicke in die Gebirgslandschaft. An dieser dicht bewaldeten Strecke liegen die Wintersportgebiete der Südkarpaten.

Sinaia

Das Prahovatal wird zum großen Teil von den Bergen des Bucegi-Massiv flankiert. An seinem Fuß zwischen 700 und 960 Metern liegt Sinaia, ein Luftkurort.

Sinaia wurde 1874 gegründet und nach dem auf das 17. Jahrhundert zurückgehende Kloster Mânâstirea Sinaia benannt. Das rumänische Königshaus aus dem Haus der Hohenzollern entdeckte die Schönheit dieses Ortes und ließ sich hier die Sommerresidenz Schloß Peleş oberhalb des Bachs Peleş errichten. Die Anwesenheit des Königs zog vor dem Ersten Weltkrieg viele reiche Rumänen nach Sinaia. Deren große Villen und Paläste sind heute vielfach in Hotels verwandelt oder wurden von den neureichen Rumänen erworben. Außerhalb von Sinaia lag das Waldhaus ›Posada‹ der Familie Bibescu.

Wirtschaftliche Basis des Ortes sind die Holzverarbeitung, der Wintertourismus und die Kurbetriebe. Daneben hat sich eine Nahrungsmittelindustrie entwickelt. Von Mai bis Oktober lassen sich von Sinaia wunderbare Wanderungen auf den markierten Wegen ins Bucegi-Gebirge unternehmen. Das Skigebiet verfügt über Pisten bis in eine Höhe von 2500 Meter. Gutes Essen, vor allem viele Wildgerichte, werden in den Cabanas geboten.

■ Sehenswürdigkeiten

Sinaia hat kein eindeutiges Zentrum, da der Ort aus sechs Ortschaften entstanden ist. Der Bahnhof befindet sich an der Hauptverbindungstraße zwischen Walachei und Transsilvanien. Er wurde als Pendant zum Bahnhof Băneasa in Bukarest von Duiliu Marcu Mitte der 1930er Jahre geplant. Eine Gedenktafel am Bahnhof erinnert an den Mord am damaligen Ministerpräsidenten I. G. Duca am 29. Dezember 1933 durch die faschistische Eiserne Garde. Alle Züge von und nach Bukarest halten hier. Man überquert die Straße und folgt dem Treppenweg in das sogenannte Zentrum.

Eine etwas dichtere Ansammlung von einfachen Häusern findet man rechts und links der Prahova. Die feudaleren **Villen** sind im Wald verteilt und ziehen sich in der Nähe des Schlosses nach oben. Auf 1400 Meter Höhe steht das Hotel ›Cota 1400‹ von Mircea Cherembach.

Im Viertel Cumpău auf dem linken Prahovaufer steht die **Villa Luminiş**, der Landsitz von George Enescu. Nach seiner Konzertreise durch Amerika hatte sich der Musiker dieses idyllische Anwesen erworben. Er beauftragte den Architekten Radu Dudescu, die Villa nach seinen eigenen Zeichnungen zu errichten. Bis zu seiner Ausreise 1946 hat der große Musiker die Villa als Ruhepool zwischen seinen vielen Auslandreisen genutzt. Er nannte sie ›Lichtung‹ und wohnte während des Zweiten Weltkriegs ausschließlich hier. Heute ist hier ein **Enescu-Museum** beheimatet. Der Bau ist ein gelungenes Beispiel traditioneller rumänischer Architektur, und allein dafür lohnt sich der Besuch.

■ Kloster Sinaia

Im Jahr 1695 stiftete Mihai Cantacuzino an dieser Stelle ein Kloster. Er hatte während einer Wallfahrt ins Heilige Land das Gelübde abgelegt, in seiner Heimat ein gleiches Kloster wie auf dem Berg Sinai zu errichten. Rings um dieses Kloster entwickelte sich die heutige Stadt. Die Stifterbilder im Naos der alten Kirche

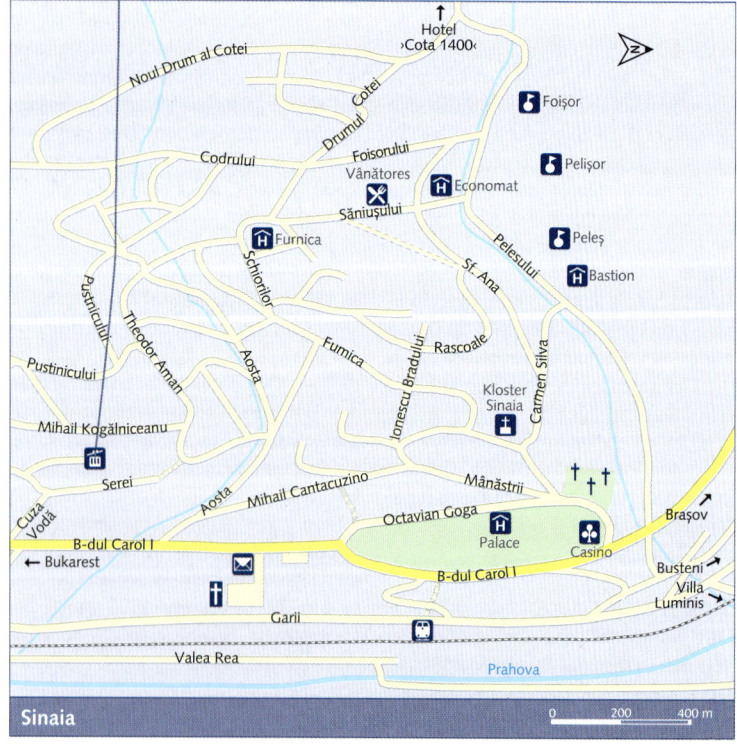

Sinaia

Auch Sinaia hat ein Enescu-Museum

zeigen Mihai und seine Familie: 18 Kinder, die erste Frau Maria und seine zweite Frau Teodora. Die Ausführung wird Pîrvu Mutu (dem Stummen), dem Hofmaler der Cantacuzenen, zugeschrieben.

Die Geschichte der Cantacuzenen beginnt mit Postelnic Constantin Cantacuzino, der aus einer byzantinischen Familie stammte, die seit dem 16. Jahrhundert in der Moldau und der Walachei zu Macht und Ansehen gekommen war. Er heiratete Helene, die Tochter des einheimischen Fürsten Radu Şerban. Mit ihrem Sohn Michael und der Tochter Stanca unternahmen sie eine Pilgerfahrt nach Jerusalem und zum Katharinenkloster auf dem Sinaigebirge. Stanca wurde später Mutter des Constantin Brâncoveanu, der der Tradition der Cantacuzenen gemäß auf den Namen Constantin nach dem ersten byzantinischen Kaiser getauft wurde.

Das Kloster besteht heute aus dem **alten Klosterkomplex**, in dem die Cantacuzenen-Stiftung untergebracht ist, und einer neueren größeren **Kirche** des

19. Jahrhunderts, der Heiligen Dreifaltigkeit und Peter und Paul geweiht. Man betritt zunächst den jüngeren Teil des Klosters. Schon am Eingangstor erblickt man die hochaufragende Dreifaltigkeitskirche. Sie geht auf einen bescheideneren Vorgängerbau zurück, der 1846 fertiggestellt war; Abt Joasaf und der Metropolit Paisie hatten ihn veranlaßt. Eine Spende aus dem Haus der Hohenzollern machten dann Renovierung und Erweiterung der Kirche möglich. Der dänische Maler Aage Exner bemalte sie im neubyzantinischen Stil.

An der Westseite des Naos ist Carol I. als Offizier neben dem Metropoliten Josif Gheorghian dargestellt. Carols linke Hand ruht auf einer Steinsäule, der ein Stück fehlt. Das ist eine Anspielung auf die Regionen Bessarabien, Bukowina und Transsilvanien, die zu dieser Zeit noch nicht zu Rumänien gehörten. Auf der anderen Seite sieht man Königin Elisabeth mit ihrem so früh verstorbenen Töchterchen Prinzessin Maria und Prinz Mihai Cantacuzino, den Begründer des Klosters. Die Innenausstattung ist sehr

Die alte Klosterkirche

Wirtschaftsräume und Mönchszellen befinden. Dieser der Muttergottes Entschlafen geweihte Bau ist häufig geschlossen und wird auf Anfrage manchmal geöffnet. Das Innere ist bemalt, die Malereien sind teilweise 300 Jahre alt. Den Naos schmückt die Passion Christi. Auf der nördlichen Mauer, sind der Verrat des Judas, Pilatus, der seine Hände in Unschuld wäscht, die Geißelung und der Weg nach Golgotha dargestellt. Die Gegner Jesus sind schwarz gemalt, die Muttergottes hingegen in Weiß. Aber schon die Malereien der offenen Vorhalle vermitteln einen guten Eindruck von der Qualität der Farben. Die Szenen bedecken alle Wände. Über dem Portal sind der Tod der Muttergottes, darüber die Hetoimasia und die Deesis dargestellt, auf den Wänden in allen drei Rängen der orthodoxe Heiligenkalender mit den Heiligengeschichten der christlichen Märtyrer.

In der Nordseite der Klosterummauerung ist eine kleine **Kapelle** (Paraklesis) eingerichtet. In ihr ist das Grabmal des 1921 verstorbenen Politikers Tache Ionescu. Er wurde 1859 in Ploieşti geboren und kam wegen der Cholera ins Kloster Sinaia. Später studierte er Jura in Paris und machte als Mitglied der demokratisch-konservativen Partei Karriere, unter anderem war er Kultusminister. Die Malereien der Grabkapelle bedürfen der Renovierung.

prächtig, Ikonostase und Thron sind vergoldet. Überall wiederholt sich König Carols I. Motto ›nihil sine deo‹ (nichts ohne Gott). Die Ikonen der Heiligen Nikolaus und Sergej sind eine Spende des russischen Zares Nikolaus II. anläßlich der Taufe von Nikolaus, dem Sohn Ferdinands. Besonders kostbar ist das Epitaph aus Gold- und Buntseidenfaden auf Baumwolle, den die Künstlerin Ana Roth in nur drei Jahren fertigte.

Im südlichen Teil steht der **Glockenturm** aus der zweiten Hälfte des 19. Jahrhunderts, der auf Abt Nifon Popescu zurückgeht. Er beherbergt die Glocke vom abgerissenen Colţeaturm aus Bukarest. Anläßlich der 200-Jahr-Feier des Klosters wurde darin ein kleines **Museum** eingerichtet.

Über einen Torbogen gelangt man vom neueren Teil in die ursprüngliche Klosteranlage. Die alte Kirche ist von einer Ummauerung eingefaßt, in der sich

Die Schlösser Peleş, Pelişor und Foişor

Die königlichen Schlösser Peleş (auch Castelul Regal), Pelişor und Foişor entstanden im Auftrag der königlichen Familie aus dem Hause Hohenzollern-Sigmaringen. Das größte, Schloß Peleş, diente als offizielle Sommerresidenz und entstand im Auftrag der rumänischen

Monarchen Carol I. und Elisabeth. Hier wurden hochrangige Staatsgäste empfangen. Gleichzeitig entstand Schloß Foișor als Jagdhaus für private Aufenthalte. Für das Thronfolgerpaar Maria und Ferdinand entstand Schloß Pelișor als intimes Refugium. Zwei der drei Schlösser sind der Öffentlichkeit zugänglich.

■ Schloß Peleș

Die 1883 eingeweihte königliche Sommerresidenz ist von einem wunderschönen **Park** im englischen Stil umgeben. Es wurde der Lieblingsaufenthalt für Königin Elisabeth von Rumänien. In einer ersten Etappe wurde das Schloß im Auftrag des Prinzen Karl von Hohenzollern nach Plänen des Wiener Architekten Wilhelm von Doderer von 1872 bis 1883 erbaut und in einem zweiten Ab-schnitt von Carol Liman zwischen 1896 und 1914 erweitert. Die Bauarbeiten mußten während des Unabhängigkeitskrieges Rumäniens 1877/78 unterbrochen werden.

Das **Schloß** ist ein malerisches Beispiel der deutschen romantischen Architektur, das Formen des Stein- und Fachwerkbaues verbindet. So wurde das Erdgeschoß in Stein, das zweite in Riegelbau ausgeführt. Die Auftraggeber haben sich einerseits an die Renaissance des 16. Jahrhunderts angelehnt, Carol I. andererseits auch an den Stammsitz seiner Familie in Sigmaringen. Das Dachgeschoß ist vielgestaltig mit seinen Dachreitern, Türmchen, Erkern und vergoldeten Eisenspitzen. Das gesamte Bauvorhaben wurde vom Königspaar persönlich überwacht. Neben der Holzarchitektur wurde besonderer Wert auf

Verspielt-romantisch: Schloß Peleș

Die Umgebung von Bukarest

Glasmalerei gelegt, die in München gefertigt wurde. Zur Einweihung schrieb Carol: »Ich, König Carol hab erbaut dem Volk, das sich mir anvertraut, Sein Königreich im Kriegsgebraus, In Friedenszeiten mein eigen Haus.« Seine Statue steht vor dem Schloß.

Insgesamt verfügt die Anlage über mehr als 160 Räume. Ein Teil davon ist für die Öffentlichkeit zugänglich. Die Räume sind abwechslungsreich und sehr üppig gestaltet. Wer Kunsthandwerk liebt, sollte eine Besichtigung nicht versäumen. Stilistisch dominiert die deutsche Renaissance mit schweren dunklen Holzvertäfelungen, daneben gibt es einen Maurischen Salon, ein Türkisches Zimmer, – eine Kopie des Originals der Wiener Weltausstellung – sowie einen Venezianischen Speisesaal und ein Florentinisches Zimmer. Als Vorbilder dienten für die Ehrenhalle zum Beispiel das Fredenhagensche Zimmer aus der Lübekker Kommerzkammer und die Wendeltreppe des Bremer Rathauses. Die Waffenhalle zeigt Prunkstücke aus drei Jahrhunderten. Viele der Gemälde sind Kopien nach großen Meistern wie Canaletto, Raffael und Corregio, und sogar Figuren vom Grabmal der Medici von Michelangelo sind in Kopie zu sehen. An kostbaren Materialien wurde nicht gespart. Muranoglaslüster, eine Lederdecke aus Cordoba im Speisesaal, raffinierte Holzintarsien in der Empfangshalle, Teakholzmöbel, bunte Glasfenster und vieles mehr vermitteln jedoch den Eindruck von Überladenheit.

Das **Schloßtheater** ist im Stil Ludwigs XVI. eingerichtet. Der Fries im Jugendstil mit Musen, Masken und Allegorien ist ein Original und stammt vom damals noch nicht bekannten Maler Gustav Klimt, einem Freund des Königs. In diesem Theater fand im Jahr 1906 die erste Kinovorstellung Rumäniens statt, im Schloß wurden Carol II. und später Mihai geboren, hier empfing Carol I. das kaiserliche Paar aus Österreich. Der Wegbereiter des modernen Rumänien, Carol I., verstarb hier im Jahr 1914, ebenso wie später König Ferdinand und seine Gemahlin Maria.

Während der deutschen Besetzung Bukarests im Ersten Weltkrieg hielt sich hier mehrfach General August von Makkensen (1849–1945) auf. Er leitete als Oberbefehlshaber den Herbstfeldzug gegen Rumänien im Jahr 1916 und war bis Kriegsende Militärgouverneur Rumäniens. Auch Ceaușescu hielt in Peleș gern Hof.

Nach seinem Sturz wurde das Schloß der Öffentlichkeit als Museum zugänglich gemacht, und wie unter Carol I. und Elisabeth finden heute Konzerte und Theateraufführungen statt.

■ **Schloß Pelișor und Schloß Foișor**
Wenige Meter von Peleș entfernt entstand als Sommersitz des Thronfolgers Ferdinand und Marias **Schloß Pelișor**. Die Ausmaße dieses Wohnsitzes sind viel kleiner als Schloß Peleș. Karl Liman entschied sich auch hier für den Stil altdeutscher Renaissance mit Holz und Fachwerkfassade. Die Innenausstattung, an der auch Prinzessin Maria kreativ mitwirkte, verrät eine andere Zeit. Sie ist sehr viel leichter und luftiger. Die Räumlichkeiten sind kleiner, intimer, besonders im zweiten Obergeschoß, in dem Jugendstil und Art Déco dominieren.

Carol und Elisabeth unterhielten unweit ihrer offiziellen Residenz ein kleines Jagdschloß für persönliche Bedürfnisse, **Schloß Foișor**. Es dient heute für Empfänge von Staatsgästen der Regierung und ist der Öffentlichkeit nicht zugänglich.

Sinaia

Von Bukarest-Nordbahnhof mindestens stündliche Verbindungen in das Prahovatal; Fahrtzeit je nach Zielort zwischen anderthalb und drei Stunden.

In Sinaia sind viele neue Hotels entstanden, darunter zahlreiche kleinere und individuell gestaltete Villen.

Complexul Turistic Hedy, Str. Garbovei 21, Tel. 07 23/50 55 00, www.Hedy. ro, rezervari@hedy.ro. Im Stil einer Jugendherberge, für junge Leute geeignet.

Hotel Economat, Str. Peleşului 2, Tel. 02 44/31 11 51, Fax 31 11 53. Nicht weit vom Schloß Peleş in einem Gebäude im Stil des Schlosses. Das Hotel ist eines der größeren, bedient die 3-Sterne-Kategorie und unterhält ein gutes Restaurant.

Hotel Furnica, Str. Furnica 50, Tel. 02 44/31 11 51, Fax 31 11 50. Auf 840 Meter Höhe im Stil von Schloß Peleş, einfaches 2-Sterne-Haus. Die Hotels ›Economat‹ und ›Furnica‹ gehören mit weiteren Hotels im Gebirge einem einzigen Eigentümer.

Hotel Bastion, Alea Peleşului 2 A, Tel. 02 44/31 55 95, www.hotelbastion. ro. Das Hotel liegt wirklich wie eine kleine Bastion im dichten Wald unterhalb vom Hohenzollern-Schloß. Nur 12 Zimmer, obere Preiskategorie: DZ 250 – 310 Euro.

Hotel Villa Piatra Şomului, Str. George Enescu, Tel. 02 44/31 03 02, www. piatrasoimului.ro. Die Villa liegt im Viertel Cumpatul, wo sich einige nette Hotels mit schönen Gartenrestaurants befinden, 3-Sterne.

Hotel Palace, Str. Octavian Goga 4, Tel. 0244/31 20 51 54, Fax 31 06 25, palace@rdslink.ro. Das 1911 gegründete Hotel wurde vor zwei Jahren grundlegend renoviert und bietet auch großen Gesellschaften den richtigen Rahmen für ein besonderes Fest. 4 Sterne.

Restaurant Vânătoresc (Jägerrestaurant), Tel. 02 44/31 11 51. Das Restaurant ist für seine Wildgerichte – auch Bärenfleisch – bekannt. Es befindet sich in einem schlichten Gebäude aus dem 19. Jahrhundert zwischen den Hotels ›Furnica‹ und ›Economat‹.

Restaurant Cuţitu d'Argint (Das silberne Messer), Aleea Peleşului 2, Tel. 02 44/31 22 43. Das große heimelige Restaurant in Holzbauweise wurde 2007 eröffnet. Es bietet vor allem Fleischgerichte, die am Spieß über dem Holzfeuer gegrillt werden.

Villa Luminiş, Str. Cumpatului, Tel. 02 44/31 29 39, enescucult@go.ro; täglich außer Mo 9 – 17 Uhr.

Museen in den Schlössern Peleş und Pelişor, Tel. 02 44/31 09 18, museum@ peles.ro, www.peles.ro. Do – So 9 –17, Mi 11 – 17 Uhr, Mo/Di geschlossen, im Winter sind die Öffnungszeiten kürzer.

Der Naturpark Bucegi

Von den vielen Naturparks in Rumänien gehört der Bucegi-Naturpark oberhalb von Sinaia für die Bukarester sicherlich zu den attraktivsten, da schnell zu erreichen. Er erstreckt sich über eine Fläche von rund 32 000 Hektar und weist Höhenlagen bis über 2500 Metern auf.

Die Parkverwaltung sitzt in Moroieni (Judeţul Dâmboviţa).

Die Topographie des Naturschutzgebietes ist sehr abwechslungsreich und hat eine reiche und vielfältige Flora und Fauna entstehen lassen. Ungezählte Pflanzenarten sind hier angesiedelt. Unter den Tieren sind die Bären, Luchse, Wildkatzen und Gemsen vertreten. Es gibt Karstlandschaften mit vielen Höhlen, Tälern und steilen Felswänden. Von den 34 Höhlen sind besonders die Jalomiţa- und die Raţei-Höhle sehenswert. Eine besonders schöne Wanderung führt zum **Wasserfall** (Cascada) Urlătoarea, eine andere zum **Bolboci-See**.

Zwei Drittel des Parks sind bewaldet, das andere Drittel besteht aus Wiesen. Stellenweise trifft der Wanderer auf **spektakuläre Gesteinsformationen**, die so schöne Namen wie ›die Sphinx‹ tragen. 14 Eingänge ermöglichen den Zugang, beispielsweise über die modernisierten Kabinenbahnen von Sinaia und Buşteni.

Predeal

Predeal liegt auf 1110 Meter und ist der höchstgelegene Wintersportort der Karpaten. Der Ort bildet die Wasserscheide zwischen den bewaldeten Tälern des Prahova-Flusses im Süden und dem Timiş-Fluß im Norden. Der Ort ist umgeben von den Gipfeln des Bucegi-, des Postăvarul- und des Piatră-Mare-Massivs. Von Frühjahr bis zum Herbst ist Predeal ein guter Ausgangsort für Wanderungen in die Süd- als auch die Ostkarpaten. Im Winter kommen die Bukarester zum Wintersport hierher, Abfahrt wie auch Langlauf sind möglich, und die Kabinenbahnen und Lifte wurden in den vergangenen Jahren modernisiert.

Eine Wanderung für Einsteiger führt zum **Gasthaus Trei Brazi**. Man läuft etwa zwei Stunden an der asphaltierten, aber nicht sehr befahrenen Straße entlang. Oben breiten sich Lichtungen aus, öffnet sich der Blick in die Weite. Von dort haben verschiedene Wanderungen durch Wiesen- und Waldlandschaft ihren Ausgangspunkt.

In Predeal befindet sich ein **Nonnenkloster** aus dem 18. Jahrhundert. Die Holzkirche des Klosters Sf. Nicolae Predeal wurde 1819 durch einen Steinbau ersetzt. Er folgt dem klassischen Schema Naos, Pronaos und Narthex. Der Innenraum wurde in Freskotechnik ausgemalt. Der Glockenturm wurde 1826 gestiftet. Im Jahr 1993 hat die rumänisch-orthodoxe Kirche das Kloster Nonnen übergeben, die es bis heute bewirtschaften.

Die klassische Moderne der Architektur hat sich in Predeal mit dem **Bucegi-Sanatorium** von Marcel Iancu etabliert. Es wurde 1936 gebaut.

Fresken in der Nikolauskirche

Predeal

Postleitzahl: 505300
Vorwahl: 0268
Touristeninformation, Intrarea Gării 1, Tel./Fax 45 53 30, www.predeal.ro, contact@predeal.ro. Direkt beim Bahnhof, u.a. viele Informationen über die Wandermöglichkeiten im gesamten Prahovatal. Mo – Fr 9 – 12.30 u. 14 – 18, Sa 9 – 14 Uhr.

S. Sinaia.

Mittlerweile gibt es eine Anzahl guter Pensionen und Hotels.
Hotel Rowa Dany, Str. Tre Brazi 20, Tel. 45 50 53, Fax 45 50 59, www.rowadany.ro, office@rowadany.ro. 4 Sterne, Sauna, Solar, Jakuzi, Internet-Anschlüsse. 27 Zimmer, DZ 79 Euro.
Hotel Comfort Suites, Str. Trei Brazi 33, Tel. 455 79, www.predeal-comfort-suites.ro. Neuer Komplex auf dem Weg ins Gebirge mit 32 großzügig geschnittenen Zimmern und Suiten. Schöner Wellness-Bereich, 5 Sterne.

Pensiunea Tamina, Str. Trei Brazi 19, Tel./Fax 45 59 95, www.tamina.ro. Privatpension, 20 Zimmer und große Gemeinschaftsräume. Die Gäste bereiten sich ihr Frühstück selbst zu.
Hotel Orizont, Str. Trei Brazi 6, Tel. 45 51 50, Fax 45 54 72, www.hotelorizont.ro, office@hotelorizon.ro. Im 136-Betten-Hotel fühlt man sich zwar in die längst vergessen geglaubte kommunistische Zeit zurückversetzt, es bietet jedoch viele Sportmöglichkeiten, Tennisplätze und ein Hallenschwimmbad, einen Diskoclub, der auch von großen Gruppen Jugendlicher für ein Wochenende frequentiert wird. Das Hotel liegt abseits der verkehrsreichen Durchgangsstraße.

Restaurant Cabana Vânâtorilor, Str. Trei Brazi 3, Tel. 45 52 85, Fax 45 70 36, www.cabanavantorilor.ro, rezervari@cabanavanatorilor.ro. Das Restaurant gilt als eines der besten im Prahovatal. Es ist nicht ganz billig, besonders die Gerichte der rumänischen Küche sind jedoch sehr zu empfehlen.

Braşov

Die Stadt Braşov (dt. Kronstadt, ungar. Brassó), eine der ältesten Städte Siebenbürgens, liegt an einer alten Völkerstraße, die den Raum an der unteren Donau mit dem Karpatenbecken verband. Als wichtiges Handwerks- und Handelszentrum lag sie am Schnittpunkt zwischen Europa und Orient. Auf mittelalterlichen Zunft- und Kaufmannstraditionen aufbauend, entwickelte sich der Ort unter ungarischer Oberhoheit zum Zentrum des historischen Burzenlandes, zu einem bedeutenden Handels- und Industriezentrum Siebenbürgens. Diese frühere Bedeutung ist heute noch sichtbar.

Braşov liegt am Fuße der Karpaten, überragt im Süden von der Tâmpa (Hohe Zinne), einem fast 1000 Meter hohen Ausläufer der Südkarpaten, dem Hausberg der Kronstädter. Eine Seilbahn lädt zu Ausflügen ein. Von zwei Seiten durch Gebirge, die Ost- und Südkarpaten eingefaßt, wird die Stadt vor dem rauhen Klima der Moldau und der Walachei geschützt. Nicht weit entfernt liegen einige Kurgebiete, und auch die unmittelbare Umgebung der Stadt bietet gute Erholungsmöglichkeiten.

Die 322 000 Einwohner große Hauptstadt des Burzenlandes trug zwischen 1950 und 1960 den Namen Oraşul Stalin (Stalinstadt). Braşov gehörte zu jenen 14 Ortschaften des Burzenlandes, die vom deutschen Ritterorden gleich am Anfang ihrer Herrschaft gegründet wurden. Die mitgebrachten deutschen Kolonisten blieben auch nach der Vertreibung der Ritter im Jahr 1225 und schufen zu Füßen der Ordensburg das zunächst noch Brassovia genannte Kronstadt, das diesen Namen 1251 erhielt. Im 15. Jahrhundert schützten erste starke Mauern, Bastionen und Türme die Stadt. Davon sind der Weiße Turm (Turnul Alb) und der Schwarze Turm (Turnul Negru) und die Schmiedebastei (Bastionul Fierarilor), heute Bastionul Graft, die ein Museum beherbergt, in der Aleea după Ziduri erhalten. Die Türme dienten zur Beobachtung und Verteidigung. Von ihnen führten unterirdische Gänge in die Stadt.

Ein schöner Panoramaweg führt hinter den Altstadthäusern entlang des Kanals Graft oder oberhalb durch den Wald entlang dieser Befestigung. Von hier gewinnt man immer wieder schöne Ausblicke auf die Dächerlandschaft der Altstadt von Braşov. Auf der Zinnenseite stehen noch die mächtigen Basteien mit bis zu zwölf Meter Höhe und zwei Meter Stärke: Tuchmacherbastei (Bastionul Funarilor), Seilerbastei (Bastionul Postăvarilor) und Leinweberbastei (Bastionul Ţesătorilor). Str. G. Coşbuc 9. Die Gegend um die Bastionen wird derzeit verschönert, Grünanlagen werden angelegt.

Der Aufgang zum Weißen Turm

Im Laufe der Jahrhunderte hat Kronstadt durch die Einfälle der Türken besonders gelitten. Im Jahr 1689 wurde die Stadt von österreichischen Truppen unter General Antonio Caraffa eingenommen und in Brand gesteckt; dabei wurde die evangelische Kirche schwer beschädigt. Die Hoffnung, der feindlichen Übermacht gewachsen zu sein wie einst unter Bürgermeister Michael Weiß gegen den Fürsten Gabriel Báthory (1608–1613), hat sich als trügerisch erwiesen. Damals war jedoch der walachische Fürst Radu Șerban Basarab zu Hilfe geeilt.

Ein Tag ist ausreichend, um einen guten Eindruck von Brașov zu gewinnen. Viele Bukarester reisen hierher, um gut zu speisen, vor allem Wild. Wer länger Zeit hat, dem sei ein Wochenende mit Kultur und Wandern oder Skilaufen empfohlen. Nur wenige Kilometer von Brașov liegt Poiana Brașov, eines der am besten erschlossenen Wander- und Wintersportgebiete Rumäniens.

Morbider Charme im Zentrum

Anreise

Die Walachei ist mit Siebenbürgen durch zwei wichtige Paßstraßen verbunden. Eine führt an Bușteni vorbei und zum höchstgelegenen Wintersportort Rumäniens, Predeal. Hier quert man die Karpaten und erreicht nach wenigen Kilometern Brașov. Besonders schön ist die Fahrt mit dem Zug. Seit neuestem gibt es einen Zugtyp mit Panoramafenstern. Im Volksmund wird er ›Săgeata Albastră‹ genannt, der blaue Pfeil. Er fährt als Rapid von Bukarest nach Siebenbürgen. Der schnellste Zug ist der Intercity, der jedoch wegen des Zustands der Schienen nicht die im deutschsprachigen Raum vertrauten Geschwindigkeiten erreichen kann. Er ist aber der schnellste Zug auf Rumäniens Schienen. Außer-

dem verkehren noch die Accelerat (Schnellzug) und die Personalzüge. Sie sind alt und langsam, wecken aber nostalgische Gefühle.

Ein Stadtrundgang

Brașov läßt sich sehr gut im Rahmen eines Tagesausflugs von Bukarest erkunden. Vom Bahnhof gelangt man in etwa 30 Fußminuten in die Altstadt. Als Alternative bieten sich Busse oder Taxis an.

Das historische Zentrum der Stadt ist verkehrsberuhigt und ihre Hauptstraße, die Str. Republicii, erfreulicherweise autofrei. Hier reihen sich seit der Wende wieder kleine Cafés und Restaurants aneinander.

Die Straße führt direkt zum riesigen Rathaus- oder **Marktplatz** (Piața Sfatului) mit dem schönen **Rathaus** (Primăria) aus dem Jahr 1420. Von diesem hat der Turmwächter, wie anderswo, vor Feuer, Wasser und Feinden gewarnt. Heute ist hier das **Historische Museum** der Stadt untergebracht. Der Platz ist unbebaut und mit Bänken und Brunnenanlagen

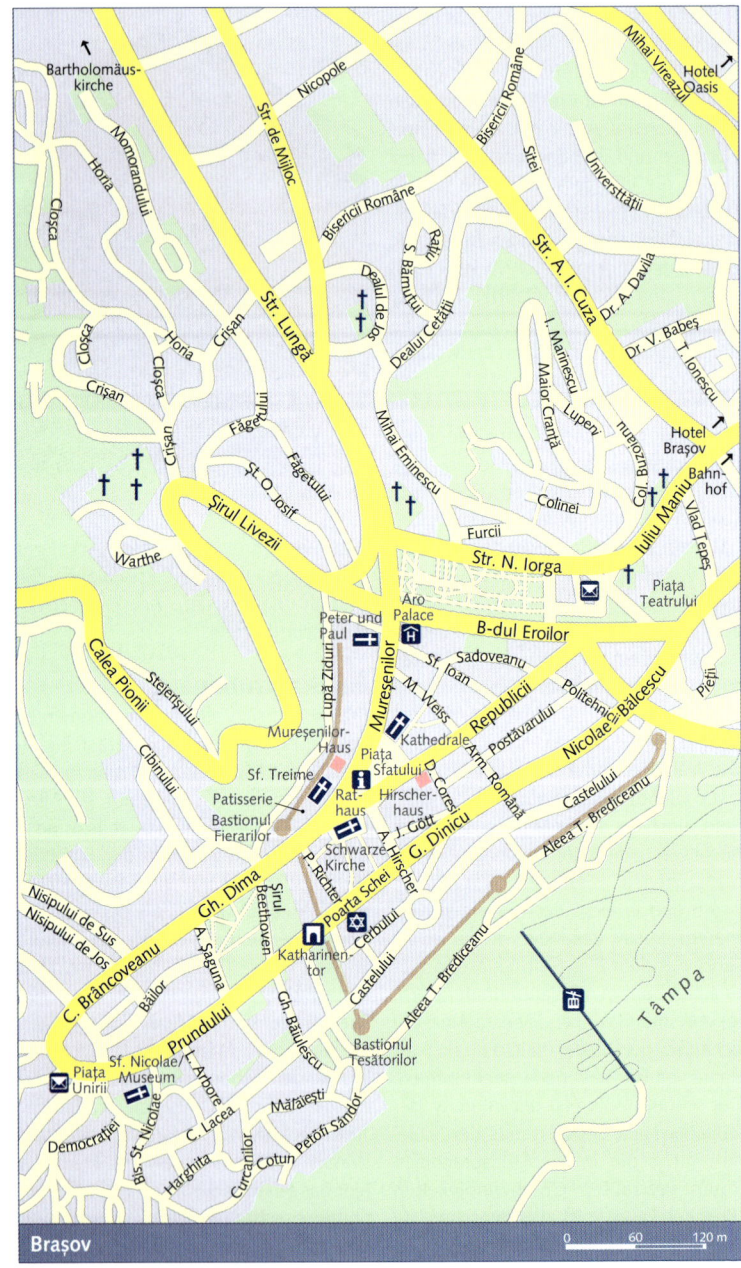

geschmückt. Der Uhrturm mit 48 Metern Höhe entstand im 16. Jahrhundert, und das Rathaus wurde 1777 im Barock erneuert.

An diesem Platz, dem bedeutendsten in Brașov, befindet sich das alte Kaufhaus, das sogenannte **Hirscherhaus** oder Casa Negustorilor. Es gehörte dem Bürgermeister von Kronstadt, Lukas Hirscher, und wurde von 1539 bis 1545 errichtet. Viele Jahre war hier das berühmte Restaurant ›Zum Hirschen‹ etabliert. Die alte Qualität wird allerdings nicht mehr erreicht.

Im Zentrum stehen mehrere Gotteshäuser, darunter die maurisch anmutende rumänisch-orthodoxe **Kathedrale** vom Ende des 19. Jahrhunderts – Adormirea Maicii Domnului –, die barocke römisch-katholische **Kirche Peter und Paul** und die rumänisch-orthodoxe **Dreifaltigkeitskirche** (Sf. Treime) in der Strada Gheorghe Barițiu.

Wahrzeichen der Stadt ist die **Schwarze Kirche**. Mit einer Höhe von 87 Metern ist sie das größte gotische Gotteshaus Siebenbürgens und genießt einen besonderen Rang unter den historischen Monumenten. Ihren Namen verdankt sie dem großen Stadtbrand von 1689, der auch ihre Mauern und Wände weitgehend schwärzte, ihrer Monumentalität aber keinen Abbruch tat. Die Kirche ist heute zugleich Gotteshaus und Museum. Auf einem romanischen Vorgängerbau begann man im Jahre 1389 mit dem Bau der Hallenkirche mit dem gotischen Chor nach dem Vorbild von Sebeș, jedoch in bedeutend größeren Ausmaßen. Der Kirchenbau war bis 1477 weitgehend abgeschlossen und wurde der Muttergottes geweiht. Von den geplanten beiden Türmen konnte nur der südliche ausgeführt werden; er ist 65 Meter hoch.

Fünf Portale führten ehemals in die Kirche. Das Westportal ist mit seinem Kielbogen, geschmückt mit üppigem Eichenlaub und Fialen, das prächtigste. Durch dieses Tor betritt man heute die Kirche. Im Jahr 1542 wurde unter dem Reformator Johannes Honterus der evangelische Gottesdienst in deutscher Sprache eingeführt. Im Zusammenhang mit der Reformation steht auch das Gemälde an der Stirnseite im südlichen Seitenschiff von Hans Schullerus (1866 – 1898), auf dem die Vereidigung des Kronstädter Stadtrates auf die neue Lehre dargestellt ist. Die Hallenkirche mit drei gleich hohen Schiffen erhielt nach dem großen Brand eine neue Innenausstattung. Dabei wurde das gotische Gewölbe durch ein barockes Tonnengewölbe ersetzt. Die evangelische Gemeinde hatte im 18. Jahrhundert regen Zulauf; um Platz für mehr Gläubige zu schaffen, zog man eine Empore ein.

Von der alten Ausstattung hat sich das kostbare Taufbecken von 1472 erhalten. Ein Kleinod, ein Wandgemälde, das ›al secco‹ ausgeführt ist, ist in der südlichen Vorhalle zu sehen. Darauf ist die Muttergottes mit dem Jesuskind zwischen der Heiligen Katharina mit Rad und Schwert und der heiligen Barbara mit Turm dargestellt. In den beiden unteren Ecken des Gemäldes erkennt man das Wappen des ungarischen Königs Matthias Corvinus und seiner Gattin Beatrix von Neapel-Aragon. Mit Unterstützung der UNESCO wurde es 1970 restauriert. In dieser Vorhalle sind auch drei Altartafeln aus dem 15. Jahrhundert ausgestellt. Sie stammen vom spätgotischen Flügelaltar des Marienburger Altars. Auf den Tafeln sieht man die Kreuzigung, Geißelung, Beschneidung, den 12-jährigen Christus im Tempel und Maria Verlöbnis.

Die Umgebung von Bukarest

Blick auf den Rathausplatz, das Herz der Stadt

Die Schwarze Kirche besitzt die größte Orgel Siebenbürgens; sie stammt von 1839 und hat 4000 Pfeifen. Eine weitere Besonderheit im Kirchenraum sind 108 Exemplare anatolischer Teppiche. Nach dem großen Brand war die gesamte Innenausstattung einschließlich der Teppiche zerstört worden. Nach dem Wiederaufbau fanden sich viele Spender, so daß die Kirche heute über diese stattliche Anzahl ausgestellter Teppiche verfügt. Etwa 380 Exemplare solcher Teppiche finden sich verteilt auf die lutherischen Kirchen Siebenbürgens, in Museen und den Depots der Kirchengemeinden. Sie wurden vom 1. bis zum 17. Jahrhundert gefertigt. Diese kleinformatigen Teppiche bilden eine der großen Sammlungen derartiger Teppiche außerhalb der Türkei und stellen einen repräsentativen Querschnitt der kommerziellen Teppichproduktion jener Zeit dar. Teilweise sind die Teppiche sogar mit Inschriften der Spender versehen. Während Siebenbürgen zwischen 1541 und 1699 autonomes Fürstentum unter türkischer Oberhoheit war, bestand zwischen dem Osmanischen Reich und Siebenbürgen ein reger Überlandhandel. Muslime durften sich hier nicht niederlassen, Land kaufen oder Moscheen bauen. Über den Handelsverkehr erreichten die türkischen Waren Siebenbürgen, wurden hier zwischengelagert oder verkauft. Teppiche galten als Wertgegenstand und wurden als Geschenk zu verschiedenen Anlässen überreicht. Sie gelangten in den Besitz aller Bevölkerungsschichten Siebenbürgens und dienten zum Schmuck der Häuser, seltener als Bodenbelag, zum Schmuck der Emporen, den Wänden und den Chorgestühlen der Kirchen. Spuren von Tinte deuten auf ihre Verwendung als Tischdecke hin. Auch der ungarische Adel schätzte die Teppiche. Vom Fürsten Gabriel Bethlen ist eine reiche, wenngleich verschollene Sammlung belegt. In den sächsischen Gemeinden fanden die Teppiche früh den Weg in die Kirchen, wo sich eine nicht unbedeutende Anzahl in ausgezeichnetem Zustand erhalten hat. Kurz vorher war der Bilderschmuck der Kirchen im Zuge der Reformation entfernt worden. Die Wände waren frei und nackt, die warmen Farben der Teppiche gaben den Innenräumen mit ihrem fremden Aussehen ein neues Antlitz. Durch Spenden und Übereignungen gingen viele Teppichen endgültig in den Besitz der Kirchengemeinde über, die dann zu deren Hüter bis heute wurde.

Im Schei-Viertel außerhalb der mittelalterlichen Stadtmauern – auch ›Belgerei‹ oder ›Baldscheroi‹ genannt –, direkt hinter der Poarta Schei, steht die rumänisch-orthodoxe **Nikolauskirche** (Biserica Sf. Nicolae). Ihre Ursprünge sind nicht vollständig geklärt. Entscheidend waren enge Verbindungen zwischen der Walachei und dem Burzenland. Der heutige Bau entstand im Verlauf des 18. Jahrhunderts. Relativ gut erhaltene Wandmalereien befinden sich im Inneren.

Das rege kulturelle Leben in Brașov zog auch Diakon Coresi an, den im 16. Jahrhundert sicherlich bedeutendsten rumänischen Buchdrucker. Er wirkte von 1556 bis zu seinem Tod 1583 hier, und hier wurden auch die ersten Bücher in rumänischer und slawischer Sprache gedruckt. Brașov galt seit dieser Zeit als rumänische Stadt des Buchdrucks schlechthin. Die Schule neben der Nikolauskirche dient heute als **Museum** für die ehemalige Ausstattung der Nikolauskirche; es beinhaltet auch wertvolle Bücher, Urkunden und Handschriften des 16. Jahrhunderts sowie Exponate aus der Geschichte der Druckkunst. Außerdem kann man das Klassenzimmer dieser ältesten rumänischen Schule besichtigen.

Daneben befindet sich eine der erhaltenen **Synagogen** der jüdischen Gemeinde von Brașov (Str. Poarta Schei 27). Leopold Baumhorn begann den Bau 1899, ihre Weihe erfolgte zwei Jahre später. Eine nur wenig ältere Synagoge (1877), eine für die Gläubigen des orthodoxen Ritus, befindet sich in der Str. Castelului 64.

Das Scheiviertel verläßt man durch das **Katharinentor**, ein Relikt der mittelalterlichen Verteidigungsanlage. Von hier ist der Weg zu den Bastionen leicht zu finden. Für eine süße Pause sei ein Abstecher in die **Patisserie Coffeetaria Vabrardealului** in der Strada Gheorghe Barițiu empfohlen. Ein verlockendes Angebot frischer, hausgemachter Torten, Tiramisu, Windbeutel, Strudel und einfachem Gebäck macht alle guten Vorsätze zunichte.

Brașov ist auch die Geburtsstadt von Andrej Mureșanu, Dichter der derzeitigen Nationalhymne. Im **Mureșenilor-Haus** an der Piața Sfatului 25 wird der patriotischen Familie gedacht.

Abseits vom Zentrum steht die gotische **Bartholomäuskirche** (Str. Lungă 251), der älteste Sakralbau der Stadt und eines der ältesten Gotteshäuser Siebenbürgens. Der Bau war im 13. Jahrhundert begonnen worden. Gotische Elemente wurden unter dem Einfluß der Zisterzienser aufgenommen. Von zwei geplanten Türmen wurde nur einer aufgebaut. In der Südkapelle sind Reste mittelalterlicher Malerei zu sehen. Am Ende der gleichen Straße befindet sich ein Heldenfriedhof für im Ersten Weltkrieg gefallene rumänische Soldaten.

Am Katharinentor

Die Umgebung von Bukarest

Johannes Honterus – ›Wachet und Betet‹

Hinter der Schwarzen Kirche in Kronstadt steht das Denkmal des Siebenbürger Humanisten und Reformators, Buchdruckers und Gelehrten Johannes Honterus (1498–1542). Sein Werk und seine Leistungen – nicht nur für Siebenbürgen – können nicht genug gewürdigt werden.

Honterus wurde 1498 als Johannes Gros geboren, nahm später den Namen seiner Mutter an, einer geborenen Dorothea Honnes, den er, wie zu dieser Zeit üblich, latinisierte. Er stammt aus einem wohlhabendem Elternhaus und war ein Einzelkind, dem alle erdenklichen Möglichkeiten zu einer umfassenden Bildung gegeben wurden.

Sein erster Studienaufenthalt war Wien, neben Krakau eine der damals bedeutendsten Universitäten, deren Gründung bereits auf das Jahr 1356 zurückgeht. Bahnbrechend für eine neue Weltanschauung war in dieser Zeit Enea Silvio Piccolomini – später Papst Pius –, der in einer öffentlichen Disputation 1445 in Wien seine Leitgedanken für ein Papsttum programmatisch verkündete. Wien war aber auch der Schwerpunkt für den mathematisch-naturwissenschaftlichen und den historischen Bereich. Honterus begegnete daher so bedeutenden Humanisten wie Conrad Celtis und dem Siebenbürger Professor Adrian Wolfhard (1491–1544), traf Aventinus, den großen Regensburger. Er selbst lehrte in Krakau Astronomie und Geographie und war in Basel tätig, wo unter anderem seine Siebenbürgenkarte in Druck ging. Berühmt wurde Honterus vor allem durch die Einführung der Reformation in Kronstadt und sein ›Reformationsbüchlein‹ von 1542, das unter seinem Humanistennamen Honterus in die Geschichte einging. Übrigens wird in Pfaffenhofen an der Ilm alljährlich ein Fest zu Ehren des Gelehrten begangen.

Das 1898 in Braşov enthüllte Bronzedenkmal, eine Arbeit des Berliner Bildhauers Harro Magnussen, zeigt ihn mit diesem ›Reformationsbüchlein‹ und der ›Schulordnung‹, mit der Rechten weist er auf das von ihm gegründete Gymnasium.

Das von Honterus gegründete Gymnasium

Die Umgebung

Nur etwa 13 Kilometer südlich von Brașov liegt auf 1020 Meter Höhe der berühmteste Luft- und Winterkurort Rumäniens, **Poiana Brașov** (Schulerau). Er
wird vom Gipfel des 1802 Meter hohen
Postavaru (Schulerberg) überragt, der
die Grenze zwischen den Süd- und Ostkarpaten markiert.

Die touristische Erschließung der Region
erfolgte unter Mitwirkung des Siebenbürgischen Karpatenvereins bereits seit
1924. Poiana Brașov war in den Zeiten
des Kommunismus eines der am besten
erschlossenen Ski- und Wandergebiete.
Die Wintersportanlagen bieten olympi-
sche Skipisten und Loipen. Mehrere
tausend Betten stehen den Besuchern
hier zur Verfügung.

Die ehemalige **Bauernburg Râșnov** (dt.
Burg Rosenau, ungar. Rozsnyó) ist eines
der wenigen erhaltenen Beispiele der
Deutschordensburgen im Siebenbürge-
ner Burzenland. Man verläßt Brașov
nach Westen in Richtung Poiana. An
einem Sportgelände mit Campingplatz
unterhalb der Burg läßt man das Auto
stehen und geht zu Fuß etwa 20 Minuten durch den Wald nach oben.
Die Burg war zunächst aus Holz gebaut,
wie es den Vereinbarungen zwischen
dem Deutschen Orden und König Andreas entsprach. Später haben die deutschen Dorfgemeinden Rosenau, Neu-
stadt und Wolkendorf den Bau in Stein
ausgeführt und zum Schutz gegen Ein-
dringlinge erweitert. Die Mauern mit
den sieben Türmen sind gut erhalten.
Die Burg beherbergt eine kleines Keramikmuseum.

Castel Bran (dt. Törzburg, ungar. Tórcs-
vár) führt auf den Ordenskomtur Diet-
rich zurück. Sie liegt auf einem Kalk-
steinfelsen, dem Dietrichstein, inmitten
der Karpatenlandschaft, dicht am Törz-

Märchenhaft: Burg Bran

burger Pass zwischen Bucegi- und dem
Piatra Craiului (Königstein-) Gebirge. Die
prächtig dastehende Burg war ein Wiederaufbau der Kronstädter Bürger im
Jahr 1377, da Ludwig I. von Ungarn
(1342–1382) sie zur Verteidigung der
südöstlichen Grenze seines Reiches benötigte. Man verwendete für den Bau
ausschließlich Flußsteine. Neben der
strategischen Funktion war die Burg
auch Zollstelle für den Warenverkehr
von der Walachei und dem Burzenland.
Die Anhöhe, auf der die Burg steht,
heißt Straja, was übersetzt die Wacht
bedeutet. Die außergewöhnlich gut erhaltene Burg erhielt ihre heutige Gestalt
im Jahr 1553. Sie galt einst als unein-
nehmbar. Heute ist sie ein beliebter An-
ziehungspunkt für Touristen. Gerne wird
sie mit Vlad Țepeș in Verbindung gebracht, der nie in der Burg seines Groß-
vaters Mircea dem Alten war und sie
auch nie besaß.

Man hat Zugang über eine monumentale Treppe. Die Räumlichkeiten sind auf vier Stockwerken angelegt. Im Norden liegt der massive Torturm, weitere Türme sicherten die Burg in alle Himmelsrichtungen. Sie wechselte mehrfach den Besitzer, im Jahr 1395 nahm sie der Woiwode Munteniens ein, Mircea cel Bătrân. 1498 ging sie in den Besitz der Kronstädter über, Ende des 17. Jahrhunderts verwalteten sie die Habsburger,

und im 19. Jahrhundert erhielt sie Königin Maria zum Geschenk. Sie ließ sie zur zweiten Sommerresidenz nach Schloß Balcic (Bulgarien) ausbauen. Testamentarisch verfügte die Königin, ihr Herz in einer Grotte unweit des Schlosses zu begraben; bis 1968 wurde es dort auch aufbewahrt.

Die Burg ist heute ein Museum mit regem Zulauf, dem ein Volkskunstmuseum angeschlossen wurde.

Braşov

Vorwahl: 0268
Touristenbüro im Alten Rathaus, Piaţa Sfatului 30.

Von Bukarest-Nordbahnhof etwa stündliche Verbindung; Fahrtzeit 2,5 bis 3 Stunden.

Die Hotelsituation hat sich in Braşov in den vergangenen Jahren sehr zum Positiven verändert. Wer über das Wochenende bleiben möchte, hat genügend Auswahl an guten Übernachtungsmöglichkeiten. Auch Poina Braşov bietet sich zur Übernachtung und zur Erholung am Wochenende an. Die Preise liegen zwischen 60 und 170 Euro für das DZ. In Braşov:
Hotel Aro Palace, 4 Sterne, Bulevardul Eroilor 5, Tel. 47 88 00.
Hotel Braşov, 3 Sterne, Str. 13 Decembrie 38, Tel. 42 66 33, rezervari@hotel-brasov.ro.
Hotel Oasis, 3 Sterne, Str. Vulcan 41, Tel. 40 63 10, Fax 42697, rezervari@hoteloasis.ro, www.hoteloasis.ro. Das Hotel liegt in einem Wohngebiet.
Pension Casa Ţepeş, Str. Vlad Ţepeş 14, Tel. 41 39 17.

Pension Jasmine, 4 Sterne, Sr. Vulcan 104, Tel. 42 61 61, Fax 426181, office@ casajasmine.ro, www.casajasmine.ro.
Pension Hora, 3 Sterne, Str. Mirăslău 14, Tel. 42 20 18, rezervari@horaturism.ro, www.horaturism.ro.

In Poiana Braşov:
Hotel Bella Muzica, Piaţa Sfătului 19, www.bellamuzica.ro. Heimeliges Hotel mit Blick auf die Schwarze Kirche in einem denkmalgeschützten Haus.
Hotel Ruia, 4 Sterne, Tel./Fax 26 24 44, Hotelruia@hotmail.com, www.hotel-ruia.ro. Das nicht zu große Hotel fügt sich mit seiner Architektur im Landhausstil geschmackvoll in die Landschaft ein.

Restaurant Ceaus Rău, Str. Iuliu Manu 56, Braşov, Tel. 47 66 70, www. sergiana.ro. Hier wird gute rumänische Küche geboten.
Restaurant Sergiana, Str. Mureşenilor 27, Braşov, Tel. 41 97 75. Vor allem transsilvanische Küche.
Restaurant Altstadt, Piaţa Sfatului 1, Braşov, Tel. 47 69 45, www.altstadt.ro.
Restaurant Vânătorul, Poiana Braşov, Tel. 26 21 20.
Restaurant Coliba Haiducilor, Poiana Braşov, Tel. 26 21 37.

Schmiedebastei (Bastionul Fierarilor), Museum täglich ab 10 Uhr.
Leinweberbastei (Bastionul Țesătorilor), Str. G. Coșbuc 9. Di bis So 10–18 Uhr.
Schwarze Kirche, täglich 10–17 Uhr.
Mureșenilor-Haus, Piața Sfatului 25, Di bis Fr 9–15 Uhr.
Bartholomäuskirche, täglich 9–12 u. 15–17 Uhr.
Burg Râșnov (Keramikmuseum), täglich 10–18 Uhr.

Schon seit den 1960er Jahren zieht die Stadt Brașov alljährlich viele Gäste zum Internationalen Festival der leichten Musik ›Cerbul de Aur‹ (Goldener Hirsch) an. Man hat das Veranstaltungsangebot in den letzten Jahren mit viel Engagement sehr vielfältig erweitert. So wurden im Jahr 2003 ein erstes Opernfestival, ein Festival für rumänische Volksmusik, ein Kammermusikfestval und ein Festival für moderne Musik ins Leben gerufen.

Sibiu

Sibiu (deutsch Hermannstadt, ungarisch Nagyszeben) ist im Jahr 2007 gemeinsam mit der Stadt Luxemburg zur Europäischen Kulturhauptstadt gekürt worden. Im Zuge dieser Auszeichnung wurde in der Stadt ein eigener Verband, ›Kulturhauptstadt Europas 2007‹, ins Leben gerufen. Gemeinsam mit der Gemeinde und vielen anderen Institutionen wurden rundum Kulturprogramm auf den Weg gebracht. In einer bemerkenswerten Anstrengung konnte in nur wenigen Jahren die Altstadt grundlegend saniert werden, um sie den Gästen aus dem In- und Ausland von der schönsten Seite zu präsentieren. Die Bürgerhäuser, Kirchen und Plätze erstrahlen in wahrhaft neuem Glanz. Das Stadtbild, schon immer malerisch, ist fast nicht mehr wiederzuerkennen.

Auf der Fahrt von Brașov nach Sibiu hat man Gelegenheit, die sanfte Landschaft Siebenbürgens zu genießen. Man sieht die Kontraste von städtischem und ländlichem Leben Rumäniens, die Beschaulichkeit und auch die Ärmlichkeit des Landstrichs, besonders deutlich. Der Reichtum der Karpaten – die ausgedehnten Wälder – wird anhand der vielen Sägewerke deutlich.

Sibiu. die Hauptstadt des gleichnamigen Kreises, liegt auf den Terrassen des Cibinflusses. Schon immer war Hermannstadt ein Bildungszentrum. Humanistische Gelehrte wie Niclaus Olahus und Konrad Haas, der Erfinder der Stufenrakete, waren große Söhne der Stadt. Heute hat die Stadt rund 180 000 Bewohner.

Geschichte

Diese älteste Siedlung der Siebenbürger Sachsen am nördlichen Fuß der Südkarpaten wurde von Hermann von Nürnberg im 12. Jahrhundert gegründet und im Zuge des verheerenden Mongolensturmes 1241 zerstört. Sie erholte sich bald wieder und erhielt im 14. Jahrhundert das Stadtrecht. Das mittelalterliche Städtchen war von drei Ringmauern umgeben. Die Befestigungsanlagen hielten lange den Eroberungsversuchen der Türken stand. Sibiu entwickelte sich zu einem der wichtigsten Warenumschlagplätze der Region. Im 15. Jahrhundert konnte die Stadt auch eine Führungsstellung auf politischer Ebene erringen. So

Die Umgebung von Bukarest

fand hier die Versammlung der sächsischen Nationsuniversität, der politischen Vertretung des Sachsenlandes, statt, der von den Sachsen gewählte Comes (Nationsgraf) hatte hier ebenfalls seinen Sitz. Während der Nachfolgekämpfe zwischen Ferdinand und Johann Zápolya stand die Stadt zum Habsburgerhaus. Erst nach siebenjähriger Belagerung wurde Zápolya anerkannt. Im Jahr 1536 erfolgte der Übertritt zum Augsburger Bekenntnis; die Lehren Luthers hatten rasche Verbreitung gefunden. Brände und die Pest setzten der Stadt in diesem Jahrhundert arg zu. Nach dem Dreißigjährigen Krieg begann ein Bedeutungsverlust.

Zweimal, zwischen 1703 und 1791 sowie zwischen 1849 und 1867, war Sibiu Hauptstadt des Großfürstentums Siebenbürgen. Diese Stellung ging erst nach der Vereinigung Siebenbürgens mit Ungarn verloren. Bis zum Ende des 18. Jahrhunderts behielt Sibiu den Charakter einer rein siebenbürgisch-sächsischen Stadt. Unter dem Habsburger Kaiser Joseph II. wurde das ausschließ-

Viele Bauten verraten die deutsche Handschrift

liche Bürgerrecht für die Sachsen aufgehoben, die in den Außenbezirken lebenden Rumänen bekamen ebenfalls das Bürgerrecht. Der Zuzug nichtdeutscher Bewohner begann, und um die Stadt herum entstanden Industrieansiedlungen.

Während des Rückzugs der Deutschen 1918 hielt sich Kurt Tucholsky kurzfristig in Hermannstadt auf und beschrieb es folgendermaßen: »Hermannstadt ist entzückend: bestes, altes, gutes Deutschland. Winklige Gassen, eine wundervolle Bevölkerung, sehr gutes Essen, nicht zu vergessen. Wir sprachen mit den Deutschen, die dort seit langen Jahrhunderten sitzen. Sie sprechen einen Dialekt, der ein wenig an das Alemannische anklingt, und manche Worte waren zu verstehen ... Es waren unvergessliche Tage.«

Seitdem hat sich Hermannstadt sehr verändert, auch gelitten. Gleichwohl gab und gibt es in der Stadt eine ungeheure Aktivität und viel Engagement zur Rettung des historischen Stadtbildes. Schon Ende der 1990er Jahre hatte sich die ›Organisation Sibiu 2000‹ die Wiederherstellung der Altstadt zur Aufgabe gemacht. Sie hat Unterstützung von außen erhalten. Mehr als 80 Bauten sind seitdem unter besonderen Schutz gestellt worden. Nachdem das Bestreben des Bürgermeisters, Sibiu in den Rang einer Kulturhauptstadt zu erheben, Erfolg hatte, konnten viele Denkmäler bereits grundlegend saniert werden.

Heute sind nur noch wenige Siebenbürger Sachsen ansässig; sie machen kaum zwei Prozent der Bevölkerung aus. Das ›Deutsche Forum‹ bemüht sich in Hermannstadt, die Deutschen zum Bleiben zu bewegen. Der deutschstämmige Bürgermeister ist bei allen Bevölkerungsgruppen gleichermaßen angesehen.

Ein Stadtspaziergang

Die historische mittelalterliche Stadt besteht aus Ober- und Unterstadt. In der Unterstadt waren früher die Handwerker und Soldaten aus dem gesamten Habsburgerreich ansässig: Deutsche, Rumänen, Roma, Ukrainer und andere. Sie wurden verächtlich von den ›Vornehmen‹ der Oberstadt als ›Kucheldeutsche‹ (Küchendeutsche) bezeichnet. Von all dem ist heute nicht mehr viel zu spüren. Über mehrere Treppenwege, mit malerischen Blicken auf die Dächerwelt, erreicht man die **Unterstadt**: Pasájul Scărilor beim Historischen Museum an der alten Stadtmauer, die Pempflinger Stiege aus dem 19. Jahrhundert, die Sagtreppe hinter der evangelischen Kirche und den Bürgerstieg des 13. Jahrhunderts an der Piața Mică. In der Unterstadt mit viel alter Bausubstanz liegt der große Stadtmarkt mit seinem üppigen, farbenfrohen Angebot. Für jeden Geschmack ist etwas dabei.

Herz und Zentrum der alten Gründung ist die **Oberstadt**. Die Fußgängerzone Strada Nicolae Bălcescu verbindet sie mit der neuen, im 20. Jahrhundert er-

Sibiu

0 200 400 m

Legende

1. Rathaus
2. Historisches Museum
3. Lutsch-Haus
4. Brukenthal-Gymnasium
5. Franz-Binder-Völkerkunde-museum
6. Luxemburghaus
7. Apothekenmuseum
8. Nationalmuseum Brukenthal

Die Umgebung von Bukarest

weiterten Stadt. Einst lebten in der Oberstadt vor allem die gebildeten Schichten. Im wesentlichen machen drei Plätze den historischen Teil aus: die Piața Mică, die Piața Mare (vormals Republicii) und die Piața Huet.

■ Piața Mare

Die Piața Mare erstrahlt in völlig neuem Glanz. In ihrem Zentrum steht das **Denkmal für Gheorghe Lazăr** aus dem 19. Jahrhundert; darunter wird mit einer Gedenktafel der Opfer von 1989 gedacht. Der Platz vermittelt eine große Geschlossenheit, die Einmündungen der Straßen führen fast unmerklich zu den anderen Plätzen.

An der Nordseite reihen sich das ehemalige Hotel ›Zum römischen Kaiser‹ von 1895, heute **Blaues Stadthaus**, das **Brukenthal-Palais**, das neobarocke **Rathaus**, einst Gebäude der Bodenkreditanstalt, die römisch-katholische **Stadtpfarrkirche** (Biserica romano-catolică) mit Pfarrhaus im ehemaligen Jesuitenkolleg, das **Altemberger-Pempflinger-Haus** (ehemals Altes Rathaus) und das **Historische Museum** aneinander. Unter den mittelalterlichen Häusern der Ostseite strahlt das **Lutsch-Haus** in orange-gelben Farben. Im Erdgeschoß des Rathauses befindet sich die Stadthalle, in der eine großzügig

Das farbenfrohe Lutsch-Haus

ausgestattete Tourismusinformation eingerichtet wurde, und gegenüber das ERASMUS-Büchercafé mit Büchern vor allem in deutscher und rumänischer Sprache. An diesem Ort finden auch Ausstellungen und Vorträge statt.

Die römisch-katholische Kirche reiht sich mit ihrer Südflanke vollkommen in die Häuserzeile ein. Ihr mächtiger Westturm korrespondiert mit dem Ratsturm (Turnul Sfatului), dem Wahrzeichen der Stadt. Die Jesuiten legten den Grundstein der Kirche in den Jahren 1726 bis 1733. Wie viele Jesuitenkirchen ist auch diese eine Wandpfeilerkirche mit drei Jochen, einem eingezogenen Chor und einer Empore. Die Kirche konnte sich ihr ursprünglich barockes Aussehen bewahren. Im Chor befindet sich das Grabmal für General Otto Ferdinand Graf von Abensperg, ein Werk des Klausenburger Bildhauers Anton Schuchbauer von 1751. Das Hochaltarbild ist ein Werk des Wiener Malers Anton Steinwahl. Die Gottesdienste finden in drei Sprachen statt: deutsch, ungarisch und rumänisch.

■ Piața Huet

Von der Piața Mare spazieren wir zur Piața Huet (früher Piața Grivița), die nach Albert Huet (von Hutter) benannt ist, dem 1567 verstorbenen Sachsengraf. Drei Monumente bestimmen den Platz: das **Brukenthal-Gymnasium** gegenüber der Kirche, die evangelische **Stadtpfarrkirche** (Biserica Evanghelică C.A./Kathedrale des evangelischen Bistums) und das **Denkmal für Georg Daniel Teutsch**. Teutsch (1817–1893) hat als Bischof der siebenbürgisch-sächsischen Kirche die deutschen Bürger gegenüber der ungarischen Regierung vertreten. Sein Sohn Friedrich folgte den Spuren des Vaters und war ebenfalls Bischof.

Die Südflanke der mächtigen evangelische **Stadtpfarrkirche**, die mit ihrem Eingang zur Piaţa Huet liegt, wirkt mit ihren steilen Giebeln wie eine mittelalterliche Häuserzeile, wäre da nicht der alles überragende Westturm. Links neben dem Eingang steht als jüngster Anbau der zierliche Wendeltreppenturm mit einem Renaissancerahmen.

Die Kirche wurde im Jahr 1320, zur Zeit der Hochgotik, als Marienkirche begonnen und bis zum Jahre 1520 in drei Etappen fertiggestellt. Dem Plan nach ist die Kirche eine dreischiffige Basilika mit Querschiff und polygonalem Chorabschluß. Bei Grabungen hat man einen romanischen Vorgängerbau entdeckt, dessen Reste jedoch nicht in den Neubau integriert wurden. Die Westseite begrenzt ein 1452 angeschlossener Bau, die sogenannte Ferula. In ihr ist eine große Anzahl bedeutender Grabsteine führender siebenbürgisch-sächsischer Persönlichkeiten aus dem 16., 17. und 18. Jahrhundert zu sehen, darunter Albert Huet (1567), Petrus Haller von Hallerstein (1569) und angeblich auch das Grabmal des walachischen Fürsten Mihnea des Schlechten (reg. 1508 – 1509), um den sich zahlreiche Legenden ranken.

Die beeindruckende Stadtpfarrkirche

Man betritt die Kirche durch das Süd- oder Nordportal. An der Südseite ist eine Empore eingezogen, die mit einem wunderschönen Netzgewölbe geschmückt ist. Das nördliche Langhaus zieren prächtige barocke Epitaphien. Höhepunkt der Ausstattung ist das bronzene Taufbecken von 1438. Becken, Knauf und Fuß tragen 228 kleine Reliefs, teils mit Ornamenten, teils mit allegorischen Figuren und Szenen aus dem Alten und Neuen Testament verziert. Unter den Darstellungen fallen besonders die der orthodoxen Liturgie entnommenen Szenen der Verklärung und der Maria Entschlafen auf. Auch die Wandmalerei der nördlichen Chorwand verdient Beachtung: Dargestellt ist die Kreuzigung, eingerahmt von architektonischen Elementen. Unten knieen zu Seiten des Schmerzensmannes die Stifter, darüber sind der heilige Stephan und der heilige Ladislaus und oben Christus als Ecce Homo mit Gottvater zu sehen. Die Themen der Bekrönung sind die Geburt, die Taufe Christi und die Himmelfahrt. Die Inschrift in der Oberleiste der Einrahmung weist auf Johannes de Rozenaw (Rosenau) hin. Die Malerei wurde 1650 übermalt und teilweise sogar ergänzt. Beispielsweise fügte man in dieser Zeit die Reitergruppe im Hintergrund der Kreuzigungsszene hinzu.

■ **Piaţa Mică**

Von der Piaţa Huet laufen wir über die Lügenbrücke (Podul Minciunilor) aus dem 19. Jahrhundert zur Piaţa Mică (Kleiner Ring). Das war einst der Marktplatz der Handwerker, umrahmt von Wohnhäusern und den prächtigen Häusern der Zünfte. Die Bebauung hat zum großen Teil das Aussehen des 15. und 16. Jahrhunderts bewahrt. Und auch hier wurde viel hergerichtet. In der Haus Nr. 11, einem neogotischen Bau, befindet sich das **Franz-Binder-Völkerkundemuseum**. Das **Luxemburghaus** nimmt die Nummer 16 ein. In ihm sind ein Luxemburger Honorarkonsulat, Gästezimmer sowie – im Keller – ein Kulturcafé untergebracht. Außerdem saß hier das Gremium zur Ausarbeitung des Konzeptes und Programms ›Sibiu – Kulturhauptstadt Europas‹. Das barocke Haus steht auf der ersten Befestigungsmauer. Während der jüngsten Restaurierungsarbeiten von 1999 bis 2003 wurden Elemente aus Gotik und Renaissance freigelegt. Im 19. Jahrhundert war das Gebäude im Besitz des Thalheimer Pfarrers Johann Georg Schaaser. Das Schaaser-Haus trägt heute den Namen Luxemburghaus, weil die Renovierung und Einrichtung eines Kulturzentrums dank großzügiger Unterstützung des Großherzogtums Luxemburgs umgesetzt werden konnte. Seine königlichen Hoheiten, Großherzog Henri und Großherzogin Maria Theresa, waren bei der Einweihung im März 2004 zugegen.

Direkt hinter der Lügenbrücke von 1859 (eigentlich Liegebrücke) an der Piața Mica 21 liegen die ehemaligen Fleischerlauben, heute das **Haus der Künste**. Es folgen der Turm der **Fingerlingsstiege** (Nr. 24) und das **Apothekermuseum** (Muzeul de istorie a Farmaziei). Das Museum ist im Erdgeschoß der ehemaligen Apotheke ›Zum Schwarzen Bären‹ (Nr. 26) eingerichtet. Hier hat Christian Friedrich Samuel Hahnemann (1755–1843) zwei Jahre gearbeitet. Als Sohn eines Porzellanmalers der Meißener Por-

Die Metropolitankirche

zellanmanufaktur hatte er zunächst in Leipzig und danach in Wien Medizin studiert. In Wien machte er Bekanntschaft mit Samuel Brukenthal, den Maria Theresia zum Statthalter Siebenbürgens ernannt hatte. Brukenthal bat Hahnemann, ihn als Bibliothekar und Leibarzt nach Hermannstadt zu begleiten. Hahnemann gilt als Begründer der Homöopathie. Über dem Museum ist eine sehr nette Jugendherberge eingerichtet, die über 25 Betten mit einladenden Gemeinschaftsräumen verfügt.

An der Südseite des Platzes kommt man durch die Arkaden des Ratsturmes, der Teil der zweiten städtischen Befestigung war, wieder zum Großen Ring. Der **Ratsturm** (Turnul Sfatului) geht in seinen Grundmauern auf das 14. Jahrhundert zurück. Er wurde mehrfach aufgestockt und erhielt 1824 sein Zwiebeldach. Auf einer Erinnerungstafel ist der Besuch von Prinz Charles im Jahr 1998 festgehalten.

■ Kirchen

Vom Großen Ring ist es nicht weit zur **Franziskanerkirche**. Von hier führt eine schmale Gasse (Strada Cetății, vormals Harteneckgasse) zur **Stadtmauer** mit wiederhergestelltem hölzernem Wehrgang. Von dieser sind einige **Türme und Bastionen** erhalten geblieben: der Barbierturm (Turnul Bărbierilor), die Hallerbastei (Bastionul Haller), der Dicke Turm (Turnul Gros), der Zimmermannsturm (Turnul Dulgherilor), der Töpferturm (Turnul Olarilor) und der Armbrusterturm (Turnul Archebuzierilor). Die Stadtbefestigung von Sibiu wurde in zwei Etappen angelegt und bestand einst aus 39 Wehrtürmen, vier Bastionen, zwei Plattformen und vier Stadttoren. Die erste Etappe dauerte vom 13.–15. Jahrhundert. Im 16. und 17. Jahrhundert wurden nach Vaubanschen Prinzipien vor die Mauern Wallanlagen und Bastionen gesetzt, heute eine begrünte Zone und beliebter Treffpunkt aller Generationen.

Hermannstadt ist nicht nur der Sitz des evangelischen Bischofs, sondern auch Metropolie der rumänisch-orthodoxen Kirche. Die **Metropolitankirche** befindet sich in der Strada Mitropoliei. Nach dem Entwurf der Architekten Josef Kommer und Virgil Nagy wurde sie als vereinfachte Replik der Sophienkirche in Konstantinopel errichtet. Vor diesen Zentralbau setzten die Architekten zwei Türme, woraus eine Kuppelkirche mit einer Turmfassade entstand. In Anlehnung an byzantinische Kirchen, in denen das Thema der Deesis (Fürbitte) eine wichtige Rolle spielt, sind die Innenmalerei und die Ikonostase weitausholend diesem Thema gewidmet. Jeden Sonntagmorgen wird der Gottesdienst von einem ausgezeichneten Chor begleitet.

In der Strada Mitropoliei 30–32 stehen das **evangelische Waisenhaus** und die **Johanniskirche** (Sf. Ioan). Kirche und Waisenhaus entstanden gleichzeitig mit dem dritten Befestigungsring zwischen den beiden Stadtmauern. Das Waisenhaus beherbergt heute das ›Friedrich Teutsch Kultur- und Begegnungszentrum‹ der evangelischen Kirche in Rumänien. Gegenüber liegt der **Astra-Park**. An seiner Flanke befindet sich die öffentlich zugängliche **Astra-Bibliothek** mit reichhaltigen Bücherbeständen und Periodika.

■ Nationalmuseum Brukenthal

Das bedeutendste Museum der siebenbürgischen Kulturmetropole ist das Nationalmuseum Brukenthal. Es ist eine Stiftung des Barons Samuel von Brukenthal an das Hermannstädter Gymnasium. Als Sproß einer im 19. Jahrhundert erloschenen siebenbürgisch-sächsischen Adelsfamilie zählte er zu den größten Staatsmännern des Siebenbürger Sachsentums. Er war Gouverneur Maria Theresias und deren enger Vertrauter. Brukenthal zeichnete sich als Kunstkenner mit erlesenem Geschmack aus und trug während seines langen Lebens eine berühmt gewordene Gemäldesammlung zusammen. Einige der 462 Bilder holländischer und flämischer Meister wanderten nach dem Krieg ungeachtet anders lautender testamentarischer Verfügung nach Bukarest. 19 Gemälde, darunter Werke von da Messina, Lotto, Hans Memling, van Eyck und Breughel, wurden erfreulicherweise mittlerweile zurückgegeben. Das Stadtpalais, frisch renoviert, wurde zwischen 1778 und 1785 von einem unbekannten Meister erbaut. Im Obergeschoß befanden sich einst die Empfangsräume. Brukenthal selbst richtete im Palais die Kunstsammlung ein, die seit 1817 der Öffentlichkeit zugänglich gemacht werden konnte. Heute ge-

Die Umgebung von Bukarest

hört sie zur Brukenthal-Stiftung. Die Sammlung wurde im Zuge der Renovierung neu angeordnet. Sie beherbergt neben Gemälden der flämischen und holländischen Schule sowie deutschen, französischen und spanischen Meistern bedeutende Werke rumänischer Künstler des 19. und 20. Jahrhunderts. So sind unter anderem Werke von Theodor Aman, Lucian Grigorescu, Ştefan Luchian und Theodor Pallady zu sehen. Auch die österreichische Malerei des 16. bis 19. Jahrhunderts ist vertreten. Ferner gibt es Plastiken und Reliefs von Tullio Lombardo und Werke aus der Schule des Giovanni da Bologna. Kunsthandwerkliche Gegenstände wie Öfen, Möbel, Truhen, Kristallleuchter sind ebenso ausgestellt. Nach dem Zweiten Weltkrieg wurden eigene Abteilungen für Volkskunst, Ethnographie, Geschichte und Naturwissenschaften sowie eine bedeutende Bibliothek angelegt. Der Rundgang beginnt im ersten Obergeschoß. Gleich im Treppenhaus kann man das heutige Sibiu mit einer alten Ansicht von Hermannstadt vergleichen.

■ Weitere Sehenswürdigkeiten

Es gibt noch weitere Sehenswürdigkeiten in Sibiu wie zum Beispiel die **Ursulinenkirche** (Biserica Ursulinelor) in der Str. General Magheru 38. Sie wurde im 15. Jahrhundert errichtet und später barock umgebaut. In der **Kreuzkapelle** beim Bahnhof steht eine Plastik, die aus einem Stein gehauen wurde: Christus, umgeben von Maria und Johannes. Die gotische **Saalkirche des Franziskanerklosters** (Biserica Franciscanilor) in der Strada Şelarilor 12–14 stammt mitsamt ihrer Pietà ebenfalls aus dem 15. Jahrhundert und wurde im Barockstil umgestaltet. Ebenso wie der Besuch einzelner herausragender Sehenswürdigkeiten lohnt auch ein Bummel durch die Gassen und

Das Nationalmuseum Brukenthal

Pläze. Es macht Spaß, ein wenig umherzuschlendern und dabei in den einen oder anderen Innenhof zu schauen, auch wenn noch nicht alles saniert werden konnte. Nicht nur Historisches ist hier zu genießen. Anl den Plätzen und in den Seitengassen haben sich zahlreiche, oft winzige, aber gemütliche Cafés, Kneipen und Cafeterien etabliert. Ganz besonders gemütlich ist das Café ›Go‹ mit einem Eingang zur Piata Huet und einem zur Piaţa Mica.

Sibiu

Vorwahl: 0269 und 069.
www.sibiu.ro
Tourismusinformation, an der Piaţa Mare, täglich 9 – 17, Sa 9 – 13 Uhr.

Vom Bukarester Nordbahnhof dauert die Zugfahrt mit dem Intercity knapp fünf Stunden, von Braşov zweieinhalb. Die Plätze müssen reserviert werden. Wer sich für einen Bummelzug entscheidet, sollte eine Übernachtung einzuplanen.

Wer direkt von Deutschland, Österreich oder der Schweiz für ein Wochenende nach Sibiu kommen möchte, kann das Flugzeug nehmen. Der internationale Flughafen wurde großzügig ausgebaut. Direktflüge werden ab München, Bukarest, Wien, Stuttgart und anderen Destinationen angeboten.

Hotel Continental, 3 Sterne, Calea Dumbrăvii 2 – 4, Tel. 069/21 81 00, Fax 21 01 25. Am Rand des Zentrums, an lauten verkehrsreichen Straßen.
Hotel Bulevard, 3 Sterne, Piaţa Unirii 10, 069/21 60 60, Fax 21 51 75.
Jugendherberge der Altstadt, Piaţa Mica 26, Tel. 02 69/21 64 45. Die äußerst liebevoll geleitete Jugendherberge mitten im Zentrum bietet 25 Betten und einfache, aber moderne Gemeinschaftsbäder und Aufenthaltsräume.
Hotel Împăratul Romanilor S. R. L., 3 Sterne, Str. Bălcescu 4, Tel. 069/21 65 00, Fax 21 32 78, hir@verena.ro. Direkt im Stadtzentrum, in einem historischen Gebäude der Jahrhundertwende. Das Hotel wurde letztmalig vor zwei Jahren renoviert. Es gibt einen bewachten Parkplatz. Zur schönen Atmosphäre paßt das gute Restaurant.
Pension Casa Luxemburg, Piaţa Mică 16, Tel./Fax 02 69/21 68 54, www.casaluxemburg.ro. Hier werden wenige, kleine Zimmer in einem wunderschön renovierten Altstadthaus geboten.

Crama Sibiul Vechi, Strada Papiu Ilarian 3, Tel. 069/21 04 61. Kellerrestaurant mit typischer Küche, 12 – 24 Uhr; Reservierung empfohlen.
Restaurant und Weinkeller **Pivniţa de Vinuri**, Str. Turnului 3, Tel. 02 69/21 03 19. Das relativ junge Restaurant bietet traditionelle Küche in frisch renovierten Kellergewölben der Altstadt.

Evangelische Stadtpfarrkirche, täglich ab 9 Uhr, Turmbesteigung 9 – 16 Uhr möglich; jeden Mi Orgelkonzerte.
Apothekenmuseum, Piaţa Mica 26, täglich außer Mo 10 – 16 Uhr.

Die Umgebung von Bukarest

Sprachführer

Ausspracheregeln

a	wie in Andreas
ă	wie e in Mutter gesprochen
â	dumpfes ü
c k	(folgt auf c der Vokal e oder i, wird c wie tsch gesprochen, ciorba – tschorba, Ceaușescu – Tschauschesku)
che	ke
chi	ki
g	g (folgt auf g der Vokal e oder i, wird g wie tsch gesprochen)
i	unbetontes auslautendes i nach Konsonanten, wird nur angedeutet,deshalb București – Bukurescht
î	entspricht ›â‹, es wurde durch die Orthographiereform von 1993 in einigen Fällen abgeschafft
j	stimmhaft sch
ș	stimmloses sch
ț	wird wie z gesprochen
z	wird wie s gesprochen

deutsch	rumänisch
Begrüßung	
Guten Morgen!	Bună dimineața!
Guten Tag!	Bună ziua!
Guten Abend!	Bună seara!
Gute Nacht!	Noapte bună!
Auf Wiedersehen!	La revedere!
Gute Reise!	Drum bun!
Allgemeines	
Gerne!	Cu plăcere!
Sehr gerne!	Cu multă plăcere!
Danke!	Mulțumesc!
Bitte!	Vă rog! oder poftiți!
Entschuldigung!	Scuzați!
Verzeihung!	Iertați-mă!
ja	da
nein	nu

deutsch	rumänisch
nichts	nimic
gut	bine
Wie heißt...?	Cum se numește...?
Sagen Sie mir bitte...	Spuneți-mi vă rog...
Was ist das?	Ce este asta?
Ich habe das nicht verstanden.	Nu am înțeles asta.
Was heißt ... auf Rumänisch?	Cum se numește ... pe română?
verboten	oprit, interzis

Im Restaurant

Wann ist geöffnet?	Când este deschis?
Was kostet das?	Asta cât costă?
Ich möchte...	Ași vrea...
Bringen Sie mir bitte...	Vă rog să-mi aduceți...
Herr Ober!	Ospătar!
Frau Ober!/Fräulein!	Doamnă!/Domnișoară!
Ich möchte zahlen!	Ași vrea să plătesc!
Einen Moment bitte!	O clipă vă rog
Geben Sie mir bitte eine Quittung.	O chitanță, va rog.
Wo sind die Toiletten?	Unde e o toaletă?
Bitte rufen Sie mir ein Taxi.	Chemați, vă rog, un taxi.

Aus der Speisekarte

Suppe	ciorbă
Kuttelsuppe	ciorbă de burtă
Würstchen	cabanos
Bratkartoffeln mit Zwiebeln	cartofi prăjiți cu ceapă
Bohneneintopf mit Würstchen	fasole bătută cu cabanos
Schaschlik	frigărui
Maisbrei	mămăliguță
Maisbrei mit Käse und Rahm	mămăliguță cu brînză și smîntînă
Krautwickel	sărmăluțe

deutsch	rumänisch
Ragout	tochitură
Ragout mit Maisbrei	tochitură ţărănească
Schweinebraten	friptură de porc
Krautsalat	salată de varză
Kürbis	dovleac
Käse	brĭnză
Schafskäse	telemea
Tomaten	roşii
Paprika	ardei
Bier	bere
helles Bier	bere blondă
dunkles Bier	bere neagră
Rotwein	vin roşu
Roséwein	vin rose
Weißwein	vin alb
Rebe	vie
Traube	strugure
Ernte	recolta
Qualitätswein	vin superior
Tischwein	vin de masă
leichter Wein	vin uşor
abgefüllt	îmbuteliat
trocken	sec
süß	dulce
schäumend	spumos
Kellerei	pivniţă
getrunkener Pflaumenschnaps als Aperitif	ţuică
Obstler	horincă
Wasser ohne Kohlensäure	apă necarboni-zată/plată

deutsch	rumänisch
Wasser mit Kohlensäure	apă minerală
Guten Appetit!	Poftă bună!
Zeitangaben	
Wie spät ist es?	cât este ceasul?
heute	azi
morgen	mâine
übermorgen	poimâine
gestern	ieri
vorgestern	alaltăieri
in einer Stunde	peste o ora
Montag	luni
Dienstag	marți
Mittwoch	miercuri
Donnerstag	joi
Freitag	vineri
Samstag	sâmbătă
Sonntag	dumninică
Januar	ianuarie
Februar	februarie
März	martie
April	aprilie
Mai	mai
Juni	iunie
Juli	iulie
August	august
September	septembrie
Oktober	octombrie
November	noiembrie
Dezember	decembrie
Frühling	primăvară

deutsch	rumänisch
Sommer	vară
Herbst	toamnă
Winter	iarnă

Ortsangaben

wo ist / wo sind	unde e / unde sunt
nach rechts	la dreapta
nach links	la stânga
geradeaus	drept înainte
hier	aici
dort	acolo

Unterwegs

Wo ist die nächste Tankstelle?	Unde este cea mai apropiată stație de benzină/benzinărie?
Wieviel wollen Sie?	Câtă doriți?
Geben Sie mir bitte für … Lei!	Dați-mi, vă rog de … Lei!
Machen Sie den Tank bitte voll!	Faceți-mi vă rog plinul!
Benzin	benzină normală
Super	super
Diesel	motorină/diesel
Bleifrei	fără plumb
Wo ist die nächste Werkstatt?	Unde este cel mai apropiat autoservice?
Wo ist der Bahnhof/Hauptbahnhof?	Unde este gara/gara principală?
Fahrkartenschalter	Ghișeul de bilete
Gepäckaufbewahrung	ghișeul de bagaje
Wann fährt ein Zug?	Când pleacă und tren?
Ist das der Zug nach …?	Acesta este trenul spre …?
Fahrplan	mersul trenurilor
Bahnsteig	peron
Ankunft	sosire
Abfahrt	plecare

deutsch	rumänisch
einfache Fahrkarte	bilet simplu/numai dus
hin und zurück	dus și întors
Toilette	toaleta/WC-ul
Frauen	femei
Männer	bărbați
Zoll	vama
Autobus	autobuz
Reiseomnibus	autocar
Fahrrad	bicicletă
Auto	mașină
Fahrzeug	vehicol
Pferdewagen	trăsură/căruță
geöffnet	deschis
geschlossen	închis

Zahlen

0	zero	16	șaisprezece
1	unu, una, un	17	șaptesprezece
2	doi, două	18	optsprezece
3	trei	19	nouăsprezece
4	patru	20	douăzeci
5	cinci	21	douăzeci și unu
6	șase	30	treizeci
7	șapte	40	patruzeci
8	opt	50	cinzeci
9	nouă	60	șaizeci
10	zece	70	șaptezeci
11	unsprezece	80	optzeci
12	doisprezece, douăăprezece	90	nouăzeci
13	treisprezece	100	o suată
14	paisprezece	200	două sute
15	cinscisprezece	1000	mie

Reisetips von A bis Z

Anreise

Mit dem Auto: Für die Anreise mit dem Auto benötigt man Fahrzeugschein, den deutschen oder den EU-Führerschein, Personalausweis oder Reisepaß und die Grüne Versicherungskarte. Für die Autobahnen in Österreich (10 Tage, 7 Euro) und in Ungarn (9 Tage, 7 Euro) benötigt man eine Autobahnvignette. Rumänien verlangt seit 2006 ebenfalls eine Straßenbenutzungsgebühr. Sie kostet etwa 5 Euro. Die Vignetten sind an den Grenzstationen zu erhalten und sollten gut sichtbar angeklebt werden. Der Kaufbeleg sollte aufbewahrt werden.

Mit dem Zug: Die Zugfahrt von München nach Bukarest dauert zwischen 23 und 26 Stunden, von Wien zwischen 18 und 20. Direktverbindungen gibt es von München und Wien, von der Schweiz kommend muß man mindestens einmal, in Salzburg, umsteigen. Informationen unter www.reiseauskunft.bahn.de.

Mit dem Flugzeug: Dank des wirtschaftlichen Aufschwungs in Rumänien und besonders in Bukarest ist das Angebot an Flugverbindungen nach Bukarest in den letzten Jahren kontinuierlich gewachsen. Lufthansa fliegt täglich mehrfach von Frankfurt und München nach Bukarest. Von Wien fliegt die Austrian Airlines und von Zürich die Swiss. Die rumänische Fluggesellschaft Tarom fliegt einmal täglich München–Bukarest sowie nach Wien und Zürich, die Carpat-Air mehrmals wöchentlich ab Bukarest Ziele in Westeuropa an, darunter Düsseldorf, München, Stuttgart und Wien (www.carpatair.com).
Germanwings bedient die Route Köln/Bonn–Bukarest (www.germanwings. com), und der rumänische Billigfluganbieter Blue Air fliegt auf der Strecke Stuttgart–Bukarest.
Ab Bukarest bucht man günstiger über www.bukarest.airline-dire; auf der Homepage des Flughafens Bukarest sind alle Verbindungen nachgewiesen: www.otp-airport.ro. Flughafen Otopeni, Tel. 204 20 24.
Folgende Airlines unterhalten Büros in Bukarest:
Austrian Airlines, AUA; Bd. Magheru 16 – 18, Tel. 021/312 05 45, geöffnet 9 bis 17 Uhr, Sa/So geschlossen.
Lufthansa City-Center, Bd. Magheru 18, Tel. 021/204 84 10, www.lufthansa.ro, geöffnet 9 bis 17 Uhr, Sa/So geschlossen.
Tarom, Splaiul Independentei 17, Tel. 021/314 44 01, Fax 3360416, www.tarom.ro, rezervari@tarom.ro.

Mit dem Bus: Die Anreise mit dem Bus ist nicht weniger beschwerlich als die mit dem eigenen Auto – auch Komfortbusse können an der Entfernung nicht rütteln. Viele Buslinien verkehren mehrmals wöchentlich von vielen deutschen und österreichischen Städten und der Schweiz nach Rumänien; Informationen über Angebote unter www.ecolines.net.
Bayern Express & Kühn GmbH, Tel. 030/ 86 09 60, www.berlinlinienbus.de.
Deutsche Touring Gesellschaft mbH, Tel. 069/79 03 50, www.deutsche-touring.com.
Gullivers Reisen, Tel. 030/311 02 11, www.gullivers.de.
Reisebüro Scheer Reisen, Tel. 0202/50 00 77, www.scheer-reisen.de.
Reisedienst von Rahden GmbH, www.von-rahden.de.

Ärztliche Versorgung

Die ärztliche Versorgung ist gut. Es empfiehlt sich, eine Auslandskrankenversicherung mit Rückholversicherung abzuschließen. Wer sich zu einem Jagd-, Land- oder Sportaufenthalt in den Wäldern der Umgebung aufhält, sollte eine Impfung gegen Tollwut und durch Zecken übertragene Hirnhautentzündung in Erwägung ziehen.

Diplomatische Vertretungen

Botschaft der Bundesrepublik Deutschland, Strada Căpitan Gheorghe Demetriade 6 – 8, Sektor 1, 011849 București, Tel. 20 29 8 30, Fax 23 05 84 6, www.bukarest.diplo.de, isa@deutsche-botschaft-Bukarest.ro. Publikumsverkehr Mo bis Fr 8.30 – 11.30, Mi 14 bis 16 Uhr.

Botschaft der Republik Österreich, Strada Dumbrava Roșie 7, Sektor 2, 70252 București, Tel. 210 02 71, Fax 210 08 85, bukarest-ob@bmeia.gv.at. Publikumsverkehr Mo bis Fr 10 – 12.30 Uhr.

Botschaft der Schweizerischen Eidgenossenschaft, Str. Grigore Alexandrescu 16 – 20, 4. Stock, Sektor 1, 010626 București, Tel. 206 16 00, Fax 206 16 20; buc.vertretung@eda.admin.ch, www.eda.admin.ch/bucarest. Publikumsverkehr Mo bis Fr 9 – 12 Uhr. Die Botschaft war bis zum Jahr 2004 in einer malerischen, aber renovierungsbedürftigen alten Villa in der Strada Pitar Moș untergebracht. Häufig wird noch diese alte Anschrift angegeben.

Einreisebestimmungen

Zur Einreise benötigen EU-Bürger und Schweizer lediglich einen gültigen Personalausweis oder Reisepaß. Kinder müssen einen Kinderausweis mit Lichtbild mitführen. Ab 16 Jahren ist ein eigener Ausweis erforderlich.

Feiertage

Im ganzen Land:
1. Januar (Neujahr)
Im April beweglicher Feiertag (orthodoxer Ostermontag)
1. Mai
1. Dezember: Nationalfeiertag (Erklärung des Anschlusses Siebenbürgens an das Königreich Rumänien)
3. August: Nationaler Trauertag; anläßlich des Todes von Patriarch Teoctist (Begräbnis am 3. August, Todestag am 31. Juli) im Jahr 2007 eingeführt.

Valentinstag (14. Februar) und Frauentag (8. März) sind zwar keine staatlichen Feiertage, werden aber in Bukarest ganz besonders begangen. Wer sich zu diesem Zeitpunkt in der Stadt aufhält, sollte rechtzeitig das Restaurant reservieren.

Geld- und Zahlungsmittel

Die Landeswährung ist der Rumänische Leu (pl. Lei). 2005 wurden dem Leu vier Nullen gestrichen, die alten Scheine sind aber noch gültig und werden mit ROL gekennzeichnet. Die neuen Lei sind mit RON gekennzeichnet. Das ›N‹ steht für ›nou‹ (neu). Dies bedeutet, daß 10 000 alte Lei (ROL) einem Leu (RON) entsprechen. 1 Lei RON entspricht noch immer 100 Bani. Es gibt Münzen zu 500, 1000 und 5000 Lei ROL sowie Banknoten zu 10 000, 50 000, 100 000, 500 000 und 1 000 000 Lei ROL. Die neuen Scheine sind kleiner und haben vier Nullen weniger.

Mitte 2008 bekam man etwa 2,4 Lei RON bzw. 24 000 Lei ROL für einen Euro.

Geschäftszeiten

Es gibt keine einheitlichen Öffnungszeiten. In Bukarest sind die Geschäfte in der Regel mindestens Mo bis Sa von

9 bis 18 Uhr geöffnet, die Banken Mo bis Fr von 9 bis 16 Uhr. Supermärkte sind fast alle täglich von 10 bis 20 Uhr geöffnet. Manche öffnen sieben Tage die Woche rund um die Uhr.

Kraftstoff

Diesel (Motorino) ist günstiger als Super und auch Normalbezin (Benzină normale). Insgesamt liegen die Preise etwas unter denen in Deutschland.

Notrufe

Folgende Notrufnummern gelten für ganz Rumänien:
Notruf (Salvare): Tel. 928
Polizei (Poliţie): Tel. 955
Krankenwagen (Ambulanţa): Tel. 962
Feuerwehr (Pompierii): Tel. 981
Pannenhilfe: Tel. 9271 oder 222 15 52/53
ACR Automobil Club Român Bukarest, Tel. 223 45 25 oder 312 33 33.
Abschleppdienst (Asistenza Rutiera Bukarest): Tel. 22 22 22.
Man sollte bei einem Unfall stets die Polizei verständigen.

Ortszeit

Die Zeitdifferenz zu Deutschland, der Schweiz und Österreich beträgt plus eine Stunde im Sommer wie im Winter, da in Rumänien auch auf die Sommerzeit umgestellt wird.

Post und Telefon

Eine Postsendung dauert zwischen vier Tagen und einer Woche.
Das Telefonieren mit Mobiltelefonen ist im D1- und D2-Netz sowie mit dem E-Plus Handy Traveller auch im E-Netz möglich.
In Rumänien stehen mehrere Mobilnetzanbieter zur Verfügung. Ihre Vertretungen in Bukarest sind:

Connex, Str. Nerva Traian 3, www.connex.ro.
CosmoRom, Str. Nicolae Caramfil 61, www.cosmorom.com.
Orange, Bd. Lascăr Catargiu 51, www.orange.ro.
Zapp Mobile, Calea Bucureşti 2, www.zap.ro.
Internationale Gespräche erfordern die 00 und die Landeskennziffer, Ortsvorwahl ohne 0 und die Telefonnummer. Öffentliche Telefonzellen können mit Telefonwertkarten bedient werden. Sie sind in den Postämtern und an Zeitungsständen erhältlich.
Ortsvorwahlen:
Bukarest und Ilfov 021,
Sibiu 0269,
Prahova 0244,
Braşov 0268.
Vorwahl Rumänien: 0040.
Vorwahlen aus Rumänien:
Deutschland: 0049,
Österreich: 0041.
Schweiz: 0043.

Reiseveranstalter

Es gibt Reiseveranstalter im deutschsprachigen Raum, die Fahrten nach Bukarest anbieten. Klassische Städtereisen sind derzeit jedoch nicht im Angebot.

Vertretungen des rumänischen Fremdenverkehrsamts:

Rumänisches Touristenamt, Budapester Str. 20 a, 10787 Berlin, Tel. 030/241 90 41, Fax 24 72 50 20.
Rumänisches Touristenamt, Währinger Str. 6 – 8, 1090 Wien, Tel. 01/317 31 57, Fax 3173 15 74, rumaenien@aon.at.

Trinkgeld

Im Taxipreis und in Restaurants ist das Trinkgeld nicht mit inbegriffen. Es ist üblich, 5 bis 8 Prozent aufzuschlagen.

Verkehrsvorschriften

Wer mit dem Auto unterwegs ist, sollte folgendes beachten:

Für Fahrzeuge aller Art gilt in geschlossenen Ortschaften 50 km/h. Außerhalb geschlossener Ortschaften gilt für Pkw 90 km/h, für Motorräder, Busse und Lkw 80 km/h. Auf Autobahnen 120 km/h für Pkw, 100 km/h für Motorräder, 80 km/h für Lkw und Busse.

Telefonieren während der Fahrt ist ohne Freisprechanlage verboten. Auf Brücken besteht Überholverbot. Seit 2006 ist es Pflicht, einen Feuerlöscher mitzuführen. Die Promillegrenze liegt bei 0,00, es herrscht also absolutes Alkoholverbot! Besondere Hinweise auf Verkehrsschilder:

Toate direcțiile – Alle Richtungen
Ocolire/Drum – Umleitung
Ceață – Nebel
Drum periculos –
    Gefährliche Fahrbahn
Claxonarea interzisa – Hupverbot

Literaturhinweise

Über Rumänien

Remus, Joscha, KulturSchock Rumänien, Verlag Peter Rump, Bielefeld 2006.

Sprachführer

Octavian, Nicolae, Langenscheidts Sprachführer, Rumänisch, München.

Über Bukarest

Barner, Axel, Stadtführer Bukarest, Kriterion Verlag, Bukarest 1995.

Santos, Ana Gabriela und andere Moderne in Bukarest. Pustet Verlag, Salzburg 2001. Das sehr gut recherchierte Buch in Englisch und Deutsch gibt einen guten Überblick über die Bauten Bukarests vom Ersten bis zum Zweiten Weltkrieg.

Celac, Mariana, Carabela, Octavian, Marcu-Lapadat, Marius, Bucureşti. Ein ausgezeichneter Architekturführer bis zum Jahr 2004. Text Rumänisch/Englisch. Bukarest 2004.

Vossen, Joachim, Bukarest. Die Entwicklung des Stadtraums, Berlin 2004. Zwar die Habilitationsschrift eines Kulturgeographen, dennnoch auch für interessierte Laien sehr anschaulich und informativ.

Belletristik

Axmann, Elisabeth, Wege, Städte, Erinnerungen; Die Autorin lebte von 1953 bis zu ihrer Ausreise in die Bundesrepublik 1977 in Bukarest. In ihrer autobiographischen Lektüre wird man immer wieder in die Bukarester Viertel vor dem großen Erdbeben und der anschließenden kommunistischen Veränderung der Stadt versetzt. In die Erzählung fließen viele Hinweise zur rumänischen Literaturszene dieser Jahre ein.

Reisetips von A bis Z

Barner, Axel (Hg.), Bukarest. Ein literarisches Porträt, Dipa Verlag Frankfurt a. M. 1997. Das Buch ist eine Sammlung von Beiträgen berühmter Schriftsteller wie Hans Magnus Enzenberger, Rüdiger Wischenbart und vielen anderen. Sie schildern vorwiegend ihre Eindrücke im ersten Jahrzehnt nach der Revolution.

Haller, Christian, Die verschluckte Musik, Luchterhand Verlag München 2001 Der Autor ist der Sohn rumänischer Auswanderer in die Schweiz. In seinem Werk schildert er die teilweise schmerzhaften Erinnerungen seiner Mutter an Bukarest.

Prinz, Thomas, Ankunft in Bukarest, Dittrich 2001, lesenswerter, spannend geschriebener Krimi, der in der Deutschen Botschaft in Bukarest spielt.

Sutherland, Christine, Die rumänische Prinzessin Marthe Bibescu und ihre Welt, 1998 Unterhaltsamer Roman zum Leben der Prinzessin Bibescu, letzte Besitzerin von Schloß Mogoșoaia. Man gewinnt einen Einblick in das gesellschaftliche Leben Bukarests der Zeit.

Karten

In jedem Hotel erhält man kleine Pläne für das Zentrum und das Gebiet bis zum Ring um Bukarest. Auch die Veranstaltungshefte beinhalten Stadtpläne, deren Format gut in die Handtasche paßt.

Mittlerweile gibt es auch ausgezeichnete große Stadtpläne mit einem Straßenverzeichnis von Bukarest. Besonders zu empfehlen ist derjenige von Freytag & Berndt im Maßstab 1 : 15 000

Für die Umgebung von Bukarest empfiehlt sich die Shell EuroKarte ›România‹ mit Ortsverzeichnis. M 1 800 : 000

Eine gute Karte von Rumänien wird in Ungarn im Verlag Szarvas–Kárpátia herausgegeben: ›România Rep. Moladu‹, M 1 : 700 000

Internethinweise

www.bukarest-info.de
Eine Art Internet-Reiseführer. Es gibt Links zur Geschichte, den Bauwerken, den Museen, aber auch zu vielen praktischen Hinweisen wie Restaurants und Hotels.

www.bucuresti.ro
Englischsprachige Seite mit aktuellen Informationen zu Bukarest, seiner Wirtschaft, Sport und vielem anderen.

www.adz.ro
Internetseite der Allgemeinen Deutschen Zeitung Rumäniens mit neuesten politischen und wirtschaftlichen Schlagzeilen.

www.onlinegallery.ro
Aktuelle Informationsseite zu Veranstaltungen in der Hauptstadt. Rumänisch.

www.unibuc.ro
Offizielle Seite der Universitätsbibliothek in Bukarest. Rumänisch.

www.bfai.de
Internetseite der Bundesagentur für Außenwirtschaft mit neuesten Informationen zu wirtschaftlichen Fragen.

www.romaniatravel.com
Offizielle Seite des rumänischen Fremdenverkehrsamtes mit Informationen zum Land und zu Bukarest, mit guten Veranstaltungshinweisen.

www.rumaenien-tourismus.de
Offizielle Seite des rumänischen Tourismusamtes mit Sitz in Berlin und München

Glossar

Clopotnița Rumänisches Wort für Glokkenturm.

Deesis Übersetzt ›die Fürbitte‹; wichtiges Thema der bildenden Kunst.

Diwan ad hoc Einberufene Versammlung der Regierung der Moldau und der Walachei.

Dreikonchenanlage Grundriß einer kreuzförmigen Kirche, deren an der Vierung gelegene Kreuzarme gleich lang sind und in gleich großen Apsiden enden. Im Inneren entsteht die Wirkung eines Zentralraumes. Im Westen wird häufig ein Vorschiff (Pronaos oder Narthex) und eine Vorhalle (Exonarthex oder Atrium) angefügt.

Exonarthex Äußere Vorhalle einer orthodoxen Kirche, die geschlossen, aber auch offen sein kann. Im Rumänischen wird sie als Pridvor bezeichnet.

Fanarioten Von den Türken in der Moldau und Walachei eingesetzte Griechen. Ihr Name leitet sich von dem Stadtteil Fanar (Phanar) in Konstantinopel ab, in dem sie vorwiegend ansässig waren.

Hospodar Übersetzt ›der Herr‹. In der Moldau und der Walachei Titel für den Fürsten. Bis zum 18. Jahrhundert wählten die Bojaren den Hospodar aus ihren Reihen, ab 1711 vergab der Sultan den Titel an ihm ergebene Fanarioten. Von 1821 bis zur Gründung Rumäniens stellten wieder Einheimische den Fürsten.

Knes, Knesat Entspricht dem Woiwoden und der Woiwodschaft.

Koimesis In der orthodoxen Kirche das Fest Maria Tod und Himmelaufnahme, übersetzt aus dem griechischen Muttergottes-Entschlafen. Es ist ein beliebtes Thema in der bildenden Kunst und häufig in der byzantinischen und orthodoxen Kirche der Westseite des Naos vorbehalten.

Mahala, pl. Mahale Rumänisches Wort türkischen Ursprungs (Mahalla) für Vorstadtviertel.

Muntenien Bezeichnung für die große Walachei im Gegensatz zur Kleinen Walachei (Oltenien).

Naos In einer byzantinischen und orthodoxen Kirche der Hauptraum (Hauptschiff) des Gotteshauses, an den die Apsis anschließt. In ihm wird die Liturgie abgehalten.

Narthex (Pronaos) In der byzantinischen und orthodoxen Kirche der vom Langhaus/Hauptschiff (Naos) durch Säulen, Gitter oder eine Wand abgetrennte Raum, nicht zu verwechseln mit dem Portalvorbau. In der byzantinischen Kirche lautete die hierarchische Ordnung im Kirchenbau: Narthex, Naos, Bema.

Paraklisis Griechisches Wort mit mehreren Bedeutungen. In der rumänisch-orthodoxen Kirche wird damit häufig eine Kirche bezeichnet, die einer anderen untergeordnet ist, eine außerhalb stehende Kapelle oder ein der Kirche kleiner angebauter Raum zur Vorbereitung des Gottesdienstes.

Pridvor Angebaute Vorhalle der rumänisch-orthodoxen Kirche. Sie kann offen oder geschlossen sein.

Tâmplâ Rumänisches Wort für den Ikonostas, die Bilderwand der orthodoxen Kirche.

Woiwode Bis ins 17. Jahrhundert Titel in Siebenbürgen, Walachei und Moldau. Ursprünglich bezeichnete das slawische Wort einen Heerführer, der ein begrenztes Gebiet beherrschte und dessen Würde nicht erblich war.

Die Autorin

Birgitta Gabriela Hannover ist seit vielen Jahren mit Südosteuropa und insbesondere Rumänien verbunden.

Bukarest bietet wie derzeit keine andere Stadt in Europa einen rasanten Wandel. Ihn zu verfolgen hat die Autorin mehrfach zu längeren Aufenthalten bewogen. Das vorliegende Buch ist das Ergebnis ihrer Erfahrungen.

Birgitta Gabriela Hannover ist auch Autorin der Reiseführer ›Rumänien entdecken‹ (3. Aufl. 2007) und ›Serbien entdecken‹ (2006), beide im Trescher Verlag.

Danksagung

Mein Dank gilt in erster Linie dem rumänischen Touristenamt und seiner Leitung sowohl in München, Frau Adina Secara, als auch dem rumänischen Touristenamt in Berlin und seiner Leiterin, Frau Ioana Nan. Sie haben mit großer Geduld und Sachkenntnis die Reisen der Autorin unterstützt. Ebenso gilt mein Dank Walter, der nicht müde wurde, jede noch so anstrengende Reise zu begleiten.

Kartenregister

Ortsregister Bukarest

Ortsregister Umgebung

Personen- und Sachregister

Bildnachweis

Alle Fotos Birgitta Gabriela Hannover, außer:
Hinnerk Dreppenstedt (S. 18, 25, 88,
237), Sabine Fach (S. 55, 56, 278,
284, 285, 286, 288), Rumänisches
Tourismusamt (S. 10, 47, 57, 70/71,
77, 119, 140, 157, 167, 211, 218/19,
246/47, 260, 279), transit/Peter Hirth
(S. 16/17, 21, 52), transit/Tom Schulze
(S.23)

Titel: Triumphbogen
Klappe vorn: Das Athenäum
Klappe hinten: Die Verkündigungskirche
S. 16/17: In der Passage Hanul cu Tei
S. 70/71: Athenäum, Foyer
S. 218/19: Nationaltheater
S. 246/47: Schloß Mogoșoaia